国家社会科学基金青年项目（批准号：18CYY002）结题专著

话语标记语演变的
句法—语用界面研究

Evolution of Discourse Markers:
A Study into the Syntactic-pragmatic Interface

杨国萍　著

重庆大学出版社

图书在版编目（CIP）数据

话语标记语演变的句法—语用界面研究／杨国萍著.
重庆：重庆大学出版社，2024.12. -- ISBN 978-7
-5689-4926-2

Ⅰ.H314.3；H146.3

中国国家版本馆 CIP 数据核字第 20249Z311J 号

话语标记语演变的句法—语用界面研究
HUAYU BIAOJIYU YANBIAN DE JUFA—YUYONG JIEMIAN YANJIU

杨国萍　著

策划编辑:张春花

责任编辑:夏　宇　　版式设计:张春花
责任校对:关德强　　责任印制:赵　晟

*

重庆大学出版社出版发行
出版人:陈晓阳
社址:重庆市沙坪坝区大学城西路 21 号
邮编:401331
电话:(023) 88617190　88617185(中小学)
传真:(023) 88617186　88617166
网址:http://www.cqup.com.cn
邮箱:fxk@ cqup.com.cn（营销中心）
全国新华书店经销
重庆升光电力印务有限公司印刷

*

开本:720mm×1020mm　1/16　印张:25　字数:357 千
2024 年 12 月第 1 版　　2024 年 12 月第 1 次印刷
ISBN 978-7-5689-4926-2　定价:88.00 元

序言

欣闻杨国萍博士专著付梓,作为他攻读博士学位期间的导师,我由衷地为他感到高兴。

杨国萍博士为人厚道,治学严谨。我见证了其北京求学四年间往返首都、常州,努力平衡家庭与学业的辛勤、韧性与智慧。博士毕业后,他选择家庭,回到常州,依然成长迅速,教学、科研、管理成绩斐然,令人欣慰。

专著出版不仅标志着杨国萍博士首个国家社科基金青年项目的圆满结束,也是对其博士研究成果的回顾与总结。著作既彰显了杨国萍博士在学术领域的造诣,也展示了他对语言学研究的敏锐洞察力和创新精神。该项目起源可追溯至2013年,当时我所负责的国家社科基金项目"基于语料库的英汉话语标记语语义结构与语用功能研究"获批立项。恰巧那一年,杨国萍博士加入我们的研究团队,并逐渐成长为项目核心成员之一。2017年博士毕业后,他选择在该领域深耕,继而有所成就。

句法—语用界面研究属国际语用学研究的前沿热点之一。被视作语言演化"活化石"的话语标记语作为句法—语用界面研究领域有分量的话题常见诸语言研究之中。然而,过往研究多于共时层面聚焦话语标记语语义嬗变过程中的句法结构和语用功能变化,且多拘泥于某一种语言的话语标记语在其语法和语义单一界面上的演化,往往忽略其语用界面演化,致使相关研究纷争不断。

杨国萍博士的专著独辟蹊径,在化解过往学术研究中语法化、词汇化、语用化概念争议的同时,依托英汉语料库数据,从语言事实出发,分析英汉话语标记语演变在句法结构与语用功能上的互动性,归纳话语标记语历时演变的共性、机制与路径,以及话语标记语演变的动因、动态特征及趋势。该研究统领静态与动态、横向与纵向两个维度,综合语言共时描写和历时演化之机制,构建界面整合研究视角,为进一步厘清话语标记语演变过程奠定坚实基础。

　　总之,本书在理论框架建构、语言对比研究,以及英汉语料实证分析等视角均展现出较强的创新性,特色较为鲜明,为我们从语言类型学视角理解语言动态变化提供了新的尝试。我相信,该书的出版将会为相关领域学者提供宝贵参考。

向明友

2024 年 6 月

前言

　　话语标记语虽不参与命题意义表达,但有助于话语组织和言者语气、态度、情感等信息的传递。现有研究多关注其语言结构、语义特征和语用功能,但对话语标记语的演变过程及演变机制缺乏系统梳理。前人研究或放大词汇化、语法化概念,认为话语标记演化是词汇化或语法化的结果,或专注其语用功能赋值过程,认为话语标记语是语用化的结果。话语标记语作为语言历时演化的"活化石",处于语义、语法、语用界面的临界点。词汇化、语法化、语用化是话语标记语演变的三个阶段性过程,笼统地以某单一视角审视话语标记语的全程演变具有一定狭隘性,不利于全面、系统地描写话语标记语的演变机制。本书力求整合词汇化、语法化、语用化等不同界面的研究成果,以汉语为本体,以英语为辅助参照,借助语料库数据对话语标记语的历时演变过程进行定性和定量分析,系统、全面地解读其演变机理。

　　本书共分十二章,主要涉及前人研究成果梳理、理论框架建构及个案研究分析等核心内容。第一章简要回顾话语标记语的研究源起及研究意义,重点阐述本研究的问题与研究目标在于梳理与厘清话语标记语在句法—语用维度历时演变的机制与路径。此外,该章还简要阐述了本选题的理论与实践价值以及全书的基本框架。第二章从话语标记语的术语界定、话语标记语的描写维度、话语标记语的个案分类等维度详细梳理话语标记语的性质与特征。第三章从共时层面梳理国内外句法—语用界面研究的现状,以及当前国内外话语标记语的研究发展成果、不足及研究热点与前沿。第四章从历时层面以汉语话语标记语为主体,简要溯源话语标记语的研究历程及其特征,详尽叙述语法化、词汇化和语用化以及(交互)主观化等国内外话语标记语主要研究视角,梳理归纳话语标记语语法化、词汇化、语用化研究成果,着重剖析话语标记语本质属性与上述理论视角特征的匹配度,厘清语法化与词汇化、语法化与语用化间的纷争。第五章基于语言多维演变的客观规律,从本体研究、理论视角、研究方法等层面扼要探究现有话标记语历时演变研究不足、研究结论信度不高、研究体系有待完善的根本原因;通过对比分析语法化、词汇化、语用化与话语标记语的典型特征的共性与差异,探讨三种不同演变过程在共时层面的内部机制整合和历时层面的演变阶段整合,力求从全局为话语标记语演变研究构建合理的整合视角。第六章内容基于第五章的理论建构,扼要阐述本研究的基本思路,简要介绍本研究中中英文语料数据的来源,研究所涉不同类型话语标记语选取的频数测算过程与选词结果。

全书第七章至第十章为个案研究分析,涉及英汉语言中已经完成演化的传统虚词式话语标记语和正在发生演化的新虚词式话语标记语,具体包括"但是""完了""你懂的""不是我说你",以及"*but*""*well*""*you know*""*frankly (speaking)*",共计 8 个。所有个案研究以汉语为主,以英语为辅助参照,个案演化梳理均围绕个案话语标记语身份界定、个案的语用功能、个案内部成分演化与整体协同演化等基本内容开展。

第七章聚焦转折连词类话语标记语的演变路径。研究以"但是"为核心,以"*but*"为对照。基于话语标记语"但是"与传统虚词"但是"在句法、语义、语用功能等层面的差别,梳理其在语篇中的话语标记功能,分析现有话语标记语"但是"的历时演变研究在理论视角和研究方法上的不足。研究表明,"但"在东汉时期由于"二选一"式语义嬗变和句法位置影响由副词逐渐连词化;"是"在两汉时期因古汉语判断句法结构成分"者""也"的脱落,词性由代词逐渐演变为具有表达判断、暗示焦点或强调等功能的系动词。尽管西汉末年单音节词"但""是"因高频邻用而逐渐固化,但二者在隋唐时期多充当偏正结构表示限制。唐末宋初副词"但是"因句法位置前移至后句首,促使相邻小句构成对照,从而渐具衔接小句的连词功能。明清时期随着白话文本流行,连词"但是"逐渐完成语义转折到语气转折的转变,脱离小句后独立使用,从而渐生话语标记功能。"但是"单音节成分的独立演变与西汉后期肇始的成词演变,经历由偏正结构转变为副词,由饰谓副词转变为饰句副词直至变成连词和话语标记语,是说话人语用意识下焦点切换和句法结构调整互动的结果,也是语法化、词汇化和语用化在不同阶段或单独或共同作用的结果。"*but*"的话语标记语演化经历了"*be*"和"*utana*"的演变合成阶段。作为连词而使用的"*but*",无论是衔接小句表示转折逻辑还是衔接单词表示逆接关系,都是在语义逻辑层面上彰显小句内部语义关系,但是"*but*"在话语表达中标识的前后文反差所带来的强烈情绪为其主观化奠定了基础。

第八章关注语气类话语标记语的演变路径。研究以汉语常见的新型语气类话语标记语"完了"为核心,以英语语气词"*well*"为辅。研究中探查"完了"与传统语法中动补结构"完了"在语法、语义、语用等维度上的差别,梳理其在语篇中的话语标记功能,分析了现有研究中存在的争议。研究表明,上古时期到近代单音节词"完"在词性上完成名词到动词及形容词的转变,其动词自带语义结果的特性为其副词化奠定了基础,即"完"在语义上渐由原始的房屋宫室修筑泛化为动作的完成。现代汉语完成体标记"了 *le*"与古代汉语动词"了 *liao*"同根同源,前者的演变成形源自后者在句法结构中的位置变化。"了 *liao*"在唐代逐渐虚化,在失去动词本身动作语义和及物性的同时,也获得新的表动作从无到有的实现语法意义,最终在元代稳定并拓展至与形容词等非及物性成分连用。尽管"完"和"了"在汉语语言发展中历史悠久,但作为一个整体,"完了"的演化历史相对较为短暂,其话语标记功能是伴随着白话文,尤其是明末清初章回体小说在民间的繁荣而演化成形。话语标记语"完了"的语用功能赋值演化过程伴随"完""了"两字在古汉语中的分立演化,"完""了"的组合演化,以及"完了*le*"与"完了 *liao*"的纠缠。早期共享语境下的成分省略和后期句法结构类推强化导致"完了 *le*"在句法结构上逐渐独立承担类动词功能,促使语言结构"V+完了+O"逐渐演变为"O+完了"。"完了 *le*"的话语标记语演化源自其在句法结构上由单纯修饰动词的词尾补足成分演化为具有独立句法地位、衔接前后小句的超小句成分。"完了"在不同时期功能焦点的切换是大脑对"动作完成"这一概念结构认知解读差异导致语言表达凸显不同的结果。古英语话语标记语"*well*"的语义来源多样,但现代英语中"*well*"的话语标记语功能源自其修饰动词的副词功能和情态表达功能的感叹词。前者作为修饰谓语动词时多作用于知域概念上,表达动作行为的程度、状态。相较于"*well*"的概念功能和语篇功能,其作为情态词时的人际功能显著提升。作为句首修饰小句副词的"*well*"和作为句首感叹词的"*well*"在句法位置上的重合,使之在情态功能上渐趋融合,标识言者在话语表达中主观上的态度与想法。

第九章分析隐语式话语标记语的演变路径,分别是汉语中的网络流行语"你懂的"的话语标记化过程和英语中具有相似对应功能的话语标记语"*you know*"。研究中梳理了"你懂的"在语篇中的话语标记功能,分析其现有历时演变研究个案的不足。研究发现,人称代词"你"兴盛于隋唐时期,后随着语境拓展,定指功能逐渐泛化,由明确特定的个体逐渐泛指和虚指,直至其语义针对性逐渐模糊,所指对象逐渐丧失焦点。认知情态动词"懂"在隋唐五代时期语义渐成"明白""理解"之意,在元明时期此意逐渐得到普及,并在清代小说文本中得到广泛运用。"你懂的"作为尚处演变进程中的话语标记语,与其他成熟话语标记语的差别就在于其概念意义尚有留存,程序意义尚未完全成形,结构整体自带的概念意义与其在句法结构中的程序意义尚处博弈阶段。话语标记语"你懂的"的演变成形建立在主谓结构"你懂"的句法弱化、认知心理动词"懂"的语义泛化和情态泛化基础上,是小句结构在语言使用中固化的结果。"你懂的"因其自身概念意义所附的隐晦内涵对语境具有高度敏感性,体现说话人对相关事件的情感态度,因此话语标记语"你懂的"的语用主观性意义赋值与语境高度相关。相较于"但是"和"完了"等传统虚词类话语标记语,语用化在话语标记语"你懂的"的整体演变中占据主导作用,而词汇化和语法化的作用并不鲜明,甚至还算不上完全意义上的词汇化,只是在一定程度上具有习语固化的特征。而话语标记语"*you know*"的演变则是其在话语表达的高频使用中关系代词"*that*"

的脱落导致其与后接宾语逐渐脱落,渐成具有插入语性质的话语成分。在"that"脱落早期,"you know"短期内在句中起到类似连词的语篇衔接功能,但在后续的高频使用中,其话语表达中的主观性逐渐增长,渐失概念表达功能,动词"know"本身的知晓功能已经完全失去其概念意义,成为空有其壳而无其义的标记成分。

第十章以具有口头禅效果的言语方式类汉语话语标记语"不是我说你"和"frankly(speaking)"为例证,剖析具有口头禅效果的言说类话语标记语。研究梳理"不是我说你"在语篇中的话语标记功能,认为小句结构"不是我说你"原为"不是+S"格式变体,否定判断"不是"限定修饰小句 S,整体演变过程是否定判断"不是"在语言使用中渐由语义否定到语用否定的结果,即由否定"我"转向否定"说"的过程。话语标记语"不是我说你"的整体演变成形不仅涉及否定判断"不是"和行为动词"说"的独立演变,更是"不是"与"我说你"协调演变的结果。"不是"由命题判断功能渐生语气传递功能,而"说"则由言说动作渐生话语评述功能。二者协力促成话语标记语"不是我说你"在特定语境中从语义否定到语用否定的迁移及其在结构上的否定焦点迁移。与"你懂的"相似,"不是我说你"的整体成形高度依赖语境意义的内化,除内部成分演变涉及语法化和词汇化外,整体演变过程中语法化和词汇化的作用并不明显。而"frankly(speaking)"虽然也是言说类话语标记语,但是更具有副词特征,"frankly"从动作副词逐渐演化为话语标记语的路径也更为清晰,先后经历过"修饰动词的副词""修饰形容词或副词的加强副词""修饰句子的加强副词",以及"标识态度的话语标记语"等不同发展阶段,因此其演变路径显然不同于"不是我说你"。

第十一章以第七章至第十章所涉及的八个英汉话语标记语的演变路径分析为例证,从语言类型学对比的视角,从行、知、言三个概念域探讨不同类型话语标记语在语义、语法、语用不同界面中信息焦点的不同,以及其在历时变化过程中焦点的切换过程,并从演变阶段界面整合的角度探讨词汇化、语法化、语用化在不同类型话语标记语演变中的作用。研究认为,话语标记语演变成形是词汇依托句法形态结构变化和以语义—语用趋势变化为核心的形义持续演变直至匹配的结果,受到成分重新分析与隐转喻映射机制的影响;话语标记语的演变路径因其成分来源不同而在不同程度上受到语法化、词汇化和语用化的影响;整体演化受到内因和外因影响,呈现动态发展趋势。

第十二章回顾全书,梳理话语标记语历时演变共性、话语标记语演变机制与路径、演变动因,以及动态性特征,并对大传媒时代话语标记语"流行语化"和"隐语化"的演变趋势特征做了简要分析。

杨国萍

2024 年 6 月

目录

第一章
引　言

话语标记语是标记话语单元序列关系的独立语言成分（Schiffrin，1987）。尽管话语标记语不参与命题表达，但能组织话语、阐明话语单位与交际情境之间的连贯关系，或表明说话人对所说的话以及听话人在话语情景中角色的立场和态度（董秀芳，2007）。因此，话语标记语作为话语交流的重要手段，能够标识前后文关系或者在广义上联系当前命题内容来暗示前文可能没有表达的内容，进而有效促进话语结构的构建和意义的理解，在言语交际中起到"就近指路"和"调节监控"的作用，体现了语言的元交际功能，受到元语用意识的驱动。

早在 1953 年，Randolph Quirk 就明确指出，诸如"*you know*""*you see*""*well*"等词在语言信息传递中并没有起到实质性的作用，在语义上是无用且毫无意义的成分。及至 20 世纪 70 年代，话语标记语作为日常语言交流中的普遍现象才逐渐引起学界的广泛兴趣。国外不少学者从不同理论视角对口语和书面语中的话语标记语的概念、特征、功能等进行研究和解读，取得了较多研究成果，在学界引起较大的反响。特别是近年来，随着语言学界句法—语用界面研究的兴起，话语标记语的元语用功能及其演变成形过程更是逐渐成为语用学研究的热点话题和前沿领域之一。

本研究选取不同类型话语标记语为研究对象，旨在依托英汉历时语料库，从句法、语用层面入手，以汉语为主，以英语为辅，微观解读话语标记语的历时演变过程，探究其句法结构的变化与语用功能的赋值，梳理不同类型英汉话语标记语演变在句法—语用界面上的共性，以助力语言教学实践及跨语言对比研究。

第一节　研究背景

　　20 世纪 70 年代以来,西方话语标记语研究大致沿着传统句法>功能句法>句法(语义)—语用>认知—语用的脉络向纵深推进。相关共时研究多从话语连贯(Schiffrin,1987)、关联理论(Blakemore,2002)、语法语用(Fraser,1996,2006)及顺应论(Verschueren,1999)等不同理论视角集中探讨话语标记语的性质特征、范围分类以及语用功能等核心议题。相对而言,话语标记语演变研究,尤其是话语标记语的源起及形成研究显得较为滞后,且分歧不断。

　　国外学者虽较早尝试相关研究,但多恪守句法界面研究,聚焦话语标记语的结构和功能两个方面(Traugott,1995a;Thompson & Mulac,1991;Traugott & Dasher,2002;Brinton,1996,2011 等)。现有研究多认为主句主谓结构和宾语从句句法位置的倒置能够导致主谓结构逐渐分离宾语从句成为插入成分,进而演化为话语标记语;小句结构中的副词成分沿着"小句内副词/谓语副词>句子副词>话语标记"的路径也能演化为话语标记语;小句结构的句尾或句首成分因句法位置边缘化向心力较弱,易脱离句子结构主体,演化成标识上下文关系的话语标记语。

　　除了句法结构变化,话语标记语的语义—语用界面研究也备受关注,因话语标记语演变最显著的特征在于语言词项由概念指称功能到非指称功能的转变。Traugott(1982)指出语法化单向性的本质是词项由命题功能发展到语篇功能,再到人际功能的演变。语篇功能源自命题功能,而人际功能可能源自语篇功能或命题功能。Traugott(1988a)和 Traugott & König(1991)后将语义—语用单向性演化分解为客观意义变为主观意义,命题功能变为语篇功能,非认知情态变为认知情态三大趋势。中古英语话语标记语个案的研究则进一步证明话语标记语的演化遵循语法化三趋势,逐步从命题功能转变为语篇功能,直至最终获得人际功能(Brinton,1996)。Traugott & Dasher(2002)进一步指出话语标记语功能赋值过程在语义上包含[真值条件>非真值条件]和[内容的>内容的+程序的>程序的]转化,在语用上包含[非主观的>主观性的+交互主观性的>交互主观性的]和[以命题内成分为辖域>以命题为辖域>以话语为辖域]的变化。Brinton(2008:26)后将其简化为"指称意义(命题意义)到非指称意义(语用意义、元语言功能、程序意义)"的过程。

汉语话语标记语作为虚词的重要组成经历传统辞例式虚词训诂研究、句法功能研究以及认知语用研究等不同阶段。赵元任(1979[1968])析出的连词"超句子"用法和"弱化了的主句"用法,王力(1985:323-325)的"插语法",陆俭明、马真(1985:214-230)的"主从关系连词",以及高名凯(2011[1948])的"插说"都较早察觉此类"位置灵活""不同别的成分发生结构关系"的"句子的特殊成分"或"似乎多余的话"的句法—语用特征,为汉语话语标记语的研究奠定了基础。

廖秋忠(1986)将赵元任(1979)中的"超句子连词"和"弱化了的主句"定义为篇章中的连接成分,并从功能和位置两个角度对现代汉语书面语中句子或大于句子的结构之间所使用的连接成分展开研究,开创了现代汉语话语标记语研究的先河。何自然、冉永平(1999)借鉴国外相关研究,从关联理论等视角界定话语联系语的语用制约性,推动现代汉语话语标记语语用—认知研究。黄大网(2001ab)结合《语用学》杂志话语标记语专辑详尽回顾话语标记语的发展历程和国外研究成果及研究趋势后,"话语标记语"渐为国内学界接受,汉语话语标记语研究也渐从传统虚词研究转向语用—认知研究的快车道,形成不同视角下汉语话语标记语的系统解读(刘丽艳,2005ab;许家金,2009ab;Feng,2008,2010)。

受西方话语标记语研究范式及传统训诂学研究的影响,国内学界多从语法界面审视某个或某类汉语话语标记语演变过程(刘丽艳,2006;殷树林,2009;高增霞,2004ab;曹秀玲,2010;殷树林,2011ab;曹秀玲,辛慧,2012等)。相关研究认为,话语标记语的产生是一种典型的语法化现象,经历语义演变、去范畴化、重新分析、语音弱化等过程,呈现单向性和渐变性特征,其表达说话人态度的能力本质上是语法化过程中语言主观化和交互主观化的结果(吴福祥,2005)。语法化往往导致词类功能与句法结构的降格虚化,使篇章中的一些言语小句逐渐凝固化与关联化,并最终转化为关联词语或情态成分(张谊生,2010)。

此外,受汉语历时演变双音化趋势(王力,1989:228;蒋绍愚,1994:285)及复合意义单位凝固过程(张世禄,1981:544;王力,1985:51;王力,1989:227;楚永安,1986:1;符淮青,2001:81;潘文国 等,2004:379)的影响,部分学者(董秀芳,2003ab,2006,2007,2010;李宗江,2006;乐耀,2010;胡德明,2011 等)考察了汉语话语标记语演化在语义界面的变化。相关研究认为,话语标记语是自然话语语流中一些高频连用成分的合并与规约化。话语标记语既可以从短语假借"认知情态副词性固定语"直接词汇化而来(董秀芳,2007),也可以从一个完整小句结构演变而来(董秀芳,2010;李治平,2011),还可以是跨层结构句法重新分析后结构独立的结果(胡德明,2011)。话语标记语演变的词汇化过程可以建立在语法化的基础上(侯瑞芬,2009;刘顺,殷相印,2010),受到语用推理和语境吸收的高度影响(张田田,2012,2013;刘丞,2013)。

话语标记语的过往研究主要关注句法结构和语用功能在语义嬗变过程中的变化。相关研究虽成果丰富,为本研究打下了坚实基础,但对话语标记语演化的核心问题的解释力尚有不足,研究中暴露出的问题也为本课题的进一步深入留下了空间:①研究视角单一,偏重静态描写。过往研究对话语标记语的本质属性认识不足,导致相关研究过于聚焦其句法、语义特征和语用功能的静态描写。为数不多的历时研究又拘泥于话语标记语在语法和语义单一界面的演化,而忽略语用界面演化,或将之纳入语法、语义界面变化的次范畴,导致相关理论体系内部混乱。②个案研究较多,理论探讨不足。话语标记语演变的过往研究虽数量增长迅速,但个案较多,理论视角不一,导致相关研究结论相悖,信度不足。相关理论探讨虽有涉及,但也多因视角迥异而争议较多,尤其是语言类型学视角下话语标记语演变的跨语言对比研究有待深化。③研究结论预设,研究方法传统。过往研究受国外研究成果的影响,多将话语标记语演变归结于语法化,导致其句法—语用界面的动态演变过程没有得到应有的重视。研究方法受限于语料库技术的缺乏,无法大规模、系统地考察话语标记语演变的全程。

总之,现有话语标记语的演变研究在研究视角、研究重心、研究方法,以及研究结论上均有不少精进的空间。话语标记语作为形义匹配结构体,处于语义、语法、语用界面的临界点,其形成历时长久,受到诸多因素影响。话语标记语历时研究在经历短暂辉煌后停滞的根本原因在于忽视了话语标记语形成过程中语用界面的演化,尤其是句法语用间的互动。

第二节 研究问题

本研究以话语标记语演变的句法—语用过程为研究对象。研究选取语用学研究的热点话题"英汉话语标记语"为切入点,紧贴国际语用学研究前沿"句法—语用界面研究",突破前人研究以单一语法或语义界面演变描述整个语言演变的局限,力求细致描写英汉话语标记语的核心语用功能在不同历时演变时期逐渐衍生的过程,详细解读英汉语言演变的句法—语用界面互动过程,弥补现有研究缺憾,为构建话语标记语整体演变模式奠定基础。具体研究对象包括:

①英汉话语标记语共时视角下的微观及历时视角下的宏观演变;

②英汉话语标记语演变过程中的句法、语用适合条件;

③英汉话语标记语演变中的句法—语用界面互动性及其共性;

研究将着重探讨历时语言学视角下探查句法与语用间的动态关系。尽管现有研究虽多有涉猎英汉话语标记语的句法与语用研究,但多专注于共时视角下的句法及语用特征的离散静态描写,两者间的互动关系解读不够深入。有鉴于此,本研究将聚焦英汉话语标记语演变过程中①句法演变对语用功能衍生过程的管制,尤其是句法位置变化对语用功能赋值的影响;②语用功能衍生对句法位置变化的反作用,尤其是语用功能在语言不同层面上的句法表现。研究将立足历时语料数据,循迹话语标记语在句法—语用界面的历时演变,细致考察不同类型话语标记语在演变中的句法位置与语用功能的对应关系,尤其是二者在历时语言学视角下的动态触发关系,剖析语序变化对话语标记语演变的影响,从而为学界"语法化""语用化"争端再添新证。

研究过程整体采用自下而上的研究方法,由语料分析搭建理论框架,通过分析话语标记语演变全程,探查语言演变过程中句法、语用间的互动关系。尤其是①通过语料分析不断逼近话语标记语演变过程中语法功能向语用功能切换时的句法特征。语言演变中新旧功能的交替整体呈 A—AB—B 连续统一体模式(Heine,1991),因此要在浩瀚语料中判断词汇或小句结构的语法语用功能切换点,以及对应的句法结构在语用功能上的投射点均具有相当的难度。②进一步追踪话语标记语演变时语用功能衍生的句法、语义适切条件。话语标记语在 A—AB—B 演变模式中的 AB 中间体并不是无故衍生的,而是受到特定句法、语义条件而触发的。但语料纷繁,类型众多,如何探查归纳不同类型话语标记语衍生中的适合条件则显得颇为棘手。

第三节　研究价值与意义

本选题作为历史语用学的热点话题,意在借助语料库技术手段分析英汉历时语料数据,厘清英汉话语标记语演变的语用赋值问题,考查句法结构变化对语用赋值的作用,探究语用功能变化对句法结构的影响,解析不同类型英汉话语标记语演变过程在句法—语用上的互动共性。本研究在学理和语言实践上具有相当的价值与意义。

从学理来看,话语标记语历时演变涉及语法、语义、语用不同界面的相互作用,然而现代语言学理论受传统符号学影响,人为割裂了三者间的联系。过往话语标记语演变的研究尽管成果丰富,但其句法—语用界面演变仍有待深入挖掘。因此,本研究在前人研究基础上,综合考虑语义、语用、语法不同界面的相互作用,厘清话语标记语本质属性,借助历史语料数据,考证话语标记语演变不同时期句法变化与语用功能衍生的互动关系,弥补前人研究不足,进一步打通语法、语义、语用的理论藩篱,为学界从整体上理清话语标记语的演变全程提供可能,从而对完善现有包括话语标记语在内的演化语言学理论体系具有积极的理论价值和意义。

从实践来看,本研究对话语标记语不同阶段句法—语用界面互动演变的分析有助于梳理英汉语言演变细节,厘清语言变化的基本规律,为计算机自然语言深度处理提供依据,助力英汉文本话语标记语的翻译。该研究成果还能有效推进英汉语言对比研究,拉近国内外语言学界面研究的差距,指导对外汉语教学,以及话语标记语词典的编撰,具有较高的应用价值和意义。

第四节 本书的基本结构

本书共十二章,分上下两篇。上篇囊括前五章,主要围绕国内外话语标记语研究梳理前人文献,在厘清相关概念的基础上,阐述话语标记语共时研究和历时研究成果,涵括话语标记语描写的维度、性质特征,话语标记语语法化、词汇化、语用化、主观化等历时研究视角,从话语标记语描写维度的基础上剖析话语标记语本质属性与不同历时演变视角间的关联,以及在共时层面建构话语标记语内部机制整合和历时层面上的话语标记语不同演变阶段整合的理论整合视角。下篇主要以英汉个案分析为主,囊括后七章。第六章重在阐述本研究的基本思路、语料来源、频数测算与个案选择过程。第七章至第十章以汉语话语标记语为主,英语话语标记语为参照,梳理分析阐述四组八个话语标记语在不同维度的演变历程。第十一章聚焦不同类型话语标记语在语言类型学上的共性,探讨整合视角下话语标记语的演变过程在句法—语用维度上的特点。第十二章回顾全书,梳理话语标记语研究中发现的历时共性、演变机制路径、演变动因与特征,以及传媒时代话语标记语未来的演变发展趋势。

第二章

话语标记语的性质与特征

20 世纪中期 Quirk 提出 *well*,*you know*,*you see* 等小词的话语标记功能后,引起了学界的广泛兴趣。话语标记语研究已经成为当前学术界的热点话题,大量学者在此领域投入了大量的时间和精力,取得了不少成果,越来越多的学者意识到话语标记语不仅是检测语用和语义界限的基础,也是语篇结构和话语解读的基础(Schourup,1999),相关研究都以语言中不传递命题意义却承担程序功能的"语用功能词"为目标(Risselada & Spooren,1998)。然而,不可否认的是,长期以来,"话语标记语研究一直受困于定义不清和术语混乱的问题(李潇辰,向明友,杨国萍,2015)"。

第一节　术语的界定与研究分析

受制于研究视角和领域的差异,学界一直对话语标记语的定义、分类和功能有不同的解读(冉永平,2000a),最终导致相关研究领域概念混乱,在术语使用、研究角度、研究重点等方面争论不断(Brinton,1996;Fraser,1987,1996,2009),以至于 Fischer(2006)将相关研究统称为"a jungle of publication"。

一、术语界定

术语使用方面,冉永平在国内外语界首先将话语标记语的概念引入国内学界,并系统对话语标记语展开研究(何自然,2006)。他在纷繁术语中统一采用"话语标记语",认为"该术语涉及的范围相当广泛,包括大量不同的结构和表达式。从狭义的角度来说,话语标记语是在互动式言语交际中从不同层面上帮助构建持续性互动行为的自然语言表达式;从广义上的角度来说,话语标记语指书面交际和口语交际中标识话语结构以及连贯关系、语用关系等的所有表达式,这一定义就包括联系语(比如因果连接词、对比连接词等)、插入行结构等独立成分"。

冯光武(2004)基于 Fraser(1999,2006)的研究将汉语中的此类现象称为"语用标记语",并构建了较为系统的研究体系。他认为语用标记语的两个区别性特征是:它们没有真值条件意义;它们是以说话人为取向的,表达的是说话人的主观判断。他进一步认为,话语标记语/话语联系语和语用标记语所指的范围不同,前者只是后者的一种,不能混用。话语标记语是说话人展现他/她对话语单元之间的语义关系的判断,或者将这种判断清晰化、明朗化的一种手段。其他语用标记语展现说话人对话语命题的主观评价。

席建国(2009)认为语用标记语主要是在句法和语义层面上起作用,是句法结构不可或缺的语法手段;在语义层面它们主要用于体现命题之间的顺序关系、逻辑关系等,但是在具体语境条件下和言语交际中它们体现的是话语或语用信息,如说话人意义、语境意义、言外之意等非真值条件意义。因此,语用标记语是指能够体现说话人心理上对事件的发生、过程、结果等所持态度、评价、意见或用以实现以言行事效果的自然语言表达式。即,他们在言语交际中主要用于表达说话人特定的语用功能、传递特定的语用信息等。

方梅(2012)对话语标记语的理解是比较窄义的。其功能包括话语组织功能(discourse organizing)和言语行为功能(speech acting)。话语组织功能包括前景化(foregrounding)和话题切换(topic switch)两个主要方面。言语行为功能包括话轮转接(turn taking)和话轮延续(turn holding)两个方面。话语标记和语用标记虽然都不参与命题意义的表达,但是话语标记在言谈当中起组织结构、建立关联的作用,而语用标记不具备此类组织言谈的功能。当一个成分对连贯言谈并无作用而重在表现说话人的态度,这种成分属于"语用标记"(pragmatic marker)。

殷树林(2012a)在参考冉永平(2002)、刘礼进(2002)和 Fraser(1999)等人的研究基础上,全面细致地梳理了国内外研究,发现国外相关领域研究存在着 discourse marker(话语标记语/话语标记)、clue words(线索词)、metadiscourse(元话语)、pragmatic marker(语用标记语)等各类术语 33 个。国内相关研究则共有语用标记语(pragmatic marker)、话语标记语(discourse marker)、话语联系语(discourse connective)等各类称呼 13 个。笔者依据 Fraser(1997)、许家金(2009b:9-10)、冉永平(2000a)、殷树林(2012a:3-5)、王宏军(2013)和李潇辰、向明友、杨国萍(2015)的研究,制作了话语标记语常见中英文术语列表(见表2-1)。整体而言,尽管中外术语使用具有一定的同源性和混用特征,汉语术语使用歧异通常源自不同的英文名称或同一英文名称的不同译法,但是"不论是国外还是国内,都明显存在这样一个趋势:术语使用趋同化,越来越集中到话语标记、语用标记和元话语这三个术语上"(殷树林,2012a:5)。近年来,上述趋势愈趋明显,*discourse marker* 或话语标记(语)已经成为目前所有研究中采用最多、学界最流行的术语(Schourup,1999)。本研究为了刻意区分话语标记功能和凸显名词概念,遵循现有研究普遍趋势,选用了"话语标记语"。

李潇辰、向明友、杨国萍(2015)曾详细梳理过国内外相关研究领域的进展,认为界定话语标记语一直是学界公认的棘手难题,因为"'话语标记'的本质特征尚存争议""话语标记同相关术语纠缠不清、相互混淆""术语的译名繁多、对应混乱",这三个核心问题导致话语标记语的边界混淆不清,难以同其他相关研究术语和领域进行有效区分。实际上,学界话语标记语的界定与定义的差异微妙地表明不同学者在同类现象研究中外延与内涵的差异,并基于各自的研究兴趣点,从韵律、语法、语义、功能以及文本等不同角度界定自己研究中所涉现象的外延与内涵,最终导致学界相关研究纷争不断。

表 2-1 话语标记语常见中英文术语列表

序号	中文名称	英文名称	文献来源
1	外接语标记	Disjunct markers	Jefferson，1978；Van Dijk，1979；Stubbs，1983
2	语义联加语		
3	线索词	Clue words	Reichman，1978
4	策略语	Gambits	Keller，1981
5	元言谈	Metatalk	Schiffrin，1980
6	元话语	Metadiscourse	Williams，1981；Crismore，1989
7			李佐文，2001，2003；徐赳赳，2006
8	元话语标记		李秀明，2007；张玉宏，2009
9	元语用标记语		白娟，贾放，2006
10	元语篇		徐海铭，2004
11	亚语言		成晓光，1999
12	填充词语	Filler	Brown & Yule，1983
13	前述语	Prefaces	Stubbs，1983
14	插入语	Parenthetical phrase	Crystal，1988
15	暗示语	Cue phrases	Hovy，1994；Knott & Dale，1994；Blakemore，1987，1992，2002
16		Cue words	Rouchota，1996；Oberlander & Moore，2001
17	话语提示	Discourse cues	Schourup，1985，1999
18	会话路线语	Conversational routines	Aijmer，1996
19	分界提示手段	Indicating devices	Katriel & Dascal，1992
20	分界标记	Segmentation markers	Bestgen，1998
21	情态小品词	Modal particle	Waltereit，2001
22	话语指示手段	Discourse signaling devices	Polanyi & Scha，1983；Bazanella，1990
23	话语标记手段		
24	超命题表达式	Hyperpropositional expressions	Moon，1992
25	句子联系语	Sentence connectives	Halliday & Hasan，1976
26	语句联系语	Conjunctive expression	

续表

序号	中文名称	英文名称	文献来源	
27	语义联系语	Semantic connectives	Van Dijik,1979	
28	句外连接语	Extrasentential links	Fuentes,1987	
29	逻辑连接语	Logical connectors	Celce-Murcia,et al.,1983	
30	寒暄联系语/表意联系语	Phatic connectives	Bazanella,1990	
31	语义并连语	Semantic conjuncts	Quirk,et al.,1985	
32	话语修饰语	Utterance modifiers	Bach,1999	
33	话语小品词	Utterance particles	Luke,1990	
34		Discourse particles	Schourup,1985;Kroon,1995	
35	话语小词		吴福祥,2005	
36	关联语义限制语	Semantic constraints on relevance	Blakemore,1987	
37	话语联系语	Discourse connectives	Blakemore,1987,1992; Redeker,1991	
38			何自然,冉永平,1999	
39	话语连接词		吴福祥,2005	
40	话语算子	Discourse operators	Redeker,1991	
41	话语操作语			
42	语用手段	Pragmatic devices	Vande Kopple,1985	
43	语用联系语	Pragmatic connectives	Stubbs,1983;van Dijk,1985	
44	语用表达式	Pragmatic expression	Erman,1987	
45	语用表达语			
46	语用形成语	Pragmatic formatives	Fraser,1987	
47	语用标记	Pragmatic markers	Fraser, 1996; Brinton, 1996	方梅,2005ab
48	语用标记语			冯光武,2004, 2005
49	语用小品词	Pragmatic particles	Quirk et al.,1985;Östman, 1981	
50	语用算子	Pragmatic operators	Ariel,1994	
51	语用操作语			

续表

序号	中文名称	英文名称	文献来源	
52	语用功能词	Pragmatic function words	Risselada & Spooren, 1998	
53	话语标记语	Discourse markers	Schiffrin, 1987	方梅, 2000；黄大网, 2001ab；陈新仁, 2002
54	话语标记			何自然, 莫爱屏, 2002, 2004
55	功能词			邵敬敏, 朱晓亚, 2005

二、话语标记语的研究焦点

话语标记语研究术语的眼花缭乱,反映学界不同学者在相关研究对象的认知,以及研究思路与研究视角上的差异。

从研究角度来看,现有国内外研究多从话语标记语的语用功能、语篇功能,以及认知解读能力三个角度来阐述。语用功能研究中最为典型的是 Bruce Fraser,重在以话语标记语在句子中的句法语用功能为取向,阐述其标识说话人情感的能力。Fraser(1987,1996)从语法语用视角(grammatical-pragmatic perspective),自上而下地对英语中的话语标记语进行了全面、系统的考察。基于句子中命题信息和非命题信息的划分,Fraser 将所有能标记语言信息却不参与命题意义构建的词汇和结构(表达)称为语用标记语,认为它们能够为说话人的意图传递提供指向作用,帮助听话人解读说话人的意图,并依据其语用功能和句法位置进行了详细归类。上述术语中诸如"语用手段""语用联系语""语用标记""语用标记语""语用算子""语用功能词"等均在此之列。

语篇功能研究中最为典型的是 Deborah Schiffrin,重在以话语表达连贯为取向,阐述语篇层次上研究句子表达的一致性和完整性。Schiffrin(1987)开启了系统研究话语标记语的进程。基于社会访谈语料,自下而上,Schiffrin 注重话语连贯,认为语篇的话语连贯关系通常由性质和长度不同的单位关系构成,如单位小句和交际情景的关系,语义内容与上文的关系以及语境与背景知识的关系。因此,话语连贯视角下的话语标记语是自然语言中能促进语篇连贯关系建构和识解的词类,包括副词、介词、连接词、插入语,甚至是一些副语言特征和非言语行为。上述术语中诸如"话语指示手段""话语标记手段""话语联系语""逻辑连接语""语义并连语""话语连接词"等均在此之列。

认知解读能力研究中最为典型的是 Diane Blakemore,重在以认知关联为取向,研究以利于受话人话语理解为中心的心理机制。Blakemore(1992,2002)继承关联理论(Sperber & Wilson,1986,1995)中语义语用区别在于所涉语言认知努力不同的观点,认为关联是对人类认知过程的心智解读,能为话语标记语研究提供新视角。语言编码能为语用推理认知提供有效输入,而话语表达中既存在参与语用推理的概念表征信息,也存在促进或限制语用推理的编码信息。据此,Blakemore(2002)提出概念意义与程序意义,并将话语标记语限定为自身不含概念表征意义,但能通过自身程序意义对话语语境进行限制,影响话语概念表征运作的词语。上述术语中诸如"策略语""元言谈""元话语""元话语标记""元语用标记""元语篇"等均在此之列。

三、话语标记语与语用标记语的联系与区别

正如前文所述,近年来随着各领域学者研究的深入,相关领域术语的使用逐渐集中到"话语标记语"和"语用标记语"两个范畴上,研究范畴也逐渐聚焦到语篇层面上的衔接功能和话语层面上的情感标识功能。然而由于长期以来术语的混乱使用,加之相关研究起步较晚,现有三个研究角度中使用的"话语标记语"与"语用标记语"在研究重点上的外延与内涵并不一致。

话语连贯视角和关联理论视角在研究中共用"话语标记语"这一术语,但前者主要关注话语标记语对语言内部连贯关系的解读,后者更关注话语标记语对程序意义和概念意义的区分,因此,除 Schiffrin(1987)曾笼统给出话语标记语工作定义和语义特征外,一直以来话语标记语自身都缺少清晰的界定。语法语用

视角话语标记语研究立足于 Austin(1975)言语行为理论的施事行为,即在特定语境中赋予有意义的话语"言语行为语力(illocutionary force)"。施事行为的语力源于说话人意图在特定语境中的彰显,反映说话人对事物的交际态度。因此,Fraser 认为语用学是用来解释语言使用者如何通过语法和语境来表征概念,传递信息和语境效果的。

语言实施行为,因此,句子意义由命题内容和非命题内容组成。前者表征说话人想要引起受话人注意的事件状态,后者由包括感叹词、情态词、句式等在内的语气标记(mood marker)以及长度和复杂度不等的词汇表达(Lexical material)。Fraser(1987)认为这部分非命题内容在命题之外彰显了句子潜在的直接施事语效。不同于 Schiffrin 的话语连贯视角,Fraser 的语法语用研究对象限定在能够标记说话人特定交际意图的词汇,而忽略诸如 oh,well 等在内的语气标记词和语音、语调、重音等可能会影响语言施事语效潜力的副语言特征。Fraser(1987)将这类特定词汇统称为语用构成语(Pragmatic Formatives),Fraser(1996,2009)进一步将其明确为语用标记语(Pragmatic Markers)。一般说来,语用标记语①不承担句子的命题内容(具有语义内容的词汇在做语用标记语时的命题功能和语用标记功能不同现);②自身具有语义(概念意义或程序意义);③语用标记语的标识功能影响命题意义表达;④一般位于命题之首;⑤词类构成多样化,涵括副词、名词、动词、介词词组、习语等。

语用标记语虽然独立于句子的命题内容,但是能够标识说话人潜在交际意图,是说话人语用能力的一个重要方面(Fraser,2010a)。根据语用功能不同,Fraser(1996,2005,2006)将语用标记语分为基础语用标记语(Basic Pragmatic Marker)、评述语用标记语(Commentary Pragmatic Marker)、平行语用标记语(Parallel Pragmatic Marker)以及话语标记语(Discourse Maker)四大类,分别从语法语用角度起到标识说话人交际意图,评论基础信息,标识补充信息,或标识基础信息与前文的关系等作用(图 2-1)。

句子

非命题信息

话语标记语　平行标记语　评述标记语　基础标记语　命题信息

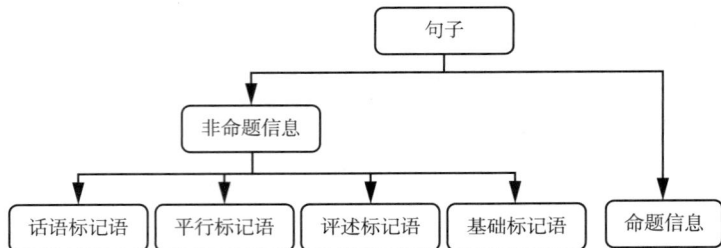

图 2-1　语法—语用视角下语用标记语类

　　四者相互补充,在言语表达中依据其与命题内容的关系,依次排列,共同致力于交际意图的实现。除基础标记语外,其余三者均为可选项。尽管日常语言中四大语用标记语很少同时出现,但并不意味着不能同时出现(Fraser,1997)。

　　在语法语用视角下,话语标记语被限定为"一组由连词、副词、介词词组等句法、语法词类构成的功能词类,能够对前文小句 S1 和话语标记语引入的小句 S2 的关系进行解读"(Fraser,1999,2006)。因此,话语标记语能够连接相邻小句,帮助听话人识别小句关系,引导话语理解,但并不创造小句关系或者对小句原有语义命题和真值含义产生影响。

　　话语标记语基于其在前后命题小句中的不同语用功能,可以分成对比性话语标记语(Contrastive Discourse Markers,如 *but*,*although*,*however*,*contrary to*,*on the other hand* 等)、阐发性话语标记语(Elaborative Discourse Markers,如 *and*,*above all*,*after all*,*furthermore* 等)和推导性话语标记语(Inferential Discourse Markers,如 *so*,*therefore*,*then*,*thus*,*hence*,*for this reason* 等)三大类。Fraser(2009)认为这三大类能够穷尽所有的话语标记语,并且每一个话语标记语都能在其中找到自己的位置。这种基于语用功能的分类基本类似于 Blakemore(1992)中提到的话语标记观,即话语标记语能够起到拓展语境言外之意、强化现存假设和否定现存假设的作用。当然,Fraser(1997,1998,2005,2010b)的研究更多关注的是对比性话语标记语研究,尤其是不同语言中转折性话语的使用及多个话语标记语共现时的先后顺序。

　　话语标记语标识相邻命题小句间的关系,位置相对较为固定,多位于小句之间。Fraser（2006）将其句法结构图式化为三种形式：

2-1）S1,DM+S2：John left late,*but* he arrived on time.

2-2）S1.DM+S2：John left late.*But* he arrived on time.

2-3）DM+S1,S2：*Despite the fact* that John left late,he arrived on time.

诸如例句中的 *but*,*despite the fact* 等在内的话语标记语更像是一种双位关系（two-place），展示前后话语片段间的联系,为话语理解提供导向,以期更好帮助听话人顺利完成文本中小句的关系识别和话语意义理解,以在言语交际中达到最佳言语效果。

两个小句并不是话语标记语存在的前提条件,特定条件下小句 S1 的缺省并不妨碍整个话语的解读,甚至在特定的语境中两个小句都可以同时省略,只留下一个话语标记语。Rouchota（1996）认为小句能否缺位往往取决于话语标记语自身的句法或语义特征。如果非语言语境能够帮助听话人理解句子,那么小句 S1 是可以省略的,变成 DM+S2。然而并不是所有的话语标记语都能像 *but* 这样允许 S1 的缺位。S1 缺位通常是因为话语标记语能够通过句法并列结构暗指前文命题信息或者语境信息,抑或是话语标记语自身具有前指 S1 事件状态的能力,如像 *despite this* 或 *despite that* 等带有指示词的话语标记语（Fraser,2001）。

此外,两个话语标记语也可能同时出现在小句之间,变成 S1-DM1,DM2-S2,其中 DM1 标注 S1S2 的关系,DM2 标识 DM1 外的其他关系。如：

2-4）He walked to town. ***But***,***as a result***,he caught a cold.

此时,两种话语标记语共同作用,分工负责,标识不同的句子关系。*but* 标识的是"引进新话题"的对照关系,而 *as a result* 标识的是"走路进城"和"感冒"间的因果关系。

相较于话语连贯视角和关联理论视角,语法语用视角下话语标记语整体呈现出概念缩小、功能细化和动态发展的特点。不同于其他学者的研究,Fraser 一开始就将其研究范围严格限定在词汇表达,这就排除了言语表达中具有语用标记功能的一些非语言特征。从语用标记语到话语标记语的逐步细化充满逻辑推理,环环相扣。虽然是"自上而下",却也显得论据充实,令人信服。此外,语用标记语的分类及其排列结构的探讨深化了每一子类在研究中的地位,彰显了其句法语义语用功能特色。尤为宝贵的是,Fraser 的研究是在不断的自我否定与创新中动态发展的。除去术语上的调整外,以语用标记语的分类为例,Fraser(1987)将其细分为基础语用构成语(Primary Pragmatic Formatives)、评述语用构成语(Commentary Pragmatic Formatives)以及平行语用构成语(Parallel Pragmatic Formatives);Fraser(1996,2006)将其分为基础语用标记语(Basic Pragmatic Marker)、评述语用标记语(Commentary Pragmatic Marker)、平行语用标记语(Parallel Pragmatic Marker)以及话语标记语(Discourse Marker);Fraser(2009)进一步调整为基础语用标记语(Basic Pragmatic Marker)、评述语用标记语(Commentary Pragmatic Marker)、话语标记语(Discourse Marker)和话语结构标记语(Discourse Structure Markers)(图 2-2)。

随着语用标记分类上的调整,其下属的小类别也在不断调整。以话语标记语(Discourse Marker)和呼语标记语(Vocative Marker)为例,Fraser(1987)将 Discourse Marker 归纳为 Parallel Pragmatic Formative 的子类别,及至后续的研究中将其提升为一级语用标记类别。Vocative Marker 在 Fraser(1996)中隶属于 Parallel Pragmatic Marker,但在 Fraser(2009)中被归为 Discourse Structure Markers 中的 Attention Marker。事实上,Fraser 的语法语用视角研究目前最为活跃,成果颇丰。就笔者检索到的资料而言,Schiffrin 自 Discourse Marker 一书构建话语连贯视角框架以来鲜有理论创新,而 Blakemore 更专注关联理论在话语标记语中的应用和话语意义的表达,而不是话语标记语本身的语义结构、句法特征及语用功能。

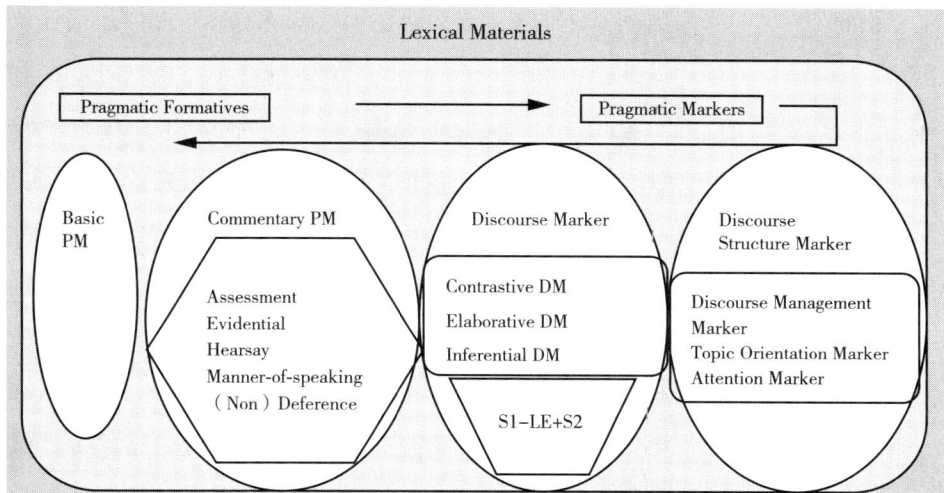

图 2-2　语用标记语分类①

连贯视角下的话语标记语源自话语范畴概念而非语法范畴概念,重在从话语层次上探索语言意义与结构是否对应以及语篇的是否连贯。因此,它们的研究对象限定为社会访谈的自然口语中出现的依存于话语的独立小单位,是对话语单位起切分作用的顺序性依附成分(sequentially dependent elements which bracket units of talk)(Schiffrin,1987:31),一般独立于主句,位于句首,具有一定的语音语调特征,能够在局部或整体层次上促进话语连贯。连贯视角下的话语标记语宽泛的定义为话语交谈中的一些副语言特征和非言语动作留下了足够的空间。事实上,Schiffrin(1987)所涵括的 11 个话语标记语来源多样,有小品词 2 个(*oh*,*well*)、连词 5 个(*and*,*but*,*or*,*so*,*because*)、时间指示词 2 个(*then*,*now*)、小句 2 个(*y'know*,*I mean*),并认为感官动词(*look*,*see*,*listen*,*hear*)、地点指示词(*here*,*there*)、副词(*why*)、感叹词(*gosh*,*boy*)、动词(*say*)、元话语(*what I mean is…*,*this is the point*)以及连接词(*anyway*,*anyhow*,*whatever*)等都可被纳入

---

① 本图依据 Fraser(2009)对语用标记语所做的最新分类而绘。

话语标记语的研究范围。

相较而言,连贯视角下的话语标记语的外延更像是 Fraser 定义的语用标记语。譬如,感叹词 *gosh*,时间指示词 *now*,感官词 *look*、*see* 和 *listen* 更像是语法语用视角下话语结构标记的注意力标记语(Attention Marker);小品词(particle,如 *you know*, *I mean*)以及元话语(metadiscourse,如 *what I mean is…*, *this is the point*)也应隶属于话题标记(Topic Orientation Marker)。诸如此类,不一而足。相反,语法语用视角下的话语标记语是依存于 S1-DM+S2 的句法结构的语法范畴概念而非话语范畴概念,用以标识前后相邻小句间的关系。因此,语法语用视角下的话语标记语首先必须是词汇,这就排除了连贯视角下的话语标记语所囊括的各种副语言特征和语音特征,如 Jefferson(1978)涉及的 *Nyem*;其次,语法语用视角下的话语标记语必须作为小句 S2 的部分构成出现,这也排除了连贯视角下的话语标记语所囊括的感叹词等标记;最后,话语标记语必须能够标识 S1 和 S2 两个小句间的关系,促进听话人对说话人施事行为的解读,这也排除了连贯视角下的话语标记语中类似指示时间和地点的标记语。总体说来,Fraser 体系下的话语标记语(F)否决了语音、词形、句法等非决定性特征,研究范畴排除感叹词(如 *damn*)、句子状语副词(如 *certainly*)、语气词(如 *indeed*)、证据性副词(如 *reportedly*)、态度副词(如 *frankly*)等以及无法标识语义关系的补语成分(如 *in order that*)和话题标记语(如 *first*, *later*, *incidentally*)(Fraser, 2009)。

关联视角下的话语标记语并没有准确而清晰的定义,因为这不是关联理论视角研究的主要内容。借助于关联理论,Blakemore 试图探究成功交际下的认知过程。她认为话语标记语是一类没有概念表征意义,通过自身的程序意义对话语语境进行限制,进而影响话语概念表征运作的词语。因此,她对话语标记语的研究也是从其对成功交际认知过程的促进作用的角度来考察的(Blakemore, 2002),对话语标记语的概念内涵与外延并未形成清晰的界定。所谓程序意义(Procedural Meaning)和概念意义(Conceptual Meaning)的提出更多是源于关联理论认知运行中推断理解在概念表征建构和操作上的必要性

（Schourup，1999）。概念意义融合了语言信息的编码、解码以及语义的理解，而程序意义能够引导听话人对所述话语的理解过程和推理过程。因此，话语表达要么将有助于概念表征的内容编码，要么将有助于概念信息编码、解码的程序信息编码，而关联视角下的话语标记语就是没有概念意义的，只具有程序意义的词汇编码。Fraser（2009）认可概念意义与程序意义的划分，以及话语标记语重在程序意义的判断，但反对词语必须在概念意义和程序意义间只居其一的判断。概念意义与程序意义更像是意义轴的两端，在核心意义的统辖下游走在意义轴中，具有一定的灵活性，有的强调概念意义，有的更强调程序意义，有的概念意义在语法化进程中逐渐消失，程序意义逐步增长。有鉴于此，隶属语法语用视角下的话语标记语中的 *as a result*，*as a consequence*，*in contrast* 等虽然表达的含义等同于 *so*，*thus*，*but*，但因其自身携带的概念意义而不能归属于关联视角下的话语标记语。因此，语法语用视角下的话语标记语虽然隶属于独立的功能类别词汇，但其范围相对开放（谢世坚，2009），成员数量能够随着语言的词汇化、语法化和语用化的进程不断增加。

　　总之，尽管 Schiffrin、Fraser 和 Blakemore 都采用了话语标记语这一术语，但其所指的范围不尽相同（图 2-3）。相较 Schiffrin 的宽泛概念来说，Fraser 和 Blakemore

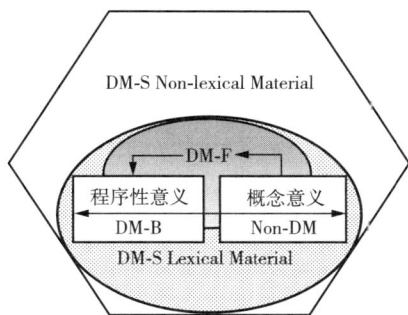

图 2-3　三大视角下话语标记语内涵与外延的差异图①

---

① DM-S 指代 Schriffin 研究视域下的话语标记语，DM-B 指代 Blakemore 研究视域下的话语标记语，DM-F 指代 Fraser 研究视域下的话语标记语。

的话语标记语都指向词汇表达,尽管后者进一步将话语标记语的范围限定为只具有程序意义而没有概念意义的词组。

第二节　话语标记语的描写维度

要想准确界定话语标记语的研究范围,就必须明确地界定话语标记语的本质特征。长期以来,不同学者对此进行了细致深入的探讨,其中国外最具影响力的主要有如下几位:

Schiffrin(1987:328)将话语标记语的特征与功能概括如下:

①句法上,独立于主句。

②通常用于话语句首。

③具有一定的语音语调特征(如重音及后续的停顿或音位缩减)。

④在话语局部或整体层面上管辖话语,真值语义弱化。

Hölker(1991:78-79)则主要从语义和语用功能两个层面简要概括了话语标记语的特征:

①不影响话语语义真值条件,不增加话语命题内容。

②语篇表达中具有情感和表达功能而无指称和认知功能。

Brinton(1996)则从语义、句法(位置、辖域)、音韵、语体,以及词汇特征等角度详细描述了话语标记语的特征:

①语义上,无命题意义。

②句法位置上,通常位于句首,独立于语法结构或松散附着在语法结构上,具有可删除性。句法辖域上,话语标记语同时在不同语言层面上具有一定作用。

③音韵上,具有音位缩减的特征,具有独立语调群。

④语体上,非正式口语中高频使用;具有性别指向,常见于女性口语表达中。

⑤词汇特征:边缘词汇,很难归入传统词类范畴。

Fraser(1999:931-952)将话语标记语界定为不同于连词、副词、介词短语等传统句法词类的语用功能词类或词汇表达,认为它们:

①衔接相邻话语片段,并不影响命题意义。

②具有程序意义而非概念意义。

③不但能标识相邻语句间的关系,还能标识话语与语境间的关系。

Schourup(1999:227-265)从狭义角度界定话语标记语,认为学界普遍认可话语标记语具有衔接性、可选性、无语义真值条件、与主句关系松散、常置于句首、独立句法范畴这六大特征。

国内汉语学界和外语学界或从延续国外话语标记语的研究思路,或以汉语本体语言特点为出发点,对话语标记语的基本特征做了详细的探讨。

方梅(2005ab)认为语义特征、功能特征、结构特征和语调特征是界定话语标记语的核心特征,其中前两者是最本质的特征,后两者则是前两者的外显形式。话语标记语的语义特征是指其基本没有概念语义,不影响句子命题意义,删除后亦不影响句子命题真值;话语标记语的功能特征是指其虽然没有一般句法意义上的功能和地位,但具有表达主观性和程序意义,标识说话人情感、认知和态度或者话语单位之间的关系;话语标记语的结构特征是指其结构形式已经凝固化;话语标记语的语调特征则是其能够构成独立的语调单位。

刘丽艳(2005ab,2009)在话语标记语"不是""这个""那个"三个词的个案分析中,明确将话语标记语界定为①功能上具有连接性;②语义上具有非真值条件性,即话语标记语的有无不影响语句命题的真值条件;③句法上具有非强制性,即话语标记语的有无不影响语句的句法合法性;④语法分布上具有独立性,经常出现在句首,不与相邻成分构成任何语法单位;⑤语音上具有可识别性,可以通过停顿调值高低等来识别。

董秀芳(2007)在探讨词汇化与话语标记语的形成关系时指出,话语标记语并不对命题的真值意义发生影响,基本不具有概念语义,它作为话语单位之间的连接成分,指示前后话语之间的关系,标识说话人对话语单位之间的序列关系的观点,阐明话语单位与交际情境之间的连贯关系,表明说话人对所说的话的立场和态度,或者对听话人在话语情境中的角色的立场或态度。

许家金(2009:8)从音韵、语义、结构、语用功能等角度详细分析和界定了青少年汉语即席口语中的话语标记语的典型特征和功能(详见表2-2)。

表2-2 话语标记的特征和功能①

	音韵特征	1.不重读,相对于邻近的音节往往弱读; 2.话语标记前后通常有可感知的停顿; 3.常常单独构成韵律单位; 4.汉语话语标记以单音节、双音节居多,一般不会超过四个音节
特征	语义特征	没有或较少含有概念意义
	结构特征	1.句法上难以归入某一类别; 2.不是句法上的必要成分,往往是可以取消的,但就现场即席的互动话语而言,特别是当某些话语标记单独构成话语时,则是不可取消的; 3.在话语中的位置较为灵活,可出现在话轮(或韵律单位)的开始、中间或末尾,而其中以出现在开始位置居多; 4.汉语话语标记后面一般可再接句末语气词(如啊,吧,呢,呀等)
功能		1.示意话轮(或韵律单位)的开始、延续、转换、结束等; 2.可以表达和暗示说话人的态度; 3.可以帮助促成会话双方的互动; 4.提示话题或者信息焦点

李宗江、王慧兰(2011:24-25)规避话语标记语的术语之争议,将之全部纳入汉语新虚词的范畴,认为它们是口语表达中一种可为词、可为短语或小句的新语言表达形式。话语标记语本身可能具有的概念意义在发挥话语标记功能时不表达概念语义,它们往往游离在结构之外,以插入语或独立语的形式,通过语音停顿或书面逗号脱离句子其他成分,不影响句子的真值条件。

殷树林(2012ab)从语音、句法、语义、语用、风格五大角度梳理了话语标记

---

① 表2-2转引自许家金(2009b:8)。

语的典型特征。语音上,话语标记语形成独立的语调单位,与其他语言单位之间可以有停顿;句法上,话语标记语具有独立性,主要出现在句首;语义上,话语标记语编码程序信息,除证据标记外,不会增加所在语句表达的命题的内容,也不影响其真值条件;语用上,话语标记语是自反性的,调节和监控言语交际过程;风格上,话语标记语多用于口语。

通过梳理上述中外学者对话语标记语典型特征的界定,我们可以发现,话语标记语是一组功能词类已经成为学界的普遍共识。学界在界定话语标记语的研究范围与特征时多在共时层面上聚焦话语标记语在语义、语用、语法、音韵等维度上不同于传统词类的特征。实际上,前文梳理出的话语标记语共时研究中连贯视角、关联视角,以及语法语用视角研究发现差异的根本原因在于相关学者对话语标记语在不同维度上差异的不同认知。这些内涵差异反过来又强化了不同研究中话语标记语的外延差异,彰显了不同学者对话语标记语语用功能的不同侧面的研究兴趣。这样共时层面的研究方法在话语标记语的微观功能特征上往往能够取得较大的进展,但却不利于宏观层面上的话语标记语属性的整体研究。

实际上,语言结构是符号和意义匹配的结构体。语言中有由各种类型的形义匹配结构(form-meaning pairing)构成的语法基本单位。所谓结构体的形式涵括句法、形态和音系,而意义则指称语义、语用和语篇功能(Croft,2001)。话语标记语作为语言体系中具有一定功能的表达结果,理所当然地也应该具有普通语言结构所应该具有的各项特征,因此,自然而然地,"话语标记语应该是兼具形式特征与功能特征的结构体(Aijmer,2013)"。从语言演变的角度来看,形式与功能是相互适配的,语言结构形式的变化逐渐引起语言结构功能的调整,语言结构功能的调整也往往会相应地引起语言结构形式的变化。Aijmer(2013)的考证就直接表明,英语在不同的空间中形式与功能不同,相同功能的表现形式也不同。

汉语话语标记语与英语话语标记语在本质上具有高度的相似性,但汉语表意的语言特性使其在表达汉语片段关系时又更多地依靠意义衔接上的逻辑关系。但是,汉语不同于英语,"缺乏严格意义的形态变化"(吕叔湘,1979:11),且汉语的形态变化不同于英语的形态,拥有更多更丰富的语调单位,因此相较而言,如果完全沿用英语话语标记语的特征来考察汉语话语标记语必然会导致汉语话语标记语形式特征的重要性被低估,从而导致研究结果有所偏颇。特别是在汉语语法分析的依据中,"形态和功能是两个,意义是半个,遇到二者不一致的时候,或者结论可彼可此的时候,以形态为准"(吕叔湘,1979:11)。因此,尽管汉语形态变化不发达,但仍应该是其语言描写不可或缺的部分。

　　总之,综合英汉话语标记语的特征来看,形式、功能、意义是话语标记语描写中必不可少的维度。所谓形式特征涵括音韵、词汇形态、句法形式(线性位置和辖域),功能涵括语法功能、语用功能、语篇功能,而意义则指向词汇的概念语义和程序意义(图 2-4)。

形态 **Form**	语调维度 [Intonation]	
	词形维度 [Morphonology]	
	句法维度 [Syntax]	线性位置 [Linear Position]
		句法辖域 [Structural Scope]
意义 **Meaning**	语义维度 [Semantics]	
	语用维度 [Pragmatics]	
	语篇维度 [Discourse]	

图 2-4　话语标记语描写维度

　　需要指出的是,上述话语标记语的描写维度分析完全是基于语言共时状态的静态描写的,然而实际上,包括话语标记语在内的任何语言成分都不是一蹴而就、孤立而生,而是在形式与意义两大层次的多个维度上不断推进,逐步演变成形的。就单个的语言成分来说,其各个维度的演变进度可能完全一致、更可能存在演变进度不平衡、可能相互制约或促进,最终在整体上推进语言的发展,形成稳定的结构。就话语标记语而言,其衍生多源自实词的虚化,经过多个阶段,历时长短不一,其在各个阶段的演化实质是各维度朝向话语标记语原型演化的结果。因此,如果我们从历时视角来审视研究话语标记语的演变历程的话,共时层面上话语标记语的描写维度最大价值就在于它能够为历时层面上描写话语标记语各维度在时空中向话语标记语原型逼近的过程。

第三节 话语标记语的分类与个案

尽管迄今为止,国内外话语标记语概念模糊、种类繁多,导致术语繁多,而且"各家对于话语标记语的范围或数量,看法也不一致"(王立非,祝卫华,2005),但是学界对话语标记语的存在及其基本内涵仍有不少共识。正是基于上述话语标记语描写维度中的共识,国内外学者从共时或历时层面对相关个案展开了细致的分析研究。为有效规避因为术语争议带来的不便,我们梳理汇总了国内外学者在核心期刊或书籍中分析研究的话语标记语并详细归类。

一、英语话语标记语

国内外对英语话语标记语个案研究颇多,尽管相关研究视角不一,但大多基于句法位置来探讨其功能。Schiffrin(1987)系统分析了 11 个英语话语标记语,指出话语标记是语境坐标,作用于不同的话语层面上,并基于相关标记语的话语功能将之界定为信息处理标记语 *oh*,应答标记语 *well*,话语连接标记语 *and*,*but*,*or*,原因和结果标记语 *so*,*because*,时间副词标记语 *now*,*then*,信息与参与标记语 *y'know*,*I mean*;Östman(1981)从语篇功能的角度分析 *you know*;Schourup(1985,2001)重点对 *well*,*oh*,*like*,*you know* 等词标识话语与思维关系的功能进行了分析;Schourup(1999)又进一步从真值语义的角度对 *well*,*so*,*now*,*in addition*,*after all*,*however* 等话语标记语的功能特征进行了系统分析。

Levinson(1983:87-88;2001)、Rouchota(1996)则分别重点考察了 *therefore*,*still*,*however*,*anyway*,*besides*,*actually*,*after all*,*all in all*,以及 *but*,*moreover*,*so*,*and*

等词语或短语标识前后话语关系的能力,而 Blakemore(1987,1992)则进一步以 *but*,*so*,*after all*,*therefore*,*moreover*,*however* 为例以认知关联为取向,将这种标识话语能力解读为构建受话人理解为中心的心理机制能力;Erman(1986,1987)则从话语分析的角度对 *you know*,*you see*,以及 *I mean* 等插入语式小句的话语导入功能进行了分析。Lenk(1998)依据话语标记语在会话中指前与指后的差别将话语标记语分为指前话语标记语(如 *as I said before*,*anyway*,*however*,*still*)和指后话语标记语(如 *what else*,*by the way*,*furthermore*)。

上述学者的研究虽然对话语标记语的内部类属做了一定程度的研究,但大多基于个案功能与句法位置,相对较为零星,或多或少给人留下"只见树木不见森林"之感,并未真正从宏观层面上描述话语标记语的整体框架。

国外学界对英语话语标记语进行系统归类的第一人当属 Fraser。Fraser(1997)全面从语用—语用视角阐述了语用标记语的架构,将话语标记语视为语用标记语的一个分项[①],认为话语标记语可分为对比性标记语(如 *though*,*but*,*However*,*in comparison*,*in contrast*,*on the other hand*,*still*,*whereas*,*yet*,*but*,*nevertheless*)、阐发性标记语(如 *and*,*for another thing*,*furthermore*,*in addition*,*what is more*,*moreover*)、推导性标记语(如 *as a consequence*,*as a result*,*so*,*then*,*therefore*,*because of...*,*accordingly*,*all things considered*),以及主题变化标记语(如 *by the way*,*incidentally*,*speaking of...*,*to return to my point*,*back to the original point*,*just to update you*)等四大类。Carter & McCarthy(2006:208-225)同样将话语标记语视为语用标记语的一个主要子类,并从话语标记语在话轮组织、话语元认知以及话轮合作三个层面将话语标记语细分为诸如 *well*,*so*,*next*,*right*,*listen* 等组织话语标记语、诸如 *I mean*,*you know* 等监控话语标记语,以及诸如 *good*,*fine* 等应答标记语。

相较而言,国内外语学者的英语话语标记语研究较为微观,多注重运用相

---

① Fraser 研究体系下的话语标记语与语用标记语的区分,及语用标记语与其他学者话语标记语研究的范畴差异见前文。

关理论(如认知关联或顺应论)梳理解读英语个案在语篇中的语用功能或元语用意识。国内外语学者分析较多的英语话语标记语有 *you know*,*well* 等。譬如冉永平(2002),李潇辰、向明友、曹笃鑫(2018)对 *you know* 在话语表达中的语用增量、语义痕迹与语用功能的分析;冉永平(2003),李民、陈新仁(2007),贾静(2008)以及朱小美、王翠霞(2009)分别从言语交际、语言习得、句法特征,以及元语用意识等角度细致探讨了 *well* 的语用功能。现有研究中系统梳理英语话语标记语体系的当属王立非、祝卫华(2005)。他们从逻辑连接功能和话语填充功能两个角度将英语口语话语标记语细致划分为 15 类,其中逻辑连接话语标记语 13 类,填充话语标记语 2 类(表 2-3)。王宏军(2013)则在借鉴王立非、祝卫华(2005)的研究成果基础上,结合其他分类的合理处,补充了坦言性标记语(如 *frankly speaking*,*truly speaking*,*honestly speaking*,*to tell the truth* 等)、阐发性

表 2-3 王立非、祝卫华(2005)的话语标记语分类表

序号	话语标记语	类型
逻辑连接标记语	also, furthermore, moreover, besides, still, and, too, in addition	附加性标记语
	for instance, for example, such as	列举性标记语
	but, on the contrary, however, on the other hand, nevertheless, yet	对比性标记语
	in other words, namely, that is	重复性标记语
	since, because, so, thus, hence, therefore	因果性标记语
	firstly, secondly, thirdly, next, in the first place	顺序性标记语
	in summary, to sum up, in sum, in total	总结性标记语
	though, although, even if, even though	让步性标记语
	after, meanwhile, now, before, when	时间性标记语
	above all, very, almost, actually, really, fully, extremely, completely, totally, indeed, incidentally	强调性标记语
	if, unless, whenever	资格性标记语
	either/or, other than, neither/nor, otherwise	选择性标记语
	as well as, at the same time, or	对等性标记语
填充标记语	well, oh, yah	无明确含义填充语
	you know, you see, I mean, I think, yes, no, of course	有含义的填充语

标记语（如 *personally speaking*，*in my opinion view*，*as far as I am concerned*，*as far as I know* 等）、理据性标记语（如 *generally speaking*，*theoretically speaking*，*reasonably speaking*，*as a matter of fact* 等）和断言性标记语（如 *certainly speaking*，*I am sure*，*sure enough* 等）四大类。

总之，尽管学界对话语标记语的基本内涵已经有了一定共识，但受到学界概念界定混淆不清，外延不定的影响，国内外学者多基于自身学术背景从不同角度切入，聚焦英语话语标记语个案的语用功能和句法特征，在话语标记语的系统归类上进展不多。

二、汉语话语标记语

尽管话语标记语这个术语是 2001 年冉永平教授引入国内的，但国内对话语标记语的研究最早可以追溯到先秦时期训诂学家对汉语虚词和实词的区分，《墨子》研究已经关注到虚词的抽象性和系统性。《尔雅》涉及虚词包括介词、连词、助词、语气词和叹词等。东汉许慎《说文解字》把具有实在意义的实词称为"字"、没有实在意义的虚词叫作"词"或"辞"（向明友，黄立鹤，2008）。19 世纪末，《马氏文通》融汇汉语传统与外来理论系统构建第一个完整的汉语语法体系，其中起连接作用的词称为"虚字"，并将连接词通称为"连字"，即"凡虚字用以提承推转字句曰连字"。连字根据其功能分为提起连字、承接连接词、转捩连接词、推拓连接词等。

国内学界最早关注现代意义上汉语话语标记语的当属廖秋忠（1986）。他将之称为"篇章连接成分"，并从位置与功能两个角度对现代语篇中包括连词、副词以及其他具有语篇连接功能的结构进行了研究，发现汉语中绝大部分连接成分在句法位置上都位于句首，或在主语之前，也有部分位于句中谓语之前。这些连接成分虽不是句子的组成部分，但在功能上主要关注整个句子交际中所涉及的人或事，因此常存在跨句连接和跨段连接的情况。同样，申小龙（2001）也曾对现代汉语中以表达逻辑关系而独立于动词、名词，成为关系句的关系结构进行调查，发现关系结构系统可以分为因果句、转折句、假设句、条件句、并列句、比拟句、让步句、比兴句、诠释句、目的句等,认为各种句读单位前后都存在逻辑联系。

冉永平在国内外语界首先将话语标记语的概念引入国内学界,并系统对话语标记语展开研究,认为广义上话语标记语是指书面交际和口语交际中标识话语结构以及连贯关系、语用关系等的所有表达式(何自然,2006)。冉永平(2000ab)规避话语标记语与语用标记语的术语争议,依据语用功能将广义话语标记语的划分为话题标记语(如"我想讲的是""话又说回来")、话语来源标记语(如"众所周知""报纸上说")、推理标记语(如"概括起来说""由此可见")、换言标记语(如"换句话说""这样说吧""我的意思是")、言说方式标记语(如"恕我直言""简而言之""严格地讲")、对比标记语(如"不过""但是")、评价性标记语(如"依我之见""幸运的是")、言语行为标记语(如"我告诉你""你说实话")等八大类。

于国栋、吴亚欣(2003)和吴亚欣、于国栋(2003)基于话语标记语在语境顺应和语篇构建的作用将话语标记语区分为承上型话语标记语(如"这么说""好了""不过""你是说""如此看来""换句话说"等)、当前型话语标记语(如"我知道""我告诉你""恕我直言""从我内心说"等)、启下型话语标记语(如"我想讲的是""事情是这样的")三大类型。

冯光武(2004)基于 Fraser(1999,2006)中所建构的语用标记语体系成果,将汉语中的同类词类现象称为语用标记语,认为话语标记语/话语联系语是语用标记语的一种。话语标记语是说话人展现他/她对话语单元之间的语义关系的判断,或者将这种判断清晰化、明朗化的一种手段。其他语用标记语展现说话人对话语命题的主观评价。同时基于语用标记语是否存在概念语义的区分,Feng(2008)将语用标记语细化为概念语用标记语和非概念语用标记语。前者又细分为情态语用标记语(*yexu*①,*haowuyiwen*,*shishishang*,*xianran*,*jushuo*)和评

---

① 斜体词为汉语拼音,原文如此。

价性标记语（*jingqideshi*，*buxingdeshi*，*yuchundeshi*，*wokan*），后者分为对比性语用标记语（如 *keshi*，*danshi*，*raner*，*zhishi*，*buguo*，*jiushi*，*nalizhidao*，*buliao*，*fanzhi* 等）、阐发性语用标记语（如 *bingqie*，*zaishuo*，*jiazhi*，*tuierguangzhi*，*gengyoushenzhi*，*chucizhiwai*，*haiyou*，*budan…erqie…*，*biru*，*yejiushishuo*，*zongeryanzhi*，*zongzhiyijuhua*，*tongyang*，*tongli*，*youqi*），以及推理性语用标记语（*suoyi*，*kanlai*，*kejian*）等。

刘丽艳（2005b）认为汉语话语标记语可分为词汇形式的话语标记语和非词汇形式的话语标记语。前者由其他词类虚化而来，涵括诸如"我说""这个""那个""就是说""然后""那么""好""是""是不是（是不、对不对、对不）""不是""你知道（吗/吧）"等各类语法词类或小句形式；后者则不是从其他词类系统中虚化而来，只是在日常使用中形式逐步固化后充当话语标记语，如"喂""嗨""哎""啊""嗯""哦""哟"等语气词。

吴福祥（2005）和殷树林（2012a）细致梳理汉语话语标记语词类后，认为常见的汉语话语标记语多由副词（如"毕竟""其实""显然""事实上""恐怕"等）、连词（如"但/但是""只是""可/可是""不过"）、某些语气词（如"呢""吧""嘛"等），以及部分插入语性质的短语或者小句（如"我想""我敢说"等）。

邢欣、白水振（2008）基于话语标记语在语篇中衔接功能的强弱将其划分为话语标记衔接语和语用标记衔接语。前者又分为不含信息量的衔接语（如"嗯""好""行""是""啊""好了"等应答词，"喂""哎""来"等招呼词，以及"然后""那么""这个""那个"等表示关联作用的词语）、信息量较弱的衔接语（如"依目前状况来看"等由动作动词虚化而来的短语，"那样的话""如果可以的话""听说""据说""也就是说"等由动词或凝固短语构成的短语，"就是就是""可不""别介""哪能""不""对吧"等话语中表示肯定或否定的应答词语，以及类似"那个谁"的招呼语），以及信息量强的衔接语（如"虽然""但是""因为"等连词，"就""才"等关联副词，以及类似"在党的领导下"的全句修饰语）。后者指代具有主观评介意义的衔接语，既可划分为言者视角下的"我觉得""我认为""我相信""据我所知"和听者视角下的"有人说""大家知道""据说""众所周知"，又可依据自身的概念信息量强弱区分为诸如"我看""我认为""我怀疑""我肯定"等强信息量的插入语和诸如"依我看""你看""我想""我以为""看起来"等弱信息量的插入语。

谢世坚（2009）认为英汉话语标记语在类别和典型成员上既有对应一面也有不对应一面，但对应面相对更多。常见英语话语标记语主要源自感叹词、连词、副词、形容词、动词、短语和小句等几类词类和结构，汉语还有源于指示代词的话语标记语，并据此将英汉话语标记语区分为八类。源自感叹词的话语标记语有汉语中的"啊""哎""哎呀""嗯""嗨""嘀""哼""哦""喂""哟"等，以及英语中的 ah,oh,oh no,ouch,wow 等；源自连词的话语标记语有汉语中的"此外""但是""那么""然后"等，以及英语中的 and,because,but,or,so 等；源自副词的话语标记语有汉语中的"不（是）"等，以及英语中的 anyhow,anyway,here,no,now,then,there,well,whatever 等；源自形容词的话语标记语有汉语中的"好""对"，以及英语中的 fine,good,great,okay,right,well 等；源自谓词的话语标记语有汉语中的"回头""完了""是"等，以及 listen,look,say,see 等；源自指示代词的话语标记语有汉语中的"这/这个""那/那个"等；源自短语的话语标记语有汉语中的"就是说""是不是""实际上"，以及 in other words,so to speak,on the contrary 等；源自语句的话语标记语有汉语中的"你知道（吗/吧）""你看/我看""我说""我想说的是"，以及英语中的 I mean,mind you,you know/y'know,you see,what I mean is… 等。

相对较为繁复的是孙利萍、方清明（2011）对话语标记语的分类，她们基于话语标记语的成分构成将之划分为话语标记词、话语标记（短）语、话语标记小句、话语标记格式等大类。话语标记词包括 Schiffrin（1987）中的 and,but,so,then,now,oh,well,therefore,however,anyway，冉永平（2002,2003,2004）中的 well,"吧"，吕叔湘（1982）中的"吧""呢""罢了"，胡明扬（1987:74-107）中的"吧""吗""嘘""呢""哎""啊""呕""欤""呗""喽""哎呀""哎哟""哼哼""吓""嗯""嗨""喂""咦""哟""呸""嘘""啧""呀"，邵敬敏（1996）中的"吧""呢"，李成团（2008）和许静（2009）中的"嘛""吧""啦""嘛""啊""呢""呃""嗯"，高增霞（2004ab）中的"回头""完了"，董秀芳（2004a）中的"对了"，王海峰、王铁利（2003）的"什么"，以及邵敬敏、朱晓亚（2005）中的"好"；话语标记（短）语包括 Schiffrin（1987）中 you know，王丹荣（2011）和杨国萍（2016）中的"你懂的"，喻志强（2015）的"你说呢"；话语标记小句包括"又来了"，"话又说回来""不是我说你""你是说"，以及李胜梅（2012）中的"开个玩笑"，钟玲、李治平（2012）中的"不瞒你说"，卢英顺（2012a）中的"这样吧"等；话语标记格式则包括"要说明的是""要指出的是""遗憾的是""令人高兴的是""令人庆幸的是"等"XP＋的＋是"格式下的系列开放式表达。

三、指向历时演变的话语标记语类属分析

文献梳理清晰表明，现有英汉话语标记语研究注重个案功能梳理，轻宏观体系建构。相关学者对不同个案的解读虽然有助于学界进一步明晰话语标记语的性质特征，但客观上纷繁复杂、形式多样的个案在一定程度上反而使得话语标记语研究云雾缭绕。特别是，无论是英语话语标记语研究，还是汉语话语标记语研究，无论是国外学者还是国内学者，都聚焦在话语标记语的语用功能、语法功能或结构形式分类上，尤其是汉语话语标记语的分类以语用功能居多。这与汉语没有严格意义的形态变化，不能不主要依靠句法功能（广义的包括与特定词的接触）高度相关①。在包括英语在内的有形态变化的语言里，词性的转变或活用在形态上可以表现出来，而汉语则没有这种标志，因而在处理词性转变问题时常常会出现不同意见（吕叔湘，1979：33）。

然而由于话语标记语本身具有功能多样性，如果单纯按照功能划分话语标记语的类属，就可能导致话语标记语的类属繁复，加之各位学者对话语标记语功能的解读不同，各种基于语用功能的话语标记语分类就更显得纷繁复杂了。

---

① 西方语法用形态变化做划分词类的依据（形态变化可以包括在广义的结构之内），是因为前者比句法功能更可靠，词在语句里的用法有固有的，转变的，活用的等各种情况，而形态变化是"说一不二"的。

以汉语话语标记语为例,冉永平(2000a)和冉永平(2003)、谢世坚(2008)都划分出八大类,于国栋、吴亚欣(2003)和吴亚欣、于国栋(2003),邢欣、白水振(2008),刘丽艳(2005a)都划分出两大类,但实际上相关类属划分标准受到研究者自身学术背景、研究对象或学术视角的影响并不一致;谢世坚(2008)与吴福祥(2005)、殷树林(2012)虽都采用了基于词类本身语法性质划分的办法,但是类别数量又有较大差异。在研究对象上,刘丽艳(2005b)关注在口语研究中典型的话语标记语,但其他学者则兼具口语与书面语。邢欣、白水振(2008)对话语标记语的概念界定过于宽松,导致研究中的某些词汇概念意义较强,实际上并不能纳入话语标记语的范畴。最为夸张的是,孙利萍、方清明(2011)根据话语标记语的语用功能将话语标记语分为十七类,并肯定地表示"这样的分类还远未穷尽也不必穷尽,因为我们不是为了分类而分类,而是试图通过一定规模的类别观察话语标记的整体性和宏观层面的特点"。

此外,鉴于多数话语标记语的功能多样性,单纯以功能来划分话语标记语的类属就往往会导致某一话语标记语在不同类属中出现,更是加剧了话语标记语研究的认知混乱。吕叔湘(1979:33-34)指出"用句法功能做划分此类的依据,有单一标准和多重标准的问题。我们往往找不到理想的单一标准。多重标准的结构总是参差的,就有协调的问题"。谢世坚(2008)也明确表示"若以功能为依据对话语标记语进行分类,须首先对功能进行明确界定和分析"。

我们认为功能是话语标记语的一个重要表象,话语标记语的功能并不是单一导向的,而是集语篇功能、人际功能和评价功能于一体的复合结构。话语标记语的功能认知取决于自身在语境中的解读,具有相当的灵活性,往往要么太微观,要么太宽泛,故不可将其功能类型绝对化。因此,从共时层面上以功能来对话语标记语进行分类具有相当的主观性,也不可能穷尽所有的话语标记语。

实际上,从宏观的角度来说,话语标记语作为一个语用词类,最终还是会落实到具体的数目有限的词类和结构上。前文维度描写也表明,语言发展是一个逐步演变的过程,包括话语标记语在内的所有词类都是在形式与意义两个层面不同维度上经历过较长时期的历时动态演变后才最终在形义两个层面稳定下来(图 2-5)。语言形式差异的根源在于语言演变程度的差异,即话语标记语在由实词或小句向原型演变的不同阶段中可能存在的形义不完全匹配的形式。有时话语标记语的形式演化速度超过意义,如方梅(2000)将连词区分为真值语义表达与非真值语义表达,认为话语标记语是连词非真值语义表达弱化的结果。连词中"真值"与"非真值语义表达"在同一形式下并存就是形式演化速度超过意义演化的结果;有时话语标记语的意义演化速度超过形式演化速度,导致话语标记语的形式不稳定,甚至还未成词,如孙利萍、方清明(2011)所提到的话语标记小句和话语标记格式。

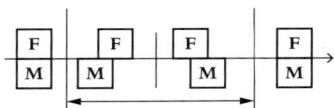

图 2-5　话语标记语的形义(Form-Meaning)演变阶段图

从这个意义上来讲,既然语言演变是形义不断匹配直至稳定的过程,那么只要语言演化继续前进,话语标记语在共时层面上形式与意义的暂时固化也只是该词汇在历时演变不同阶段的过渡形式而已,终将被替代。如果从历时视角来看,话语标记语的演变阶段也可以按照其演变程度或形义匹配的固化程度分为初始阶段的词汇、过渡阶段的话语标记语和成熟阶段的话语标记语(图 2-5)。

同时,基于语言形义匹配的特性和话语标记语的本质特征,我们主张从以下几个方面来确定其演变的成熟度:①形式是否固化(结构的开放程度、词形的稳定性);②概念语义是否消失(完全消失,或者未完全消失);③语用功能是否固定(完全固定、还可拓展)。因此,所有话语标记语演变的过程可以抽象化为:

$$DM = \left| \frac{F\text{——}F'}{M\text{——}M'} \right| \, |T_0\text{——}T_n| ①$$

如果再细致地从话语标记语的各个演变维度来看,话语标记语的演变可以

---

① DM 指话语标记语,F 指形态,M 指意义,T_0 指演变前的时间,T_n 指演变后的时间,F′ 和 M′ 指演变后新形态和意义。

从形态层面的语音／音位维度、形态维度、句法位置和辖域维度,以及意义层面的语义维度、语用维度以及话语维度向话语标记语原型的不同标准维度多维演变,直至实现整体形义匹配的最后结果(图2-6)。

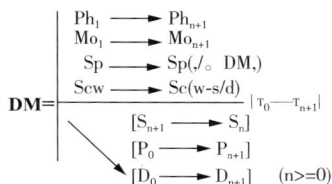

$$DM= \left| \begin{array}{l} Ph_1 \longrightarrow Ph_{n+1} \\ Mo_1 \longrightarrow Mo_{n+1} \\ Sp \longrightarrow Sp(./。\ DM,) \\ Scw \longrightarrow Sc(w\text{-}s/d) \quad {}_{|T_0 \longrightarrow T_{n+1}|} \\ [S_{n+1} \longrightarrow S_n] \\ [P_0 \longrightarrow P_{n+1}] \\ [D_0 \longrightarrow D_{n+1}] \quad (n>=0) \end{array} \right.$$

图2-6　话语标记语多维演变抽象模型①

话语标记语在语音／音位维度和形态上呈现出由 1 到 n+1 的新状态,在句法位置上呈现灵活状态,可独立位于句首、句中或句尾,在句法辖域上呈缩小状态,由修饰词汇(w)到拓展到句子(s)或语篇(d)。同样,话语标记语在语义维度上呈缩减状态,由 n+1 逐渐减至 n,乃至逐渐变为 0,与此同时,语用维度上话语标记语的语用功能由 0 逐渐增加 1,语篇维度上的话语功能呈同样发展趋势。

---

① 不同演变维度特征在历时发展中或增加或减少。Ph_1 指代演变前词汇的语音／音位(Phoneme/Phonology)状态,Mo_1 指代演变前的形态(Morphology),Sp 指代句法位置(Syntactic position),Sc 指代句法辖域(Syntactic scope),S_{n+1} 指代演变的语义内容(Semantic content),P_0 指代演变前的语用内涵(Pragmatic function),D_0 指代演变前的话语功能(discourse function),T_0 指代原始状态所处的时间。

第三章

话语标记语的共时研究

受索绪尔语言学思想影响,现代语言学在 20 世纪前 70 年大多从共时、静态视角探究语音、语义、形态和句法等语言要素(向明友,杨国萍,2018),而话语标记语作为当前国际句法—语用界面研究的热点自然一直是语言学界共时研究的焦点之一。

第一节　国内外句法—语用界面研究的发展现状

20 世纪初,美国哲学家 Morris(1938)从符号学的视角将语言学划分为句法学、语义学和语用学三个分支,分别解读符号之间的关系、符号与对象之间的关系,以及符号与人的关系之后,三者及其之间的关系就一直是学界研究的兴趣点。从符号学来说,句法、语义、语用反映的是所指符号的三个不同侧面,因此研究者往往认为它们也可以被看作是语言符号研究的三个不同的层面(李民,2000)。尽管如此,学界普遍认为三者在具体的语言案例研究中是相互渗透,相互影响,相互互动,紧密联系,共同作用在语言演变的不同阶段的。学界现有界面研究中既有围绕某一类语言现象的句法、语义、语用的单一界面研究,也有围绕某类现象的多重界面研究,其中最为常见的是句法—语义研究(郭纯洁,2018),比如词汇的语义—句法界面研究(陈昌来,2002;阚哲华,2010;刘宇红,2012)、句式/型的句法—语义界面研究(张达球,2006;刘正光,王燕娃,2009)、语篇的句法—语义界面研究(吴建伟,2008)、词汇化过程的语法—语义界面研究(汪祎,罗思明,2011)。此外,句法—语音界面研究(方立,1992;Dehé &

Kavalova,2006）、句法—语用界面研究（Bouzouita,2008；Slabakova,2011）、句法—语篇界面研究（苗兴伟,2008；苗兴伟,董素蓉,2009）、语法—修辞界面研究（姜亚军,2004；施春宏,2012）、语义—语用界面研究（Carston,1999；Gualmini et al.,2015；曹笃鑫,向明友,2017），以及句法—语义—语用界面研究（Valin,2008），也都呈欣欣向荣之势。

就本节所涉的句法—语用研究而言,句法与语用是两个平行系统,前者聚焦语言内部的句子构成规则,后者则关注语言使用过程中的问题（胡旭辉,2016）。句法规则是独立于语言使用和语言处理的独立成分（吴义诚,杨小龙,2019）,受到约定俗成的限定的语法规则支配,因此往往自成体系,具有高度的内部自洽性,能够在语境缺失的情况下产出符合语言规则体系的话语。语用则是交际双方基于语境顺应需要和交际目的驱动,在前期句法规则组构语句的基础上,丰富句子的话语意义。语用意义解读以语境为依托,具有非限定性和理据性。语用原则可以遵循,也可以违反,它是释义的根据或手段；而语法规则是无法违反的,是强制性的,因为我们不能容忍一个语法错误的句子（李民,2000）。

整体而言,语法是语码的规约化（conventionalized codes）,语用是语言外的推理（Ariel,2008:257）,因此本质上语用研究是语言功能研究,而句法研究则是语言形式研究。也正是基于这个意义,Ariel（2008:257）认为自然话语的理解与解读离不开句法规则与语用原则的共同作用。句法规则所提供的文本字面意义与基于语用原则所推理的话语表达意义一起在交际过程中帮助交际者传达特定的交际意图,实现特定的交际目标。交际中,话语表达者所运用的句法规则的内在规律不会因为语言使用者的改变而发生改变,同时这些句法规则又可能在特定情况下受到语用交际原则和特定外部交际环境因素的影响而发生调整,以实现特定的交际目的。这种改变实际受到交际者的元语用意识的影响,体现了语言在交际中的顺应性。

实际上,无论是共时层面的语言使用,还是历时层面的词汇或语言结构的演变,句法与语用两因素多呈互动之势。Huang（1994,2006）、Casielle-Suarez

（2004）、Newmeyer（2005∶135）以及 Ariel（2008）等人的研究均认为随着句法学以及语用学的发展,句法与语用界面的研究也都已经成为对应学科的重要范畴,两门学科的最新研究都不约而同地涉及句法、语用界面的研究,从功能的角度阐释句法的外部动因与形式语言学的句法自足性并不构成冲突。常敬宇（2000）认为语言产生于交际,运用于交际,同时又受制约于交际。语用能够制约句子的生成和句子结构的呈现,话语表达中采用常式句还是变式句往往服务于语用交际目的的需要,因此动态宏观地研究句子的结构变化也是语用学研究的重要内容。刘丽芬（2019）以张滟（2012）的汉语话题链句法—话语界面研究和张滟、尚新（2015）的汉语"无头"关系小句研究,以及胡建华（2008）的动词移位和句法与信息结构的接口研究为例,认为句法对语用有制约关系,语用离不开句法,任何语用均依附在一定的句法结构上,语用也会制约和影响句法。

总体来说,外部因素对语言形式的形成产生了巨大影响,但外部动因与句法本身的自足性并不产生冲突。在共时的视角下,语言总是有一套自足并且固定的语法体系,一般情况下,外部因素并不会影响语法形式,但是在某些特殊情况下固有的语言形式也会与外部因素产生互动;从历时的角度来看,语言形式的产生在很多情况下都是有外部动因的,但是外部动因也必须是在原有的句法形式的制约下反作用于语法形式的（胡旭辉,2016）。在这些外部因素中,最为显著的是语用因素。Traugott（1988b,2004）明确指出语言变化的重要驱动力是语用推理。

第二节 国内外话语标记语研究的发展现状

整体而言,国内外话语标记语共时研究目前已形成以 Schiffrin 为代表的话语连贯视角,以 Blakemore 为代表的关联理论视角和以 Fraser 为代表的语法语用视角三种研究路子。话语连贯视角和关联理论视角共用"话语标记语"这一术语,但前者主要从话语标记语的句法位置、语法语义特征两个角度关注话语标记语对语言内部连贯关系的解读,后者主要从言语解读的认知层面关注话语标记语对程序意义和概念意义的区分(杨国萍 等,2016)。

话语标记语连贯视角研究的代表性学者是美国乔治敦大学语言学系长期从事社会语言学、语篇分析和语用学的教授 Deborah Schiffrin。Schiffrin(1987)基于话语是社会互动的基本理念,从语言学和社会语言学的角度为话语标记语研究提供理论框架,认为话语标记语是"依存于前言后语、划分说话单位的界标"(任绍曾,2007:D14),并从微观层面的话语局部连贯的角度将话语标记语界定为"标记话语单元序列关系的独立语言成分(sequentially dependent elements which bracket units of talk)"。研究中,Schiffrin(1987)基于信息处理标记 oh,应答的标记 well,话语连接语 and,but,or,原因和结果标记 so,because,时间副词 now,then,信息与参与标记 you'know 以及 I mean 等 11 种不同类型话语标记语的个案分析,发现话语标记语一般都是具有独立的核心意义(core meaning)的,并将话语标记解读为作用于意念结构(ideational structure)、行为结构(action structure)、交谈结构(exchange structure)、参与框架(participation framework)和信息状态(information state)五个话语层次上的语境坐标。

整体而言,Schiffrin 的研究源自话语范畴概念而非语法范畴概念,重在探索语言意义与结构的对应和话语的连贯。其研究对象限定为自然口语中具有一定音韵特征,能够对话语单位起切分作用的句首顺序性依附成分,在局部或整体层次上促进语篇连贯关系建构和识解的词类,包括副词、介词、连接词、插入语,甚至部分副语言特征和非言语行为。Schiffrin(1987)开启了话语标记语研究的新纪年,其研究中所列话语标记语成为后续中外学者研究的重点,为学界开启了新思路。然而,Schiffrin 的话语连贯视角强调连贯是基于语篇中相邻话语单位关系而建构的,因此她自己在研究中也承认连贯视角的聚焦点多少有些许狭窄,并在其专著末提供了系列具有话语标记语特性的词类(知觉动词 see,look,listen,指示语 here,there,感叹词 gosh,boy,元话语 this is the point,what I mean is,以及量词短语 anyway,anyhow,whatever 等)。Redeker(1991)则进一步从连贯的界定上对 Schiffrin 的连贯视角做了补充说明,认为语篇连贯有隐性和显性两种方式。话语标记语的独立性可以产生隐性连贯,同时实现语义和语用连贯(王正元,2006)。

不同于连贯视角下的话语标记语研究,Blakemore 受到语用学关联理论[①]和会话含义研究的影响,从认知—语用的视角更加聚焦于说话人如何利用话语标记语从宏观层面或整体层面上表达话语意义的连贯,而远非 Schiffrin 中话语标记语的概念界定和研究范畴。Blakemore(2002)将语言意义区分为概念意义(Conceptual Meaning)和程序意义(Procedural Meaning)两大类,认为话语标记语是概念意义空灵,但在言语成功交际过程中对促进交际双方认知思维具有程序意义的。所谓概念意义是说话人对语言信息的编码、听话人对语言信息的解码以及交际双方对意义理解的融合,而程序意义则是语言编码引导受话者对所述话语进行理解和推理的过程。概念意义与程序意义的区分源自关联理论视角下推断理解在概念表征建构和操作上的必要性。基于 *but*,*so*,*after all*,*therefore*,*moreover*,*however* 等话语标记语[②]个案的功能分析,Blakemore(1992)认为言语交际中话语要么将有助于概念表征内容的信息编码,要么将概念信息在推理中组织的信息用不同的方式来编码(Schourup,1999)。区分概念意义与程序意义的方式在于表达程序意义的词汇所携带的概念意义更不清晰,相较于概念意义在大脑中的表征,程序意义则无法在大脑中形成有效的意义表征。此外,需要明确一点的是,所谓概念意义与程序意义并不等同于语义学上的语义真值条件和非语义真值条件,因此倘若将真值语义作为话语标记语的判断标准,将会导致话语标记语内部混杂有具有概念语义和无概念语义的词汇。

判断词汇话语标记语身份属性的核心标准在于其概念意义的存在与否,而话语标记语的核心意义(Core Meaning)则是其自身不变语义内核[③]在各种宽泛

---

① 关联论的核心在于将人的言语交际活动视为认知思维过程的呈现,从认知努力与认知效果两个维度考察言语交际信息的关联度。

② Blakemore 将之称为话语联系语 discourse Connectives。

③ Schourup(1999)称之为 invariant semantic content。

话语环境使用后经过典型的语法化等语言演变过程所留下的抽象模糊的核心功能。言语交际中,交际双方往往会基于相应的语境假设去解读对方语言信息,因此为了避免交际对象误读信息,说话人往往会通过话语标记语这一重要语言机制"制约或引导听话者对该话语的理解,获知所期待的信息"(冉永平,2000a)。从这个角度来说,话语标记语的意义解读往往联系着其所处的整个话语语境,话语标记语传递说话人言语交际的真实意义和听话人寻求意义假设解读的过程往往会引出其既定的核心意义。相较于连贯视角下话语标记语的多样语境坐标功能,认知—语用视角下话语标记语在言语交际中的功能被简化为缺乏概念语义,通过将上下文的某些特征及其达到的效果具体化,帮助听话人理解说话人的话语(Hansen,1998)。

聚焦于话语表达中句子内部语用意义的解读,语法语用视角下的话语标记语相较于前两者,在研究范畴上往往更为狭窄。实际上,语用标记语与话语标记语在概念内涵与外延上的差别最终导致学界在概念术语使用上的混乱,而前文阐述中对上述两个概念的差别已有清晰的界定,在此不再赘述。微观层面上,Fraser 与 Blakemore 都认为话语标记语必然会具体说明话语表达中相邻话语片段之间的程序性关系而非概念性关系,为交际双方理解命题意义提供帮助。宏观层面上,Fraser 研究专注的核心在于语言编码在语用层面上是如何为说话人传递交际意图提供指示的,亦即交际信息的命题内容是通过什么方式有效传递的。正基于此,Fraser 自身研究在术语使用上先后使用过话语小品词、句子小品词,以及最终的语用标记等,而且对功能属性上的语用标记语内部类属划分尤为关注,也做了大量富有成效的研究。Fraser(2005,2006)先将话语小品词分为连接小品词、指向小品词、停顿小品词,后又将语用标记语划分为基本语用标记语、评论性语用标记语、平行语用标记语、话语标记语,并进而将话语标记语细化为对照标记、阐明标记、推理标记和时间标记等。相关繁复分类范畴与Blakemore、Schiffrin 的研究叠加在学界导致了一定程度的混乱。

整体而言,话语标记语研究自 20 世纪五六十年代肇始以来,一直是语用学话语分析的焦点之一。语用学界多本知名权威 SSCI 杂志多次出版专刊介绍国内外研究成果。以 *Journal of Pragmatics* 为例,该刊曾在 1986 和 1998 年分别出版有 Anna Wierzbicka 和 Rodie Risselada & Wilbert Spooren 主编的话语标记语研究专刊①,收录当时话语标记语的最新研究成果,更是极大地引领了学界相关研究,为相关研究的深入开拓了新的路径。

Jucker & Ziv(1998)主编的 *Discourse Marker: Descriptions and Theory* 收录了 1996 年国际语用学会第五届会议上的 15 位学者对英语、希伯来语、芬兰语、日语等不同语言话语标记语的研究。相关研究既有宏观层面上对不同语言话语标记语的语用功能、语法位置和话语解读能力,也有针对诸如对比对话语标记语②(contrastive discourse marker),以及话语标记语在不同语言环境中的具象研究。

Andersen(2001)的专著 *Pragmatic Markers and Sociolinguistic Variation: A Relevance-theoretic Approach to the Language of Adolescents* 中借助 COLT(Bergen Corpus of London Teenage Language)和 BNC(British National Corpus)两大语料库数据对比分析了青少年会话中话语标记语的使用,尝试整合社会语言学和认知关联理论两大视角,解读话语标记语在跨代使用中的新颖特征,进而从语用功能、社会变化、历史发展等不同角度揭示语言在社会使用中的变化。

Fischer(2006a)主编的 *Approaches to Discourse Particles* 一书收录了 Maj-Britt Mosegaard Hansen、Richard Waltereit、Bruce Fraser、Deborah Schiffrin、Gisela Redeker、以及 Barbara Frank-job 等学者微观、宏观以及元语用等不同视角下的最新研究成果共计 23 篇。相关研究既有传统语言学视域下的研究,也有语言哲学、传播学、社会心理学、认知科学以及信息科学等多学科交叉视域下的研究。其中,Fischer(2006b)在引言篇章中明确阐述到当前话语标记语研究方式各异,主要源于话语标记语范围的界定、术语使用的差异、话语标记语语用功能的界定、研

---

① 两本专刊的术语使用稍有不同,Anna Wierzbicka 使用的是 particles,而 Rodie Risselada 和 Wilbert Spooren 将之称为 discourse markers。
② 原研究中收录三篇对比话语标记语研究,其中 Yong-Yae Park 将之称为 contrastive connectives。

究问题的聚焦等因素,而不同的界定往往显示出不同的研究领域。话语标记语的解读应该联系其所在的语境,聚焦语义/语用界面、语篇的性质与层次,以及话语标记语的交际功能。

Urgelles-coll(2010)在其专著 *The Syntax and Semantics of Discourse Markers* 中将话语标记语界定为副词的类属,从句法和语义形式分析的角度对话语标记语进行了解读。基于 *anyway* 的个案分析,作者认为语义与句法的关联,语义会影响句法中副词出现的位置。

Aijmer(2013)的 *Understanding Pragmatic Markers：A Variational Pragmatic Approach* 一书则借助语料库数据,从社会语言学的角度聚焦语言使用者及语境与意义的关系。相较于传统社会语言学研究范畴,Aijmer(2013)引入新的语用维度,从言语行为、话语话题组织的角度来多维解读话语标记语的语用功能。

国内现代汉语虚词研究虽源远流长,但是现代话语标记语的研究起步较晚。整体而言,相关研究大致包括理论引介、英汉个案语用分析,以及语言习得视角下的话语标记语研究三个部分。

理论引介上,冉永平(2000ab)、黄大网(2001ab)系统梳理了国外话语标记语研究的整体脉络,重点阐述了话语标记语—语义—语用研究、认知—语用研究,以及厘清了现有文献中的共识与纷争,分析了近年研究的概况。受 Fraser 对语用标记语归类的影响,Feng(2008)从是否有概念语义这个角度,系统划分了汉语中话语标记,并对每一类的语义、形态、句法特征进行了详细的分析;李茹(2011)在文献分析的基础上归纳了不同维度视角下的话语标记语研究,认为话语标记语的研究已经从"句法—语义"逐渐转向"语用—认知"。殷树林(2012a)系统地梳理了话语标记语在语音、句法、语义、语用,以及风格上的性质特征,将其明确界定为有独立语调、编码程序信息用来对言语交际进行调节和监控的表达式。王宏军(2013)则从分类、特征、位置、多功能性、语域等不同角度详细阐述了话语标记语[①]的最新研究成果,认为话语标记语虽分类复杂,但是

---

① 原文称之为语用标记语。

主要体现在其主体功能性、语篇功能和人际功能上。

值得一提的是,受功能研究的影响,不同于国外的研究,顺应论视角下的话语标记语的元语用意识研究在国内学界占有一席之地。于国栋、吴亚欣(2003)和吴亚欣、于国栋(2003)认为话语标记语反映了说话人对语境的顺应,是说话人元语用意识的体现,能够有效帮助说话人构建语篇,达成交际目的。基于英汉话语标记语与元语用意识关系的研究,他们将话语标记语区分为承上型、当前型和启下型三大类话语标记语。许静(2007)则从元语用意识的角度将话语标记语的元语用功能细化为面子威胁缓和功能、强调或提醒功能、模糊限制功能和发起或结束话题功能。冉明志(2008)将之细分为语用缓和标记、信息短缺标记、发起或结束或转换话题标记、强调或提醒标记,以及话语明示标记。顾金成(2010)指出顺应论框架下话语标记语 well 是交际者交际语境和语言语境在动态交际中相互顺应的选择,即语境顺应、动态顺应和突显顺应,凸显了交际者的元语用意识。

个案语用分析文献纷繁,国内汉语界与外语界均有不少成果。相关研究虽理论视角不一,但多以日常生活中的话语标记语为研究个案,广泛涉猎话语标记语的句法位置、语用功能等不同维度。研究个案上,英语中的 you know(冉永平,2002)、well(冉永平,2003;贾静,2008;朱小美、王翠霞,2009;顾金成,2010),汉语中语气虚词"嘛"(李成团,2008),以及日常口语表达中常见的"不瞒你说"(钟玲、李治平,2012)、"开个玩笑"(李胜梅,2012)、"你懂的"(王丹荣,2011;杨国萍,2016)等口语表达均较为常见。

除去日常口语表达中的话语标记语,诸如法庭话语在内的不同语域话语标记语的元语用功能研究也较为普遍。许静(2009)从元语用意识的角度将法庭话语标记语区分为延缓时间标记语、打断标记语、引发异议标记语、话题启动标记语,以及促进情节发展标记语。叶芳(2020)以庭审互动会话中的立场表达考察言据性标记"根据",认为其主要有维护审判权、保障监督权、保护诉讼权、行为评价与行为实施等功能。李欣芳、冉永平(2020)基于医疗临床访谈语料,考察话语标记语"那"的话题和态度功能,认为"那"在人际层面的补偿策略功能,可在右脑损伤患者话题偏离时重新找回话题。

除去理论引介和英汉个案语用分析,基于对母语人士与外语学习者在话语标记语使用频率与功能差异方面的判断,国内话语标记语研究的另一个重点在借助语料库,从语言习得的角度考查英语或汉语学习者语言能力的提升。王立非、祝卫华(2005)借助中国学习者英语口语语料库(SECCL)和英国国家语料库(BNC)口语子库对比分析了中国英语学习者口语中话语标记语使用的规律与特点,发现中国英语学习者话语标记语使用总量与类型均少于母语人士,中国学生在附加性标记语、强调性标记语、有意义的填充语三大类中使用较多,尤其是 and, but, very, I think 等使用过度,具有典型的英语中介语特征。李民、陈新仁(2007)则借助语料库文本分析与问卷调查,对比分析英语专业学生与英语母语人士在话语标记语 well 使用时语用功能上的差异,认为话语标记语 well 在中国英语专业学习中使用频率较低,且中国学生仅对 well 的"延缓标记功能"和"话语分割功能"的理解相对较好。郭剑晶(2012)则借助 wordsmiths 对比了伦敦口语语料库(LLC)和中国学习者英语口语语料库(SECCL)中话语标记语在使用频次上的差异及其背后的原因,发现受语用输入/输出不足以及母语负迁移的影响,中国学生话语标记语使用类型集中,缺乏多样性,双词话语标记语(I think, I mean,以及 you know 等)使用频率与形式弱于母语人士。李慧敏(2012)则梳理了话语标记语共时与历时的研究成果,提出汉语话语标记语应在语料来源、语用功能以及研究视域上积极吸收国外相关研究成果。肖好章(2012)则考察了听力课堂教学和课后角色扮演练习中显性注意和隐性注意因素对话语标记语[1]习得的影响,认为语标显性学习有助于听力理解。Liu(2009)通过对汉语话语标记语"对""好像""反正""我想""什么"等词的研究分析发现语言学习者如果缺乏足够的语言环境就很难掌握话语标记语。总体而言,诸如此类的研究不胜枚举。相关研究均清晰阐明了"话语标记语使用不足会影响口语表达自然性与流畅性"(何安平,徐蔓菲,2003)。

---

[1] 原文称之为语篇标记语。

第四章

话语标记语的历时研究

共时研究与历时研究是语言研究中的两个不同维度。共时研究能够精准回答"是什么",而历时研究则可以清晰阐述"怎么来的"。以话语标记语为例,话语标记语的共时研究侧重于描述其在某一时间维度上的性质、特征,并试图用不同的理论视角来解读上述性质与特征,或者从跨语言对比的角度分析话语标记语在类型学意义上的共性与差异。相较于静态的共时研究,话语标记语的历时研究则注重在较长的时间维度上从句法、语义和语用等三个层面考察话语标记语性质特征的演变成形过程。语言的共时研究与历时研究各有偏重但却相辅相成,共时层面上话语标记语性质特征的静态呈现在时间维度上逐渐连贯接续起来,构成历时维度上的动态演变,进而在宏观层面上勾勒出话语标记语演变的整个全程,从而系统回答话语标记语是如何衍生与发展的这个问题。

长期以来,国内外语言学界对话语标记语的历时演变研究一直抱有浓厚的兴趣。相关研究多从语言自身的语音、语义、句法位置与辖域、语用,以及结构等维度特征出发,探究话语标记语的演变,逐渐形成了语法化、词汇化、语用化,以及构式化等不同的理论视角,成果丰硕。

第一节　话语标记语的语法化研究

语法化思想自诞生以来历经百年,作为语言学的经典课题也一直是中外语言学研究的重要内容。汉语语法化研究多散见于早期传统训诂学的实词虚化中,西方语法化研究则视角多样,且解释不一。作为当前国内外历时语言研究的主要视角之一,学界不少专家学者基于不同语言语法化的演化分析为话语标记语历时研究提供了详细佐证,深化了我们对语言历时演变过程的理解。

一、语法化的界定

"语法化"一词最早用以指称自由词获得语法意义的过程,即由词到附着语素,再到词缀,最后演变成为不可再分语素的过程(Lehmann,2002ab),与我国汉语界的"实词虚化"具有异曲同工之妙。尽管中国学者较早地关注到了这一语言发展中的演变现象,但现代西方语法化思想起源和发展于法国哲学家 Étienne Bonnot de Condillac(1746)和以及后续的英国哲学家 John Horne Tooke(1786)。他们认为语言中的语法成分源自实词的演变,词缀的成形亦源自自由形式的演变,介词、副词、连词等语法词汇源自名词、动词等实词的形式上的缩减。Bopp(1833[1816])后来将语言中此类由词汇到语法形式的变化视为语言演变,而 Gabelentz(1891)在梳理前人研究的基础上,发现语法化源自语言中"易于发音"和"易于区分"两种相互竞争的力量,而演变过程往往不是线性发展的,而是呈现出由初级到高级的螺旋式上升过程

现代语言中"语法化(Grammaticalization)"这一术语最早出现在法国语言学家 Antonie Meillet(1912)撰写的《语法形式的演化》一文中,用以指代词素获取语法意义的过程,亦即词汇形式演化成语法标记的过程(the transition of autonomous words into the role of grammatical elements)。Meillet(1958[1912])还将语序变化归类于语法化现象,并明确指出类推机制(analogy)和重新分析机制(reanalysis)是语法化过程中的重要机制。

汉语语法化的早期研究多指狭义视角下的实词虚化研究。向明友、黄立鹤(2008)指出我国汉语实词虚化研究历史悠久,《墨子》作为我国最早对虚词进行大量研究的经书,已经认识到了虚词的抽象性和系统性。向明友(2014:44-45)系统梳理、总结了国内汉语实词虚化研究成果,将之划分为实词、虚词区分、虚词研究以及实词虚化研究三个阶段,认为早在西汉时期学者对实词、虚词区

分就已有了初步概念。然而早期汉语虚词多被当作训诂词语的部分内容来研究，依附训诂而存在。训诂学者在古书传注中对虚词单个地、分散地做出解释，串讲句意来表现虚词的作用（陈霞村，1992：11-12）。西方语言学界直至 19 世纪 20 年代，才由德国语言学家 Humboldt 指出，语言在从一个阶段向另一个阶段发展过程中，词序渐渐固定，语言发生分化，呈现出功能词与实义词之分，功能词逐渐附着在实义词上，成为单纯标识语法关系的形式标记，失去其词汇意义（杨国萍，向明友，许硕，2017）。

现代语法化研究繁盛于 20 世纪 70 年代 Givón（1971）在田野调查中对语言在历时层面的句法演变和共时层面的词汇形态研究。Givón（1979：209）在梳理继承前人印欧历时语言学和语言类型学研究成果的基础上，指出"今日的词法是昨日的句法（Today's morphology is yesterday's syntax）"。他所构建的语法化演变路径，即语篇 > 句法 > 词法 > 词素 > 零形式（discourse > syntax > morphology > morphophonemics > zero）为学界重新认知解读语法化开启了新的视角，产生了深远影响。自此，以"凝结（condensation）"或"缩减（reduction）"（Langacker，1977）为名，从历时视角探究语言形式与功能变化演变过程及其动因逐渐成为学界历时语言演变研究的重点课题。

近年来，国内外语法化研究蓬勃发展的同时，逐渐走出偏重分析语言句法结构特征的藩篱，呈现出重视跨语言语料基础上语言形式与意义演变分析的新倾向。特别是随着 20 世纪 70 年代语用、认知等研究的兴起，现代语言学共时、静态的研究范式被打破，迎来百家争鸣的新时代，语法化研究的视角亦逐渐多样化（Fischer & Rosenbach，2000）。譬如，Traugott（1980）将语法化研究视为重构语义变化的新方式；Bybee（1985）则将语法化理论视为不同语言语法范畴结构变化的描写与解读的新视角；Heine et al.（1991）认为语法是概念认知与交际相互影响的产物，因此将语法化研究置于概念框架之下，同时学界也普遍认为语法化研究对理解极端语言接触和异常语言传播情况下的语言变化同样有意义（Heine，2003）；Langacker（1998）从认知语法的视角认为语法化程度与句子的主语控制力高度成反比,语法化程度越高则句子的主语控制力则越低,语法化程度越低则句子的主语控制力越高;Taylor(1996:349)将语法化视为过往词项原有丰富概念内容逐步流失直至图式化的过程;Driven & Verspoor(1998:62,206)则认为语法化研究已经从原有单一的词语语义演变研究拓展到构词或句法中不可独立使用的语法标记演变研究。整体而言,语法化视角研究的多样化进一步推动了相关研究的繁荣发展,使之研究内容也逐步聚焦在语言在特定语言接触环境和非常态语言传播中所发生变化的解读。当然,尽管语法化研究这个热点已经成为语言学研究的一个小分支,但是对语法化到底应该聚焦语言历时演变中的源起与路径,还是聚焦在语言的句法、语篇、语用的特点,大家见解多有不同。

为避免不必要的争议,本研究中对语法化的界定采用了学界普遍接受的Hopper & Traugott(2003:15)中所下的定义:

语法化是指处在某些特定情境中的词汇项或结构式获得语法功能的过程,或是指语法单位的语法功能增强拓展的过程。(Grammaticalization is the change whereby lexical items and constructions come in certain linguistic contexts to serve grammatical functions,and,once grammaticalized,continue to develop new grammatical functions.)

语法化过程所涉及的单向性演变过程包括词汇或者结构的语义流失、词形句法形态变化、语音音位变化,以及语法功能的衍生等。语法化的深入研究既可以用共时视角,又可以用历时视角,而语法化历时研究为语言中新的语法形式的衍生与发展提供了崭新的视角。现有研究表明,语言演变中语法化现场的产生往往归因于语言的高频使用(Traugott,2011)。Lichtenberk(1991)认为语法化演变主要包括新的语法范畴的产生、旧的语法范畴的磨损,以及语法范畴属性的改变三个阶段,而 Heine et al.(1991:74)则在认知框架下将语法化解读为概念实体在隐喻与转喻作用下由 A 变为 B 的渐变过程,并且在该过程中存在 AB 共存的阶段。隐喻与转喻作为语法化过程中语用推理(pragmatic inferencing)的重要手段是人类大脑认知的重要方式,推动了语法化过程中重新分析与类推两大机制的运作。

二、语法化视角下的话语标记语研究

话语标记语已经被学界公认为是词项在特定语境中长期高频使用后固化的结果,在话语表达或交际中承担着标识概念信息运作或者交际意图的话语功能。现有研究表明,话语标记语呈现出与语法化高度重合的语言特征。作为形式与意义匹配的结构体,话语标记语往往在词形、语义、句法、语用等不同层面具有自身独特的结构特征,因此话语标记语的演化往往是涉及上述不同层面的演变,而语法化研究作为历时语言研究的核心内容之一,本身聚焦的就是语言在词形、语义、句法、语用不同层面的演变,因此长期以来一直是被学界视为话语标记语历时研究的重要理论支撑。吴祥福(2005)就明确"话语标记语作为主观性(subjectivity)与交互主观性标记是语法化和主观化研究的极好课题","人类语言的话语标记语具有非常相似的演变路径,是一种典型的语法化现象"。话语标记语历时演变过程中概念意义的逐渐流失和程序意义的逐渐增强的特征与话语标记语演变中词语由指称功能向非指称功能的转化特征不谋而合,词语的意义变化是沿着从命题到语篇再到人际层面的轨迹进行的(Traugott,1980;周树江,王洪强,2012),而话语标记语的整体演变过程也完全遵循 Hopper(1991)语法化中的歧变原则(divergence)、叠层(layering)和滞留(persistence)等核心原则。

有鉴于此,大量学者从语法化的角度对英汉不同类型话语标记语的源起进行了深入分析与阐述,其中较为典型的有 Traugott(1982)中的 *well*,*right*,*why*,Thompson & Mulac(1991)中的 *I think*,*I guess*,Traugott & Dasher(2002)中的 *in fact*,*indeed*,*actually*,*sate*,Brinton(1996)中的古英语词汇或结构 *gan*,*anon*,*gelamp*-结构,*bifel*-结构,*I gesse*,D'Arcy(2005)中的 *like*,Barth-Weingarten & Couper-Kuhlen(2002)中的 *though*,Rhee(2012)中的句尾小词-*nikka* 等。这些典

型话语标记语虽然语法属性多样,包括介词、连词、副词、话语小句等,但其话语标记功能的衍生都得益于高频使用和主观化影响下句法结构的演变和语用意义的固化。

Thompson & Mulac(1991)详细分析了类似 *I think*,*I guess* 等由主语(第一和第二人称)+动词(现在时)+(补语)构成的认知情态插入语的语法化路径,提出这类主句演化成话语标记语遵循了"主句>插入式小句>话语标记语"的演变过程。主句和补语小句结构的倒置导致原补语小句在句法地位上提升为主语。Onodera(1995)在日语句尾主从连词 *demo* 语法化成为主句句首话语标记词 *temo* 的研究中也发现类似的规律。Rehee(2012)在 *nikka* 由小句衔接词演化为句尾小品词的语法化过程中则发现主句的省略往往能够触发语法化过程,引发听话人重构消失的主句。

Traugott(1995a)和 Traugott & Dasher(2002)在对英语中的 *in fact*,*indeed*,*actually* 等副词以及日语中的副词标记 *sate* 等构成的标识相邻小句整体或局部关系的话语标记来源进行分析时,提出了"句内副词>句子副词>话语小品词(话语标记语的一个子类)"这个更为普遍的语法化斜坡路径。受语法化进程的影响,句内谓语副词往往会位移成为句子副词,其句法功能也会由修饰谓语的狭窄句法范畴逐渐拓展成为更大地修饰整个句子的较大句法范畴。句法结构的改变在语言的高频使用中逐渐固化,促使其进一步在语义和句法形态上突破原来充当句内副词时的限制。同时,话语表达中言者主观性的增加也往往会引发语法化过程(Bladas,2012),最终导致其所标识的前文和后语之间的关系逐渐固化。

鉴于语法化往往会伴随词汇意义由指称功能向非指称功能演化,话语标记语语法化过程中的语义—语用演化路径也往往是其句法结构变化之外的另一研究焦点。Traugott(1982)在梳理 *while* 一词由古英语到当代英语的变化后,借鉴系统功能语法中的概念功能、人际功能和语篇功能的理念,提出其语法化遵循了"命题意义>语篇意义>人际意义"的演化路径。她认为词汇的语篇意义来源于命题意义,而人际意义或源自语篇意义或直接来自命题意义。Traugott(1988a)和 Traugott & König(1991:208-209)进一步将该语义演化路径细化为三个密切联系的趋势,即①由基于外在世界的描述转向基于内在(评价/感知/认知)情景的描述;②由基于外在/内在情景的描述转向基于语篇与元语言情景;③意义有朝着越来越基于说话者针对命题的信念或态度发展的倾向。前两者的产生多受到隐喻机制的作用,而第三者的产生则多是转喻机制作用的结果,言者对命题的信念或态度的变化在语法上的识别往往会导致其语义变化中单向性的语义—语用过程的衍生。Brinton(1996)在系统分析中古英语中的话语标记语后发现话语标记语的语义和语法特征往往能够对其语法化进程产生影响,同时话语标记语的演化也基本遵循了从命题意义到语篇意义再到人际意义的演化路径。Traugott & Dasher(2002)则进一步将上述单向性变化描写为真值语义>非真值语义、命题意义>命题意义/程序意义>程序意义、非主观意义>主观意义>交互主观意义、命题内辖域>超命题辖域>超语篇辖域等系列单向性的语义—语用演变趋势。Brinton(2008:26)将之简化为指称意义(命题)>非指称意义(语用、元语言、程序)的渐进演变。

总之,尽管不同类型话语标记语的演变路径多样,但句法辖域拓展是话语标记语的典型特征,因此无论何种类型的话语标记语,亦不论其演变路径是哪条,它们的演变成形都经历了辖域单向拓展的过程(Brinton,2008:46)。话语标记语作为形义匹配的结合体,其演变成形本身就是在句法和语义—语用维度上持续推进的过程,因此其句法辖域由小句结构内拓展至语篇层面,语义—语用维度由论元结构中的命题意义拓展到话语层面的语用/程序意义。然而,由于话语标记语类型多样,自身的原始状态不一,在语言使用中的频率差异明显,因此"其在形义两个维度上演变进度并不必然会保持一致(Fischer & Rosenbach,2000)"。尽管语言演变的形式和意义两个维度具有互动性,但是话语标记语在形式上的演变并不必然导致语义—语用维度的改变,同时语义—语用维度的改变也并不必然会导致形式维度上的演变。

汉语话语标记语语法化历史悠久,早期多受传统训诂学的影响,从句法—语义变化的角度探究话语标记语"实词虚化"(abstraction)的历程。据向明友、黄立鹤(2008)考证,我国古代学者对实、虚词已有初步概念。早在战国时期《墨子》一书中已经认识到虚词的抽象性和系统性。元朝卢以纬的《助语辞》作为我国第一部虚词研究专著,已经对虚词进行了系统的类比和释义。元朝周伯琦的《六书证讹》明确提出"今之虚字皆古之实字"。及至清朝袁仁林《虚字说》,已经发现实词虚化过程中的虚实结合并存现象,将实词虚化过程概括为"实—虚半—虚","堪称是语法化研究的先导性著作"(杨成虎,2000)。《马氏文通》通过对虚字来源及演变的全面考察,进一步发现汉语实词虚化虚词演变始于句法结构,句法环境是词汇语法化的触发因素。这些研究已经具备了现代语法化研究的雏形。

20世纪50年代后,传统的虚词研究逐渐从虚词、实词的运用考据转向虚词、实词的转换研究。王力(1958)的《汉语史稿》尽管没有明确提出实词虚化,但其研究表明汉语的历时演变涉及语音、语法、词汇、形态、句法等多个层次。段德森(1988)指出实词虚化是词汇意义受语言环境的影响逐步向语法意义转化,并最终成为虚词的过程。黎运汉(1981)注重探讨虚化过程,认为汉语虚词随着语法结构的发展变化,它也不断地从意义含混到意义明晰,从结构不定型到定型,由功能多样到功能单一,由单音词到双音词不断演进的过程。解惠全(1987)关注虚化机制,明确提出"实词的虚化,是汉语语法发展过程中的一种重要现象","古代汉语的常用虚词,特别是副词、介词、连词三类,大部分是由实词虚化而来","实词虚化要以意义为依据,以句法地位为途径"。刘坚等(1992)的《近代汉语虚词研究》多次使用虚化这一术语,对汉语常用虚词的产生、发展、演化过程做了系统探讨。

20世纪90年代开始,随着国外语法化理论的引入和深入研究(沈家煊,1994,1998ab;孙朝奋,1994;文旭,1998;储泽祥、谢晓明,2002;吴福祥,2004,2009;赵学德、王晴,2009;张秀松,2011),传统实词虚化研究上升到了语法化这个更高的层次(马清华,2003),也引发学界系统探讨句法位置、词义变化、语境、重新分析、语言接触等汉语语法化的诱发和影响因素及更新(renewal)、强化(reinforcement)、叠加(superposition)、单向性等语法化机制的探讨(刘坚 等,1995;洪波,1998;刘丹青,2001;马清华,2003;吴福祥,2003;李永,2005,2007,2011)。尽管语法化理论传入我国的初期,"语法化"一度成为"实词虚化"的代名词,语法化应该限制在实词虚化的范围内(冯赫,2011),然而学界逐渐达成共识,传统意义上的实词虚化不能完全等同于语法化(沈家煊,1994)。语法化以语法形式的产生为导向,关注的是一个语义单位或语用单位如何实现为特定的语法形式;实词虚化则着眼于词汇意义由实到虚的演变过程,如词义抽象化、泛化、弱化以致完全消失,并不总是体现为虚词或形态成为的产生(吴福祥,2002)。相较而言,话语标记语作为汉语表达语法关系的重要手段之一应该是语法化演变的结果,因为语法化往往导致词类功能与句法结构的降格虚化,进而使篇章中的一些言语小句在语法化的作用下逐渐凝固化与关联化,并最终转化为关联词语或情态成分(张谊生,2010)。而实词虚化视角下的话语标记语研究多关注在词汇本身的句法—语义改变,对话语标记语的语法功能的产生也并没有足够的解释力。因此,吴福祥(2005)认为汉语话语标记语的语法化无疑是汉语语法化研究的一项重要课题。

21 世纪以来,汉语话语标记语的语法化研究方兴未艾,涌现出较多的个案研究。最为典型的是由"说""看""想"等动词构成的"我/你 V"主谓结构式话语标记。曾立英(2005)梳理共时语料发现表"观察义"的"我看"与"你看"发展为表"认知义",再发展为"话语标记"是一个主观性增强的过程。当"我看"与"你看"后带时体成分时多表示"观察义",带宾语小句时常表示"认知义","认知义"的进一步虚化使得"我看"与"你看"成为话语标记语。陈振宇、朴珉秀(2006)认为"你看""我看"类话语标记语的产生是现实情态转向非现实情态的结果。李宗江(2007a)认为"想来""看来""说来"的话语标记化是一个语义虚化、功能语法化的过程,也是一个主观化的过程。作为动作动词,"看来"和

"说来"的施事既可以是说话者,也可以是其他的人,但作为认知动词,其认知的主体主要是说话者,到了情态副词阶段,就只是表达说话者对一个命题的态度了。姚占龙(2008)认为在现代汉语中,人称代词在与"说、想、看"的使用过程中共同呈现出一种从"动作义"到"认知情态义",再到"话语标记语"这样一种主观性不断增强的过程。刘嵚(2008)认为现代汉语中的"我说"从一个表示"行为义"的主谓短语发展为兼表"认知义",后又发展为作为"话语标记语"的语言结构,经历了一个主观化的过程,同时也是主观性不断增强的过程。郑娟曼、张先亮(2009)认为责怪式话语标记语"你看你"的规约义是表层句法关系结构[你看/你 X]重新分析为[你看你]导致的跨层语法化的结果。张德岁(2009)认为话语标记语"你想"源自人称代词"你"在高频使用中的虚化和动词"想"意义的虚化及主观性的增强。整个虚化的轨迹为"思考、思索>料想、估计、认为>话语标记",即动作义>认为义>篇章义。伴随语义虚化,其结构重新分析,由[你+想+宾语(名词短语+从句)]>[你想,+从句]。张其昀、谢俊涛(2011)认为责怪式话语标记语"你看你"的规约义是表层句法关系结构[你看/你 X]重新分析为[你看你]导致的跨层语法化的结果。唐善生、华丽亚(2011)从修辞的角度探讨话语标记语"你别说"的演化,尽管没有明确提出语法化,但是认为"你别说"的演化是否定功能的退化与情态功能强化的结果。曹秀玲(2010)从构式语法化的角度探讨汉语"我/你 V"系列话语标记语的形成,认为主谓结构是话语标记语的重要来源之一,具有一定的跨语言共性。"我/你 V"系列话语标记语是主谓结构和小句宾语隐显置换和 V 语义虚化、去范畴化的结果。赵晓丽(2021)认为汉语口语中的"别看"存在多种用法,这些用法经历了从动词短语到让步义连词再到话语标记语的演变过程。刘文正(2021)认为话语标记语"S 看"产生于唐代,可分为话题标记"第一人称+看"和话题兼提示标记"第二人称+看",二者分别演化成为评述标记、嗔怪标记,以及嗔怪标记和征询标记。谢晓明、梁凯(2021)认为话语标记语"谁说的"出现于清代,来源于"谁说+X+的"结构,在主观性、语言经济原则和语境吸收等因素的推动下逐渐规约化为一个表否定的话语标记语。罗彬彬（2021）认为，"你以为呢"演变为话语标记语的动因为主观化，机制为临界语境中的高频使用与重新分析。

口语表达中的诸如"这不""那不""这个""那个""可见"等自身含有情态意义的词组也是话语标记语语法化研究的重要对象之一。于宝娟（2009）认为话语标记"这/可不"源自修辞性疑问的反问句"这不是吗?""可不是吗?"是语法化的结果，尽管由于语法化得不彻底，导致这些原始形式在现阶段能以相同的功能与"这不""可不"相互替换。殷树林（2009）认为话语标记"这个""那个"是其定指用法从语言事实层面虚化到元语言层面的结果。刘丽艳（2009）认为话语标记"这个""那个"虽然已经从指代短语虚化为话语标记，但他们的话语标记功能仍然会受到初始词功能的影响。曹秀玲、辛慧（2012）认为"不料""没想到""岂料""岂知""谁知""哪知"等超预期话语标记语在历时层面上经历了一个由句法成分到功能成分，由客观行为义到主观情态义，由句法功能到语篇功能的语法化过程。胡建锋（2012）认为"不错"出现的语境变化是其虚化的重要条件，在不同语境中句法功能、语义特征以及承载的信息量等发生变化是主要动因。李绍群（2012）认为"可见"话语标记功能的产生是在古汉语中的短语"可见"词汇化的基础上，句法位置的变化导致其由视觉动作义虚化为感知义最终到推理义的结果，经历了语法化和主观化的过程。方迪、张文贤（2020）认为非指代性的"这样""这样啊""这样吧"的话语标记功能源自"这样"的话语直指功能，以及对对话中交际功能解读的吸收，和语气词"啊""吧"的互动功能所导致的意义规约化。

汉语话语标记语研究的另一常见类型是以"完了""回头""然后"等为代表的、具有话语衔接功能的词汇。高增霞（2004ab）认为"完了"和"回头"的话语标记功能就来源于其表示重点的词汇意义。其语法化过程符合动词（动作的结束/回过头来）发展为连词（事件结束/过会儿、否则），从表示逻辑事理意义的连接性词语发展为话语标记的路径。周毕吉（2008）详细阐述了"结果"由最初的动宾结构演变为连词的过程。尽管他没有明确提到"结果"的话语标记身份，但认为"结果"已经丧失原来的语义和句法上的因果结构关系,成为表示承接前后分句的连词。殷树林(2011a)认为"完了"是"V+完了"结构中由于 V 承前省略,"完"和"了"经历重新分析而形成的,与动词"完了(*liao*)"无关。语法化后的"完了"有连词和话语标记两种用法。作为连词,它表示时间上的相承或事理上的相承;作为话语标记,它有建构语篇和延续行为两种作用。何洪峰、孙岚(2010)认为现代汉语中"然后"话语标记功能的产生源于其顺承关系的由客观到主观的泛化,导致其由表实体关系到话语空灵意义。

此外,境外不少学者借助语料库技术对 *jiushi*(就是)、*jiushishuo*(就是说)(Biq,2001),*hao phrase/construction*(好 词组/结构)(Biq,2004),*yinwei*(因为)、*suoyi*(所以)(Wang & Huang,2006),*ranhou*(然后)(Wang,1998),*nage*(那个)/*zhege*(这个),*wo juede*(我觉得),*shenme*(什么),*shenme*(de)(什么的)/*shenme zhilei de*(什么之类的),*qishi*(其实),*haoxiang*(好像),*dui*(对),*na*(那),*suoyi*(所以),*erqie*(而且),*fanzheng*(反正)(Liu,2009),以及闽南话中的对比标记话语标记语 *mkoh/tans* 和 *si kong*(Chang,2008)等个案的语法化路径探讨也表明使用频率和语言邻近现象所导致的重新分析往往是语法化诱发的主要动因。此处不再赘述。

第二节　话语标记语的词汇化研究

词汇化是话语标记语历时演化研究的另一个常见理论视角。词汇化、语法化二者在研究的许多方面密切关联,学界对二者的关系,特别是二者的异同多有研究。

一、词汇化的界定

词汇化作为语言演变的途径之一,常被广义地认为是新词的衍生过程,或固化意义的发展,或是逆语法化过程。学界公认的最早的词汇化研究出现在索绪尔的《普通语言学教程》中,尽管索绪尔当时称之为"agglutination",用以指称"两个或更多原本独立的术语在句中高频组合使用后凝聚成一个不可再分或者很难再分开的单一词汇单位(Saussure,2001[1917])"。此后,相关理论研究逐步深入,学界也在"词汇化"、"去语法化"(degrammaticalisation)、"再语法化"(regrammaticalisation)和"功能变异"(exaptation)等不同术语之下从不同视角针对此类语言现象开展研究。

现代语言学意义上的词汇化最初在狭义上被视为和语法化相反的过程(Kurylowicz,1965),即派生形式语法化为屈折形式后又词汇化为派生形式,亦即是"虚化程度较高的成分变为虚化程度较低的成分"(吴福祥,2003)。这一观点得到了 Ramat(1992)、van der Auwera(2002)的赞同,认为词汇的演变是一个渐进的连续统一体,语法化和词汇化各从一端发生,语法化是词汇形式渐趋获取较高语法性的过程,而词汇化则是词汇的高语法性渐趋降低的过程。Lehmann(2002ab)则认为词汇化与去语法化并不相同,语法化并非词汇化的镜像或颠倒,二者都是缩减的过程,但词汇化缩减的则是语言单位的内部结构,语法化缩减的是语言单位的自主性(刘红妮,2010)。Norde(2009)和 Haspelmath(2004)也认为词汇化和去语法化虽然都是渐变的,但二者本质上是两个不同的过程。Žirmunskij(1966[1961])则指出两个词汇组构在一起既可经过语法化演变为合成性屈折词汇,亦可通过词汇化演变为复合词。Givón(1979:209)的"今日的词法是昨日的句法"的提出更是将词汇化的范围扩大到句法章法的范畴(李健雪,2005)。Kastovsky(1982:164-165)将之视为构词法或句法构式,整合成带有语义或形式特征的词库。Lipka(2002[1990]:111)则解读为复杂词项变为单一完全词汇单位的过程。Brinton & Traugott(2005:98)在总结前人研究的基础上,将词汇化界定为在特定的语言环境中说话人使用一个句法构式或者构词法,作为新的带有形式和语义特征的实义形式,该形式是不能完全从构式成分或者构词法中派生或者推断出来的。随着时间的推移,其内部组构性进一步丧失,该项变得更像一个词语。

整体而言,尽管基于不同的研究视角,学界对语言演变中的词汇化现象的界定也稍有差异,但大都将之广义解读为词汇化是新词的衍生过程,是词汇生成和语法化研究的核心内容(Brinton,2008)。共时层面上,以 Talmy(1985,2000)为代表的学者认为,尽管不同语言的概念认知方式不同,但词汇化多指概念域中概念范畴的编码形式。历时层面上,以 Bussmann(1996)、Blank(2001)、Lehmann(2002ab)为代表的学者将词汇化界定为词库中新词的增加,向词库中添加成分或不再具有语法规则的能产性(Anttila,1989[1972]),或隐含意义向编码明示意义或规约意义的衍生(Sweetser,1990),或固定、具象、实在意义的产生。因此,历时词汇化所研究的对象不但有单词性,而且还包括多词性的词汇单位。自董秀芳(2002a)以来,国内词汇化研究多聚焦词汇化的历时研究(刘红妮,2010),关注形态稳定、不可分割的词组或句法结构等汉语语言单位进入词库的过程(董秀芳,2002ab;江蓝生,2004;王灿龙,2005)。

概念界定与研究视角的差异导致不同学者对词汇化的具体方式解读不同。Baucer(1983:50-61)从语言演化的不同维度将词汇区分为音位词汇化(phonological lexicalization)、形态词汇化(morphological lexicalization)、语义词汇化(semantic lexicalization)、句法词汇化(syntactic lexicalization)和混合词汇化(mixed lexicalization)五大类型。基于演变过程中词语成分保留其原始意义的程度,Packard(2000:219-222)则将词汇化区分为常规词汇化(conventional lexicalization)、隐喻词汇化(metaphorical lexicalization)、弱语义词汇化(asemantic lexicalization)、弱语法词汇化(agrammatical lexicalization)和完全词汇化(complete lexicalization)等五大类。Himmelmann(2004:27)将之划分为单词化(univerbation)、习语化(idiomatization)、石化(fossilization)、能产性降低(cease of productivity)、派生词的衍生(emergence of a derivational formative)、splits(分裂词),以及词汇化模式(lexicalization patterns)等大类,同时指出具有跨语言类型学特征的常见词汇化方式主要有单词化和石化两种。Brinton & Traugott(2005:

98)将类转(conversion)和截短(clipping)等传统的构词法排除在词汇化范畴之外,认为词汇化的结果是具有概念语义而非语法意义的新词衍生。语义上,这些词汇化后的词项比来源词更具有习语化,语义组构程度更低;词形上,它们的融合度更强;能产性上,它们与其他主词搭配的能力逐渐降低。两位学者还进一步明确,属于词汇化演变的是溶合的习语化的句法短语(fused syntactic phrases)、溶合的复合词(fused compounds)、去形态化(phonogensis)或音位发生、音位化(phonologization)和创造新语义、改变类型的词缀等(creation of semantic,non-category-changing affixes)(转引自刘红妮,2010)。Brinton(2008:63)进一步总结词汇化特征,认为词汇化的溶合过程往往导致组合意义(compositionality)的降低、内部成分独立性降低,以及词汇自主性增强所导致的非黏着化(decliticization)。

尽管"词汇化"这一术语在汉语研究中出现较晚,但汉语词汇化研究历史悠久,最早可以追溯到传统训诂学中关于词语形成的语言现象的探讨。然而"传统训诂学缺乏词语历时演变的研究,对词汇演变规律的理论探索也不够准确和深入"(刘红妮,2009a)。清末开始的"国语运动"提出了研究现代语言的迫切需要,构词法的研究逐渐受到学者的重视(符淮青,2001:60)。《马氏文通》后,汉语构词法研究逐渐兴起,学者们借鉴外国语言词语结构研究成果,分析汉语构词成分的意义、构词成分的性质、作用及构词成分间的关系(陆志韦,1964;王理嘉 等,2003),形成了"复音词的产生是仂语的凝固化"(王力,1958)和"词法和句法构造一致"(赵元任,1979[1968])等重要共识。

现代汉语的词汇单位包括词和词的固定组合体(刘叔新,2005:20),反映了汉语构词由单音节变双音节的趋势(王力,1989:228;蒋绍愚,1994:285),因为古代汉语是单音词为主的语言,现代汉语是双音词占优势的语言。词组高频连用凝固化后所产生的复合意义单位往往是新词产生的重要手段(张世禄,1981:544;王力,1985:51,1989:227;楚永安,1986:I;潘文国 等,2004:379),亦即由词素成分 AB 到新词 C 的扩展构词过程(符淮青,2001:81)。杨永龙(2002)和太田辰夫(2003[1957]:254)的研究表明,"已经"和"曾经"等多个词语在语源上都是两个词连用后凝固成一个单词的结果。在词汇凝固化过程中,词素根据句法结构规则组合在一起,构造方式大体分为主从方式和并列方式(王力,1985:51;杨伯峻,何乐士,2001:35),或根据其词根语素间的关系细分为主谓复合词、动宾复合词、并列复合词、主从复合词、偏正复合词、动补复合词等类型(赵元任,1979[1968]:181;葛本仪,2001:61-94;刘月华 等,2004:13)。

汉语"词汇化"概念最早见于周洪波(1994),用以探讨修辞现象固化产生新词语的现象。此后徐时仪(1998)、王建伟、苗兴伟(2001)、董秀芳(2002a;2009)、吴福祥(2003)、沈家煊(2004ab)、王灿龙(2005)等都从不同的角度对词汇化现象做了进一步探讨。徐时仪(1998)将词组演变视为词汇语法化的过程,导致动宾词组结构功能虚化。王建伟、苗兴伟(2001)认为词汇化是词语表达(lexical expression)失去其透明度(transparency)演化为不能从字面意义推测其真正意义的词组的过程。董秀芳(2002a,2009)提出词汇化是从句法到词法的转化现象,实词功能的变化、虚词功能的变化、词序的改变等都有可能促使相应句法结构中的某些形式发生词汇化。吴福祥(2003)从语法化单向性的角度指出现今多数语言学家所说的词汇化指的是一个非词汇的语言成分(如音系成分、语义项、句法成分、形态成分以及语用成分)演变为词汇成分的过程,而狭义的词汇化只指语法成分(形态标记、虚词以及结构式)演变为实义词的过程。沈家煊(2004ab)从共时和历时两个角度分析词汇化,认为词汇化在历时层面上多指词的组连(指两个或多个词连接在一起的序列)演变为词的过程,常和语法化和主观化重合在一起。王灿龙(2005)则从句法角度指出词汇化就是一种句法单位成词的凝固化。

相较于大量零散的词汇化个案研究(董秀芳,2003ab;江蓝生,2004;刘晓然,2006;池昌海,凌瑜,2008;刘红妮,2009b;潘国英,齐沪扬,2009;徐时仪,2009;袁嘉,2009;陈昌来,张长永,2010;陈昌来,张长永,2011;刘云,2010;李宗江,2011),汉语词汇化研究最系统、最全面的当属董秀芳(2002b)的专著《词汇化:汉语双音词的衍生和发展》。该书将双音词的衍生归结为词汇化现象,并在广义上将词汇化界定为非词形式变为词的历时变化(P2),认为很多汉语双音词在发展过程中都经历了一个从非词单位逐渐凝固或变得紧凑而形成单词的过程(P36)。词汇化是个可以连续进行的过程,一种形式在成词之后,其组成成分之间的依附性进一步增强,内部形式变得模糊,其中某个成分的意义变得模糊甚至失落,从而使得语言使用者有可能将一个合成词重新理解为单纯词(P5)。董秀芳(2002b)研究表明短语结构、句法结构和跨层结构是汉语双音词的主要历史来源,其词汇化过程受到韵律机制、线性位置、语义改变、高频使用等因素的制约。词汇化的过程是语言使用者无意识的状态下进行的(P45),是认知组块化(chunking)的结果(P46)。董秀芳(2004a)进一步探讨尚在通过词汇化过程而正在形成的词的特点及形成机制与途径,包括"X 说"的词汇化、虚词到词内成分的词汇化、连用副词的词汇化和一些正在形成的副词和连词的词汇化等。此外,刘红妮(2009d)的博士论文在语言韵律之外,对相邻非句法结构的词汇化做了细致考察,认为非句法结构词汇化主要受到口语促动、文白演变、语用因素等影响,经历了重新分析、类推和心理组块化等过程。后续个案研究表明词汇化的过程存在多重路径的演变(刘红妮,2011),跨层结构的双音词也可能是语言经济性制约下结构省略而导致词汇化的结果(刘红妮,2013)。

二、词汇化视角下的话语标记语研究

尽管过往文献对词汇化与语法化的概念有清晰界定,但二者也常常因其均为语言演变的重要机制而被混淆。国外不少学者都把词汇化研究纳入语法化研究的范畴,特别是"词汇化和语法化结合尤为明显的一个领域是有关溶合的研究,包括被称为凝固、联合成词或者黏合,取决于经历边界消失的词项类型"(Brinton & Traugott,2005:62)。因此对同样的语料,不同学者可能把它解读为词汇化,也可能把它解读为语法化。

随着研究深入,学界越来越多的学者认识到词汇化和语法化是两个平行或相较的过程（Lehmann，2002b；Himmelmann，2004），而不是相反的、逆向的或彼此的镜像过程（Ramat，1992）。Wiemer & Bisang（2004）认为如果从 Givón（1979：209）的语法化演变斜坡中所体现的语言演变的词素维度来看，语法化和词汇化在不同程度上均有相似的句法形态或音位变化过程，譬如语言形式的规约化（conventionalization）、理据性的减弱甚至消失（demotivation）、形式的溶合（fusion）、语音形式弱化缩减（reductiveness）和聚结（coalescence）、演变的渐进性（gradualness）、重新分析（reanalysis）、石化（fossilization），以及隐喻化和转喻化（Wischer，2000：364；Brinton，2002；Brinton & Traugott，2005：105）等。正是因为这些相似性，词汇化和语法化在语言的演变过程中经常同时以相近的方式同时或先后发生（Lightfoot，2005）。董秀芳（2006）认为作用于词汇化和作用于语法化的机制有相通之处，词汇化可以在语法化的基础上发生、语法化也可以在词汇化的基础上发生、词汇化可以看作语法化的进一步深入，词汇化造成的形式的规约性和符号性更强与语言构式具有统一性。

尽管如此，但语法化和词汇化作为两个独立的语言演变过程，在去范畴化（decategorialization）、语义淡化（bleaching）、主观化（subjectification）、能产性（productivity）、频率（frequency），以及类型普遍性（typological generality）等方面（Brinton & Traugott，2005：107-109）差异明显，因此并不是所有的语法化过程都包含词汇化过程，同样，并不是所有的词汇化过程都包含语法化过程（Fruyt，2008）。从这个意义上说，区分语法化和词汇化不但要看演变的结果，更要从变化过程的特点是更接近于原型的语法化过程还是原型的词汇化过程来判断一个变化是语法化还是词汇化（Himmelmann，2004）。董秀芳（2006）梳理Lehmann（2002ab）、Haspelmath（2004）等文献进一步指出词汇化后的成分与相邻成分的组配能力降低，而语法化后的组配能力增强；语法化总是包括语义的宽泛化，而词汇化则不一定；语法化发生变化的往往只是一个成分，而词汇化则往往是两个成分合并为一个成分的变化；词汇化使一个形式从分析走向综合，而语法化则具有可分析性和规则性；语法化相较词汇化更具系统性和跨语言的一致性,词汇化的语言类型差异性更明显。

正是因为词汇化与语法化在语言演变过程中存在联系与区别,词汇化也常常被语言学界用于分析话语标记语,特别是诸如 *I think*,*y' know*,*I mean* 等小句短语类话语标记语的历时演变研究。Quirk et al.(1985:1112-1118)就认为 *I think*,*you' know* 和 *it seems* 等评注小句(comment clauses)是通过词汇化或语法化的过程被固定且部分地溶合的。Schiffrin(1987:319)则将 *I mean* 和 *you' know* 称之为词汇化的小句(lexicalized clauses)。北欧学者 Aijmer(1996:10)将口语表达中的 *thank you*,*I'm sorry* 等惯常话语(conversational routines)视为词汇化的结果,认为词汇化的程度受到词形固定程度、可分析性和规约化,以及非线性意义的影响。Wischer(2000:364)则认为中世纪英语中的 *me thinks*(相当于 I think)的演变既有词汇化又有语法化。Krug(1998)认为话语标记语 *innit* 是由 *is it not* 词汇化而来。上述短语性质的话语标记语在演变中多涉及一定程度的词形融合、意义固化和惯例化,因此往往被视为词汇化。

受汉语双音化的演变规律的影响,话语标记语的词汇化研究更是汉语界学者研究的热点。董秀芳(2003a,2004)梳理了"X 说"类话语标记语的演变,认为其从非词到词的变化虽机制相同,但独立于语法化。汉语中类似含有"说"的话语表达的凝固化直至词汇化印证了 Traugott & Dasher(2002)中的观点;董秀芳(2006)认为诸如"对了""好了""行了""完了"等话语标记语的形成过程是从内部结构有规则、可分析向内部结构无规则、不可分析地发展,是词汇化的结果;董秀芳(2007)还认为诸如"谁知道""别说"等自然话语语流中一些高频连用成分的并合与规约化所形成的话语标记语是从短语直接词汇化而来,遵循了"短语—(认知情态副词性固定语)—话语标记"的演变路径;董秀芳(2010)则认为小句类话语标记语"我告诉你"的演变成形是高频使用话语成分规约化的结果。

李宗江(2004,2006)分别考证了话语标记语"完了"和"回头"的演变,认为"完了"的演变还经历了非语法形式的词汇化过程,而"回头"则是由表示转头动作的词组在语义虚化后,在语境中产生表示"后然"的时间意义,并逐渐从词汇化转向时间副词和时间关联成分。

两位学者的研究给了话语标记语词汇化研究更多的启示,推动了相关研究的发展。侯瑞芬(2009)发现话语标记语"别提/说"是动词短语经历词汇化与语法化的结果。刘红妮(2009c)认为非句法结构话语标记语"算了"的演变是随着"算"词义的不断虚化,加之常用于反问句中,非句法结构"算了"开始表示"不算了",从而词汇化为一个凝固的抽象义动词表示"作罢"之义,白话的"算了"逐渐替代文言的"罢了"。刘顺、殷相印(2010)也认为话语标记语"算了"作为词,是由词汇性成分和语法性成分组成的句法结构经过词汇化过程而形成的。

乐耀(2010)认为语用标记"你像"的形成过程应该是"像"发生语法化后再加上也已发生语法化的"你",进而两者结合发生词汇化。胡德明(2011)基于共时/历时语料考证,认为话语标记"谁知"起源于唐代,成熟于宋元时期,"知"与其后小句宾语分离,而与其前的"谁"结合为一个韵律单位,导致句法结构重新分析,"谁知"从整个句法结构中漂移出来,是词汇化的结果,与董秀芳(2007)中"谁知道"的演变路径相符。

张田田(2011,2012,2013)分别梳理了话语标记语"可不是""管他""何必呢"的演变成形过程,认为语用推理和语境吸收是诱发词汇化的主要机制,语用强调和主观化是词语固化的主要动因。"可不是"最早连用的例子出现在唐代,经过宋元,到了明清,特别是清代才固化。连词"管他"由动词"管"与代词宾语"他"构成的句法结构发展而来。"管"词义虚化、"他"可及性减弱,加之经常用于反问句中,句法结构"管他"开始表示"不管"之义,从而逐渐变成一个具有衔接功能的词语。语气副词"何必"由疑问词"何"与情态动词"必"构成的非句法结构发展而来。非句法结构"何必"常出现在反问语境中,由于语境吸收,表示"不必"之义,逐渐演变为一个语气副词。成词后的"何必"与其后的"呢"连用形成话语标记"何必呢"。

李治平(2011)认为"瞧/看你说的"习语化程度很高,是个典型的话语标记语。由"你(瞧)看你说的 X"通过转指表达和听者删除变来的。管志斌(2012)认为"得了"由表"获得"义的短语结构,随着"得"词义不断虚化,其动作义不断减弱,并最终词汇化为一个凝固的抽象义动词,表示"认可义"。周晨磊(2012)认为"话说"从跨层组合到凝固成词后才成为语篇中客观叙述时引入或转换话题的标记词"话说"。魏兴、郑群(2013)发现"你看"是在"看"的语义虚化的基础上,结构逐渐随之固化,逐渐凝结成话语标记,其固化过程可由语法化的重新分析机制揭示。

张金圈、唐雪凝(2013)认为"要我说"来源于使役性兼语小句,是在礼貌原则的促动下经由结构减缩、功能固化而来的,其词汇化过程的语义演变有一种交互主观性弱化的趋势。方清明(2013)认为"实际上"从非状语、状位、句内副词、句首副词到句首前位最终到语用标记,句法位置的变化诱发了主观化和词汇化。刘丞(2013)发现话语标记语"谁说不是"产生源于信息传递经济性导致反问句简化,通过语用推理和重新分析造成小句固化,话语标记语"谁说不是"才得以形成。苏俊波(2014)认为"说真的"由动词短语习语化为话语标记。肖任飞、张芳(2014)发现"更不用说"已经熟语化,其显而易见、不值一提的语义作用是决定其后续成分可以省略不说的前提,其长期、频繁使用使得其跨层结合、逐渐凝固成一个整体。

第三节　话语标记语的语用化研究

尽管过往数十年话语标记语的历时研究多以语法化或词汇化为理论视角,但也多因话语标记语本身的语用功能非语法属性而为学界所诟病(Brinton,2008:61)。话语标记语并不归属于一个固定的词类,句法位置灵活,以及非真值语义等语用功能与 Lehmann(1995[1982]:306)所提出的典型语法化维度并不完全吻合。现有语法化的拥趸者拓展语法化概念来解决相关困局,却反而间接导致语法化内部概念解释力的弱化(Fischer,2011)。

有鉴于此,Hansen(1998:225)提出,与其硬性做词汇项与语法项中的二维区分,不如将话语标记语这类语用现象划入话语词项的范畴。20 世纪 90 年代,随着话语标记语研究的深入,以北欧学者 Erman & Kotsinas(1993)、Aijmer(1997,2002)、Frank-Job(2006)为代表的一批学者基于话语标记语的语用学属性更是创造性地提出了语用化(pragmaticalization)这一概念,用以解读话语标记语从命题意义到语篇意义直至人际意义的演变过程。

一、语用化的界定

语用化最早由 Erman & Kotsinas(1993)在论及语用标记语 *ba* 和 *you know* 时提出。他们坚称一个词语或语法结构不经由语法化照样可以演化为语用标记语,且演化后的语用标记语辖域会从先前的句子层面跃升至话语层面,发挥非句子层面上的篇章语用功能。Aijmer(1996)将之扩展到言语行为中诸如 *thank you*,*I am sorry* 等具有情感表达、语篇组织的会话常规用语(conservational routines),并从句法、语义及韵律特征和语用功能等角度论证指出 *I think* 和 *alltsa* 演变成具有语用功能、表达言者对话语语境态度的话语小品词是语用化作用的结果(Aijmer,1997,2007)。Onodera(2004:12)认为语用化不同于语法化,主要负责词汇意义与功能在语义域向语用域转换的过程,因此往往会导致具有特定话语特征或语用功能的词汇的衍生。Frank-Job(2006)认为语用化是一个语段或词汇在特定语境中为实现元交际意图和话语交际意义而改变了命题意义。语用化过程中的语义惯例化和功能变化能够在不增加交际命题意义的同时影响词汇的话语组织功能。Beijering(2012:60-61)则将语用化视为包括语段形式再分析和语义重新解读在内的复合变化,并坚信语用化会导致话语标记语,相关语言变化特征也能够帮助确认语用化过程。

相较而言,汉语的语用化研究刚刚起步,受国外研究的影响,早期语用化研究多置于语法化的范畴内进行研究,称之为语用法的语法化(the grammaticalization of pragmatic function),即语用方式的固化。何刚(1997)认为语用方式的确有随机的一面,但是,如果一定的方式要获得其广泛的交际价值,就必然要获得广大语言使用者的认可,而自然语境中的交际恰好把类似的话语形态和语用意向及语境效果联系起来,使无序的语言模式变成了有序的功能方式集合,从而使一些话在一定语境中必须说,一些话可以说,一些话绝对不能说。这样,我们的大脑里便有了操作语用行为的语境原型(contextual prototypes)。

沈家煊(1998b)认为有不少语法现象是语用法"凝固化"的结果。它们原先是语言使用的一些带倾向性的原则,即语用法。这些用法广为使用、反复使用的结果就是它们逐渐固定下来,约定俗成,变成了语法规则,听者不再需要凭借语用原则经历一个推导过程,而是一下子就直接得出"建议"的理解,这就是所谓"抄近路得出的隐含义(short-circuited conversational implicature)"。几十年来语用学研究最令人鼓舞、最有成效的方面恰恰是在语用法的语法化研究上。

侯国金(2007)从狭义语法化和广义语法化的二分法出发,讨论和拓展了两种语法化观点,指出前者为实词虚化,后者为语用目的的合乎语法规范的言语化,并由此出发界定了语用化的嬗变过程,即"PP1(语用目的 1)→F1(形式 1)→PP2(语用目的 2)":一定的语用目的势必经过一定的广义语法化,而其结果即某表达式可能会,也可能不会经过一定的语用化。语用化的结果是以不变的表达式表达与原先的语用目的有关而有别的语用目的。

邱述德、孙麟(2011)以 Aijmer(1996)的语用化视角为出发点,认为语用化过程产生具有特定语用功能的预制语块,从而形成语言系统中与分析子系统互相区别又互相补充的整体子系统,进而论证语用化是一种不同于语法化的规约化过程。向明友(2014:200)认为语用法的语法化是言语交际中,语言表达形式经由说话人,听话人理解,并随着其在话语中使用频率的增加,原先"不符语法"的表达结构逐渐被认同为"符合语法"的形式也逐渐固定下来。主观化、礼貌、隐喻、转喻,以及经济省力等语用动因在这个过程中起到重要的催化作用。

尽管语用化研究渐趋兴起,但其"语用法的语法化"的早期表述也间接表明语用化概念自其提出初始就与语法化研究具有较大的争论,尤其是在话语标记语的演变到底是语用化的结果还是语法化的结果,以及语用化是否属于语法化的一个部分这两个核心问题上。语用化的拥趸者认为语法化主要关注句子内部语法标记的语法功能衍生,而语用化则聚焦话语结构的解读,尤其是语段或词项在特定语境中获得元交际或话语互动意义的过程。语法化的支持者则否定语用化的独立地位,认为语用化和语法化实质都源自语用推理,具有主观化的特征。

语法化过程与语用化过程都经历了"语用意义的发展或信息量增长"(Brinton,2008:62),"开放词类范畴到闭合词类范畴的变化"(Wischer,2000:357),以及"都会导致功能词、标记语或附着成分的衍生"(Erman & Kotsinas,1993:79),加之两者具有高度相似的运行原则和过程,因此往往争议不断,至今尚未厘清。Hopper(1991)和 Hopper & Traugott(2003)中提到的择一(specialization),叠层(layering),歧变(divergence),更新(renewal),以及滞留(persistence)等语法化规则同样适用于 Aijmer(1997:6;2002:19)的语用化过程。而 Frank-Job(2006:364)认为词汇项或表达语用化为话语标记语的过程中所伴随的频率、音位缩减、邻近共现等规律同样也适用于语法化的演变过程。

语法化和语用化这些高度共享的特征也间接为将语用化归类于语法化的子类,进而否定语用化的独立身份提供佐证。Traugott(1995b)认为语用化过程处在语法化过程末端,可以视为语法化的一个组成部分或子类,亦可视为不同于依托主观化和辖域拓展机制作用于命题层面上的经典语法化过程,而是作用于语篇或话语层面上的广义语法化过程(Wischer,2000:357;Giacalone Ramat & Mauri,2010,转引自 Heine,2013;Diewald,2011a;Diewald,2011b:450-461)。Barth-weingarten & Couperp-Kuhlen(2002:357-358)在句尾 though 的话语功能分析中认为语用化与语法化原型有共性但也有差异,因此语用化可以视为广义语法化下的子类。Günthner(1999)认为话语小品词的成形经历过典型语法化在形式与语义上细微演变,因此尽管德语话语标记语的成形经过语用化过程,但二者的区别极其微小(转引自 Diewald,2011a)。

　　然而语法化概念的泛化在学界也常常被人诟病。不少学者认为语法化聚焦句子语法层面,关注句子内部具有不同语法功能的语法标记的衍生,而语用化聚焦话语功能层面,关注超句子层面上的话语功能。D'Hondt & Defour(2012)认为语法化和语用化演化路径相反。句子内部副词通过语用化演变逐渐在句法上获得独立位置时能够逐渐获得语用意义或主观意义,相反,通过语法化演变则会导致句法辖域变小成为限定词。Waltereit(2006)和 D'Hondt & Defour(2012)分别分析了意大利语中的话语标记语 *guarda*(即英语中的 look)和法语中的话语标记语 *vraiment*(即英语中的 *really*)的演变成形过程,借以论证了语用化的独立存在。Waltereit(2006)以 Lehmann(1985)的经典语法化理论为参照,强调话语标记语的产生涉及不同演变过程,往往是特定结构的修辞用法过度使用后的结果,说话人往往采用该话语技巧来实现交际目标。*vraiment* 和 *really* 的跨语言演变证据也表明,语用化往往带来句法辖域的拓展,而语法化则带来辖域的缩小。有鉴于此,尽管语法化是话语标记语历时演变中的一个阶段,但它并不能完全替代语用化的过程。

　　总之,语用化与语法化的区分关键在于结构的改变,即词汇的句法位置、句法辖域,作用的句法层次,以及语义—语用意义的衍生。Aijmer(1997:3)认为区分语用化和语法化的核心在于语用化之后的非真值语义和词项在句子中的可选择性。语用化往往导致词项句法上脱离主句独立或句法自由度的提升(Frank-Job,2006:366;Norde,2009:22),语用化后的词项或话语标记语往往不属于诸如时态、语态等传统语法化范畴(Ghomeshi,2013)。最为关键的是,相较于语法化的辖域缩减,语用化最为显著的特征是辖域的拓展与语义—语用意义的衍生(Auer & Günthner,2005:338;Brinton & Traugott,2005:138)。

二、语用化视角下的话语标记语研究

　　尽管语用化研究起步较晚,但近来引来愈来愈多的学者的关注。除去前期研究中的 *I think*,*ba* 和 *you know* 等个案分析,学界涌现出越来越多的话语标记语的语用化研究。Günthner(1999:409-446;转引自 Diewald,2011b)和 Günthner &
Mutz(2004:77-107)将德语 obwohl(即英文 although)和 wobei(即英文 whereby)
由连词向话语标记语的转变视为不同于语法化的从纯语法功能向话语功能演
变的过程。Günthner & Mutz(2004:77-107)提到,意大利语中的修饰词缀-ino,
-etto,-uccio,-one,-otto,-accio 的演变成形就是语用化的结果。Vallauri(2004:
208)认为意大利语口语中 se(即英文 if)引导的脱离主句的小分句演化成为表
示要求、禁止动作、确认、挑战、抗议等意义的过程界定为语用化。Rossari &
Cojocariu(2008)尽管未明确提及语用化,但他们认为西班牙语中的 a causel/la
raison/la prevue +话语结构的演化成形是复杂话语结构惯例化的结果。Arroyo
(2011)认为西班牙卡斯特利翁方言中作为话语标记语的副词 muybien 的多功
能源自其自身的概念语义流失和不同话语语境中程序意义的增长等语用化演
变。Beeching(2009)认为法语话语标记语 bon(即英语中的 well)的语用化反映
了其交互主观性的增加,是社会语境变化和语言高频使用的结果。Avila(2011)
认为 sorry 在日常话语中的高频使用使其新颖的语用意义固化成为语用/话语
标记语。Ghomeshi(2013)认为,波斯语 ke(即英语中的 if)的演变表明句法结构
的语用化往往会导致相关词项丧失后接补语的能力,最终非范畴化为句法灵活
的话语标记语。

　　汉语话语标记语的语用化研究进展颇多。向明友(2010)和黄立鹤(2012)
认为话语标记的功能在于促进语用交际的顺利进行,英汉话语标记的演变形成
主要受语用因素驱动,且在完成语法化后又继续体现着语用规律,因此是语用
法语法化的典型。唐瑞梁(2008)以"不过""你看""我看"三个话语标记语为例
论证语法化与语用化的不同,认为三者话语标记身份的产生不同于 Lehmann 和
Traugott 的语法化,语用化既可独立于语法化发生,又可以包含语法化。张洪
芹、张丽敏(2015)通过语料库考察发现言说词语"说"的语义嬗变经历语用化
(言说动词>副词>连词>语用标记)和副词化(言说动词>句子副词>语法标记)
两个过程。吉益民(2012)以"对了"为例,认为其词汇化过程并没有经历语法

化,而是直接发展为一个话语标记,即语用化。话语标记语"对了"当其成为一个独立语用单位时,其关照对象已非句法层面,而是语篇建构。其语用化和语义虚化、形式固化密切相关。语义虚化决定形式固化,二者是语用化的必由之路。话语标记语"对了"的形成源于经济性省略机制,其从句末位置漂移出来,通过重新分析,固化为独立语言单位,以表达言语思维程序性意义,并最终导致这一语用功能规约化。厉杰(2011)将话语标记语纳入口头禅研究,认为两者在话语中具有较强的黏着性,往往出现在句子或小句的开头部分,区别在于口头禅主要从历时角度考察,具有一定时间段内高频复现的特点。在现实语言使用过程中,口头禅由于高频复现和脱口而出的特点,不可避免地导致语义弱化和语义淡化,但与此同时,其语法功能或语用功能却依然存在甚至更显强大,经历了语法化或语用化的过程。周敏莉(2011)虽然没有明确提出话语标记语"这不"的形成是语用化的结果,但是认为其与自身的反问功能密切相关,经历了"这不是吗? > 这不是>这不"的过程。反问句"这不是吗?"因其本身的语用价值在这种篇章语境中逐渐变得不可或缺,高频使用导致适应,引发语义真值弱化。结构式由于高频使用而功能化的结果会进一步促使它的语音弱化、形式简化。侯国金(2012)通过实例考察发现作为话语标记的"来"从无标记用法(标示真实空间的由远及近的移动)到有标记用法(表示虚拟/心理空间的由远及近的移动)经历了语用化的过程,即逐渐虚化、语法化、隐喻化、边缘化、非理据化的过程。"来"的语用化主要遵守 Grice(1975,1989)的"合作原则"和 Zipf(1949)的"最省力原则"。李伟大(2012)认为北方话口语里的话语标记语"讲话儿"是实词"讲话"引述功能高频使用形式固化,语义虚化的结果,体现了表明与听话人的一致关系。其语用化历程为"讲话—A 讲话 X—A 讲话儿,X—(你)讲话儿,X"。刘丞(2013)虽然没有明确使用语用化这一术语,但认为话语标记形成的过程中词汇化与语法化只是部分原因,也应该考虑到话语功能的交际策略与效率等作用。话语标记"谁说不是"的形成是原反问句由于信息传递的经济性造成单核化,经过重新分析后固化形成的。

部分汉语学者也认为语用化与词汇化是兼容共存的。董秀芳(2010)以话语标记"我告诉你"为例,论证了话语标记是反复运用的话语成分的规约化。她认为词汇化可以和语用化相容。语用化是从形式的表达功能着眼的,从实质来看,由于从话语标记语的形式不能够推知意义,因而话语标记语具有一定特异性,可以看作习语,话语标记语的形成就可以看作自由短语或小句习语化的过程,而习语化是词汇化的初级阶段。乐耀(2011)同样持此观点。他以"不是我说你"这一话语标记为例,认为该格式从表达功能上看,已经语用化为一个语用层面的话语标记,属于会话中的一种主观性语用范畴,但从语言结构形式的变化来看,该结构还处于词汇化的初级习语化阶段。殷树林(2012b)则认为话语标记的形成是比较复杂的,既可以由短语直接语用化而来(如"就是"),也可以由词直接语用化而来(如"那么"),可以先经历语法化或词汇化然后再语用化(如"完了"),还可以是组成成分语法化的结果(如"我看")。话语标记的形成一般要经历语用化,至于是否经历词汇化或语法化,则因话语标记的不同而不同。

第四节　主观化与交互主观化

话语标记语的历时演变研究除去上文提到的语法化、词汇化和语用化三大理论视角,其历时语用—语义演变中的主观性(subjectivity)和交互主观性(intersubjectivity)也是话语标记语区分其他语言现象的核心特征之一,也是学界知名学者关注的重要视角。

Benveniste(1966)在Bréal(1964)的基础上,率先提出主观性和交互主观性的概念区分,用以指称言语交际中每个参与者的话语主体身份及其在话语建构中的主观能动性。此后,Traugott,Verhagen和Nuyts从不同的视角阐述了交互主观性的概念内涵。相较于Verhagen(2005)基于Langacker(1990,1998)的主观性理论和Nuyts(2001)基于Lyons(1977,1982)"客观认识情态"的交互主观性理论,Traugott(1995b,1997ab)认为语言词项获得言者对交际话题或交际编码意义的主观理念和态度的过程就是主观化。主观性表达说话人的态度或视角,而交互主观性是对听话人"自我"关注的明确表达(Traugott & Dasher,2002:88-99;Traugott,2003;Traugott,2010)。因此实际上,Traugott 的主观化关注点在于那些表达交互主观性的标记或结构,以及交互主观意义产生的过程(丁健,2019),即言者视角下语用—语义衍生的过程。

广义上说,主观性关注言者在话语中的自我表达,而主观化则是言者主观性在语言中呈现的方式与语言结构的表现。Traugott(2003:124)认为,共时层面上表达交互主观性的形式都在历时上经历了一个交互主观化的过程,使话语的意义越来越聚焦于听话人的认知立场和社会身份,赋予原本不表达交互主观性的形式以交互主观性意义(转引自丁健,2019)。因此,Traugott 研究中的主观化多在语法化历时演变中被视为包括语用意义重新分析在内的语义变化过程,即言者在词汇意义的解读过程中将自身在交际活动中对话语事件的视角或态度编码到词汇本身或将之借助词汇外显到话语表达中,而不再是简单地用词汇表达交际情境中相关事件的"真实状态"(Traugott & Dasher,2002:30)。从这个意义上说,主观化意义的增长本质是特定语境下经过反复使用的诱使推理(invited inferences)意义的固化或语用言外之意的语义化。主观意义的语用强化最终为主观化奠定基础,说话人在交际中的意义表达往往会有意或无意地超出言语本身,同样听话人往往会有意或无意地对话语做超出言语本身的解读。只要相关意义在特定语境中的解读为越来越多的说话人所接受,那么该诱使推理意义最终就会被语义化为主观意义。同样,如果语用推理意义被主观化后,它也能在后续的交际中被用于编码传递新的意义。

Traugott & Dasher(2002:40)认为主观化与交互主观化过程整体遵循着由非主观意义到主观意义再到交互主观意义的过程。伴随着主观化和交互主观化过程中词汇意义由真值语义到非真值语义、从命题意义到程序意义的变化、命题辖域到话语辖域拓展的变化,词汇意义在普遍态度和理解之上逐渐由客观可能意义转变为主观性可能意义,直至基于单个言者态度和理解之上的更为主观的可能意义(Schwenter & Traugott,1995)。

尽管学界对主观化所发生的阶段解读不同,有学者认为主观化和交互主观化并不局限在语法化的演变过程,亦可在词汇化和语用化过程中出现(Beijering,2012:61),但 Traugott(2010)将主观化和交互主观化研究置于语法化框架之中,认为语法化往往能标记言者视角,语法化中的主观化是标识言者态度、理念的可识别性语法表达的衍生过程(Traugott,1995b:32)。然而,需要指出的是,语法化和主观化并不是两个完全对等的概念,因为主观化体现语言演变的趋势,语法化是推动语言主观化趋势的机制之一。一方面,无论是主观化还是交互主观化都包含有语法化过程。因此,如果狭义解读语法化概念,那么包括话语标记语在内的主观性元素往往被视为非语法化范畴,因为狭义的语法化应该具有辖域缩减和词形压缩的特点。另一方面,并不是所有的语法化过程都含有主观化意义,语法化过程包含的主观化意义的程度也可能不同,有的多,有的少,有的甚至没有(Traugott,2010),因为语法化是从词汇意义到语法意义衍生,语法意义由少到多的过程,而主观化的过程往往更容易在语法化的第一个阶段发生。从这个角度来说,主观化与语法化是相互交叉的过程,但并不完全受限于语法化的过程。

此外,近年来,随着话语标记语研究的深入,不少学者也逐渐从主观化和交互主观化的角度聚焦话语标记语的衍生。特别是主观化与交互主观化的典型特征与话语标记语标识言者态度、观点以及言者对自我身份的注意等语用特征高度一致,更是引起了学界的关注。然而,同样需要指出的是主观化和交互主观化展示的是语义变化中反复出现的趋势,但其本身并不能揭示话语标记语的产生过程,比如"词汇第一次作为话语标记语使用时是在什么语言环境下,以及为什么言者要以话语标记语的形式来表明观点"(Waltereit,2006)。

鉴于国内外学者多将(交互)主观性的案例分析与语法化相融合,本书在此对相关个案研究不再赘述。

第五章

基于界面整合的话语标记语研究

　　作为语用—句法界面的热点话题,话语标记语是 21 世纪初国际语用研究的前沿领域之一(向明友,2015)。长期以来,学界多聚焦话语标记语共时层面的语用功能,对其历时演变考察则大多从语法化和词汇化的理论视角出发。相关研究虽成果丰硕,却无法解读话语标记语语用功能衍生的赋值过程。究其根本在于话语标记语处在语法、语义、语用等界面的交叉点,是诸多非离散的、意义与功能难以明确的模糊集合,因此无论是现行历时研究中主流的语法化,还是词汇化理论,都只能解读话语标记语在语法和语义两个层面上的演变。强行将语用功能赋值纳入在语法化或词汇化的范畴之内,不但无法对语用赋值过程做出令人信服的解释,反而导致相关概念纷争不断,内部体系混乱。

　　杨国萍和向明友曾以话语标记语语法化研究为主线,剖析语法化与话语标记语本质特征的诸多差异,认为"当前话语标记语历时研究困境的根本原因在于视角单一,缺乏现代语言学意义上将话语标记语置于历史语言学和语言类型学视角下,综合句法、语用、语义三个维度系统描写和解释话语标记语来源的研究"(杨国萍 等,2017:5)。尽管该文亦曾扼要提出界面整合研究是未来话语标记语历时演变研究的一个新思路,但限于篇幅,未能充分论证其理据性。有鉴于此,本书拟从理论上进一步论证分析话语标记语界面整合研究的理据性及其路径,并以构式化(Constructionalization)理论(Traugott & Trousdale,2014)为参照,简述界面整合性研究在话语标记语演变研究中的相对优势。

第一节 界面视角下的多维整合研究

"语言作为一个规则变动的整体结构,其内在成分受到规则支配而层层组合形成种种关系"(陆俭明,2003:2)。内在成分与整体结构之间在语言演变过程中相互影响,互为倚仗。然而,早期语言研究受结构主义影响,多呈解剖式孤立地关注语言不同模块或部分。静态描写语言不同结构特征,虽有助于加深内在结构认知,但无益于深化整个语言体系运作机理的理解,因为"失去与微观研究对象相邻相关的宏观或整体性支撑,则不能清晰解读微观对象"(钱冠连,2008)。

以汉语为例,汉字作为表意文字以方块形为结构,缺少形态变化,但其语音、词汇、语法、语用相互协调、相互制约,共处于拥有固定功能的整体结构中。中国语言学研究一直以整体论为指导,具有注重意义、注重语篇、注重实例分析的整合研究传统,其精髓在于语言本体研究关注零散要素研究的单个学科关系的互动与整合(姜望琪,2003,2008;胡壮麟,2008)。譬如,沈家煊先生就指出"汉语经常是离开了语用范畴就没有办法讲句法,或没有多少句法可讲"(沈家煊,2007)。

整合研究既涵括宏观层面的跨学科融合研究,也包括本书所倡导的微观层面语言本体的界面整合研究。不论哪种整合路径,其研究的繁盛均清晰表明语言学研究跨学科倾向越趋明显(胡壮麟,2007),"当前语言研究已经摒弃单一学科研究的路子,努力从毗邻学科中汲取有用的理论、方法和成果,力求解决复杂的语言问题"(卫志强,何元建,1996)。

一、话语标记语界面整合研究的理据性

"界面原指计算机科学领域中系统间的结合与变换,后延展用于语言学领

域内语言本体中各学科分支间的配合与交流"(何自然,2013)。传统研究"对语音、音系、形态、句法等语言描写层面上的语言事实分别单列分析,解释力度非常有限"(熊学亮,2004),而现代语言学体系下语法、语义、语用三个界面的划分与交叉研究则能够打通语言分割研究的壁垒,使某一界面的语言事实能够在别的界面上得到更为准确或不同的解读。

语用学研究的兴起直接促成了语义、句法和语用界面研究的发展,尤其是"语用学与语法、语用学与句法学、语用学与语义学、语用学与词汇学等之间的交叉研究日渐凸显"(冉永平,2005),为话语标记语的历时演变研究提供了新的视角。话语标记语作为语言演变的"活化石",其演变是语言词项多维度推进、整体呈现的结果,其语法、语义、语用三个不同界面的阈值在不同演变阶段均有所差异。因此,话语标记语界面整合研究在语言整体结构和具体维度上均具有高度理据性。

一方面,语言结构是符号和意义匹配的结构体。语言中有由各种类型的形义匹配结构(form-meaning pairing)构成的语法基本单位。所谓结构体的形式涵括句法、形态和音系,而意义则指称语义、语用和语篇功能。任何语言结构体的演变都不是一蹴而就的,而是在形式与意义两大层面的多个不同维度上,随着时间变化不断推进的结果。微观层面上,相关维度属性在演变中多呈放大或缩小的趋势;宏观层面上,语言结构体不同维度的演变进度既可能平行一致,也可能存在不平衡。结构体的形式与意义既可能相互制约,也可能相互促进。基于不同维度的形义演变最终在整体上推进语言发展,直至演变结构形义匹配稳定。

话语标记语是"兼具形式特征与功能特征的结构体(Aijmer,2013:18)",具有语言结构所有应有的维度特征(Schiffrin,1987:328;Brinton,1996:33-35)。尽管话语标记语的成分来源迥异,演变时长不一,但其演变实质都是语言结构在各个维度上向话语标记语原型逼近的结果。从历时角度看,其演变成功与否的判断标准在于词项或结构各维度在历时空间演变上向话语标记语原型逼近的程度。相较于普通演变,话语标记语的演变成形多了个概念意义向语篇意义拓展的过程。值得注意的是,"尽管汉语形态变化不发达,但其仍是汉语语法分析的部分依据"(吕叔湘,1979:11),因此形态是语言描写不可或缺的部分,毕竟并不是所有实词获得语用意义都能成为话语标记语。汉语话语标记语的语言形式差异源于语言演变程度的差异,也反映结构体的形义匹配程度。

　　另一方面,语言维度是语言描写的必然着眼点。语言结构形义匹配维度的细化为词汇化和语法化的兴起与繁盛奠定了基础。二者虽能清晰呈现形义匹配结构在历时演变过程中的语义嬗变和语法功能衍生与发展过程,但对话语标记语历时演变的解读只停留在单一维度,因此,虽有助于学界深化对研究对象的微观认识,却无法解读话语标记语语用功能的本质特征,多少有"只见树木,不见森林"之虞。与此同时,北欧学界兴起的语用化研究强调词项演变过程中言者主观情态表达功能的衍生,但又忽略了其在基础维度上的演变。因此,用于解读话语标记语的整体演变多少有"割裂联系,空中楼阁"之嫌。

　　话语标记语历时演变纷争不断的根源在于现有理论视角割裂语言多维演变的联系,忽略演变过程的特殊性、复杂性、历时性及动态性。实际上,词汇化、语法化、语用化标识语言不同演变特征。任何语言词项经过语法化、词汇化和语用化历时演变后,多会在词形、语法、语义、语体等语言典型特征上或多或少留下些许痕迹。三者在语言演变过程中的共性与差异构成彼此协同并作和个性发展的基础(表5-1),与话语标记语的典型特征相互印证。诸如频率(frequency)、渐变性(gradualness)、择一原则(specialization)、叠层原则(layering)、歧变(divergence)、更新(renewal)、共现(co-occurence)、隐喻化(metaphorization)、转喻化(metonymization),以及滞留原则(persistence)等特征均共享于三者,而单向性(unidirectionality)、溶合(fusion)、聚结(coalescence)、去理据性(demotivation)、语音弱化(phonetic reduction),以及能产性(productivity)等特征则共现于二者(语法化、词汇化),但去范畴化(decategorialization)、主观化(subjectification)、类型普遍性(typological generality)却独为语用化所有。作为语言演变的不同过程,尽管语法化、词汇化、语用化间的属性差异代表三者不同的发展前景,但三者间的共有之处构成它们的耦合点,成为语法、语义、语用三界面整合的理据基础。

表 5-1　词汇化、语法化、语用化与话语标记语特征匹配表①

典型特征②	词汇化	语法化	语用化	话语标记语特征
渐变性	+	+	+	+
单向性	+	+	−	−
融合	+	+	−	−
聚结	+	+	−	−
去理据性	+	+	−	−
隐喻化/转喻化	+	+	+	+
去范畴化	−	+	−	−
语义弱化	−	+	+	+
主观化	−	+	+	+
能产性	−	+	+	+
频率	−	+	+	+
类型普遍性	+	+	−	−
择一原则	+	+	+	+
叠层原则	+	+	+	+
歧变	+	+	+	+
更新	+	+	+	+
滞留原则	+	+	+	+
语音弱化	+	+	−	−
相邻共现	+	+	+	+

---

① Brinton 和 Traugott 曾将词汇化和语法化的机制做过简要对比,发现二者共性与差异并存。受其启发,笔者吸收 Hopper 和 Frank-Job 研究成果,并将北欧学者 Aijmer 等人提出的语用化纳入其中,发现三者间的共性与差异能够与话语标记语的典型特征相匹配。表 5-1 中"+"表示该演变过程拥有的属性,而"−"表示缺失的属性。下文表 5-2 中"+""−"含义同表 5-1。

② 该表所列典型特征可参见 Brinton & Traugott(2005:110)、Hopper(1991:17-36)、Frank-job(2006:359-374),以及 Aijmer(1997:1-47)等。

总之,语言演变是形义匹配结构受制内外因素影响,在形态、语义、句法、功能等维度不断调整,直至整个形义匹配状态由不稳定到重新稳定的结果,涉及语法、语义、语用三个界面的综合作用。语法化、词汇化、语用化虽独立标识语言结构在相应界面的历时演变状态,但在微观层面上具有相当的共性特征。因此,界面整合视角不单单立足于微观层面的共享特征,也立足于形义匹配结构在宏观层面的调整变化。话语标记语作为演变中的形义匹配结构自然也就能够在界面整合视角中得到更为精确的解读。

二、话语标记语界面整合研究的路径

历时研究中的语法化和词汇化理论都只能解读语法和语义两个层面上的演变过程,而二者概念的延展又往往争议不断。当前话语标记语演化纷争的根源在于语法化、词汇化、语用化三者概念界定不清,而基于单一界面的话语标记语语法化或词汇化研究又远远不能解读话语标记语演变的整体过程。有鉴于此,语法化、词汇化和语用化的界面整合研究势在必行。当然本书所倡导的整合研究并不是语法化、词汇化和语用化的简单叠加,或者简单的语法化涵括语用化、语法化涵括词汇化、或词汇化涵括语法化等术语外延之争,而是共时层面机制整合和历时层面阶段整合的有机结合。

(一)共时机制整合

所谓共时层面的机制整合实质是抛开语义、语法、语用不同层面的分割,聚焦语言特定演变阶段中词汇化、语法化或语用化过程的解构和三种语言演变过程所涉内在机制的整合。现有研究表明语言词项的话语标记化归功于语言词项的辖域(scope)、句法自由度(flexibility)、形态(morphology)、能产性(productivity)、指称性(referentiality)、主观性等维度特征在词汇化、语法化和语用化过程中的变化。不同维度的变化能够在微观层面上预测词项的演化趋向。譬如,语法标记作用于词汇、小句或句子,因此辖域拓展(scope expansion)并不是语法化的典型特征,然而语法标记在演化过程中一旦突破原始的句法限制,作用于语篇层面,则进入辖域拓展的语用化过程。

表 5-1 所列的变化特征均可在语法、语义或语用等不同界面找到自己的位置,在本质上也均可归类在句法结构变化(syntax-structural changes)和语义—语用变化(semantic-pragmatic changes)两大类。譬如,辖域(scope)、词项独立性(independence)与自由度(flexibility)、形态变化(morphological changes)、固定化(fixation)、聚合化(paradigmaticization)以及强制化(obligatorification)等通常均被认为句法结构变化的关键指标,而指称意义(referential meaning)、语义内涵(content)、主观性(subjectivity)以及真值条件(truth-condition)等则被视为检测语义—语用变化的典型特征(表 5-2)。有鉴于此,共时层面整合能够破除语法化、词汇化和语用化条块分割的樊篱,深入剖析语言内部演化细节在句法结构和语义—语用两大模块上的细微变化。

表 5-2 共时层面词汇化、语法化、语用化内在机制整合

典型特征	词汇化	语法化	语用化	话语标记语
维度 A:结构变化				
辖域拓展		−	+	+
辖域缩减		+	−	−
句法自由度		−	+	+
形态粘连		+	−	−
句法独立		−	+	+
固定化		+	−	−
聚合化		+	−	−
强制化		+	−	−
可选性		−	+	+
维度 B:语义—语用变化				
指称意义>非指称意义		+	+	+
命题意义>程序意义		+	+	+
非主观性>主观性	+	+	+	+
真值语义>非真值语义		−	+	+

话语标记语共时层面的细微演变同样遵循一般语言结构演变的普遍规律，稍有不同的是其在相同区分维度上阈值异于普通语言结构罢了。简单说来，话语标记语在共时层面上整体呈现出辖域拓展、词项独立、自由度增加等句法形态变化，而在语义—语用维度上整体呈现出意义弱化、指称淡化、真值降低、主观性增强等基础变化。从这个意义上说，整合视角下话语标记语共时演变考察有赖于匹配话语标记语的不同演变阶段在句法形态和语义—语用两大方面不同维度上的阈值变化。话语标记语演变的完整动态过程实质上是由不同演变阶段依次排序构成的，每个阶段共时层面变化的整合构成了历时层面整个结构演变的基础。

（二）历时阶段整合

语言发展是历时演变的结果。共时机制的单一整合只能勾勒话语标记语演变的静态画面，无力构建整体演变过程。然而静态层面所涉及的句法变化和语义—语用维度变化在历时层面上也是相互依存的，毕竟语言演化过程本身就是渐进性的连续统一体。因此，除去共时的多维微观整合，宏观层面上建立在语法、词汇、语用等界面的历时阶段整合也是语言演变必不可缺的组成部分。任何一个界面上的历时演变过程，即语法化、词汇化和语用化，都不能完整解读整个演变过程。前人研究为人诟病较多的根本原因就在于夸大单一过程，忽视语言演化其实是语法化、语用化、词汇化在各自的辖域范围内各司其职，相互合作的结果。

当语法化或语用化或词汇化在某个特定演变阶段相对充当主导角色时，其他两个则会因在同一时期隐性充当次要角色而常被有意或无意地弱化。概念边界的模糊更加剧了三个演变过程地位的失衡，导致前人研究中语法化或词汇化概念常被夸大，而语用化功能则相应地被低估。因此，无论是语法化的拥趸将词汇化与语用化纳入研究范畴，还是词汇化支持者将语法化和语用化归入研究框架，都无法解读语言演变的全过程，而历时阶段整合既建立在语法化、词汇化和语用化清晰界定的基础上，又能深化学界对三个不同语言演变过程的角色和功能的理解。

值得注意的是,话语标记语"语用功能词类"的本质属性注定其演化阶段有异于普通词类。普通词类的语用功能在语言表达中相对弱于语义功能和语法功能,因此它们的语用赋值过程往往在常态演化过程中被忽略。然而话语标记语安身立命的根本在于其语用赋值过程,因此虽然话语标记语的成形因其自身发展阶段不同,有不同演变过程参与其中,但不可否认的是,语用化是其中作用最为凸显的。

有鉴于此,话语标记语历时阶段整合的关键在于立足于特定语言演变细节考察,重新评估语法化、词汇化和语用化在其整体成形过程中的角色,尤其是语用化在语用赋值过程中的作用,以及三者在不同类型话语标记语演变过程中的触发顺序及关系。就汉语而言,不同于印欧语的综合性特征,汉语双音化往往源自仂语高频相邻使用后的凝固化(王力,1988,1990),以及词汇结构及意义的固化,与汉语话语标记语形式多样的构成及由汉语表意特性导致的标记语变体现象并不完全相符。语法化演绎的终点是稳定的且具备语法标记性功能的语法结构,并不能完全等同话语标记语的语用功能。只有语用化才与汉语表意的特性很有关联,能够彰显汉语话语标记语的本质属性特征。

第二节　话语标记语界面整合研究的相对优势

当前国外学者多采用综合视角(如格式塔理论和构式化理论)对语言演变进行多维考察,取得了一定成果,但从语言类型学来看,相关研究多以英语为主,尚未对包括汉语在内的语言演变形成一定规律性的结论。界面整合研究在继承、吸收传统汉语虚词研究成果的同时,主张话语标记语历时演变研究应全面解析话语标记语演变的整体过程,规避传统单一界面研究的不足,因此在与近年国外相关研究理论不谋而合的同时,又独具自身特色。

以当前学界最为火热的构式理论及构式化研究为例,界面整合研究与构式理论均认为语言是形式与意义匹配的结构体,语言的演变源于形式与意义之间不匹配,语义与句法之间的不匹配会促使新匹配结构的产生,语言演变是二者由匹配到不匹配,进而重新匹配的结果。构式理论借鉴界面研究的成果,认为语言演变得益于内部结构在语音、语义、句法、形态、语篇等多维层面共同推进,"单一变化是理论方法的基础而非语言使用的实际情况","由此我们可以多维度、整体地观察一个构式细微的、渐进的变化"(文旭,杨坤,2015)。

　　界面整合研究与构式化均是对话语标记语历时演化研究的有益探索,但不同于界面整合直接聚焦语义、句法、语用多维演变,构式化理论立足于构式语法,更为强调语言结构组构性,认为"构式化必然有新的形式—意义配对的产生"(Traugott & Trousdale,2014),强化构式演化与构式化间的分隔,淡化构式演化内部的联系,认为"单独的形式演化或意义演化不是真正意义上的构式化,构式演化只影响构式内部的某个维度,但并不一定引起构式化"(文旭,杨旭,2016)。

　　尽管近年构式语法及构式化理论研究蓬勃发展,但整体仍处于探索状态,自身界定仍有模糊或不定之处,相关理论部分观点争鸣较多。一方面,Goldberg将构式界定为"结构和意义的匹配",但在2003年《外国语》发表的文章中则将其界定为"结构和功能的匹配"(汪兴富,刘国辉,2007)。"构式在发展中由早期的句法构式扩展到语素、词以及复合词等,造成自身不可克服的矛盾"(陆俭明,2016),"掩盖了性质不同的语言单位之间的差异,造成句子分析的烦琐,适用的结构类型很有限"(邓云华,石毓智,2007)。构式的宽泛界定更是使其摆脱句法层面的局限,使之从语素拓展到句式结构,然而"过分强调构式的单层面性,牺牲了语言的简约性和生成性,强调语法结构的独立性,否定结构之间可能的转换关系"(侯国金,2013),引起人们对其数量及穷尽性的质疑,造成学界对构式的"形式"理解在概念上的本质差异(严辰松,2006;陆俭明,2008,2013)。

　　此外,形—义匹配结合的构式"意义"所指亦有待厘清。Croft将语义、语用、语篇等内容均纳入"意义"范畴,Traugott & Trousdale则笼统"将句法形态、语义、音位,以及语用、语篇功能归入语法范畴,将构式视为语法或程序意义构式化的结果"(Traugott & Trousdale,2014：95)。董艳萍、梁君英则质疑"构式是语法、语义、语用的一体",认为"构式的意义应是包括逻辑语义和约定俗成意义的认知意义而非语用意义"(董燕萍,梁君英,2002)。因此,"构式语法的语用是很不彻底的语用,是姑且用用的语用"(侯国金,2013)。

另一方面,构式语法学家模糊语法、语用边界的做法导致构式化与语法化、语用化概念夹杂不清。实际上,构式化模型的兴起意在解决语法化理论在解读语用功能衍生上的争议,通过吸收 Heine 和 Diewald 语法化语境模型,致力于修补语法化中的不足,力求通过换名构式化的概念涵括语法化为核心的变化以及前后阶段的词汇化和语用化。尽管"构式化过程可以反复进行,构式变化可以包括语用功能的拓展、语义变化和结构的分布变化,可以导致程序结构、语用标记语以及词汇结构的产生"(Traugott & Trousdale,2014：27-28),但实际上近年来,构式化研究多注重在构式化框架内重新解读以往的语言演化问题,探究构式化的主要特征,尤其是语法构式化、词汇构式化等问题。因此尽管表面上构式化是融合了语法、语用、语义三界面的研究,但本质上仍是通过模糊语法—语用界面边际来规避语法化无力解读词汇结构语用功能衍生的困境。

总之,构式化扎根于构式,后者仍有待进一步发展,而前者的历时研究才刚刚起步,个案研究较多,系统理论思考较少,因此简单地用构式化去解读话语标记语的衍生过程,尤其是去融合语法—语用界限,甚至替代语用化过程仍有待进一步探讨。毕竟,"语法重在编码,语用重在推理,语用化与语法化在语言演化过程中互补分布,交互存在,不存在语法化兼并语用化,抑或语用化包容语法化的问题"(向明友 等,2016),"构式化并不等同于语法化、词汇化、去词汇化、语用化以及习语化等语言变化,后几者只有涉及形式和意义的共同演化才是构式化"(文旭,杨坤,2015)。

话语标记语演化涉及语法、语义、语用等多个界面因素的影响。传统研究中单一视角虽能部分解读话语标记语的演变过程,但毕竟管中窥豹,难以做到细致、全面地考察演变过程。本书所倡导的话语标记语历时演变界面整合研究能够规避无谓的术语争议,直面演化细节,在宏观和微观层面上有效模拟语言演变的全过程,为话语标记语的历时演化研究提供新的思路。后文将此理论视角做更为深入的例证挖掘。

第六章
研究思路与语料选择

本研究基于英汉话语标记语演变,探查语言历时演变过程中句法—语用界面的互动,借助现有语料库数据动态梳理对比话语标记语演变前和成形后,以及不同演变时期的句法/语用状态,考察不同类型话语标记语演变时的句法结构与语用功能间的动态变化,辨析话语标记语在不同演变阶段的句法—语用关系。

第一节　研究的基本思路

(电子)语料库当前在大多数传统语言学研究中得到了普遍使用,涵括从社会语言学到话语分析、文本语言学和语用学等各个领域(Brinton,2012:99-131)。历史语言学作为语料库语言学的一个种类,在很大程度上依赖于电子语料。然而,我们从语料库中获得的研究结果的重要性,无论是定量还是定性的,都取决于我们为探索一个研究问题而选择的语料库数据是否与研究问题很匹配(McEnery & Hardie,2012:2)。

有鉴于此,本研究首先根据词性或语法属性差异,将常见英汉话语标记语分类,并综合考虑词频、演化程度以及前人研究分歧度等三个因素,选取具有高度代表性的传统虚词式话语标记语以及正在演化的新虚词式话语标记语,借助现有语料库数据考察不同类型英汉话语标记语的历时演变在句法—语用界面的细微变化。以汉语为研究主体,借助对比英汉话语标记语在不同演变阶段的句法、语用特征,梳理不同类型话语标记语在句法、语用界面变化中的路径,分析个案演化中的句法—语用互动关系及不同个案间的互动共性。

本书以语料库技术手段为支撑,采用定量分析与定性分析相结合的研究方法,依循自下而上的路径,对英汉话语标记语的演变开展实证研究。主要涵括:

1.文献分析

先期研究依托国外 SCI/SSCI/A&HCI 和国内 CSSCI 及北大核心期刊数据库,收集整理前人公认的话语标记语个案,并按照语法属性将其分为连词类话语标记语、关联副词类话语标记语、跨层结构类话语标记语、主谓结构类话语标记语,以及小句类话语标记语五大类型。梳理过往研究在方法和结论上的异同。

2.数据统计

采用抽样统计方式计算不同类别话语标记语在现代汉语语料库和美国历史英语语料库中每百万词出现的频率,择选出该类话语标记语中频率前三的话语标记语个案,并根据前人研究结论差异度,选出每类话语标记语的典型个案,作为研究对象。

3.演变追溯

利用 Emeditor 软件和在线检索的方式,在现有历时语料库分别检索英汉话语标记语不同类型的典型个案,梳理其在不同年代的演化程度,判断其句法结构特征,以及语法功能消失和语用功能衍生的大致时间。

4.理性辨析

根据大数据检索的语料,从历时演变的视角分析判断相关话语标记语演变时的句法—语用变化规律及其触发关系。对比不同类型话语标记语演变时的句法—语用变化的差异以及影响因素。

第二节　语料库数据来源分析与话语标记语类型

本研究中所涉语料主要由三个部分构成:国家语委现代汉语语料库(下文简称现代汉语语料库)、美国历史英语语料库和自建的古汉语语料库。三个库相结合分别对英汉话语标记语个案进行检索,剖析它们的历时演变过程。

一、语料库数据简介

现代汉语语料库是国家语言文字工作委员会于 1991 年 12 月提出立项建设的大规模平衡语料库,1998 年年底建成 7000 万字的生语料库,是国家语委"九五""十五"科研重大项目,得到科技部"863""973"计划等多个项目支持。该语料库主要包括未经标注加工的生语料库、标注语料库、句法树库等内容,语料时间跨度为 1919—2002 年,以近 20 年的语料为主。全库约为 1 亿字符,其中 1997 年以前的语料约为 7000 万字符;1997 年之后的语料约为 3000 万字符。语料库选材包括人文与社会科学类、自然科学类和教材三大部分,选材注重语言材料的多样性、语言材料的完整性,以及语言材料的遍历性。相关详情参见 http://www.aihanyu.org/cncorpus/CnCindex.aspx。

美国历史英语语料库(The Corpus of Historical American English,COHA)是美国杨百翰大学(Brigham Young University)的 Mark Davies 教授开发的英语平衡语料库。该语料库收录 19 世纪 20 年代至 21 世纪初电视或电影、小说、杂志、报纸等不同类型文本 10 万余篇,共计 4.75 亿单词。相关详情参见 https://www.english-corpora.org/coha/。

自建古汉语历时语料主要用于辅助考证汉语词汇在话语标记语成形之前的句法、语义特征。全文以先秦至近代白话文小说话剧文本为主。文本检索与查找借助江村软件公司(Emurasoft)所开发的一款在 Windows 平台上运行的文字编辑程序 Emeditor 软件。

二、话语标记语常见类型与词频统计

前文文献梳理表明,现有话语标记语的多样研究视角导致相关研究的术语、定义、范围等在不同学者中均有差异。综合考虑研究范围以及相关术语在国内外研究中的普及度和接受度,本研究中采用的话语标记语用以指称语言中能够衔接上下文,标识言者在交际中的情感、态度和信念,但具有句法独立地位、删除后不影响句子命题表达的词、词组或表达结构。

实际操作中,我们对话语标记语与句首副词、话语标记语的功能特征,以及话语标记语的形式特征做了进一步的限定,以期避免不必要的争议。句首副词应该可以放回原句谓语动词后面,但话语标记语放回句中动词之后,句子语义不通。话语标记语的话语功能应该是语篇功能和话语组织功能,具有衔接上下文的功能,传达情感态度,而不是修饰小句谓语动词和句子。句首副词处于语法词类到语用功能词的过渡阶段,而语法功能词是对句子命题内容的判断。话语标记语应该独立于主句,删除之后不影响句子命题表达。话语标记语应该前后衔接小句,尤其是连词出身的话语标记语,后文衔接应是完整的句子。

基于上述话语标记语的工作定义,梳理权威期刊文章所涉话语标记语,按照其演化程度将之分为尚未完全成形的小句式话语标记语和主谓结构式话语标记语、已经成形的副词性和连词性话语标记语等类型。借助现代汉语语料库,考证每个话语标记语在语料库中出现的频次,基于工作定义,甄别非话语标记语的语例,测算每个话语标记语在语料库中放大频数[①](DM 数量/总库容[12842116]×100%×10^7),最终按照千万选出频数较高、具有典型性的话语标记语作为研究对象。相关测算情况见表6-1。

表 6-1 常见话语标记语频数测算简表

序号	话语标记语	频次	千万倍频数	典型研究
1	这个	6	4.672127241	郭风岚(2009);刘丽艳(2009);殷树林(2009);郑友阶,罗耀华(2013)
2	那个	1	0.778687874	
3	这不	4	3.114751494	周敏莉(2011);胡建锋(2010)

---

① 为了便于比较,相关频数已经放大 1000 万倍,即 10^7。

续表

序号	话语标记语	频次	千万倍频数	典型研究
4	这样	107	83.31960247	黄均凤(2014)
5	这一来	23	17.90982109	
6	这下(子)	24	18.68850897	李宗江(2007b)
7	所以	1400	1090.163023	姚双云(2009)
8	其实	57	44.38520879	崔蕊(2008)
9	不是	0	0	刘丽艳(2005a);殷树林(2011b)
10	实际上	36	28.03276345	方清明(2013)
11	不错	49	38.1557058	胡建锋(2012)
12	怎么	74	57.62290264	尹海良(2014)
13	不对	6	4.672127241	胡乘玲(2014);唐瑞梁(2008)
14	话说	2	1.557375747	周晨磊(2012)
15	就是	3	2.336063621	张惟,高华(2012);姚双云,姚小鹏(2012);史金生,胡晓萍(2013);李思旭(2012)
16	然后	32	24.91801195	许家金(2009a)
17	但是	1950	1518.441353	马国彦(2010)
18	可见	301	234.3850499	李绍群(2012)
19	不如	1	0.778687874	李贤卓(2013)
20	管他	5	3.893439368	张田田(2012)
21	可不是	24	18.68850897	张田田(2011)
22	一句话	6	4.672127241	李绍群(2013)
23	回头	2	1.557375747	高增霞(2004a)
24	反正	20	15.57375747	董正存(2008)
25	何必呢	5	3.893439368	张田田(2013)
26	当然	1353	1053.564693	张则顺(2014)
27	别说、你别说、也别说	2	1.557375747	董秀芳(2007);刘永华,高建平(2007);李思旭(2012);李宗江(2014);张其昀,谢俊涛(2011);唐善生,华丽亚(2011)

续表

序号	话语标记语	频次	千万倍频数	典型研究
28	别提了	2	1.557375747	侯瑞芬（2009）
29	不好意思	1	0.778687874	孙利萍（2011）
30	即使	2	1.557375747	池昌海，凌瑜（2008）
31	不但	0	0	周莉（2014）
32	算了	41	31.92620282	刘红妮（2009c）；刘顺，殷相印（2010）
33	够了	3	2.336063621	张宏国（2014）
34	行了	13	10.12294236	李慧敏（2012）
35	好了	42	32.70489069	李慧敏（2012）；张龙（2012）
36	得了	18	14.01638172	管志斌（2012）
37	完了	18	14.01638172	高增霞（2004b）；李宗江（2004）；殷树林（2011a）；方环海，刘继磊（2005）；方环海，刘继磊，赵鸣（2007）；余光武，满在江（2008）；李思旭（2012）
38	对了	8	6.229502988	吉益民（2012）
39	我看	88	68.52453287	姚占龙（2008）；张旺熹，姚京晶（2009）；唐瑞梁（2008）；曹秀玲（2010）；胡清国（2011）；陈振宇，朴珉秀（2006）；魏兴，郑群（2013）；曾立英（2005）；李宗江（2009）；郑娟曼，张先亮（2010）
40	你看	178	138.6064415	
41	看你	2	1.557375747	
42	你看你	6	4.672127241	
43	我说什么来着	1	0.778687874	吕为光（2011a）
44	我说	39	30.36882707	刘钦（2008）；李宗江（2010）
45	要我说	1	0.778687874	张金圈，唐雪凝（2013）
46	更不用说	20	15.57375747	肖任飞，张芳（2014）
47	瞧/看你说的	6	4.672127241	李治平（2011）
48	你知道	32	24.91801195	刘丽艳（2006）
49	你不知道	18	14.01638172	周毕吉，李莹（2014）
50	说真的	31	24.13932408	苏俊波（2014）

续表

序号	话语标记语	频次	千万倍频数	典型研究
51	我告诉你	10	7.786878736	董秀芳（2010）
52	不是我说你	1	0.778687874	乐耀（2011）
53	你说/你说说/不瞒你说	64	49.83602391	盛继艳（2013）
54	说是	0	0	吕为光（2011b）
55	谁知	52	40.49176942	胡德明（2011）
56	谁说不是	1	0.778687874	刘丞（2013）
57	谁说	0	0	李宇凤（2011）
58	难道	8	6.229502988	
59	你想/你想想/你想想看	67	52.17208753	张德岁（2009）

基于上述话语标记语的频率测算,综合考虑话语标记语的演变程度,力争每一类话语标记语在本研究中均有个案代表,本书拟定将连词类话语标记语"但是"、副词性话语标记语"完了",主谓结构"你+V（说、想、看）"式话语标记语"你懂的"、小句结构式话语标记语"不是我说你"等。同时为更好地做到语言对比分析,本书拟定将对应的英语话语标记语 *but*,*well*,*you know*,*frankly* (*speaking*)等列入考察范围,作为对照分析的案例,以便在语言类型学视角下深入分析英汉话语标记语句法—语用演变的共性与差异。

总体而言,上述话语标记语具有高度的代表性。在结构上既有已经稳定成形的、由传统虚词演变赋值而来的"但是",也有由跨层结构在高频使用中逐渐固化的新虚词"完了",还有由话语表达中的主谓语法结构衍生而来的话语标记语"你懂的"和开放式话语标记语结构表达式"不是我+V"的典型代表"不是我说你"转变而来的话语标记语;在成分构成上,研究所涉话语标记语个案锁定了"说""懂"等言说或认知类动词,以及"不是""完了""但是"等话语交际中的常见传递言者信息情感的词汇。同样,英文话语标记语的个案选择,以汉语话语标记语为参照,遵循选取了结构和语用意义相近的学界公认的话语标记语,从而在整体上保证了研究的可信度。

第七章

转折连词类话语标记语"但是"与 *but* 的演变

　　英汉转折连词"但是"和 *but* 在话语交际中往往引入新的语义焦点,使小句新旧焦点相互对照,在衔接上下文的同时,形成前后文的转折关系。交际中,说话人通过语言逻辑关系明确表达自身对新旧信息语义焦点的情感态度,为转折连词的主观化奠定了基础。而转折连词在口语表达中的高频使用更是促进了其在话语组织和言语行为层面上语用功能的衍生,加速了其话语标记语化进程。

第一节　话语标记语"但是"与 *but* 的身份界定

　　话语标记语的核心特征在于在语义上不影响句子命题信息和真值条件,在语用上标识前后话语信息的逻辑关系,传递言者对交际话语事件的情感态度和立场。缘起于转折类连词的话语标记语 *but* 和"但是",其内生的标识前后转折关系的连词功能已经规约化,因此能够帮助言者在交际过程中展现不同语义焦点在整个话语表达中的重要性,制约话语的建构与理解,从而强调和突出后面焦点内容语义信息,引起听话人的注意,彰显说话人的主观意图。

请看下面英汉两组例句：

7-1) She is a lecturer of psychology at Oxford, **but** she does not know how to spell SCHIZOPHRENIA.①

7-2) Claire is a philosopher. **But** her husband is a soldier in the national army.

7-3) I know all about that: it's an excellent arrangement. **But** where does this girl live?

7-4) 科学技术发展到今天，现代战争已经呈现出与以往战争不同的结果，但是，不论武器装备怎么发展，人仍然是战斗力诸因素中的决定因素。

7-5) 这两天来，我已看出沈修的内心有点紧张，但是我看到她这样的神态还是第一次。

例句 7-1) 中 but 引导的前后小句之间构成了反预期效果。前句中"牛津大学"所内含的名校期望、"心理学专业讲师"所内含的专业素养期望导致受众产生她 (she) 必然知道"精神分裂症 (schizophrenia)"这一基础词汇拼写的预期。然而 but 在文本中的运用直接击碎了受众心中的预期，让其心中产生极速落差，隐性传达了言者心中鄙视或者不屑的态度，因此在主观意义上已经远远超出单纯层面上的语义转折作用。不同于例句 7-1) 中的反心理预期，例句 7-2) 中 but 更多是夫妻双方职业身份信息的对照与陈述，前后两个小句之间也并不构成转折关系。事实上，即使句中的 but 替换成为表顺承连接关系的连词 and，该句在概念信息表达上也无不妥。例句 7-3) 中的 but 则从单一语义层面上的转折提升到话语层面上话题的引入或切换。前句中 excellent arrangement 与后句中 where does the girl live 两者在语义上并无任何的交集，更像是两个不同的话题，因此文中的 but 在话语中的功能实质是引入新话题。

汉语中的话语标记语"但是"与前文案例中的英语话语标记语 but 在功能

---

① 例句 7-1) 至例句 7-3) 引自 Hussein(2005)。

上相似,在语言表达中不涉及命题信息,然而其程序意义却能协助听话人标识上下文逻辑关系,制约话语理解(周琳,邹立志,2011)。例句7-4)中尽管前后小句谈论的是同一话题"战争",然而后句更多是对前句"战争"话题的补充。例句7-5)的"紧张"在语义上只能和"不紧张"或"更紧张"形成对立,并不能与"我看到她这样的神态还是第一次"构成传统意义上的转折。因此,两句"但是"前后小句并未构成局部逻辑语义转折或对立关系,也并未构成同一范畴性质的语义焦点对比,而是在话语组织和言语行为等宏观层面上阐明话语单位与交际情境间的连贯关系,在话语层面上补充、引入新话题,形成交际中的新焦点信息。作为话语标记语的"但是"常出现于话轮起始点和话轮内部的话题转换处,用以实现话题切换(话语组织功能)和话轮转接(言语行为功能)(马国彦,2010;姚双云,张磊,2011;陈金美,2014)。

　　"但是"和 but 作为最为典型的英汉转折类话语标记语常常为学界所关注。上述英汉例句中的 but 与"但是"在话语建构中的功能共性也已经超越了传统意义上的转折,因此一直是学界研究的焦点。国内外学者多从连贯视角和关联理论视角审视话语标记语的语义和语用特征。作为连贯论的代表性学者,Schiffrin(1987:9)在 Halliday & Hasan(1976)对语篇连贯研究的基础上,发现话语标记语通过构建话语单位的内在联系来构建语篇关联,能够将当前语篇的信息单位与前文语篇中的信息单位相联系,从而构成语篇的局部连贯。Schiffrin(1987:152)从话语语篇连贯的角度考察 but 的语言功能,认为"but 作为话语连接词在语用上标识后文在语义和行动上的对照性",尽管这种对照关系有时清晰,有时隐藏在交际双方的百科知识或交际双方对彼此行为的期盼中。Schiffrin(1987:D28)进一步认为,but 的语用功能可细化为"指称对照(referential contrast)"和"功能对照(functional contrast)",说话人在离题之后回到主题也常用 but,在辩论中说明要点也可以用 but。but 以说话者为中心,其语用功能依赖于其自带的对比性语义,在语用上起着说话者复原标记语的作用,表明说话者的话轮重叠与持续(冉永平,2000c)。基于 Schiffrin(1987)对 but 标识对比的研究发现,Choe & Reddington(2018)细致分析了以 *but* 开启的自然话语语篇和 58 个事件的录音撰写文本,发现公共质询与回答文本中的 *but* 起到重新聚焦功能,能够帮助言者在插入表达之后和对意料之外情境出现之后将交际话题对象转向最初行为,从而重获交际谈论焦点。

连贯视角上的话语标记语研究受到关联论者的批判(Seneviratne,2005)。其中最具有代表性的学者是 Blakemore(1987,2002)。Blakemore(1987)在 Grice(1975)会话含义概念的基础上,借助关联理论(Sperber & Wilson,1986,1995)的研究视角认为话语标记语具有程序属性,部分话语标记语不能增减其所在话语语义真值内容,而是在程序上限制话语解读过程,从而助力读者解读除语言解码之外的话语意义。个案研究中,Blakemore(2002:91)从程序意义与认知努力两个层面将话语标记语 *but* 的功能界定为解码话语交际中的程序信息。同样关注话语标记语 *but* 程序意义的还有 Sasamoto & Wilson (2016)、Hussein(2008)等,其中后者和 Alhuqbani(2013)还从跨语言对比的角度对话语标记语的程序意义进行了阐述,分析 *but* 在英语和阿拉伯语中的共性与差异。Bell(2010)从核心意义与边缘意义的角度分析了包括 *but* 在内的对比类话语标记语,认为话语标记语 *but* 具有标识"对比"和"否定期待"的功能,是所有具有转折取消意义的话语标记语中最具有原型意义的。

细致对比连贯视角与关联视角对话语标记语的解读方式,Hussein(2005)梳理发现连贯论视角下 Schiffrin(1987)、Giora(1997,1998)、Fraser(1988,1990)等学者认为话语标记语标识话语单位之间连贯关系,在话语解读中具有重要作用,而关联论视角下 Blakemore(1987,1992,2002)、Regina Blass(1990)、Corrine Iten(1998),以及 Wilson & Sperber(1993)等学者认为话语标记语作为指引词和程序词用以限制话语解读过程中的推理意义,用以引导言者或读者以最少的认知努力获得潜在的认知效果,因此强调相较而言,关联论从认知视角更能够为话语标记语对语篇的功能提供较为完善的解释,毕竟任何语篇的解读与理解都是离不开大脑认知的。

　　国内话语标记语 but 的研究受关联理论影响甚大。何自然、冉永平（1999）和何自然、莫爱屏（2002）以关联理论（Sperber & Wilson，1986，1995）为基础，从话语生成与理解的角度对包括 but 在内的话语标记语进行细致分析，认为 but "所起的作用不仅仅是连接话语与语境或假设，更重要的是将某一话语与听话人要经历的特殊推理过程联系起来"，"but 的作用就是引导听话人对该话语的理解，指导听话人对语境做出正确选择，得出某一结论的推理过程"。话语标记语 but 在话语表达中对语用照应具有较明显的制约作用，即"人们在理解过程中通过语用推理而寻找出来的照应关系"。话语标记语 but 不能表达结构或概念上的意义，而是"连接的是话语与语境的关系，制约话语理解过程"（朱铭，2005），降低交际双方在言语理解中的话语认知努力。

　　除去关联理论，受到 Verschueren（1999）顺应论（Adaptation Theory）的影响，国内学界将话语标记语视为交际中言者在大脑元语用意识的指导和调控下，顺应社会关系完成语言选择的结果，因此具有调控会话、提示语境、衔接话语以及引导听者话语理解等特殊元语用功能。许静（2009）以美国布什上诉戈尔议案中 but 的高频使用为例，认为法庭话语中律师在法庭中多为顺应法官的理解和认知会选择 but 或"但是"等引发异议的话语标记语来引发反对意见，以便突出自己的观点。

　　整体而言，国内外学界对话语标记语 but 和"但是"的研究多停留在话语表达层面上的语篇连贯或交际认知层面上的言语解读，聚焦话语标记语 but 和"但是"在话语表达中的对比功能，但对其自身在话语语篇或文本中的情态表达功能仅在 Gardón & Luis（1997：223-240）中有所涉猎。Gardón & Luis（1997：223-240）探究 but 和 although 等认知情态与话语/语用联系词间的关系，认为话语联系词能够引导听者对情态化小句命题中话语的态度，但从整个学界来看，相关研究无论在深度和广度上仍有探索空间。

第二节　话语标记语"但是"演变中的句法—语用脉络

现有研究文献对连词研究较多,但是现有研究多局限在传统语言研究范畴内,以"但是"为例,研究多偏重语法功能、逻辑真值语义,忽略从话语层面上对其话语标记功能进行考查。现有的"但是"的话语标记功能研究多聚焦言语行为、认知解读、语义功能等视角,结论多样。譬如,李宗江、王慧兰(2010)的《汉语新虚词》认为话语标记语"但是"往往用在别人说话的过程中间,用来抢过话头。这只是看到话语标记语"但是"在宏观语篇层面上的部分功能。

实际上,言语行为包括话语命题信息(ground-floor statement)和话语命题评说信息(Higher-order speech act)(Grice,1989)。话语标记语"但是"的语用功能在语篇微观层面和宏观层面上都有体现。微观层面上,话语标记语"但是"在语言表达中不涉及命题信息,然而其程序意义却能协助听话人标识上下文逻辑关系,制约话语理解(周琳,邹立志,2011)。宏观层面上,由转折连词虚化而来的话语标记语"但是"除了在微观语篇层面上的连贯和衔接上下文的程序性意义外,还可在话语宏观层面上的话语组织和言语行为中具有重要的功能(方梅,2000),从而阐明话语单位与交际情境间的连贯关系。话语标记语常出现于话轮起始点和话轮内部的话题转换处,用以实现话题切换(话语组织功能)和话轮转接(言语行为功能)(马国彦,2010;姚双云,张磊,2011;陈金美,2014)。

此外,话语标记语在语言表达中往往能够彰显说话人对所说的话以及听话人在话语情景中觉得的立场和态度(杨国萍,2016)。"但是"作为标识前后转折关系的连词具有规约性意义(冯光武,2004),展现不同语义焦点在整个话语表达中的重要性。因此,话语标记语"但是"在言语表达中往往能够强调和突出后面焦点内容的语义信息,引起听话人的注意,实现说话人的主观意图。

话语标记语在语篇中特定的语用功能无疑伴随着特定的语义特征、词形特征以及句法结构特征。要想清晰界定与阐述转折类汉英话语标记语"但是"与 *but* 的语用功能,就必须探查其语用功能的衍生过程,而梳理其本体词汇在句法结构中的演变脉络及对其语用功能衍生的源意义的影响,探查其从语义层面转换至句法和话语层面的变化过程,就必须探查其在句法—语用界面的演变。

　　就话语标记语"但是"的研究来说,现有研究多从语法层面探究连词"但是"的句法功能,及其在语言环境中与"可是""只是""却""不过"等词汇在语法功能上的细微差异,缺乏对"但是"成形过程中"条件""限制""选择""对比"等概念语义的联系的关注;"但是"的历时演变研究多停留在传统汉语研究的构词研究,尤其是"但"和"是"的分化考察,缺少在话语层面上考察其话语标记功能的演变成形机制过程;现有研究将"但是"的演变机制和阶段笼统归于虚化或词汇化,缺乏对"但是"从语法词到语用词的研究。有鉴于此,本节基于历时语料梳理汉语话语标记语"但是"演变过程中的句法—语用脉络。

一、"但是"的演变成形过程

　　尽管话语标记语"但是"的语用功能成形历史较短,然而转折连词"但是"的演变历程耗时良久,最早可以追溯到上古时期。"但是"的演变成形整体上可以分为"分立与并合阶段""成词演绎阶段"两个阶段。本节立足前人研究,简要梳理话语标记语"但是"演变的前世今生,着重考察两个问题:①"但是"的成词过程是以限止副词"但"为核心,以系词"是"词缀化后双音化的结果,还是以系词"是"为核心,限止副词修饰合并的结果;②转折连词"但是"的话语标记功能衍生过程中的语义弱化与语用强化倾向。

　　语料分析显示,"但是"的衍生建立在上古时期"但"和"是"分别演化成果的基础上,二者在句法相邻而重新分析并合演变为双音词,在语义上逐渐由偏正关系走向转折,在语法上逐渐由修饰动词的副词转向修饰连接小句或结构的连词。"但是"的分立演化过程漫长,直到唐代"但"和"是"并合使用才逐渐增多,但多是"凡是""只要是"之意,大约在南宋开始用于表转折(太田辰夫,

2003:298;向熹,1992)

(一)"但"的演变

现代汉语中"但"往往被当作转折连词,王力(1985:378)认为"但"字只是"但是"的简单化,有时候一句话后面还有"是"字,前面省去一个"是"字好念些。实际上,古汉语中"但"字不当"但是"讲,转折意义往往用"然"或"而"表示。据考证,"但"原为"袒裼"(tanxi)的"袒",《说文解字》①注曰"裼者,袒也","袒者,但也","袒裼,内外见无衣也",因此"袒"常作"徒、空"解。

7-6)民欲祭祀丧纪而无用者,钱府以所入工商之贡但赊之。(《汉书·食货志》)

7-7)天下所以贵者,但以闻声。(《史记·李斯传》)

例句7-6)和例句7-7)中"但"分别解释为"白白""空",在概念语义上表示没有,多用作副词,句法上充当状语,限定动作方式,如"但"限定"赊"和"闻"的方式。

"但"字"徒、空"的概念语义源于人类认知结构中的范围选择,"有"或"没有"的范畴区分导致"但"在古汉语中常被界定为概念上事物内部间"二选一"式的选择关系,从而在语义上引申为充当限定功能的副词"止/只""仅"。

7-8)匈奴匿其壮士肥牛马,但见老弱及赢畜。(《史记·刘敬传》)

7-9)莽忧懑不能食,亶②饮酒啗鳆鱼。(《汉书·王莽传》)

7-10)但闻悲风萧条之声。(《汉书·答苏武书》)

---

① 转引自谢纪峰、俞敏(1992)。

② "亶"通"但"。参见张双棣、殷国光(2014:254)。

上述例句7-8)至例句7-10)实质上是在概念范畴中对认知世界进行划分，例句7-8)是对所见的强弱的划分，例句7-9)是对饮食材料的划分，例句7-10)是对所听声音的划分。概念域中"二选一"的排除无形中加速"但"字在句法上由"方式限定"转向"选择限定"，在语义上由"空""白白"演绎为"仅""只"等。

实际上，就大脑认知来说，概念范畴中"二选一"式的"选择"往往建立在"二"之间的"补充"或"对比"关系，并逐渐引申为特定"条件"上的选择关系。

7-11)诸侯王获罪京师，罪恶轻重，纵不伏诛，必蒙迁削贬黜之罪，未有但已者也。(《汉书·淮阳宪王传》)

7-12)无他，但手熟尔。(《卖油翁》)

7-13)公干有逸气，但未遒耳。(《三国志·吴质传》)

7-14)卿但暂还家，吾今且报府。(《孔雀东南飞》)

7-15)但赏功不罚罪，非国典也。(《败军抵罪令》)

7-16)空山不见人，但闻人语响。(《鹿柴》)

7-17)与汝一万兵，去此城屯扎，但街亭危，可引兵救之。(《三国演义》)

例句7-11)在字面上是"但"对"已"进行否定性限定，表示"不受惩处而事态平息[①]"，二者在语义上与前文获罪后惩处构成语义对比。例句7-12)和例句7-13)两句是对前文所述状况的补充说明，其中例句7-12)是卖油翁对他滴油不漏的倒油技艺秘诀的补充说明，例句7-13)则是对"逸气"程度的补充说明，表明虽有却还不够。后文在对前文进行补充的同时，语义上也形成了轻微的转折，为"但"的对比性语义重转奠定基础。例句7-14)"卿还家"与"吾报府"、例句7-15)"赏功"与"罚罪"、例句7-16)"不见人"与"人语响"三句"但"字前后动作

[①]　此处"但已"在《古汉语虚词词典》解释为"白白的"，实质"但"应为"否定"，但已：不受惩处而事态平息。参见葛佳才(2011)。

的鲜明对立更在语义上强化"但"的对比、转折功能。"但"的对比转折功能在后期更是衍生出条件性转折[例句 7-17)]。

语料显示,"但"转折语义的衍生遵循"否定"—"补充"—"对比"—"条件"的发展历程,并随着语言的演变在表达形式上显性固化。

7-18)虽不能尽诛,亶夺其畜产,虏其妻子,复引兵还,冬复击之。(《汉书·赵充国传》)

7-19)诚令兵出,虽不能灭先零,亶能令虏绝不为小寇,则出兵可也。(《汉书·赵充国传》)

例句 7-18)和例句 7-19)表明早在东汉时期副词"亶/但"就已经开始与"虽"相互配合,衔接前后文,在形式上固化隐性的转折语义,为"但"的后续连词功能演化奠定基础。当然稍有不同的是,彼时"亶/但"在语法上多充当副词,修饰动词性短语或结构。

实际上,"但"字连词功能的衍生起源于其句法位置的前移。早期"但"充当否定限定动词时往往置于小句内部,邻近核心动词,如例句 7-6)、例句 7-11)和例句 7-14),后随着表达中对比性物质的分离,往往出现在后句动词结构之首,导致其在句法上由限定转向转折性连接,为后续演变为可连接小句的连词提供可能。

王力(1990:199-200)认为连词"但"是由副词发展而来,不过是很晚的事情了。因为它们在语法上不能代替"然而",直到《红楼梦》时代(18 世纪),才有连词"但"字出现[例句 7-20)]。太田辰夫(2003:298)认可上述观点,但也只模糊地表示其用于转折应在唐以后。实际上,我们在检索语料时,在南朝刘宋时期的《后汉书》已经发现有介于副词与连词之间,高度类似的连词用法[例句 7-21)]。例句 7-20)和例句 7-21)的共性在于"但"后均可衔接小句,不同之处在于例句 7-21)比例句 7-20)多了点让步性的意味。

7-20) 舅舅说的有理。但我父亲没的时候儿,我又小,不知道事体。(《红楼梦》)

7-21) 安与任隗举奏诸二千石,又它所连及贬秩免官者四十余人,窦氏大恨,但安隗素行高,亦未有以害之。(《后汉书·袁安传》)

总体而言,"但"字的演变经历副词到连词的过程,整体建立在概念域中范畴划分的基础上,语义的嬗变和句位位置的改变相辅相成,并逐渐在句法形式上得到固化。

（二）"是"的演变

"是"的判断功能源自其指代词用法已为汉语学界所公认,所谓"是",此也(《广雅·释言》)。据考证,公元前 5 世纪至 5 世纪约 1000 年间,指代词"是"原有句法结构［话题(者),回指的"是"(anaphor)+说明(comment)(也)］随着"者""也"等判断词的脱落逐渐语法化,最终在两汉时期衍生判断功能,并在 5 世纪左右逐渐取代旧有判断句式成为唯一合法句式(王力,1988;Li & Thompson,1977)。指代词"是"语法化为判断词,全程可划分为"回指用法的出现""诱发语法化的具体格式的建立""新旧判断句式之间的竞争""'是'判断式的最后建立"四个步骤(石毓智,2011:79)。

7-22) 吾所欲者,土地也。(《韩非子》)

7-23) 闻义不能徙,不善不能改,是吾忧也。(《韩非子》)

7-24) 知而使之,是不仁也;不知而使之,是不智也。(《孟子》)

7-25) 此必是豫让也。(《史记》)

7-26) 余是所嫁妇人之父。(《论衡》)

在基本式判断句里,主语和谓语都是名词或指称词。构成一个判断句,白话里必须在主语和谓语的中间加一个系词"是"（吕叔湘，2002a：61），但上古汉语里，名词或名词性词组只需"者""也"而非系词就可以构成判断［例句7-22)]，标识主语和谓语（王力，1990：252）。"是"尚未语法化为判断句前多用于回指前面由表单独判断的句子或复杂名词短语构成的话题，如例句7-23)的"不善不能改"，例句7-24)的"（不）知而使之"。公元前6世纪《论语》到公元前3世纪《荀子》中的语料分析显示，随着原有判断标记"也"的脱落以及回指说明部分判断小句或复杂名词短语转向简单名词趋势的发展，"是"原有的句法结构逐渐演变为［Topic，是+NP]，衔接相邻名词。相关句法结构的变化与汉语SVO的普遍语序相匹配，在汉语动词语法格式类推机制作用下，最终在西汉末年"是"逐渐演变成具有判断功能的系动词，如例句7-25)和例句7-26)。

"是"字自从用为系动词之后就越来越灵活，衍生出许多似系词而非系词的用途（王力，1985：267）。判断句语法功能在于解释和申辩，系动词"是"在小句中联系主语和谓语时，无论是解释还是申辩都是说话人元语用意识对命题内容的肯定判断。"是"字肯定作用的强弱是渐变而不是顿变的（吕叔湘，1979：81），肯定程度强弱变化反映说话人焦点化或凸显命题内容的程度。实际上，"是"的指代功能、判断功能与焦点标记功能在"强调"本质上是同源的。指代事件本身就是对事物的强调，如果判断句主语省略，位于主语之后的判断词"是"则处于句首或接近句首的位置（董秀芳，2004b），从而起到与焦点标记相似的强调后附信息的功能。例句7-23)和例句7-24)的"是"在指代前文的同时也凸显相关命题信息；例句7-25)的主语"余"如果省略，则"是"失去判断功能而演变为焦点标记，句子从原来的命题陈述转变为信息凸显。

焦点标记"是"凸显信息的本质上与"但"的"限止"功能高度相似。"是"在凸显信息时不单可明确指向离散个体，也可泛化指某类具有共同特征的群体或抽象概念。焦点标记"是"所指泛化导致其在焦点划定由确指转向范围限定"凡是""只要是"，间接加速其条件义在［……，是+名词，……]格式中的衍生。下面例句7-27)至例句7-29)中"是"所指模糊，而非特定对象，多表条件，后面多对所指命题补充或说明。

7-27）吕尚之儿，如不为上，赵壹之子，傥不作一，便是下笔即妨，是书皆触也。（《颜氏家训》）

7-28）小娘子才貌兼全，是人知道。（《元本琵琶记》）

7-29）是花都开放了，那牡丹还早。（《牡丹亭》）①

7-30）休问我咬嚼，且看我穿着，乞穷俭相死躯老，不冻倒，是饿倒。（《走苏卿》）

7-31）关公曰："卞君请关某，是好意，还是歹意？（《三国演义》）

焦点标记"是"的功能同"但"一样有多种表现形式。除去"条件"以外，"是"还具有承接、转折、让步、选择等用法（王力，1985：268；王自强，1998：190；吕叔湘，1999：501-502；王学奇，2007）。例句 7-29）在划定所指范围的同时，前后小句"花"与"牡丹"形成对比，后者构成对前句的语义（让步性）转折。焦点标记"是"的句首位在句法上无疑又强化了相邻小句间的关系。例句 7-30）"是"位于小句句首，后句对前句情景进行补充，前后语义构成顺承关系，表示"便是"或"就"；焦点信息的邻近并举也常构成选择，多形成"是……，还是……"格式，供听话人作出判断［例句 7-31）］。

"是"语法化历程缘起古汉语指代词"是"在判断句式［话题（者），回指的"是"（anaphor）+说明（comment）（也）］的"者""也"的脱落后，受原有句法结构在汉语 SVO 语序的强势影响，经类推机制作用逐渐转变为判断动词。判断词"是"表"强调"的基本概念语义在语言表达中凸显差异推动其非系动词用法，衍生出以焦点标记为核心的顺承、转折、让步、选择等语法功能，承接相邻焦点信息。

---

① 例句 7-27）、例句 7-29）和例句 7-31）转引自王学奇（2007）。

(三)"但"与"是"的双音化

汉语发展的内部规律之一就是由单音词过渡到双音词,上古汉语以单音词为主,中古时期,双音词逐渐增加,及至唐代,汉语双音词已经非常丰富(王力,1988:449-451),"五四"以后,双音词增长速度远超前代(王力,1990:228)。不同于印欧语词根、前缀、后缀的分析性特征,汉语作为孤立语其双音化最主要的渠道是仿语高频相邻使用后的凝固化。"但是"的衍生建立在上古时期"但"和"是"分别演化成果的基础上,二者在句法上相邻而重新分析并合演变为双音词,在语义上逐渐由偏正关系走向转折,在语法上逐渐由修饰动词的副词转向修饰连接小句或结构的连词。

研究表明,"但"字在古代汉语中具有极强的构词能力,且其多围绕"选择""条件""转折"等概念语义。"但""是"作为搭配共现连用最早出现在西汉时期,且用例极少。现代汉语中"但"字应用最广的双音词当属"但是"。话语标记语"但是"尽管语用功能成形历史较短,然而转折连词"但是"的演变历程耗时良久,最早可以追溯到上古时期,直到唐代"但"和"是"并合使用才逐渐增多,但多是"凡是""只要是"之意,大约在南宋开始用于表转折(太田辰夫,2003:298;向熹,1992)。

7-32)礼生无名,但是事耳,随时得质文之事而报之。(《史记》)

7-33)但是其人,明为其开,非其人则闭,审得其人,则可以除疾,灾异自消,夷狄自降,不须兵革,皆自消亡。……道有可为出,不妄行,是其人则明,非其人则不可行。(《太平经》)

7-34)空宗之言但是遮诠,性宗之言有遮有表。(《禅源诠序》)

7-35)万行不出六波罗蜜,禅门但是六中之一,当其第五。(《禅源诠序》)

7-36)此但是顿教,亦名为大乘。(《坛经》)

　　例句 7-32）至例句 7-36）中的"但是"与现代汉语表达中的转折连词虽形态相同，但是意义迥异，实质是"但"和"是"两个语义独立的汉语单音词在话语意义表达中恰巧位置毗邻而已。单音词"但"在句中充当状语副词，修饰判断动词"是"，表示"仅仅""只"；单音词"是"则充当肯定性判断动词，凸显话语表达中的焦点。

　　例句 7-32）中，"是"作为焦点判断，表"随时""报之"的范畴，而"但"作为副词进一步强化判断的预期。例句 7-33）中"是其人"与"非其人"两个判断在语义与结构形态上形成对立，后接的"开"和"闭"在语义上构成了"是"与"非"判断的后续行为。相关"是"与"非"在话语表述上的对立与例句末尾的"是其人则明，非其人则不可行"相同。因此，例句首的多音节"但"字显然并没有与"是"构成双音节词，甚至也没有形成固定的词组，而仅仅是作为一般意义上的副词充当"是"的状语，限定判断行为。

　　及至隋唐时期，受汉语表达中的［主语+谓语+宾语］结构的影响，"是"的语法功能已经由单纯的判断动词逐渐演变成为谓语动词，在句法结构上逐渐由［是+……］拓展至［主语+是+……］，而"是"字的句法位置也相应由句首调至句中。例句 7-34 至例句 7-36）中"但是"实质上也并没有成为现代汉语意义上的词汇，而是以"是"为核心，"但"作为副词对谓语动词进行限定。

　　7-37）空宗之言但是遮诠，性宗之言有遮有表。

　　7-37a）空宗之言○是遮诠，性宗之言（是）有遮有表。[①]

　　对比例句 7-37）与例句 7-37a），两句中前后小句"空宗之言"的"遮诠"与"性宗之言"的"有遮有表"在语义上相互对立。例句 7-37a）中，"是"在句式上促成了前后的直接对立，两者在话语语力上平等；而例句 7-37）中，"是"前加上

---

① 　"○"代表省略单音字"但"字后的缺位，后续例句中的○均表缺位。

"但",限制了"空宗之言"在话语交际中的语言功能,削弱了"空宗"与"性宗"在句式对立上的语力。

7-38)万行不出六波罗蜜,禅门但是六中之一,当其第五。

　7-38a)万行不出六波罗蜜,禅门○是六中之一,当其第五。

7-39)此但是顿教,亦名为大乘。

　7-39a)此○是顿教,亦名为大乘。

同样,例句 7-38)中,单音字"但"的缺省不能破坏整个小句的句法合法性。例句 7-38a)中,判断动词"是"在话语表达中的谓语功能更加清晰,整个句子语法结构完整,且在整体上无损于整个小句的语义信息。对比例句 7-39)和例句 7-39a),结果同样如此。两个改编句与原句稍有不同的是,改编句中的"但"在功能上限制了"是"的判断程度,在交际中具有一定的情态功能。譬如,"禅门是六门之一"与"禅门只是六门之一"虽概念信息无异,但前者是信息的陈述,后者则强调"禅门"的微小与不重要。

由此可见,"但"在隋唐时期的使用中虽与"是"连用的词频逐渐增加,但两者之间仍未有开始双音化的迹象,前者在语句中多作为状语副词在句法上毗邻后者搭配使用,语义重心在判断词"是",因此即使省略"但",语句在句法和语义上均具有合法性。当然,需要指出的是,尽管"但+是"这一结构在西汉到隋唐年间的语义与语法功能上尚未发生大的变化,但两字高频共现,且其句法位置逐渐位移至小句中间,为其进一步双音化奠定基础。

"但是"在宋朝的出现频率显著增加,尤其是在《朱子语类》①中大量出现。其间"但是"的语言功能呈现出两个基本特点。其一是,单音词"但""是"的在高频邻近共现使用后,内部边界消失趋势与词汇双音化趋势明显;其二是,不同

---

① 《朱子语类》是宋代著名理学家朱熹与其弟子问答的语录汇编。南宋景定四年(1263 年),朱熹弟子黎靖德等辑录其言论,以类编排,并于咸淳六年(1270 年)制版发行。

于隋唐时期"但是"在句子结构表达中充当谓语的功能,南宋末年出现大量"但是"后接谓语动词,而导致自身谓语功能弱化或丧失的语例。

7-40)圣人则全是无我;颜子却但是不以我去压人,却尚有个人与我相对在。(《朱子语类》)

7-41)文王但是做得从容不迫,不便去伐商太猛耳。(《朱子语类》)

7-42)盖非不晓,但是说滑了口后,信口说,习而不察,更不去子细检点。(《朱子语类》)

7-43)唐人亦不见有祭,但是拜扫而已。(《朱子语类》)

例句 7-40)中具有转折意义的副词"却"与"但是"并用,清晰阐明南宋时期"但是"已经开始逐渐融合,成为与"却"具有相似语法性质的词语,尽管彼时的"但是"在语义上仍不具有转折意味,否则"却"在文中则显赘余。"却"与"但是"之间分别标识转折关系和"限定"关系,二者在语义上具有一定的渊源,可以延伸转化。

例句 7-41)至例句 7-43)中的典型特征是"但是"可以后接多样谓语动词,句型结构也已经由隋唐时期的[主语+(但)是+宾语]逐渐转换为宋代的[主语+(但是)+谓语动词]。前者中的"但是"作为偏正结构,可以省略"但"而保留"是"的情况之下不影响句子句法合法性,然而后者中的"但是"整体省略后,句子合法性已可接受。请看例句 7-41a)、例句 7-42a)和例句 7-43a)。

7-41)文王但是做得从容不迫,不便去伐商太猛耳。

7-41a)文王○○做得从容不迫,不便去伐商太猛耳。

7-41b)文王但是○得从容不迫,不便去伐商太猛耳。

7-42）盖非不晓，但是说滑了口后，信口说，习而不察，更不去子细检点。

7-42a）盖非不晓，○○说滑了口后，信口说，习而不察，更不去子细检点。

7-42b）盖非不晓，但是○滑了口后，信口说，习而不察，更不去子细检点。

7-43）唐人亦不见有祭，但是拜扫而已。

7-43a）唐人亦不见有祭，○○拜扫而已。

7-43b）唐人亦不见有祭，但是○○而已。

从上述例句对比中可以发现，例句 7-41）至例句 7-43）中的"但是"位置居句中，后分别接续动词"做""说""拜扫"等。"但是"接续词的改变标志着其发源于判断动词"是"的语法功能的逐渐消失，已经不能再独立充当句子谓语。如果像例句 7-41b）、例句 7-42b）和例句 7-43b）那样删除"但是"后的接续动词，则整个句子合法性与语义无法接受。此外，值得注意的是，《朱子语类》中的大量"但是"的使用充分说明，其在宋代已经成为完整复合副词为社会接受，并且也已经逐渐展现出"但"与"是"无法像隋唐乃至更早时期那样，可以在不影响句子语义的情况下分离的情况。

7-44）被送来者不是唐叛人，但是界首牧牛耕种百姓枉被捉来。（《入唐求法巡礼记》）

7-45）今之宰臣，则往日台省长官也；今之台省长官，乃将来之宰臣也，但是职名暂异，固非行业顿殊。（《旧唐书》）

7-46）忠便是就心上做底，恕便是推出来底，如那尽底，也只一般。但是圣人不待于推，而学者尚要推耳。（《朱子语类》）

7-47）曰愚，非愚鲁之谓，但是有才不自暴露。（《朱子语类》）

副词是只能充当状语的虚词（朱德熙，1982：192）。龙果夫（1958：189）认为汉语副词范畴可以分为直接作用于谓语的副词和用作整个句子的加语副词。

前者在句中的位置相对固定,只能位于谓语之前,后者则多位于主语之前(尹洪波,2013)。"但是"副词化演变的另一个倾向是拓展句法辖域,从限制谓语动作、状态或事件的谓语副词(clause internal adverbials)(属低位副词 lower adverbs,即"饰谓副词")转变为修饰整个句子、指向整个句子命题的句子副词(sentence adverbials)(属高位副词 higher adverbs,即"饰句副词")。

唐朝末年到五代十国,再到北宋时期,"但是"在谓语功能逐渐弱化的同时,受句法位置前移的影响,在语言表达中也逐渐展现出一定的衔接上下文的功能。比如相较于前文例句,例句 7-44)至例句 7-47)中的"但是"已经逐渐由后接谓语动词的句中副词逐渐前移至小句句首。需要指出的是,尽管"但是"在上述例句中已经实现句法位置的前移,然而实质上,其在语言表达中展现出"语义逆接限制"和"语义转折"两种不同的语法功能。

例句 7-44)至例句 7-45)中的"但是"在语义上表示"只是",是对前文语义范围的逆接和限制。例句 7-44)中的"但是"既是对"被送来者"范围的界定,也是对"唐叛人"身份的逆转。例句 7-45)中"宰臣"与"台省长官"在称谓上在"今"与"往日"和"将来"不同时间段上形成对立。"但是"引导的名词形成的[但是+名词]结构在语义功能上限定了这种称谓迥异对立所在的范围,在一定意义上是对前文的补充说明。

例句 7-46)至例句 7-47)中的"但是"在句法形态结构上后接完整小句,与前文形成语义转接关系。例句 7-46)中的"但是"引出对"圣人"与"学者"在"忠""恕"两点上的差异,而例句 7-47)中的"但是"是要引出对"愚"不同转向的解读。特别是例句 7-47)中的"但是"既可以在语义范畴层面解读为对前句"愚"的逆接和限制,也可以在句法层面解读为对前文的转折,构成类似具有现代汉语中"不是……而是……"意义的"非……但是……"的关联结构。

上述四个例句尽管在语义上有细微关联,但句法差异明显,分属于低位副词和高位副词。低位副词"但是"向高位副词"但是"的演变过程表面上是简单的副词句法位置提升,实质上是句子内部语义修饰关系的改变。低位副词"但是"句法位置提升至句首间接导致其主动或被动承担起衔接上下文的任务,进而为其进一步演变成为真正的连词提供了便利。

实际上,连词和副词有一定的联系,某些副词由于语义和分布的变化,词性转换会变为连词(段德森,1991)。晚唐后期,"但是"在语言表达中的语义精简和句法环境变化导致其继续向前发展。一方面,继续用作副词,但语义上由"选择"范畴意项"只有"逐渐转变泛化拓展为汉语中的"凡是""只要是"等,用以总括一定范围内的一切(吕叔湘,1999:198),表示一定范围里没有例外①[请看例句7-48)至例句7-50)]。

7-48)言王子者,是国王之太子,或是远从,或是亲王,但是皇属,总得名为王子。(《敦煌变文》)

7-49)如臣愚见,但是无义之人,及先来无赖,家门不能邕睦;及好奢华驰猎驭射,专作慢游狗马、声色歌舞之人,不得使亲而近之也。(《旧唐书》)

7-50)谓迁所着史记,但是汉家不善之事,皆为谤也。(《后汉书》)

"但是"在古汉语演变中整体遵循了"限定""选择""只有""凡是"本身在语义上具有相通之处,其核心都是划定范围,从"限定"到"凡是"的语义演变不同的只是认知视角解读的差异罢了。例句7-48)至例句7-50)三句中的"但是"分别限定了"王子"的称谓范围是"皇属""无义之人"的行事风格是"先来无赖",以及《史记》中"谤"的内容是"汉家②不善之事"的范畴。

相较而言,"但是"在句法前移至句首后,更多呈现连词化演变的趋势。语言研究表明,表限制的副词往往会在句法结构和语义上发生嬗变,转化为表转

---

① 参见《现代汉语词典(第五版)》(中国社会科学院语言研究所词典编辑室,2005),第375页。

② 汉家指皇室。

折的连词。高位副词"但是"的连词化是语义和结构相互制约的过程,其命题修饰功能和句首前置的句法特征促使其在句法上和前句构成衔接,为其在语法上向连词转向做准备。同时,高位副词"但是"在使用过程中基于自身"二选一式"的"选择"范畴在语境使用过程中不断吸收内化为抽象的转折对比关系。实际上,"但字属轻转,不甚与前文批驳,气颇轻婉"(袁仁林,1989),更多是对上文表达信息的修正或补充说明。高位副词"但是"的副词连词化倾向在宋代时期已发展得较为成熟,尤以《朱子语类》中多见。

7-51)如尊贤,便有"师之者,友之者"许多般。礼智亦然。但是爱亲爱兄是行仁之本。(《朱子语类》)

7-52)一家之中,尊者可畏敬,但是(尊者)有不当处,亦合有几谏时。(《朱子语类》)

7-53)御法而今尚可寻,但是今人寻得,亦无用处,故不肯。(《朱子语类》)

7-54)盖人之有恶,我不是恶其人,但是(我)恶其恶耳。(《朱子语类》)

7-55)"仁者以财发身",但是财散民聚,而身自尊,不在于财。(《朱子语类》)

7-56)然事事有此意,但是"思无邪"一句方尽得许多意。(《朱子语类》)

连词是具有连接功能的词,既有可能连接词和短语构成并列短语(即单纯性连接)又可连接小句与小句,构成联合复合句和偏正复合句(关联性连接)(周刚,2004:2)。如果一个表示句和句之间的关系的词不能搁在主语之后,必须搁在主语之前,那也就必须承认它是连词(赵元任,1979),只能出现在主语后边的是副词(吕叔湘,1979)。

上述例句 7-51)至例句 7-56)清晰表明,高位副词"但是"的连词化过程不同于传统的副词的最大之处在于,连词化后的"但是"已经不再接续名词标识范围限制,如例句 7-48)至例句 7-50),或者接续动词标识程度限制,如例句 7-42)

和例句 7-43），而是固定在句首接续小句，引出新的语义信息。例句 7-52）和例
句 7-54）中，"但是"后接成分虽不同于本组其他例句有独立的主语，表象来看不
是完整句子，但实质上，两句中的"但是"后接小句中的主语省略，分别可以补充
主语"尊者"[例句7-52）]、"我"[例句 7-54）]。连词化后的"但是"在句法后接
小句后，所接小句不能单说，必须有后续或者先行小句相互呼应，构成特定的句
法语义关系。例句 7-51）至例句 7-56）中，"但是"后续小句如若单说，虽句法结
构上保持完整，但语义表达上则显突兀。例句 7-56）中的"然"字的使用则进一
步将前后小句间相互关照共同组构的句法语义关系固化，使其前后小句位置不
能互换。

　　"但是"句法结构上的嬗变促使前后相邻小句构成匹配，使之脱离并吸收诸
如"却"之类副词（常见的还有"全""皆"等）的对比强调作用[例句 7-40）]，从
而揭示相邻小句间的语义关系。邢福义（1985：140-141）认为"……但是……"
句式的构成基础是事物的矛盾对立或相互差异，包括直接对立、因果违逆、补充
修正等。再看例句 7-51）和例句 7-54），前句"礼智""不恶其人"与后句"行仁"
"恶其恶"分别相对，例句 7-52）和例句 7-56）中的后句则分别是对前句"尊者可
敬畏""事事有此意"的修补，例句 7-55）则是对"聚财"与"发身"因果关系的探
讨。"但是"连词化过程中三个基础语义在句式中得到不断的吸收内化，最终促
使"但是"形成明确语义，并在语言后期使之成为能决定前后分句句法语义关系
的关联词。

　　"但是"对转折关系小类的三个划分构成反映并管制相邻小句间逻辑关系，
构成小句间在语义基础上"轻转"和"重转"的差别，本质上是语言表达中说话
人认知心理期待和语言表达视角变化的结果，是经历从语义转折到语气转折的
历程。受基础语义构成的影响，新晋连词"但是"的语义转折多以"只是""不
过"等"轻转"为基础，多对上句总括情况进行修正或补充，因此语法功能相对较
为基础。尽管上述考证表明宋时期《朱子语类》中的"但是"已经具有转折语义的
雏形，然而"但是"的连词表达功能在清代才日臻成熟，如例句 7-57）至例句 7-61）。

7-57）婚姻大事,自然要听父母之命才是,但是父母也大不过天地。(《儿女英雄传》)

7-58）这些事情本县知道全是兵勇做的,但是没有凭据怎么可以办人。(《官场现形记》)

7-59）你既是奶奶,我也不敢要你为妻,但是今夜权与我睡一睡,明日寻个机会,送你回去,如何?"(《风流悟》)

7-60）贾政听着,虽不理他,但是心里刀搅一般。(《红楼梦》)

7-61）到了初二日,吃了早饭,来到宁府,看见秦氏的光景,虽未甚添病,但是那脸上身上的肉全瘦干了。(《红楼梦》)

　　例句 7-57 至例句 7-59）中的"但是"在语义上已经脱离"轻转"语义功能,客观上凸显前后句的矛盾对立,语气上具有强烈的对比性。例句 7-57）中的"父母"与"天地"对婚姻决定权的争夺,例句 7-58）中的疑问词"怎么"质问的愤怒情感,例句 7-59）中的"不敢"与"权(且)"的矛盾都强化了"但是"的重转功能。例句 7-60）和例句 7-61）中,"但是"与让步连词"虽"搭配使用,在宋时期"然……但是……"[例句 7-56)]固化的基础上进一步演变,构成"虽(然)……但是……"组合,在语义和功能上与现代汉语几近一致。

　　总之,前人研究表明,"但""是"在上古时期文献中分别以限制副词和指示代词的身份出现,并在随后的语言发展中因句法环境变化触发结构重新分析和语义调整,分别演化为转折连词和判断/焦点标记。上述语料梳理清晰表明,"但是"的衍生建立在上古时期"但"和"是"分别演化成果的基础上,二者在句法相邻而重新分析并合演变为双音词,在语义上逐渐由偏正关系走向转折,在语法上逐渐由修饰动词的副词转向修饰连接小句或结构的连词。"但是"的连词化过程漫长。"但是"在西汉始见文献中最早作为偏正词组出现。彼时以"是"的判断/焦点用法为核心,"但"的副词用法为修饰限制核心动词。直至唐代"但"和"是"并合使用的语料证据才逐渐增多,但多在语义上表"范畴限制",并缓慢衍生出类似副词和轻度转折的用法。

"但是"在经历唐末五代时期的萎缩后,在宋时期得到迅猛发展。相关语例在《朱子语类》中大量出现,词意以"转折"为核心,句法位置前移摆脱饰谓局限,词性渐由低位饰谓副词转向高位饰句副词。及至明清时期,随着章回体白话文小说的繁盛和街头茶馆评书艺术等多种形式的兴起,"但是"在口语表达中逐渐高频使用,具有转折意义的连词"但是"也逐渐成形,并终为大众所接受。相关语例中的"但是"衔接相邻小句的功能提升,其修饰谓语或小句的副词性质逐渐退隐,形成较为完整的重度转折连词功能。郭燕妮(2007)和丁烨(2010)分别曾对"但是"在上述各时期的语法功能和句法位置进行过详细统计,在此不再赘述。

二、"但是"话语标记化过程的中句法—语用变化

话语成分大量出现是现代汉语的典型特征之一。在明清时期,汉语白话文因其口语性强、便于理解在现代汉语的发展过程中得到极大的发展。连词作为篇章连接重要成分常在自然口语中高频使用,从而导致语义弱化(semantic reduction),不再表达句子命题的真值语义关系,而被用作组织言谈的话语标记成分(方梅,2000)。

石毓智、李讷(2001)认为语法标记使用频率高低与其语法化程度成正比,即使用频率越高,语法化程度越高,而语法化程度的增加又会引起语法标记形式的弱化。"但是"由副词向连词演化的本质是语言着眼视角由句法内部结构关系提升到句子组合层面的过程,因此连词比副词更加虚化。尽管连词相较副词而言是语法化程度更高的虚词,然而连词"但是"的超句子用法(macrosyntactic conjunctions)(赵元任,1979),使之位置灵活,能够明确表达语言片段之间或语言片段与交际双方共享知识或背景知识在语义上的隐性或显性的转承关系,从而帮助受话人确定某个词语或结构的管制范围,减少受话人的认知努力(廖秋忠,1986),为其在话语层面上进一步虚化并分化出话语标记语用法奠定基础。

语料梳理表明,连词"但是"的话语标记语用法最早零散萌芽于清时期各大白话小说,其所衔接前后小句间逻辑真值语义逐渐淡化,原句法层面"语义转折"逐渐弱化,话语层面"语气转折"逐渐增强。

7-62)贾珍尤氏二人递了茶,因笑道:"老太太原是个老祖宗,我父亲又是侄儿,这样年纪,这个日子,原不敢请他老人家来;但是这时候,天气又凉爽,满园的菊花盛开,请老祖宗过来散散闷,看看众儿孙热热闹闹的,是这个意思。(《红楼梦》)

7-63)我从晌午起,闹到这时候儿了,这如今便再有这等的五六十里地,我还赶得来,就再有那等的三二十和尚,我也送的了,但是我从吃早饭后到此时,水米没沾唇,我可饿不起了。(《儿女英雄传》)

7-64)果蒙大爷如此用心救我,老天嘠,天下有这样神明的官府,仁厚的有司。但是我湛国瑛,怎生报答。(《醒名花》)

7-65)护院道:"我今天就打个电报去。但是令亲那里,你也应该复他一电,把底子搜一搜清,到底是怎么一件事。"(《官场现形记》)

"但是"作为连词表示语义转折关系时,通常总是先提出一个肯定的事实,然后用"但是"引出在意义上跟前面事实不同的另一事实(北京大学中文系1955、1957级语言班,1982:141),表示两件事情尽管都是真实的,但似乎不相容,前者是客为后者做铺垫,后者为主是句子重心所在(吕叔湘,2002b:111)。譬如,例句 7-62)和例句 7-63)逻辑上可抽象为[A$_{(X/Y)}$;但是 B$_{(X'/Y')}$],"但是"衔接 AB 两个相邻独立命题,其中例句 7-33)A 内部借用(X/Y)概述"不敢请"的理由,B 应用(X'/Y')陈述"请"的道理,二者理据对立构成语义转折,但 B 却并不直接对 A 构成否定。因此,连词"但是"不但无直接影响两小句内部命题(X/Y)或(X'/Y')成分间的关系,反而有为说话人开启新话题的作用。

"但是"句法层面的"直接转折"向话语层面的"间接转折"的转变推动其自

身概念语义信息弱化,使其原有语义转折成为依赖语用推理才能凸显的语用转折。例句 7-64)和例句 7-65)"但是"前后小句间命题也并不构成传统意义上"条件""相对""互否""选择"以及"转折"等语法焦点功能,甚至也不构成推理意义上的转折,而只是在形式上构成话题的转换,空保留与前文形式上的对比。例句 7-64)和例句 7-65)中的"但是"作为言语行为上切换话题的引子,在句法搭配上由[$A_{(X/Y)}$;但是 $B_{(X'/Y')}$]转变为[$A_{(X/Y)}$;但是 $B_{(X'),Y'}$],多接名词性话题,丧失传统转折连词连接小句的功能。

随着语言使用频率的增加,转折连词"但是"语法焦点的持续弱化对句法结构的另一个重要影响就是"但是"与小句话题 $B_{(X')}$ 的结构分离[$A_{(X/Y)}$;但是, $B_{(X'),Y'}$],从而为其进一步脱离小句内部构成成分,成为独立话语插入成分提供可能。此时,"但是"后多可加语气词"呢"表示停顿,用以表示说话人正在思考,衔接上下文,保持话语流畅。

7-66)若听那个女孩儿的那番仗义,这个女孩儿的这番识体,都叫人可感可疼。至于亲家的怯不怯,和那贫富高低,倒不关紧要。但是,我原想给孩子娶一房十全的媳妇,如今听起来,这张姑娘的女孩儿,身分性情自然无可说了,我只愁他到底是个乡间的孩子,万一长的丑八怪似的,可怎么配我这个好孩子呢!(《儿女英雄传》)

7-67)这天,尹子崇就是为这件事上院求见抚台的;但是,引外国人到内地开矿,事关国体,责任重大,尹子崇在抚台面前吱吱唔唔,始终未敢明说。(《官场现形记》)

7-68)这事我已明白,自然是捕快做的圈套,你们掌柜的自然应该替他收尸去的。但是,他一个老实人,为什么人要这么害他呢,你掌柜的就没有打听打听吗?(《老残游记》)

例句 7-66)至例句 7-68)中,转折连词"但是"进一步偏离经典语法使用模式,与小句话题的分离,语法功能焦点进一步弱化。除例句 7-66)可勉强推出 AB 小句女孩"完美"与"不完美"间的直接转折外,例句 7-67)和例句 7-68)中的 AB 两句几无任何直接转折的痕迹,因此,句法上可省略而不影响小句命题内容和全句真值语义。句法结构反映语言信息焦点状态的呈现方式。例句 7-67)中,"但是"并没有直接引出"尹子崇求见抚台"的结果,反而是引出并凸显"外国人开矿"的新话题,淡化了结果。例句 7-68)中,AB 两句间接语义转折进一步淡化,"但是"语法功能焦点相应地更加模糊。此处使用"但是"根本原因在于 A 句讨论的捕快害老实人是已知信息,说话人期望借此把谈话转向或激活 A 句背后的话题。

"但是"激活新话题的特质初步呈现出话语组织功能的雏形,其衍生是语法焦点进一步模糊,转折功能进一步弱化,直至空具"转折"之名的结果。"但是"话语标记语的演变路径呈现出语义焦点弱化与语法焦点淡化相辅相成,语言内部信息焦点变化和表层句法结构调整齐头并进的特点。语义焦点弱化和语法焦点淡化触发不同信息焦点的激活,句法结构调整反映信息焦点的变化,而信息焦点凸显的变化又引发句法结构的调整。

跨语言研究表明,语言使用频率与语言演变密切关联。近现代以来,小说文本等民间文学的广泛传播和五四新文化运动以后白话文流行提高汉语口语表达性,为转折连词"但是"话语标记身份的强化与功能的泛化奠定了基础。据《现代汉语常用词表(草案)》(《现代汉语常用词表》课题组,2008)统计,"但是"位列汉语常用词表 151 位,居转折连词首位。连词"但是"非真值语义用法逐渐增多,句法上另起一句的比例逐渐增加,表达中脱离主句辖域扩大,仅保留形式逆转的趋势越趋明显。多样句法环境中的高频使用导致其"词汇意义衰减、篇章功能增强","从表达真值语义关系到不表达真值语义关系而仅用作话语标记、服务于不同话语目的"(方梅,2000)。

7-69）真卿道："原是你的银子我不配说给你不给你,但是你要怎么多银子干甚么呢。"锦娘道："你若给我不必问我要来干什么,到后来你是自然知道的。(《宜春苑》)

7-70）文天祥道："我若肯投降也不等今日了,我岂不知腰金带紫的快活,但是我坐视国亡,不能救援死有余辜,怎敢还望腰金带紫……(《痛史》)

7-71）伊凡想到此地,心中好不惭愧,简直不把自己当作人看待了,却待要开口,又一个字都说不出,真是无可奈何,忽然又想起事不宜迟,报死信的不久就要到了,但是他又想,难道这几十分钟的空快活都不许他老人家享受吗(《决斗》①)

7-72）现在大家可以明白科学家是个甚么样的人物了,但是这科学家如何养成的? (《何为科学家?》)

7-73）有人问时我便撒个谎说是我中着了围姓彩票,人家还要向我道喜呢,谁还疑心我谋财害命么,但是今日这事怎么办呢。(《电术奇谈》)

　　相较于早期"但是"话语标记用法的萌芽,近代以来"但是"出现在非语义转折小句中用于激活新话题的情形越来越多。例句 7-69）至例句 7-72）中,"但是"的语法焦点并没有在句法层面上构成前后小句的转折,而只是在话语层面上引出新话题,借以形成和旧话题的切换。例句 7-73）尽管只是在话语层面上有话题的切换,却是在找回话题。说话人对"彩票"的陈述已经偏离当前讨论的对话,因此借用连词"但是"将上文中讨论的话题切换回当前的情景。

　　"但是"话语标记功能的衍生伴随其句法搭配成分的改变。现有语料表明,"但是"在话语层面上切换话题所衔接的小句在高频使用中常被简化为名词性成分,用以强调并设立话题,引发言者思考。

---

① 例句中未有标注年代的均为明末清初以来的白话文本。这些文本与现代汉语达标相似度较高,故文中不再标注。

7-74）人到害病时候,还不能做文章,蚕到害病的时候,也就不能够吐丝了;
就是勉强吐出丝来,那丝也自然是不好。但是人害了病,也可以请个
先生看看,买些药吃,蚕到害病的时节,却没有个蚕医生,也没有蚕
药,这便怎生是好呢?(《安徽俗话报》)

7-75）照上一章所说的中国各种灭亡的现象,我中国是一个已经亡了的国,
列位是知道的了。但是堂堂一个中华大国,怎么就弄得这步田地呢?
(《安徽俗话报》)

7-76）现在何尝提起男子尚且如此,何况女子问题,自然更没有人来过问。
但是女子问题,终竟是件重大事情,须得切实研究。(《决斗》)

7-77）谁知木兰的父亲,听了木兰的话,很是喜欢。就对木兰说道:你有这
般大志,真不愧黄帝的子孙了(黄帝是我们开辟中国的祖宗)。但是
还有一件,你还得去问了你的母亲,你母亲若悦意,你方才可以去得。
(《安徽俗话报》)

7-78）现在诚抚台,想把全省的学堂,都兴办起来;替安徽培养些人材。但
是这事,没有个头脑,无从办起;(《安徽俗话报》)

7-79）成章去了无多日,樊夫人才带了老仆丫到此方,闻说胞兄先远去,心
中着实受惊惶,叫车要到胞兄所,又恐沙州路太长,进又不能退不可,
只得在陕西城里度时光。但是那,樊公作吏清如水,那有钗钱入宦囊,
樊夫人只得典钗质饵,托人赁了几间房,城中各物都昂贵,不久搬移下
远乡,仆妇丫都散了,只剩了,两名婢仆在身旁。(《安徽俗话报》)

7-80）一霎时,许多兵士齐开饭,杯箸之声甚了然,赵家人知道并无相害意,
一齐喜色上眉尖。但是那,强人心意难猜测,一众人,喜生忧来心似
煎……(《安徽俗话报》)

7-81）美的女人的魂这样的么? 你年纪还轻,所以还想做各样的事罢。但
是(那),战争的牺牲者的心,你可知道? 如果不知道,说给你听罢。
(《一个青年的梦》)

> 7-82）发生这两件大事的时候,镇长居然在千里之外一点消息也不知道。可把驻军最高首长杜林急懵了。这等于热闹镇这边天塌了一角,他怎么支撑得了哇,必须立即向上级汇报。但是(那),不知是大风刮的还是什么人捣的鬼,电话线路不通了。(《雪国热闹镇》)

例句 7-74）至例句 7-82）勾勒了"但是"所衔接成分的缩减过程,亦即由完整小句[例句 7-74）]渐变成名词性短语[例句 7-75）和例句 7-76）],指示代词[例句 7-77）至例句 7-80）]直至完全省略[例句 7-81）和例句 7-82）]。"但是"后接焦点成分变化导致概念核心语义由动作陈述转向事实描述,最终实现"但是"在话语表达中标记话题信息的功能。焦点信息指代化[例句 7-77）和例句7-78）]和代词化[例句 7-79）和例句 7-80）]则为相关成分进一步模糊化奠定基础。指代词"那"在口语表达中弱化,往往被轻读或为诸如"呢""啊""呀"等其他语气词所替代,直至在语音上完全被忽略,结构上完全被省略。

句法结构嬗变拓展连词辖域空间,使之摆脱传统语法词修饰句子或短语结构的束缚,从单纯语言结构内部成分跃升至话语语用功能表达层面,成为语用功能词。除去信息聚焦赋予"但是"的话语组织功能,其在言语互动中的作用也较为明显。

> 7-83）(A)我想殿下,他想谁,谁就能到手,大家闺秀不知道有几多,捡喜欢的讨一个得了,为什么单单要来我这里呢……我总觉得有些害怕!他恋着我! 难到就是这爱情的一点力量,教他来我这里吗? 倘若真是这样,我也学世上那些贵妇人可以好好儿报复我那不知丑美的瞎子丈夫了,(B)但是,但是呀! 殿下的心肠若要像那蜜蜂一样,一时高兴,玩弄可怜的花草,那么如何是好呢……(《弗罗连斯》)

7-84)医:你当我怕死么？要怕死,就不该做医生,从前哈佛那黄热病流行的时候,我所冒的险,还比现在利害的多咧。

妇:但是,先生,你年纪还轻,年轻人的性命是很有值价的。请你自己把性命看重些,依了他罢。(《天明》)

7-85)娜拉:(在门口站住错他丈夫挣扎)。不,不,不,——我不进去。我还要上楼去,我不愿意这么早就歇了。

郝尔茂:但是,我的最亲爱的娜拉,……

娜拉:亲爱的滔佛,我求你,我哀求你,——再跳一点钟。(《玩偶之家》)

7-86)"铺子已然全关了门。"李福说。

"但是,"王老爷思索了半天才说,"但是,无论如何,我们得离开这日租界;等会儿,大兵到了,想走也走不开了!"(《讨论》)

例句7-83)至例句7-86)显示"但是"在言语互动中的作用主要集中在"话轮"控制权的争夺上。例句7-83)虽是整段独白,但因其所述内心的纠结,宛若两个知己在倾诉。上述例句显示"但是"在话轮转接中多位于句首,多借用"但是"凸显焦点信息的功能打断上一话轮,争取说话的机会。一般说来,"但是"后接新焦点信息都会引起听者注意。然而,很多时候说话人只是为了引起注意而并未有实质性的焦点信息,并没有准备好真的新信息,因此往往会带有停顿,甚至有其他语气叹词插入其中。

实际上"但是"在话语组织和言语互动中的作用是一脉相承的,都是"但是"聚焦信息的产物。如果"但是"聚焦信息为新信息,则为引入新话题,在话语组织层面引起听话人的注意,或者用新信息抢夺说话人的话语权(*take the turn*);如果聚焦信息为旧信息,则在话语组织层面上拉回听话人对原讨论话题的注意,或者在言语行为上延续话轮(*hold the turn*)。

第三节　话语标记语 *but* 演变的句法—语用特征

　　与汉语中的"但是"相似,英语中的转折连词 *but* 在日常话语交际和书面语表达中也常常可以作为话语标记语使用,在语篇层面衔接和标识上下文逻辑关系,在话语表达层面标识言者对交际中心事件或主题的情感态度。Yang & Chen(2015)基于国内外权威定义的界定,在中国英语学习者语料库(CLEC)和英语本族语者语料库(FLOB)中对 *but*, *however*, *even though*, *though*, *although*, *on the other hand*, *on the contrary*, *whereas*, *conversely*, *notwithstanding*, *alternatively*, *nonetheless*,以及 *even so* 等常见转折性话语标记语进行统计分析。数据表明,中国英语学习者和英语母语人士在众多表达转折意义功能的话语标记语中都更倾向于使用话语标记语 *but*,远超其余 12 个转折类话语标记语。稍有差别的是,中国英语学习者对 *but* 的偏好更为惊人,其频次高达 3327 次,远超于 *however* 的 592 次,而英语母语人士语料库中的 *but* 频次 1548 远低于中国英语学习者,与 *however* 的 566 次差距比例也相对较小(表 7-1)。

表 7-1　转折类话语标记语频率对比(引自 Yang & Chen,2015)

CDM	Freq.in CLEC	Freq.in FLOB	Log-likelihood	Sig.($p<0.05$)		
But	3327	1548	847.01	0.000	***	+
However	592	566	5.77	0.016	*	+
(Even)Though	333	540	31.65	0.000	***	−
Although	428	597	14.10	0.000	***	−
On the other hand	72	54	4.61	0.032	*	+
On the contrary	31	7	18.77	0.000	***	+
Whereas	17	15	0.39	0.531		+
Conversely	4	11	2.76	0.097		−
Notwithstanding	2	9	4.17	0.041	*	−
Alternatively	1	13	11.08	0.001	***	−

续表

CDM	Freq. in CLEC	Freq. in FLOB	Log-likelihood	Sig.（$p<0.05$）		
Nonetheless	0	9	#NUM!	#NUM!	***	–
Even so	0	16	#NUM!	#NUM!	***	–

* stands for the significance of statistics；* means null or the statistics here is invalid or meaningless.

一、*but* 的话语标记功能及其话语标记语身份的界定

据词源考证①，*but* 源自西日耳曼语 *be-ūtan*，在古英语中的拼写形式为 *butan*，*buta* 或 *būton*。从构词来看，*be-utan* 是由 *be*（意为 *by*）和 *utana*（意为 *out*，*without*，*except*，*outside*，*from without*）构成组构而成。受此影响，古英语中的 *butan* 或 *buton* 在语法功能上多充当副词或介词使用，在语义上表达"除非、例外、没有，在⋯⋯外部"等意义。*but* 在中古英语早期就有"然而，不超过（*however*，*yet*，*no more than*）"等意义，直到古英语晚期，*but* 才作为连词出现在英语中，用以表达"相反，相对（*on the contrary*）"等意义。13 世纪早期，*but* 在话语表达中逐渐开始作为引入性话语（*introductory expression*）而出现，14 世纪晚期，*but* 作为名词表"例外之物（*an objection*，*an exception*）"。

Traugott（1986）细致梳理了以 *but* 为代表的转折连词的时空维度及其演变过程，她认为包括 *but* 在内的转折意义型连词②在空间指称可以分为以封闭空间以中心参照物为基准的关系（*signaled opposition in a closed field*）和开放空间以特定非中心的位置为参照物（*a location other than the center*）两大类，因此这些连词的功能对使用时的条件做严格的限制。Toosarvandani（2009）则指出 *but* 在语言的运用中存在的对比标记（Contrastive Use）和预期否定标记（Denial-of-Expectation）两大类型。*but* 的两种不同使用方式不但在语义上构成差别，在句法表现上也具有一定的差异。预期否定标注往往用于小句中第二个成分是谓

---

① 引自英语词源在线字典，网址 https://www.etymonline.com/。

② 文中列举了 *alternately*，*but then*，*instead*，*on the other hand*，*at the same time*，*however*，*on the contrary*，*conversely*，*although*，*besides*，*notwithstanding*，*after all*，*while*，*yet*，*still*，*again* 等。

语或完整小句的句法环境下,而作为对比表达 *but* 在使用时往往伴随 *not* 同时出现,同时对比表达的 but 所衔接的前后成分在音韵上均呈降调出现。

现代英语表达中,*but* 的使用方式多样,既可充当副词、连词,还可以作为介词和关系代词。然而,作为连词的 but 在语言表达中"常用以引出与前文相对照或修饰前文的词语"[①],与英文表达中的 *on the contrary*, *yet*, *however*, *in spite of this*, *yet also*, *at the same time* 在语义功能上高度相当。请看引自《牛津高阶英汉双语词典(第四版)》的例句:

7-87)You have bought the wrong shirt. It is not the red one I wanted ***but*** the blue one.

7-88)Tom went to the party, ***but*** his brother didn't.

7-89)She cut her knee badly, ***but*** (she) didn't cry.

7-90)I'd love to go to the theatre, ***but*** I am too busy.

7-91)He was tired ***but*** happy after the long walk.

从上述例句可见,*but* 作为连词,在语法功能上既可以衔接小句,彰显前后小句间的转折逻辑关系,如例句 7-88)至例句 7-90),又可以直接连接单词表示逆接,如例句 7-87)和例句 7-91)。尽管如此,小句间转折逻辑关系的内部依然可以进一步详细划分,例句 7-88)中的 but 形式上是转折,但在语义层面上更强调 *Tom* 和 *his brother* 在"是否参加聚会"的对比;例句 7-89)中的 *but* 的转折并不是对 *cut knee* 这一事件的本身,而是对"摔伤后应该会哭"的预期判断的否定和转折;同样,例句 7-90)中的 *but* 所衔接的前句 *go to the theater* 和 *too busy* 之间并不构成直接转折,从逻辑语义上来看,前者应与 *do not go to the theater* 构成转折,后者 *too busy* 和 *not too busy* 构成转折,因此从这个角度来看,*but* 在句中更多的是引入新的话题。

---

① 引自商务印书馆和牛津大学出版社联合编纂的《牛津高阶英汉双语词典(第四版)》,详见 185 页。

除去基本的逻辑关系表达功能，*but* 在语言表达中（尤其是话轮交际中）也从形式或语义逆接逐渐衍生出一定的情感功能，用以"表示异议、惊奇或吃惊"，这得益于新旧信息的差异或者新信息不能满足言者心理认知期待，给言者心理带来的冲击，如例句 7-92）和例句 7-93）。

7-92）—I'll give you ten pounds to repair the damage.

　　— ***But*** that's not nearly enough！

7-93）— I am getting married.

　　— ***But*** that's wonderful.

例句 7-92）中言者 A 所提供的 *ten pounds* 明显少于言者 B 对"维修成本"的心理预期，因此，在话语表达中才会使用 *but* 用以强调，表达自身对言者 A 提议的异议。而例句 7-93）中言者 A 所阐述的 *getting married* 的喜讯明显给言者 B 带来心理冲击，让其感受到喜悦，并在话语表达中呈现出来。

上述语例充分表明，*but* 在现代英语中充当连词使用时，其语义与其在古英语中的使用具有高度同源性，多表达上下文小句意义的"转折"或"逆接"。在句法搭配结构上，*but* 多既可位于小句之首后接续句子，亦可位于句中后接续词语。*but* 相邻语句或成分之间形成的心理预期落差往往给言者心理状况带来冲击，为其情绪表达奠定基础。*but* 在现代英语中的这两种语言功能无疑为其演变为话语标记语在逻辑上标识上下文关系，降低受话人认知努力程度，在情感上标识言者对中心事件的态度与评价等主观认知奠定基础。特别需要指出的是，尽管话语标记语作为句法独立的从属连词，不能够引导单独小句，但从话语交际的语境来看，作为话语标记语的 *but* 在话语表达中往往可以独立在话语表达中引导小句，如例句 7-92）和例句 7-93），这样整个话轮前后文亦构成一个完整的句子表达单位。

二、话语标记语 *but* 演变的句法与语用特征

but 在英语语言表达中出现的频率极高,也是英语母语人士和非母语人士首选的第一转折连词。截至 2010 年,COHA(Corpus of Historical American English)语料库共收入含 *but* 语料共计 2443966 条,其中最早出现在 1820 年约 43197 条,且呈逐年递增趋势,2010 年收录的含 *but* 语料共计 174742 条。细致梳理 *but* 在语料使用中的变化可发现,*but* 在 200 多年的使用中的句法搭配模式整体变化不大。除去上文提到的可充当连词使用以外,亦可以在语句中充当副词和介词使用,而充当副词使用的 *but* 在语料中多表限制"只""仅仅",意同 *only*。

整体而言,*but* 一词在英语中的演变完成得极早。梳理 COHA 最早收录的 *but* 语料①,也可以发现 19 世纪 20 年代 *but* 在文本中的句法特征与现代英语中的使用相差无几(图 7-1)。

1	1820 MAG	⊕ ⊕ Q	head of this article was published in this town. But the experiment failed; the edition passed slowly from the hands of the publishers
2	1820 MAG	⊕ ⊕ Q	, for that is rather the business of science, but to form an intellectual habit, which shall be sound, healthy, and
3	1820 MAG	⊕ ⊕ Q	refinement; that it had heen rough and rude, but gigantic in its strength and proportions and full of the wildness and grace of
4	1820 MAG	⊕ ⊕ Q	It is writteiu // in a chaste and simple, but elaborate style, closely resembling that which has been long thought to afford the
5	1820 MAG	⊕ ⊕ Q	of information, which we find no where else, but in those who have borrowed from him. He should certainly be considered as
6	1820 MAG	⊕ ⊕ Q	thing, which may with justice be called poetry, but their assertions are too broad. Pope was a poet, and a very
7	1820 MAG	⊕ ⊕ Q	was a poet, and a very great poet, but unluckiy a much greater wit. It was fortunate for his reputation, that
8	1820 MAG	⊕ ⊕ Q	up, by degrees, ever since that invention, but at the period in question first reached its height. In proportion as books
9	1820 MAG	⊕ ⊕ Q	gradually to an almost unlimited extent, and comprehended all but the very lowest ranks in society. When a book was a rarity,
10	1820 MAG	⊕ ⊕ Q	hoped one day himself to receive. Never perhaps, but in the golden days of Grecian literature, were learned men held in so
11	1820 MAG	⊕ ⊕ Q	obstructed the path of the aspirant to literary fame; but he, who succeeded in spreading his fame beyond the walls of his monastery
12	1820 MAG	⊕ ⊕ Q	, riot indeed by the sordid mind bestial,' but by some * thing which we think very like meagerness of intellect. *
13	1820 MAG	⊕ ⊕ Q	This is all very well and has its value, but we want something more, and if excellence of this sort is not to
14	1820 MAG	⊕ ⊕ Q	excellence of this sort is not to be attained, but by the sacrifice of what is far more valuable, we think it better
15	1820 MAG	⊕ ⊕ Q	have distinct, and enlarged, and accurate conceptions, but he will be likely to clothe them in language at once forcible and correct
16	1820 MAG	⊕ ⊕ Q	* ive attention to manner would be not oily supertkous but injurious in its effects upon the mind. So far from thinking it a
17	1820 MAG	⊕ ⊕ Q	sound discriminating judgment, and much playfulness of fancy; but if we may judge of the character of his mind, from that of
18	1820 MAG	⊕ ⊕ Q	and their contemporaries, partly from its intrinsic excellence, but much more from its precise adaptation to the character of the age, took
19	1820 MAG	⊕ ⊕ Q	of fearlessless arid decision, sometimes degenerating into arrogance, but always indicating that the writers thought as they pleased, and said what they
20	1820 MAG	⊕ ⊕ Q	Cowper must be considered as the restorer of freedom, but freedom we all know is apt to degenerate into licentiousness, and the poets
21	1820 MAG	⊕ ⊕ Q	those of the writers whom they dread to resemble, but they are made in a different direction. However little else they may have
22	1820 MAG	⊕ ⊕ Q	, by the energies and resources of an individual; but no one mami ever created a national literature, or imparted to one a
23	1820 MAG	⊕ ⊕ Q	that they have a great deal of genuine excellence, but we would remark that it is unfortunately of a sort, which renders it

图 7-1 *but* 在 COHA 语料库中的数据检索(截图)

为了更好地阐述 *but* 的特征,我们着重从句法搭配和概念语义两大角度来

---

① 由于 *but* 在语料库 COHA 中收录量极大,出于检索便利,我们在分析中 *but* 语料做了随机的筛选。

探讨 *but* 的使用。句法搭配上，*but* 句法位置使用灵活，但多位于句首或分句句首，表示新信息的引入或者对旧有信息的逆转，或否定，或补充（详情请看上文截图中的例句）。同时，*but* 亦可以在文中做副词引入小词，而非小句作为补充说明。

为了更好地梳理 *but* 在不同时间阶段使用的主体性特征，我们将按照 19 世纪（1900 年前）、20 世纪后（1900 年后）两个阶段梳理 *but* 在语篇使用中的主要句法特征。

语料抽样分析发现，*but* 在 19 世纪文本语料中多出现在句子内部，在语义上表示限制。请看下文中引自 COHA 的例句。

7-94）We were ***but*** two! Why should one be taken and the other left?①

7-95）Being ***but*** simple Indians, they accounted that this must be

7-96）The play was finely acted ***but*** indifferently mounted

7-97）countenanced upon the seventh day by the legal ***but*** not the moral authorities.

7-98）That selfish brother of yours has no time for anybody ***but*** his wife.

7-99）I was then ***but*** a child. It was in consequence of his advice and care that I

7-100）And pen repeats in fond ***but*** flagging rhyme, Farewell Cosenza!

上述例句 7-94）至例句 7-100）中的 *but* 作为副词在旧时英语或文雅表达中往往标识限制关系，相当于 *only* 或 *just*，而在句法位置上，它们多位于谓语之后，限定成分之前。对比汉语"但是"的演变，*but* 的这一功能与低位副词"但是"具有一定的相近之处。此外，同一时期相关语料中还涉及个别 *but* 搭配，如 *nothing but*，*but for*，*none but* 等，尽管语例不多。

然而，抽样语料显示，20 世纪后（1900 年后）*but* 在文本表达中作为连词引

---

① 为保持语料数据真实状态，上述例句直接原样引自语料库，未做任何改变。下文中引用的语料库数据在文中采用同样的处理方式。

导从句的语例明显增加,几近占据主导地位。相关语例中 *but* 多位于小句首,或是单独开启一句,或是作为后半小句衔接前文小句。

7-101)Not quite,"laughed Ned,"***but*** it'll be a half a minute and that's as good as an

7-102)"That's not flattering,***but*** I admit it has its practical side. Those three hours' sleep in

7-103)Yes,there were just we two.***But*** suppose — suppose — that every man in this village,and every man

7-104)did not wait to be turned out of doors,***but*** when they heard the racket overhead bolted precipitately.

7-105)distracted from the very dull and the very bright.***But*** the public-school officials are as alive to this defect as any others concerned with

7-106)He greatly exaggerates the frequency of this event,***but*** it arouses no wonder in him.

7-107)Children have an even harder time being heard.***But*** to my father we were not merely offspring but people,and as such

7-108)At least they couldn't touch the books.***But*** you know,Mister Harper,it finally came to me why they had

---

梳理上述 *but* 引导小句的语料[例句 7-101)至例句 7-108)],我们可以发现,从句法搭配模式上来看,*but* 在现代英语表达中大多采用(S1, *but*+S2)或者(S1+*But* S2)两者不同的句法结构。从功能的角度来看,*but* 在现代英语表达中多在逻辑语义层面上具有"补充说明""让步性转折"的功能,或在话语语篇层面上则具有"引入新话题"的功能。譬如,例句 7-101)和例句 7-104)中的 *but* 句法结构都为(S1, *but*+S2),所引导后句主要在逻辑语义上对前句所述语句语义

信息进行补充说明。例句 7-102)和例句 7-106)中的 *but* 同样也采用(S1, *but*+S2)结构,但所引导后句主要在逻辑语义上对前句概念意义构成转折。例句 7-102)前句的 *no flattering* 与后句的 *practical side*,和例句 7-106)中前句的 *exaggerate* 与后句中的 *no wonder* 均形成转折。例句 7-103)、例句 7-105)、例句 7-107),以及例句 7-108)在句法结构上均采用了(S1+But S2)结构,在功能上均能够在话语层面上引入新话题。*but* 在后文中引入的小句与前文小句中并无直接关联,不能够与前文形成直接的转折或者逆接。值得注意的是,*but* 在语篇层面引入新话题时,其情态交际功能显著增强。譬如例句 7-103) *suppose* 和例句 7-108) *you know* 本身在话语交际中就是一种情境邀约,意在与交际对象产生心理互动,与 *but* 的引入新信息的功能起到了相互配合的作用,为其在话语交际表达中传递言者的情感态度奠定了基础。

整体而言,*but* 在英语语料文本中主要呈副词与连词两大语法属性并存的状态,但两种状态的使用频率在不同阶段的普及度不同。其中,20 世纪以前的语料文本中,*but* 作为限定副词的使用频率更高,与汉语中的低位副词相似。然而,20 世纪以后,*but* 作为连词使用的普及度更高,尽管其内在在表达逻辑语义还是引入新话题功能与句法结构上差异较为明显。对照汉语话语标记语"但是"的演变,*but* 在演变过程中并不存在类似高位副词 *but*,因为在语料文本中,研究人员并不能找到放在句首用于修饰整个句子的副词 *but*。句法结构上位于句首的 *but* 往往已经在语法属性上演变成为连词。其在语言表达中所需要的逻辑语义修饰或话语语篇功能,实质都是其连词功能在句法位置的作用下不断延伸的结果。现有语料显示,从作为副词使用的 *but* 演变成为作为连词使用的 *but*,语法功能属性的改变直接带来了其句法位置的改变,由句中逐渐前移至句首。不同的是,如果连词置于句首强调其在逻辑语义层面的对立,则采用(S1, *but*+S2)结构居多,如果强调其在话语层面的功能,则以(S1+But S2)结构居多。

需要指出的是,*but* 自身所带来的转折功能源自其所引入的新信息与旧有信息之间形成的对比。因此 *but* 在话语表达中天然包含有一种言者的微妙情绪状态,体现言者对新旧事物的态度,因此其在话语表达的使用中往往容易发生主观化或交互主观化,其自带的主观性或交互主观性往往也较高。上文语料中 *suppose* 与 *you know* 的使用宛若在文本中构建了一个虚假的对话交际对象,言语表达中饱含情绪状态,因此往往容易发生语用化或话语标记化。

第八章

情态类话语标记语"完了"与 *well* 的演变

　　话语标记语除受传统的连词影响,能够标识上下文逻辑关系以外,在话语交际中标识交际双方对所谈论事件的态度,表明交际者的观点与意图也是话语标记语语篇表达的重要功能之一。这类话语标记语语用功能的演变成形得益于其在高频使用中对不同语境信息的内化。汉语中动补结构"完了"与英语语气词 *well* 的情态功能在长时期语言高频使用中逐渐强化,成为兼具口头禅性质的话语标记语。

第一节　话语标记语"完了"与 *well* 的身份界定

　　现代汉语完结动词"完"多标识动作产生的具体结果,而体标记"了"则多表动作的发生或状态的出现。二者在口语及口语化语料中既可单独出现,分别修饰谓语动词,又可相互搭配构成高频出现的副词性补足结构"完了",接在谓语动作之后,标识谓语动作和所指受事的状态。

8-1)他眼病重犯了,医生动完了手术,要他好好养着,可他还是继续干。

8-2)吐丝完了,结茧自缚,便把自己的一切呈献给人类。

8-3)本来五队还要三天才能插完秧,结果一天多就插完了。

8-4)你要是告诉我们考这道题该多好,我们把它背下来不就完了。

8-5)李平教练执行训练任务去了,暑假完了才回去。

例句 8-1）至例句 8-5）中的补足结构"完了"句法上修饰谓语动词，补充说明动作现有状态。所饰事件如为具体行为多不省略，如例句 8-1）至例句 8-3）"完了"分别指向"动手术""吐丝""插秧"等具体动作；所指如为抽象动作或泛指动作则多可省略，如例句 8-4）和例句 8-5）"完了"所指动作行为在句中分别可用"弄""搞""做"和"过"等词补充替代。补足结构"完了"清晰明确的语义指向使之成为句子命题的重要构成，因此删除之后必然影响句子概念信息和句法结构的完整。

"完了"充当句子补足结构时语义指向清晰，然而汉语表达中并不是所有的"完了"都有语义指向。

8-6）别哭，亲爱的，今天不许哭，谁也不许哭，完了再哭。

8-7）要论汉语水平，最棒的山本，完了就是金汉城。

例句 8-6）和例句 8-7）中的"完了"语义指向不明，其前也无法找到合适的动词填充。"完了"这种古怪用法在口语表达中迅速而广泛传播促使其逐渐成为一个具有连接作用的副词或连词（孔昭琪，2001），相当时间副词"然后""以后"（李宗江，2004）。

8-8）凉水也好，打一盆来，三天没有洗脸了。完了，你也去看他们抓人去。（《暴风骤雨》）

8-9）她总是那么认真地听着，享受着这并不完美的歌声。完了，她就在我的前额上飞快地落下一个吻，以示她诚挚的感谢。（《读者》200 期合订本）①

---

① 例句 8-8）和例句 8-9）转引自李思旭（2012）。

8-10) 小时候,有一回去水库游泳,一下水,完了,上不来了,两条腿一块
　　　抽筋。

　　例句 8-8) 和例句 8-9) 的"完了"虽与例句 8-6) 和例句 8-7) 的"完了"一样语义指向不明,但在句法结构上已经脱离小句;虽具有一定的小句衔接功能,但相邻小句逻辑关系比较弱。例句 8-8) 的"洗脸"与"看抓人"、例句 8-9) 的"听歌"与"吻我"并不构成直接逻辑联系,例句 8-10) 的前后小句主题虽都围绕"游泳",但"完了"更像是说话人的情感外露。上述三句"完了"不同于"完了"的其他用法,在语义上并不能丰富命题信息,句法结构上脱离主句,删除之后也并不影响句子完整,与话语标记语的基本特征界定基本相符。

　　同样,作为英语语气词的 *well* 作为话语交际表达中言者情感外露,揭示言者元语言认知思维过程的重要方式之一,一直也是国内外语言学界的重要研究对象。Schiffrin(1987) 将 *well* 界定为应答标记后,更是激起了学界的研究兴趣。请看下列例句。

8-11) She sings *well*.[①]

8-12) They know the meaning perfectly *well*.

8-13) The farmer digs his *well* in the field.

8-14) Water *wells* from a spring beneath the rock.

8-15) It might be *well* for you to see a doctor.

8-16) *Well*, here we are at least.

　　上述例句 8-11) 至例句 8-15) 中的 *well* 在句中分别作为方式副词、程度副词、名词、动词和形容词参与句子命题的概念意义建构中,因此如果省略或者删

---

① 　例句 8-11) 至例句 8-16) 引自冉永平(2003)。

除必然会导致句子信息的流失,不利于说话人话语意义的完整表达。特别是例句 8-13)至例句 8-15)中 *well* 本身作为句子核心成分构成,一旦删除则会导致整个句子语法结构错误,是整个话语命题的组成部分。不同于上述英语例句,例句 8-16)中的 *well* 本身在文本中就充当语气叹词,"它所起的作用其实是一种话语标记功能,但其功能又非传统语法所能阐释清楚的"(冉永平,2003)。实际上,作为语气词的 *well* 多用于口语中,在不同语境条件下可用于表示惊讶、宽慰、无可奈何、同意或者理解,争论中的让步,话语中断后接续或者改换话题,犹豫、怀疑等多种不同话语情态(Hornby,1997:1726)。例句 8-16)中的 *well*,作为话语标记语,省略之后并不会影响整个句子命题信息的完整表达,也不会对句子的语法合理性带来任何影响,相反它的出现,反而能够帮助言者有效传递内心中对 *we are here* 过程艰辛的感叹。

　　情态传递是言语交际过程中必然需要包含的内容,没有情态的话语实质上是不存在的,即使是客观公正的表述本身也是一种情态。"完了"与 *well* 在话语交际中的共有的惊讶、无可奈何、接续、犹疑等情态表达功能也是笔者将二者置于同一章节研究的直接原因。实际上,学者对话语标记语"完了"与 *well* 的研究一直未有止步。

　　现有对"完了"的话语标记语功能的研究仍多笼统地停留在语篇衔接层面。孔昭琪(2001)认为"完了"在高频使用中已经完全替代"然后""后来""接着""接下来"等时间副词或连词。方环海、刘继磊(2005)进一步借助张谊生(1996)对副词连接功能的分类,将话语标记语"完了"明确为表示"两事相承、依次发生"后时顺序,衔接小句,带有篇章功能的关联副词。余光武、满在江(2008)对比分析了"完了"与"然后",发现前者口语性更强,除去表达事件在事件上的承接关系外,还可以表达前后小句在逻辑上的目的、条件或因果关系。

　　上述个案研究多关注话语标记语"完了"的连词性功能,殷树林(2011a)则将"完了"话语标记功能考察视角从句法层面拓展到了话语组织层面。话语标记语"完了"不仅只用于话语单位的衔接和连贯,还可以用来衔接两个或两个以上的事件、观点、话题,或对现有事件、观点、话题进行补充。李宗江、王慧兰(2011:259-260)进一步考察语篇关联词语(话语标记语)"完了"的言语行为,认为其一方面在口语中可用于填补话语信息空白,保持话语延续性,避免语结,另一方面则多在事情出现不好后果时传递言者的情感态度。话语标记语语用功能考察最为详尽的当属高增霞(2004b)。借助方梅(2000)对汉语话语标记语功能的全面描写,高增霞(2004b)认为"完了"是一个发展比较成熟的话语标记语,现有汉语话语标记语所表现的所有功能如话语组织功能、言语行为功能,在"完了"身上都有所体现。"完了"既可以在话语组织上设立话题,找回话题或切换话题,又可以在言语行为上转换话轮或者延续话题。

同样,*well* 作为话语标记语并不是基于词汇自身的意义或者语法功能,而是其在话语表达中的功能。对此,国内外许多学者也多有从不同角度详细阐述。Sacks,Schegloff & Jefferson(1974)认为话语标记语 *well* 常用于预示原有话轮的结束和新话轮的产生;Labov & Fanshel(1977)则认为 *well* 句法位置灵活,可置于句中、句首或句尾,以将谈话重新拉回原话题。也有学者从语用动机的角度剖析 *well* 的功能,认为 *well* 往往标志后文所引,譬如所答不能回答所问(Lakoff,1973)、言者与听者观点的相悖(Pomerantz,1984)或要求的拒绝(Wootton,1981)、原有预设的取消(Owen,1983)[①]。

Svartvik(1980)将之区分为修饰语(Qualifier)和话语分割标记语(Frame)两大类,认为作为修饰语的 *well* 能够紧密衔接语境,表示具有肯定或否定等内涵意义的应答,而作为话语结构语的 *well* 多位于语篇之中,表示新语篇、新话题的开始或者解释与阐清。Schiffrin(1985)和 Schiffrin(1987:D24-D25)认为 *well* 能够敏锐标记会话中的问答、请求,以及会话中的各类变化,特别是作为应答标记在局部连贯中往往可以引出回答、推延解答、回避承允、否定评价等功能。同时,*well* 在非局部连贯之下亦可以出现在寻求澄清和详述请求之前,还可以用于

---

① 参见 Schiffrin(1987:102)。

自我应答、自我修正。她认为 well 用于话语起首,多具否定意义,暗示言者的答复与听者的认知期待不符或有差距。Jucker(1993)从关联论的视角出发解读 well 的语用功能,认为 well 能够在交际中限制话语识解过程和干扰语境因素的选择。well 在语境文本中的出现往往意味着最直接的语境不是对后文话语最适切的解读。他在文中进一步将 well 区分为信息不足标记(a marker of insufficiency)、面子缓和标记(face-threat mitigator)、框架解读标记(frame)和延迟标记(delay device)等四种不同类型。Schourup(2001)认为 Schiffrin(1987)的连贯视角和 Jucker(1993)的关联论视角下的话语标记语 well 研究都不够全面,因此提出基于语用而非语义维度的分析视角,认为 well 与 ouch 和 wow 等心理状态在语用特征上具有高度的共性。Fuller(2003)聚焦访谈和日常会话中的 well,发现语气词 well 主要作为接受标记(reception marker)在话语中助力交际双方话轮的连贯交替,而访谈中 well 频率低是因为作为受访者并不需要对访谈者有太多的回复。Innes(2010)借助礼貌原则和关联论解读过庭审中会话中的 well,认为 well 作为语境标记不但能够彰显话语连贯,还能标识参与者的回答与态度,如后续话语与预期有异,或者听者没有意识到言者有意挑战、促进或缓和的意图等。Baiat G E,Coler M,Pullen M,et al.(2013)采用多模态方法分析自然会话中的 well 的使用与非言语行为(如身体姿势或头部运动、眼神或眉毛运动)伴随关系,以及上述非言语行为与 well 不同语用功能的对应关系,从而探查前者作为标记消解 well 语用功能歧义的作用。

受到国外学者研究的影响,国内外语研究学者对 well 的研究也逐渐同步深入。冉永平(2003)从微观研究的角度发现话语交际中的 well 在会话互动中主要有缓和言语行为中的面子威胁、延缓言语行为、标记信息短缺,以及修正信息四种不同功能。他认为,well 的语用功能非常丰富,在不同语境下言语行为中的恰当使用能够调节交际双方人际关系、避免过长停顿、暗示言外之意或额外信息,以及在线修正(repair on line)等作用;上述语用功能可从局部或整体上帮助听者识别不同语用关系,制约话语意义的解读。李民、陈新仁(2007)从信息传递、会话组织、人际意图三个方面重新梳理话语标记语 *well* 的语用功能,发现 *well* 在口语交际中往往充当"信息修正语"(repair marker)、"话语起始语"(initiation marker)、"话语分割语"(frame marker)、"延缓标记语"(delay marker),以及"威胁缓和语"(mitigation marker)五大类。同时,该研究还采用定性与定量的研究方法,依托语料库对比分析中国英语学习者与英语母语人士在话语标记语 *well* 使用中的差异,发现中国英语学习者对 *well* 的使用频率偏低,多注重其"话语起始功能"的使用,而英语母语人士则偏重 *well* 的"延缓标记功能"和"话语分割功能"的使用。

值得一提的是,Verschueren(1999)的顺应论及其元语用功能是国内学界话语标记语研究的主要理论视角之一。许静(2007,2009)基于此将 *well* 等话语标记语归类为元语言,认为它们反映了言者努力缓和话语威胁面子力度的元语用意识,以避免对方尴尬甚至是交际中断。贾静(2008)从语用和句法两个维度详细分析了其在话语起始、延缓识别、信息修正、信息短缺,以及威胁缓和等方面的语用功能和各自对应的句法特点,发现话语标记语 *well* 多用于句首,部分用于句中,可以与 *you know*,*now*,*oh*,*you see*,*but*,*I mean* 等话语标记语连用,用作其实标记中的话题转移或帮助解释一时难以说明的事情或修正信息等。朱小美、王翠霞(2009)发现《老友记》中的 *well* 隐含元语用意识、话语承接或信息连贯标记、话题起始或转换或转折或与结束标记、思考延缓过程标记、情感标记、提示信息标记、面子威胁缓和标记、信息修正标记、信息短缺标记、讽刺言语行为标记、劝诫标记、起始话题或思索延缓、信息提示及讽刺、情感及讽刺、话语承接及劝诫、信息修正及语气缓和、信息修正及情感标记等元语用功能。顾金成(2010)则在顺应论框架里指出 *well* 的使用是交际者动态顺应交际语境和语言语境选择的结果。

整体而言,国内外学界对"完了"和 *well* 的话语标记语身份已经达成共识,同时也普遍认为二者在话语表达中兼具衔接上下文和言者情态表达功能。稍有不同的是,汉语话语标记语"完了"由于源自动补结构的衍生,因此话语衔接功能略强于情态表达功能,而英语话语标记语 *well* 由于源自语气词,故而其在话语标记中的情态表达功能则强于语篇衔接功能。

第二节 话语标记语"完了"演变中的句法—语用脉络

尽管"完"和"了"在汉语语言发展中历史悠久,但作为一个整体,"完了"的演化历史相对较为短暂,而其话语标记功能的演化成形则是伴随着白话文尤其是明末清初章回体小说在民间的繁荣而成熟。当然,不同于话语标记语"但是"的演变成形是词汇本身双音化之后由连词逐渐话语标记化而来,话语标记语"完了"本身源自动补结构动词缺省之后的演变。话语标记语"但是"的语篇衔接功能源自其连词的衔接功能,而"完了"的衔接功能则源自"原有事件结束后新事件的开始"这样一个概念隐喻,因此,两者句法—语用演变的脉络也具有较大的不同。本节,我们将着重梳理话语标记语"完了"的演变全过程。

一、"完了"现有历时考证中的争议

"完了"在现有汉语中发音可为"*wanle*"或"*wanliao*"。权威词典《现代汉语词典》《现代汉语八百词》等多有收录"完了(*liao*)",而对补足结构"完了"认识不足,也并未承认"完了(*le*)"的词的地位,更谈不上对"完了"随着语言高频使用而逐渐演化出来的新话语标记功能进行深入系统研究。学界对"完了"的语法地位及其新用法的认知也走过从质疑到认可,从功能描写到演变机制解析的过程。

孔昭琪(2001)最早将此类似时髦口头禅的用法称之为需要加以规范的"等而下之的'完了'"。高增霞(2004)认为"完了"在自然口语中的话语标记功能源自其表动作终结的词汇意义,在言语表达中不影响句子真值意义,而是承上启下衔接前后文,体现说话人对语境的适应,是元语用意识在话语组织痕迹中的彰显。"完了"的语法化过程可概括为:动作的结束(动词)→事件的结束(连词)→言语行为的结束(话语标记)。李宗江(2004,2011)则将"完了"视为现代汉语口语中已经虚化为具有篇章连接功能的时间副词。话语标记语"完了"的演变成形是其非语法形式词汇化后受句法、语义和语用条件变化所促发的。方环海、刘继磊(2005)和方环海、刘继磊、赵鸣(2007)的研究表明,口语中起篇章连接作用的关联副词"完了"是从动词性的"完了"经重新分析而得来的。余光武、满在江(2008)认为语法化后成连词的"完了"可能有两个源头:动词"完了(*liao*)"和"V完了"中的"完了"。殷树林(2011a)进一步考察分析表明"完了"是"V完了"结构中由于V承前省略,"完"和"了"经历重新分析而形成的,与动词"完了(*liao*)"无关。语法化后的"完了"有连词和话语标记两种用法。作为连词,它表示时间上的相承或事理上的相承;作为话语标记,它有建构语篇和延续行为两种作用。李思旭(2012)总结了前人研究,提出话语标记语"完了"完整的虚化链条应该是:动词→副词→连词→话语标记。

尽管目前学界公认"完了"的成形是语言高频使用虚化或语法化的结果,在语篇表达中具有衔接作用,但相关研究结论因语料不同多有相悖,许多演化细节仍有待进一步厘清。首先,虽然现有研究均认可"完了"的句法功能,但对"完了"的语法属性是连词还是副词仍莫衷一是。高增霞(2004),余光武、满在江(2008)和殷树林(2011)持连词观,而李宗江(2004),方环海、刘继磊(2005)以及方环海、刘继磊、赵鸣(2007)则视之为时间副词或关联副词。李思旭(2012)综合双方观点,认为"完了"演化过程经历副词和连词阶段。其次,现有研究多关注"完了"语法化过程,但对"完了"话语标记功能与其语法属性关联阐述不清。高增霞(2004)认为话语标记语"完了"源自连词"完了",殷树林(2011)则认为"完了"的连词用法和话语标记语用法本质是补足结构"完了"语法化的不同方向。再次,话语标记语"完了(*le*)"与动词"完了(*liao*)"关系界定仍有待进一步阐释。余光武、满在江(2008)推测动词"完了(*liao*)"可能是"完了(*le*)"的源头之一,殷树林(2011)断言二者无关,李宗江、王慧兰(2011)则同时将两词收录为语篇关联语(话语标记语)词典。最后,"完了"语法化路径争议仍有待澄清。李宗江(2004),余光武、满在江(2008)和殷树林(2011)认为"完了"是先词汇化然后再脱离 V 独居句首的,即"V 完+了"先被重新分析为"V+完了"后再省略 V。李思旭(2012)则对此持保留意见,认为"完了"的演变源自"V+完了"句法位置从句中移至后续小句句首。句首的"V+完了"中的动词 V 一开始都是有的,或者至少根据始发句是可以补出来的,后来由于类推作用 V 逐渐缺失,"完了"独立在句首承担连接作用,最终促使"完了"在语义上具有了独立性,从而可以自由入句,作为副词或连词进入了词库,作为一个词库项被人们所认同。

二、"完了"的演变成形过程

话语标记语"完了"的语用功能赋值演化过程伴随"完""了"两字在古汉语中的分立演化和"完""了"的组合演化,以及"完了 *le*"与"完了 *liao*"的纠缠。为更好地正本清源,我们借助古今语料,详细梳理"完"与"了"的演变以及"完了"的成形过程。

(一)"完"的演变

据汉字《字源》考证,完是形声字。部首"宀"表意,篆书形体像房屋,表示房屋能使人或物完好;音从元(*yuan*),"元"本指人头,表示有头部的人体是完整无缺的。《说文解字》注曰"完,全也",意指完好无损的。

蔡松年(1994)梳理上古时期"完"的使用,指出"完"本义为"宫室外的围墙",后在语言使用中演化引申出名词义"城郭"及其形容词义"坚固""完整"和"周全";"城郭"义则引申出动词义"修缮""整治"和"保全"等。"完"在《荀子》中常与表"结实""坚固"义的"坚""攻""固""牢"等同义词连用,在不同的语境中,因描写和陈述对象不同而表现出不同使用义(于智荣,2007)。

8-17）巢非不完也,所系者然也。(《荀子》)

8-18）故曰,城郭不完,兵甲不多,非国之灾也。(《孟子》)

8-19）父母使舜完廪,捐阶,瞽瞍焚廪。(《孟子》)

8-20）六畜有群,室屋既完,民乃归之。(《逸周书》)

　　上古时期"完"用作名词纯粹表"围墙""城郭"用例较少,多用作形容词和动词。例句 8-17）和例句 8-18）中,"完"用作形容词,分别修饰巢穴与城郭的完整与坚固。例句 8-19）和例句 8-20）中的"完"则充当动词后接宾语。例句8-19）的使动结构表明"完"的动词身份,"完廪"与"焚廪"相对,表"修缮""整治"。例句 8-20）副词"既"修饰核心动词"完",表示"保全"。

　　中古时期,"完"的名词义逐渐消失,但其形容词语义呈进一步充实发展(崔广华,2008)。形容词在句法上逐渐由后置补语成分对转为前置定语成分修饰中心词,其同义并用成词的趋势也越发繁盛。动词则在语境中出现由"修筑/保全(城堡)"逐渐泛化为"完成"的趋势。

8-21）兵士军人,权置坊府,南征北伐,居处无定;家无完堵,地罕苞桑;恆为流寓之人,竟无乡里之号,朕甚愍之。(《北史》)

8-22）时诸郡无复完者,唯涿郡独全。(《北史》)

8-23）尚书熊睦见皓酷虐,微有所谏,皓使人以刀环撞杀之,身无完肌。(《三国志》)

8-24）儿徐进曰:"大人岂见覆巢之下,复有完卵乎?"(《世说新语》)

8-25）愿令我界所有众生六情完具无所缺少。(《北凉译经》)

8-26）故疆场之事,但欲完固守备,使不得越逸而已。(《晋书》)

8-27）无何,吴少诚阻命,翃赋车籍甲,不待完缮,东畿之人赖之。(《旧唐书》)

8-28）缮完宫室，至今赖之。（《旧唐书》）

8-29）此讵误之人，经无良吏教习，城池又不完固，为贼驱逼，苟徇图全，岂素有背叛之心哉！（《旧唐书》）

8-30）水丰常收三倍于西，计除众费，岁完五百万斛以为军资。（《三国志》）

　　例句8-21）至例句8-24）中"完"作为限定词独立限定中心词，已经具有现代汉语中形容词的基本特征。例句8-21）中，"堵"意指"墙壁"，"完"作为形容词修饰"堵"的同时也间接说明"完"在中古时期已经逐渐丧失"围墙"的原始义项。例句8-22）中的"完"则被副词"复"修饰，与后半句的"全"相对应。例句8-23）和例句8-24）中，"完肌"与"完卵"中的"完"与中心词构成偏正结构，沿用至现代汉语。例句8-25）至例句8-29）则表明"完"在古汉语演化中具有强大的构词能力，能搭配相关同义字构成双音节词组，如"完具""完固""完缮""缮完"等。例句8-30）中的"完"在语境中产生的"缴纳税收"的新语义，实际也是语境泛化的结果。

　　随着语言发展，"完"的词性、意义及用法在近代汉语中渐趋稳定，其动词和形容词用法日趋成熟与现代汉语用法几近相似。动词语义进一步泛化，从"（房屋）修筑"的核心动作范畴拓展到其他任何动作，语义重心最终转向"动作完成"。形容词语义则进一步关注核心事物属性，中古时期"完整""周全"的概念语义在近代得到发展并逐渐占主导地位。

8-31）茅屋未完先凿沼，竹林成后想宜梅。（《栾城集卷十四》）

8-32）旧庙难复完，尽奉神主舍太极殿？（《新唐书》）

8-33）邻邑告病，我邦独完。（《栾城集卷二十六》）

8-34）我想要与你二哥哥完婚，你想想好不好？（《红楼梦》）

8-35）事体已完，孺人率领原广前妻遗女，出来拜谢使君。（《二刻拍案惊奇》）

例句 8-31）至例句 8-34）表明北宋时期的"完"的形容词或动词语义已由传统"（房屋）建筑"本义向外拓展。例句 8-31）和例句 8-32）中的"完"均与本义"房屋"相关，例句 8-33）和例句 8-34）中的"完"则拓展到了"城邦"和"婚姻"等领域。及至例句 8-35），"完"的所指对象进一步泛化，与现代汉语无异。

近代汉语"完"的另一个重要发展是其副词属性的衍生，可以修饰动词，表示结果。实际上，古汉语"完"语义是自带结果的。所谓"完"乃"修筑、修缮城堡"，其目的自然是使之"坚固""完整""完好"，一旦目的达到，则动作"结束"。观察视角的差异往往会导致概念语义呈现不同的侧面。上古和中古时期"完"动词与形容词用法是人类对动作状态和事物状态的描述，而近代汉语衍生出的副词用法则反映人类对动作结果的陈述。而古汉语单音节词"完"自带语义结果的动词特性为其迅速转变为呈现动词结果的类副词提供便利。

8-36）（沈公井）修完既毕，岁适大旱，民足于水，为利甚溥。（《乞子珪师号状》）

8-37）至乃愚佻短虑，轻进易退，伤夷折衄，数丧师徒。幕府辄复分兵命锐，修完补辑。（《后汉书·袁绍传》）

8-38）到期，子文一笔写完，甚是得意。（《初刻拍案惊奇》）

8-39）鸡吃不完，还剩下一半，收拾在厨中，上床同睡，又说了与懒龙打赌赛之事。（《二刻拍案惊奇》）

8-40）那家人还未曾说得完，把个孙氏大娘只气得柳眉直竖，杏眼圆睁，一声大喝道："该死的奴才，如此放屁！（《粉妆楼》）

8-41）如今天子造完鹿台，要会仙姬、仙子；（《封神演义》）

8-42）止有杨提督名下亲族人等，未曾拿完，尚未定夺。（《金瓶梅》）

例句 8-36）至例句 8-42）中，"完"在句中均充当类副词做结果状语。其中受其自带语义的影响，例句 8-36）和例句 8-37）中的"完"分别表示"整修使完

好""整顿补充使完备"。随着白话文本小说的传播,"完"的自带结果语义逐渐泛化,多与动词("写""吃""说""造""拿"等)搭配,标识动作状态结果[例句8-38)至例句8-42)]。

上述分析表明,"完"字语义演化是核心概念意义非范畴化的结果,经历由具象到抽象的过程。"完"词性变化源自概念语义结构认知识解方式的差异和概念语义结构不同内容的凸显。

(二)"了"的演变

"了 le"作为语法标记,粘附动词之后,表示动作完成,用于表示实际已经发生的事情已经完成。如动词有宾语,则用在宾语前,如动词之后紧跟着另一个动词或形容词做补语时,"了 le"就要放在补语之后,如用在句末则主要肯定事态出现了变化或即将出现变化,有成句作用(王力,1985;董志翘,蔡镜浩,1994;北京大学中文系 1955、1957 级语言班,1982:311-314;吕叔湘,1999:351)。现有研究表明,现代汉语完成体标记"了 le"与古代汉语动词"了 liao"同根同源,前者的演变成形源自后者在句法结构中的位置变化,经历完成[动词"了 liao"("却")—动态助词"了 le"("却")—动态助词"了"—语气词"了"]的演变历程(曹广顺,1987;刘坚 等,1992;孙锡信,1999;齐沪扬,2003)。

所谓"了 liao"乃象形兼会意字,篆文象子无臂之行,用小儿两臂及两足皆捆缚于襁褓之中会收束之意(古衍奎,2008:17)。《说文解字注笺》曰"凡收束谓之结",故"了 liao"多与"结"同义连用成词"了结",表完毕、结束。东汉末年至南北朝时期,"了 liao"完成意义逐渐彰显,多在句中充当谓语动词表"终了"或位于谓语中心动词后表示动作完成。所谓"了,讫也《广雅·释诂》"。

8-43)乐生岂不知拔二城之速了哉,顾城拔而业乖也。(《史记·乐毅列传第二十》)

8-44)制国以分人,立政以分事,人远则难绥,事总则难了。(《后汉书·仲长统传》)

8-45）官事未易了也。（《晋书·傅咸传》）

8-46）鸡虫得失无了时,注目寒江倚山阁。（《缚鸡行》）

例句 8-43）至例句 8-46）中的"了 *liao*"在句中充当谓语,分别为"速""难""易""无""未"等状语修饰,表示"结束""了结",表明它还是动词性质。但是随着语言演变,"了 *liao*"在唐时期逐渐虚化,不再充当谓语而后置转变为动词补语[例句 8-47）]或动词词尾[例句 8-48）和例句 8-49）]"了 *le*",在失去动词本身动作语义和及物性的同时,也获得新的表动作从无到有实现的语法意义,最终在元代稳定并拓展至与形容词[例句 8-50）]等非及物性成分连用(陆志韦等,1964:17;石毓智,2000:37)。

8-47）春风骂开了,却拟笑春风。（《嘲桃》）

8-48）前车覆而后车不诫,是以后车覆了也。（《韩诗外传》）

8-49）今既偿了,不得久住。（《董永行孝》）

8-50）面孔(变)红了又白,(变)白了又红。（《二刻拍案惊奇》）

古汉语完成体中通常只能用词汇手段来表示,而现代汉语完成体助词"了 *le*"多附着于动词之上,不再单独使用(刘坚,1993)。动词"了 *liao*"从"结束""完毕"的词汇意义语法化为完成体语法标记"了 *le*"的演变发展过程并不是一蹴而就。"了 *liao*"的语法化实质是"动+宾+完成动词(V1+O+V2)"句法位置调整为"动+完成动词+宾(V1+V2+O)"的结果。梅祖麟(1981)指出南北朝时期"动+宾+完成动词"结构多用"毕""讫""已""竟"等动词(V2)表示完成,直至中唐时期"了 *liao*"逐渐在 V2 位置取得优势并替代上述四者。受唐代语言结构中已有完成态结构"V+却+O"的影响,V2 句位上的"了 *liao*"发生类推性前移(曹广顺,1987),从而促使整个 V1+O+V2 逐渐转变为 V1+了+O(王力,1958:306;太田辰夫,2003:226),从而导致动词"了 *liao*"逐渐丧失原有的"结束""完成"等词汇意义,语法化为体助词,表示动作 V1 的实现或完成(贝罗贝,1991)。

8-51)闻道昨日扬州帖可行迎船之状,令发赴既了。(《入唐求法巡礼行记》)

8-52)仍更添已缄书,送相公先了。(《入唐求法巡礼行记》)

8-53)悲歌已了,行至江边远盼。(《敦煌变文集新书》)

8-54)作此语了,遂即南行。(《敦煌变文集新书》)

例句 8-51)至例句 8-54)中的"了"在此处充当完成动词 V2 对 V1 所述动作进行补充说明。动词"了 liao"与助词"了 le"在句法上最大差别在于是否能够受到副词修饰。例句 8-51)和例句 8-52)中,"既""已"作为时间副词标识动作终结,修饰 V2 了(liao)。然而,V1+了+O 结构产生后,"了"字前不再出现任何副词[例句 8-55)至例句 8-58)](贝罗贝,1991)。

8-55)见了又还休,愁却等闲分散。(《宴桃源·前度小花静院》)

8-56)樱桃谢了梨花发,红白相催。(《采桑子·樱桃谢了梨花发》)

8-57)寒衣造了无人送。(《全唐诗·失调名》)

8-58)主守者缺以供事,窃了者冒其常刑……(《全唐文》)

实际上,语言表达新旧机制的转换往往是相互交织的。同一时期内语言完全体的表达"V1+O+了"和"V1+了+O"共存的。《全唐诗》和《全唐文》中既可以找到例句 8-55)至例句 8-58)中的完成体助词"了 le",也可以找到例句 8-59)至例句 8-61)的完成体动词"了 liao"。起初,"V1+O+了"占压倒多数,晚唐五代"V1+了+O"只有四例,但后来"V1+了+O"多了起来,而"V1+O+了"则几乎消失(蒋绍愚,1994:157)。

8-59）辞父娘了，入妻房，莫将生分向耶娘。（《敦煌曲子词·捣练子》）

8-60）待交付兵马了，永王、丰王赴皇帝行在。（《全唐文》）

8-61）笔削已了，缮写如前。（《全唐文》）

完成体助词"了 *le*"的演变主要是南北朝时期以来完结动词"了 *liao*"受语言类推机制的影响句法位置调整，语义虚化逐渐转变为动词补语或词尾的结果。"了 *liao*"的形态化过程不是"模仿"别的结构的结果，而是在同样的机制之下独立发展出来的（石毓智，李讷，2001：142）。

（三）"完了"的词汇化演变

尽管上述梳理表明助词"了 *le*"是动词"了 *liao*"不断虚化成为助词的结果，"完了 *liao*"也早于"完了 *le*"，但二者在语义上的关联并不等于说"完了 *le*"是"完了 *liao*"直接演化的结果，而是"完"与"了 *liao*"分别语法化后词汇化的结果。

假使"完了 *liao*"与"完了 *le*"存在直接演化关系，则"完了 *liao*"应该是 V1+O+V2 结构演变的结果，那么意味着 V1（完）与 V2（了 *liao*）在语义上是重复的，违背语言经济型原则。实际上，笔者在语料库中也没有检索到任何"完+O+了 *liao*"表达式。现有"V1+O+V2"的"了 *liao*"结构表达中，V1 也只能是表示具体行为动作的动词，如"饮酒""乞食""说经""作曲""买园"等［例句 8-62）至例句 8-66）］。

8-62）王饮酒毕，因得自解去。（《世说新语》）

8-63）俱乞食讫……（《敦煌变文》）

8-64）佛说此经已。（《刘宋译经》）

8-65）张季鹰作数曲竟……（《世说新语》）

8-66）须达买园既毕，遂与太子却归。（《敦煌变文》）

现代汉语动词词组"完了 liao"的成形应该是汉语演变过程中语言双音化的结果。汉语词汇双音化趋势的实现途径之一就是意义相同或相近的单音节语素会联合起来使用,如"联合""道路""学习""刚才""皮肤"等(邵敬敏,2001:116)。"完"与"了 liao"二单音词作为动词均有"完成""结束"的语义,因此在语言词汇化过程中具有先天的优势。以单音节语素"完"为核心的同义双音词除"完了"之外,现代汉语中还有"完全""完毕""完备""完好""完满""完整"等双音词也是如此。

汉语补足结构"完了 le"不是汉语双音节动词"完了 liao"语法化的结果,而是完成补语"完"与助词"了 le"因高频相邻使用引发句法结构重新分析,最终词汇化的结果。"完了 le"的词汇化过程历经早期共享语境下的成分省略和后期句法结构类推强化两个阶段。

完成补语"完"和助词"了 le"在明清时期白话小说和话本中大量出现,但多与句子谓语动词搭配,分别标识动作所指宾语或动作本身的状态。二者既可以分别衔接谓语动词,也可以并用在谓语动词之后,与现代汉语无异。

8-67)七郎说完之后,又问他道……(《十二楼》)

8-68)大家吃完,洗漱毕,就随着亮功同散。(《品花宝鉴》)

8-69)话未说完,宝钗李纨皆笑道……(《红楼梦》)

8-70)大成娶了个媳妇,姓陈,名叫珊瑚……(《姑妇曲》)

8-71)虽然生了个小厮,张炳之也不甚喜欢。(《慈悲曲》)

8-72)杨执中捧出鸡肉酒饭,当下吃了几杯酒,用过饭,不吃了,撤了过去……(《儒林外史》)

例句 8-67)至例句 8-69)中的"完"在句中充当动词补语,分别标识谓语动作"说""吃""捧"等动作完结或者宾语消耗尽。例句 8-70)至例句 8-72)中的"了"在句中谓语动词之后充当体助词,标识谓语动作的终结状态。动作的终结

并不等于事情已经成为过去,可能还在将来或假设(王力,1985:477)。"完"与"了 *le*"在语义上的差别在于,前者关注动作实现后的结果,而后者凸显以句子谓语动作结果与时间节点的关系,亦即所指从前时点到自身实现之间的动态变化过程(石毓智,2000:22)。

8-73)那西番人进完了贡……(《醒世姻缘传》)

8-74)……待空如经诵完了……(《引凤萧》)

8-75)父亲已没,只有母亲,又过继了一个混帐儿子,把家业都花完了,不时的常到薛家。(《红楼梦》)

8-76)法善便持往酒家,当了一壶酒、几个碟来,与玄宗对吃完了,还了酒家家火。(《初刻拍案惊奇》)

8-77)饮完了宴,时已三更,知府留沈廷华、沈廷芳、锦上天等在府中歇宿。(《粉妆楼》)

例句 8-73)至例句 8-77)中,"完""了"在句法上的并用则在语法上合并时间节点与动作状态的意义,凸显动作的动态实现过程与结果,类似英文表达中的时态功能。"完""了 *le*"在句法位置上的并用使句子语法结构"V+完/了+O"格式转变为"V+完了+O"格式,整个结构表述命题重心停留在动词之上。特定语境下,当谓语动词的目标指向对象可以潜藏在语境中时,"V+完了+O"格式中的宾语可省略或补足,而不影响命题理解。例句 8-73)中的"贡"作为句子谓语动宾结构固定词组"进贡"的重要组成,词语内部关系管辖紧密,省略后句子语义无疑不完整,因此不可缺失;例句 8-74)至例句 8-77)中的谓语动词"诵""吃""饮"等动词与宾语管辖关系松懈,宾语位置既可以隐性前置,如例句 8-74)至例句 8-76),也可以后置,如例句 8-77),言语语境共享时即使宾语省略也并不会影响命题意义的完整表达。

句子谓语动词对宾语成分管制力的降低导致宾语成分在"V+完了+O"结构

在语言表达过程因语言经济性的影响由语境可推理性缺省演变为句法结构上的习惯性脱落,从而导致整个"V+完了+O"结构演变为"V+完了+Null"。脱落宾语在语义特征上可以区分为具体离散事件或抽象泛化事件。早期脱落的多为谓语动词的离散事件,如例句8-74)中的"经"、例句8-75)中的"家业"、例句8-76)中的"酒菜",以及例句8-77)中的"宴"都可以省略,抑或省略后可以依据语境做较为清晰的补足,如例句8-78)应为"做完了诗",例句8-79)应为"去处",例句8-80)和例句8-81)则可分别补充为"唱/演完了戏"。

8-78)姐姐且进去片时,容我做完了(诗)来取。(《引凤萧》)

8-79)等收拾完了(去处),请娘来这里住,离了你的眼,省的受你的气。
(《醒世姻缘传》)

8-80)现在唱的这《双官诰》,唱完了(戏),再唱这两出,也就是时候了。
(《红楼梦》)

8-81)刚演完了(戏),一太监执一金盘糕点之属进来……(《红楼梦》)

随着言语交际范围拓展和语言类推机制的应用,"V+完了+Null"结构中原有因语境共享而脱落的离散事件逐渐类推到抽象泛化事件。然而,相较于清晰可补足的离散事件,缺省的抽象泛化事件一般补足较为困难或难以补足。

8-82)无论你心里怎么委屈,也是等老爷吩咐完了,慢慢儿的再回呀。(《儿女英雄传》)

8-83)却说柏老爷看完了,只急得神眉直竖,虎眼圆睁,大叫一声说:"罢了,罢了,恨杀我也。"(《粉妆楼》)

8-84)……老满你统去早办。办完了,临时你好再办棚。(《歧路灯》)

8-85)我一发叫你笑笑,笑完了再不许你笑。(《歧路灯》)

例句 8-82）至例句 8-85）中，动补结构"V 完了"原有的宾语都已缺省，但却无法找到合适宾语补足结构。例句 8-82）的"吩咐"和例句 8-85）的"笑"都是自给动词，后面本身可以不带宾语，自然无法补足；而例句 8-83）的"看"和例句 8-84）的"办"尽管是及物动词，但其宾语所指在具体语境中已经泛化，由传统的离散事件变为抽象泛化事件，因此难以补足。

除却宾语的省略，"V+完了+O"结构在语言演化中的另一个倾向是动词的缺省。元明清时期的白话文本小说中能够检索到大量"完""了"单独使用的语例。此时，尽管结构中动词已经逐渐省略，但其语义仍在结构中隐性存在。读者也能够根据文本语境补充缺省动词，但相较于前者，句子结构重心由动词本身逐渐迁移到"完""了"之上，从而触发"完""了"两单音词语法范畴的改变，使二者黏合性逐渐增强，内部理据性逐渐丧失，并逐渐固化成词，最终促使其在句法上逐渐由边缘修饰性词类上升到类动词。

8-86）子文道："且（忙）完了官府的事情，再来写退婚书及奉还原约未迟。"（《初刻拍案惊奇》）

8-87）员外与妈妈，问其来迟之故，张郎道："先到寒家坟上，（忙）完了事，才到这里来，所以迟了。"（《初刻拍案惊奇》）

8-88）家中使的玳安儿小厮才二十岁，倒把房里丫头配与他，（圆）完了房。（《金瓶梅》）

8-89）话说西门庆在家中，裁缝攒造衣服，那消两日就（做）完了。（《金瓶梅》）

例句 8-86）至例句 8-89）中，"V+完了+O"结构的动词均缺失，但读者依照语境均可以将其补充完整，如例句 8-86）和例句 8-87）中的"（忙）完了"、例句 8-88）中的"（圆）完了房"、例句 8-89）中的"（做）完了"。动词结构的缺失不但没有影响句子命题信息的表达，反倒间接促使"完了"占据原有核心动词在结构

中的句位,替补承担小句谓语动作,表达核心命题的功能。不过,尽管句子命题信息没有缺失,但"V+完了+O"结构中动词缺失导致语义重心的改变,由"忙""圆""做"等动作焦点转向"完了"的状态焦点。

上述分析表明,并不是所有"V+完了+O"结构中的"V"和"O"成分都可以省略,有的动词可省,有的宾语可省,有的二者都可省,有的二者都不可省,各种情况不一而足。成分的省略起初往往发生在受众大脑熟知的概念结构中。"V+完了+O"涵括施事、受事与动作状态结果,构成认知心理上的脚本,而反复呈现的认知脚本能够以概念结构的形式固化储存在受众大脑中。因此,大脑中部分元素的凸显往往能够激活整个概念结构,而同一脚本凸显成分的差别(如凸显动作或受事指向)取决于人脑对事件结构不同的概念化方式。不同概念化方式激发不同的缺省表达方式,而后者在语言交际中的高频使用使之逐渐固化并为大众所接受。

(四)"完了"的语法化演变

随着"V+完了+O"结构动词"V"的省略,认知脚本中概念动作的凸显度逐渐降低,而受事状态逐渐同步凸显,因此,整个语言结构语义重心逐渐由动作概念迁移到"完了"的结果概念上。"完了"在句法结构上逐渐承担起类动词功能,促使语言结构"V+完了+O"逐渐演变为"O+完了"。起初,语言表达结构上尚借用介词"把"字将名词提前放在动词前面,表示处置,此时名词是后面及物动词的受动者(吕叔湘,1999:54)。随着"完了"动词性质的逐渐加深,"把"字逐渐消失,"完了"独立使用,原来的"(V)完了+O"结构中的 O 也逐渐上升为主语变成"O+完了"。

8-90)(土行孙)只顾赶子牙,不上一里,把绳子都用完了;随手一摸,只至没有了,方才惊骇。(《封神演义》)

8-91)今日到空闲,(咱们——西门庆和吴月娘)就把这事儿做完了罢。"(《金瓶梅》)

8-92）临去，西门庆说道："事便完了，你今后，这王三官儿也少招揽他了。"（《金瓶梅》）

8-93）方才提破他心头旧事，吃这一惊不小，回去即死，债也完了。"（《初刻拍案惊奇》）

例句 8-90）至例句 8-93）基本勾勒出"完了"动词化倾向的演化过程。例句 8-90）和例句 8-91）的原始句法结构"（土行孙）用完了绳子"和"（咱们）就做完了这事罢"凸显大脑思维中对动作全程的描述，阐述施事受事间的关系。"把"字句的加入将宾语前置，凸显受事（"绳子"和"这事儿"）的地位，是语言结构顺应说话人的元语用意思的结果。然而，并不是所有的名词都能够借助"把"字句前置，"把"字后面的名词所指事物多是有定的、已知的，或见于上文，或可以意会的。前面常加"这""那"或其他限制性的修饰语（吕叔湘，1999:54）。不同于例句 8-90）中"绳子"的具体所指，例句 8-91）中的"事儿"原是抽象泛化的连续概念，但在指代词"这"的修饰下"事儿"由"抽象概念"转身为"具象所指"。

"把"字凸显受事的元语用功能在语言表达中的高频使用，使受事概念凸显成为大众普遍接受的语言表达方式，进而在一定程度上将"把"字的处置功能内化到语言结构中，使其成分进一步脱落成为可能。若将例句 8-90）和例句 8-91）中的处置式"把……用"和"把……做"删除，句子命题意义并不减损，所不同的只是概念凸显面的差异。实际上，白话文本能够查到大量类似的表达。相反，例句 8-92）和例句 8-93）也能够逆向补足类似处置结构，如"把事做完了""把债还完了"等。因此，"完了"成词演化是建立在小句结构"（V）完了+O"成分脱落，重新再分析的基础上，是汉语双音化演变的结果。

"O+完了（*le*）"结构的成形加速了"完了 *le*"的词汇化进程。"O+完了（*le*）"中的"完了（*le*）"成分融合，黏合性增加，边界消失，从而逐渐固定成词，在语法功能上由"V+完了+O"中的补足谓语转为"O+完了（*le*）"中的阐述主语静态状态的补语成分。删除法显示离开"了 *le*"，"完"并不能独立承担句子语义命题表达功能,而插入法也表明"完了 *le*"内部并不能插入其余成分。实际上,由于"O+完了(*le*)"结构中谓语动词的缺失(零动词),词汇化后的"完了 *le*"已经承担起小句谓语动词的功能,因为"完"本就具有动词的属性,而"了"作为句尾语气词,表已然语气,二者的组合与其在概念语义表达中事件重静态结果的本质高度吻合。在元明清时期的主流小说话本中,此类表达主语静态状态的动词"完了"出现频率较多。

8-94)大家完了公事,照常的备了酒菜,吃酒完了,收拾安寝。(《醒世姻缘》)

8-95)你要不依,俺申到县里,就完了俺乡约的事了,只看你的造化。(《醒世姻缘》)

8-96)这是那作恶的下场,完了个畜生的话本。(《醒世姻缘》)

8-97)事情完了,我就要走的。"(《官场现形记》)

8-98)不用胡闹了,完了事了!"(《红楼梦》)

8-99)到了第二日是十六日,年也完了,节也完了,我看人忙着收东西还闹不清,那里还知道底下的事了?(《红楼梦》)

例句 8-95)至例句 8-99)表明成词后的"完了 *le*"多存在"完了+O"和"O+完了"两种格式中。前者多为零动词后的结果,后者则多表事件完结状态,在概念语义重心上具有一定差异。然而值得考究的是,"O+完了"格式中"O"常在言语交际中因语境共享而省略,使之"完了"单独成为小句,从而衍生出衔接上下文的话语顺承功能,毕竟前一个动作的结束往往意味着后一个动作的开始。例句 8-94)的后半句和例句 8-97)、例句 8-99)中的"完了"概莫如此。

8-94a）大家完了公事，照常的备了酒菜，（××）完了，收拾安寝。

8-97a）（××）完了，我就要走的。

8-99a）到了第二日是十六日，（××）完了，我看人忙着收东西还闹不清，那里
　　　　还知道底下的事了？

　　上述例句 8-94）、例句 8-97）和例句 8-99）的改写例句 8-94a）、例句 8-97a）
和例句 8-99a）清晰表明，在言语交际中语境共享的前提下，"O"省略后，"完了"
仍能保有整个句子的句法合理性，也并不会妨碍听者对话语的理解。所不同的
是，改写前的句子更多关注行域上对客观世界的描述，而改写后的句子则关注
在知域上对客观世界逻辑关系的阐述。

8-100）所以起坟的时候儿也不少往出起东西呢，我们都去瞅去，去瞅去。
　　　　完了这又修建盖起了大楼。要说这个这个确实这我说咱们这牛街
　　　　变化是特大。

8-101）我们家就属于是大排行的，啊，我，第一是我哥哥，第二是我一姐姐，
　　　　排行老二，完了还一哥哥，他们都参加工作了。

　　例句 8-100）和例句 8-101）转引自高增霞（2004）。上述两句前后之间已经
超越了前文"完了"对前后动作顺序的描述，但却保留了前后动作所引发的顺承
关系，并将此顺承关系应用在知域逻辑上的先后关系。

（五）"完了"的语用化演变

　　话语标记语主要在话语组织和言语行为上标识说话人的元语用意识，在语
言表达中具有语篇功能和人际功能。"完了"话语标记化实质是"完了"成词后
在语篇和人际两个维度赋值的过程，是语言主观性在表达中不断强化和拓展的
过程，是语境意义高频使用内化后逐渐附着在语言形式上形成新的形义匹配直

至完全固化的过程。因此,话语标记功能衍生的本质是语言结构顺应言域表达的需要,调整句法位置,重新内化组合成分语义的结果。

1.辖域拓展与语篇衔接功能

"完了"的话语标记功能要求其能够衔接上下文小句或相邻句段,句法上多位于小句中间,因此 S1 句尾或者小句 S2 句首的词组往往因其句法位置优势而享有脱落为衔接前后小句语篇联结词的优先权。然而早期的跨层结构"完了"多附着在动词词尾用于补充说明动作状态,因此"完了"的话语标记语赋值历程首先是辖域拓展,即其在句法结构上由单纯修饰动词的词尾补足成分(S+V+"完了")脱落演化为具有独立句法地位的、衔接前后小句的超小句成分(S1。"完了",+S2)。

不同于话语标记语"但是"由句内副词演变为句子副词的赋值演化历程,"完了"句法结构拓展路径有两个阶段:一是 S1 句末动词直接省略促使跨层结构"完了"脱落单列;二是词汇化后"O+完了"结构中"名词"在语境中的缺省。两种方式尽管路径和概念结构表达稍有差异,但在本质上殊途同归。

当"完了"由前句句尾动词脱落并省略促动时,前后小句动作一般应具有一定联系,二者构成一个系列动作,因此,将前句动词省略并不会影响整句命题信息表达,听话人能够自动将动作信息补足。

8-102)张全义一边往胡同里走,一边还回头跟他喊:"现在就来呀,揭我的短儿来呀!完了咱们就上派出所,来呀!……"(陈建功、赵大年《皇城根》)

8-103)请你务必帮这个忙,就去一趟,装装样子,完了你就回家。(王朔《过把瘾就死》)

8-104)逢到节日,有球赛,连打两场,完了还不休息。(汪曾祺《羊舍一夕》)

8-105)主编在接一个电话,完了就过来。(王朔《修改后发表》)

现有研究多将"完了"的话语标记化过程归结于动词的省略,实质上动词省略并不能完全等同于话语标记语赋值。实际上,如果动词省略后,听话人能够补足,那么"完了"大约只是在行域上表达事件的逻辑顺序,无涉知域与言域。例句 8-102)至例句 8-105)中的动词尽管省略,但明显与语境仍高度关联,显示"完了"仍停留在行域层次。

"完了"的进一步抽象源自后句对前句的缩略总结。此时 S1 往往是一个复杂的独立事件或语言表述较繁杂,为帮助听话人理解,说话人往往会在 S2 的句首采用"O+完了"结构对上文进行提示,因语境共享后者中的主语(O)往往被省略,从而构成小句衔接关系。

8-106)余:你还是没听清楚。就是你爷爷有的时候,他有没有那种,他显摆,就像你比方逢年哪、过节呀、亲友相聚啊、哈,兴致所致,完了以后,他,反正根据我这人经验吧,他有点儿本事的人,他这时候儿,他就愿意臭显,他那一,他只,他因为只有这样儿他才能显出比别人儿强来。(《编辑部的故事》)

8-107)一结婚,完了,只能守着那一个人,老早把自己缚在一个人身上,再碰到理想的人时,后悔也来不及了!(邓友梅《在悬崖上》)

8-108)我就怕家里有人生病,完了,这下损失大啦。多一个吃饭的,少一个干活的,一进一出可是两个人哪。(余华《在细雨中呼喊》)

不同于前例,上述例句已经逐渐由第一阶段的纯粹实义动作转向动作事件。无论"显摆"[例句 8-106)]、"结婚"[例句 8-107)]还是"生病"[例句 8-108)]都可以既表示动作,也可以表示事件,构成"O+完了"结构中 O 的省略。"O+完了"结构单独节,对前句动作事件的概述,与后句在结构和命题内容上构成衔接,一定程度上为话语事件结构的成形奠定基础。

话语标记语"完了"两种不同的演变路径在事件叙述的概念主线上是有差

异的,前者以动作为核心,注重局部层面上前后小句动作的衔接,而后者以状态为核心,宏观层面上前后小句事件的邻近。从动作描述跃升到事件状态,"完了"作用层次从行域提升到知域,从纯粹的客观事件表述转为事件逻辑顺序的表征,为"完了"在言域内表述说话人主观意愿提供可能。当然尽管存在些许差异,但二者核心本质上的"接续"概念构成双方归并的基础,因此二者在语言表层结构上并没有多大差异,表达中多未严格区分。实际上,无论哪种演化路径,话语标记语"完了"的成形都是由句内成分转向句外成分,辖域拓展的结果。

2.语境意义内化与主观性强化

所谓语言主观性是指语言传递的是说话人的情感态度。"完了"话语标记语演变历程除了句法结构调整导致辖域拓展外,"完了"自身语义在高频句法环境中的意义内化和拓展是其主观性的概念基础。"完了"标识说话人对其所述事件情感态度的能力衍生过程依托于"了"的语法意义,是语境意义内化的结果。

传统研究依据句法位置和表达语义的不同将"了"区分为表示动作完成的动词末的时态助词和表示事态变化或即将出现变化的句末语气词(吕叔湘,1999:351;张谊生,2000a:220),"了"既可表示即将实现的事实或行为的结束,也可以在语气上表示估计的必然或者或然,以及假设的将然或者必然(吕叔湘,2002a:262-263;吕叔湘,朱德熙,2005:77)。朱德熙(1982:209-210)认为语气词"了"和动词后缀"了"同形,"了"是为数不多的可以表示时态的语气词,多用于表示新情况的出现。如果句尾"了"前边是动词,这个"了"可能是语气词,也可能是动词后缀"了"和语气词"了"的融合体。语气词"了"附缀于句子之末,表变化,用以表达说话人对所说的话一种较肯定的语气,围绕句子最外层的空间(吴竞存,梁伯枢,1992:14)。刘勋宁(1990)认为现代汉语句尾"了"复合功能则源自"了"的完成义虚化和古代汉语句末语气词"也"的整合。石毓智(1992,2000:20)则将不同叫法的"了"视为同一个成分在不同句法位置上的语法变体,语法意义的本质核心都是"实现过程"。萧国政(2000)认为句中的"了"是句末

"了"在部分意义上的一种分布,现代汉语平面句末"了"的符号意义包含"已然""消失""开始""继续""变化""偏离"等六种较为实在的词汇意义和"强调"和"委婉"等两种较为虚灵的语气意义,可表示句子的陈述、疑问、感叹等语气作用,具有表意传信的作用(齐沪扬 等,2002:296)。上述研究表明,"了"的语法意义可以区分为表动作状态的体动词和表说话语气的语气词,后者一定位于句末,但位于句末的并不一定是语气词(卢英顺,2012b)。

　　语气词的使用关涉到对话双方的关系和说话人对所涉及事物的主观态度(刘勋,1990),制约"了"的使用的条件在句外,而不在句内(刘勋宁,1999)。"完了"的话语标记功能是语气助词"了"一般功能的自然延伸和在话语领域的具体应用,是说话人主观组织话语信息、推进话语发展的重要语法手段(何文彬,2013)。"了"的体动词用法与语气词用法在形态上的整合为词汇化后的"完了"逐渐在话语表达中传递谓词情状。"完"重在表述事情的完结,体助词"了"表示事情已然发生的状态。完结的事件结果在概念范畴中往往形成"好""坏"两个结果,而"了"的已然发生则表示"无能为力""无法改变"现有状态。因此,话语标记语"完了"语言主观性的根源在于事件结束给说话人或者听话人心理状态留下或正面或负面的影响,使其具有某些语气助词的功能,在句中单独成句整体连接话语,或置于句间充当连词彰显主观性。

　　早期"完了"在句中所传递的情感态度往往需要听话人借助语用推理才能探查出说话人在特定语境中的话语意义。实际上,早期"完了"语境意义萌起并不过分区分"正面""负面"的结果,但是随着使用频率的增加,"负面"的含义逐渐占据主导地位,并逐渐吸收内化到"完了"的格式中,使之具有说话人的情感态度。

8-109)司徒聪忽然紧闭着眼睛,伏在桌上,片刻,抬头,一副疲乏不堪的样子,"完了,这女人象石头一样难以穿透。""再来一次。"我鼓励他,"水滴石穿。"(王朔《痴人》)

> 8-110)刘：完了，完了。一切都不可逆转了。吃！死了也不当饿死鬼。
> （《编辑部的故事》）
>
> 8-111)完了！没指望了！我心里一凉：进了主楼，就不容易出来，即使盘
> 问不出什么，今晚仗一打开那还不是陪进去了！（郑义《枫》）

例句 8-109)至例句 8-111)中的"完了"在句中多表示事件的负面结果，传递说话人因努力失败而在心理状态上呈现出的失望情绪。听话人能够从说话人的付出与事件结果不理想的状态中对比探查推理出说话人内心的真实状态。"完了"的高频使用促使其语境意义逐渐吸收内化到词汇本身之中，使其逐渐演变为在句中具有一定语气传达功能的表达式，而无需事件结果的推理。

> 8-112)"完了，还真是跳进黄河也洗不清了。那信，还真巧，让周仁给要回
> 去了……"（陈建功、赵大年《皇城根》）
>
> 8-113)"完了，这下完了。"（余华《在细雨中呼喊》）

例句 8-112)和例句 8-113)中的"完了"在文本中并未明确指向哪件事件的消极影响，因此，听话人也无法推理出说话人的真实意图，而"完了"高频使用所导致的语境意义内化使听话人在其解读过程中具有"抄近路（short-circuited）"的可能。跨语言研究表明，语言中的感叹词和疑问句往往是语言主观性的优先载体，而"完了"在语言表达中恰恰也能表达疑问［例句 8-114)］与感叹［例句8-115)］。

> 8-114)余：完了吧？在这儿我们大伙儿管，回家就全凭你自觉了。你可不
> 能辜负我们大伙儿对你的减肥的期望。（《编辑部的故事》）
>
> 8-115)余：完了，完了，完了。赶紧把那个盖了章的合同收回来。啊，撤销
> 合同，不能跟他们干。这里头肯定有猫儿腻。（《编辑部的故事》）

总之,语境意义内化为话语标记语"完了"在言域功能的拓展打下基础。"完了"语境意义在语言表达中的固化为其吸收内化提供可能,从而完成其主观性赋值过程。

第三节　话语标记语 *well* 演变的句法—语用特征

与汉语表达中"完了"兼具情态功能和局部语篇衔接功能不同,话语标记语 *well* 在语篇表达中情态功能强于语篇衔接功能,而英汉话语标记语"完了"与 *well* 的共性在于其情态表达功能的核心实质都在于标识和彰显言者在话语交际中大脑在特定交际情境下的元话语意识互动过程。前文文献梳理过程中也清晰地显示了 *well* 在话语交际中不同的元语言功能。也正是因此,*well* 才成为英语口语交际中的高频词。基于 COHA 的语料数据检索显示,*well* 在 1820—2010 年间在语料中逐年递增,共计出现 617157 条,尽管其中 *well* 并不全部具有话语标记功能,而是囊括作为名词、形容词、副词在内的多种形式 *well*。

一、*well* 的语法与话语功能

前文所述,*well* 从古至今在英语表达中形式与意义多样。据 *Oxford Advanced Learner's English-Chinese Dictionary（Fourth Edition）*,*well* 在英语表达中可以充当名词、动词、形容词、副词,以及语气词等多种语法功能词。

作为名词与动词的 *well*,在语义上具有一定的关联性,均与"井"或类似"井的封闭空间",及其与"灌溉"或"涌出"意义相近,在句法结构上多充当宾语、定语或谓语成分。请看下列例句。

8-116) The villagers get their water from a ***well***.

8-117) Blood was ***welling*** out from the wound.

8-118) Anger was ***welling*** up in him.

例句 8-116) 中 *well* 在介宾短语中充当 *from* 的宾语，表达 *well* 一词的本义是"水井"。而例句 8-117) 和例句 8-118) 中的 *well* 在例句中充当谓语动词，在语义上借助概念转喻机制由本义中的"水井"渐渐转为"用水井里的水灌溉、浇灌"，再借助概念隐喻机制强化"灌溉"过程中"水流涌出"的特点，进一步将 *well* 语义限定为"(像泉水般)流出、涌出，喷出"或甚至是"水流至泛滥"。例句 8-117) 中的 *well* 表示"鲜血的涌出"，而例句 8-118) 中的 *well* 则表示"(怒火的)泛滥或积聚飙升"。

作为形容词与动词，以及感叹词的 *well* 在语义上同样具有共源性。作为形容词的 *well* 在句法上多位于 *be*, *feel*, *get*, *look* 等系动词之后，在语义上表达事物属性的积极属性；同样，作为副词的 *well* 在句法上多置于动词之后或直接宾语之后，在语义上则多表示所饰动作的完成程度具有积极的趋向性。请看下列源自《牛津英语高阶词典》中的例句。

8-119) It seems that all is not ***well*** at home.

8-120) It would be ***well*** to start early.

8-121) The children behaved ***well***.

8-122) I might ***well*** consider it later.

8-123) I don't know how old he is, but he looks ***well*** over forty.

例句 8-119) 和例句 8-120) 中的 *well* 作为形容词在句中充当表语，在语义上分别表示言者对事件状态或动作时机的判断。其中例句 8-119) 中的 *well* 意指 *in a satisfactory sate or position*，表示家中状态的并非事事如意，而例句 8-120) 中的 *well* 则意指 *advisable or desirable*，对动作实施时机的适切性进行判断。例句 8-121) 至例句 8-123) 中，副词 *well* 多在动词后形容动作程度、动作方式、动作效果。其中例句 8-121) 中的 *well* 对孩子们 *behave* 的表现效果进行判断，例句

8-122）中的 *well* 用于情态动词 *can*，*could*，*may*，*might* 等之后表示动作实施的可能性，例句 8-123）中的 *well* 意指 *to a considerable extent or degree*，表示他年龄超过 40 岁的程度。

作为感叹词的 *well* 多用于口语，表达惊讶、宽慰、无可奈何、同意或理解、让步、犹疑，以及接续或者改变话题。请看下列源自《牛津英语高阶词典》中的例句。

8-124）***Well***，I should never have guessed it?

8-125）***Well***，thank goodness that's over！

8-126）Oh，***well***.There is nothing we can do about it.

8-127）Very ***well***，then.I can accept your offer.

8-128）***Well***，you may be right.

上述例句中 *well* 作为语气词尽管情态功能迥异，但在句法结构上具有共通之处，即多位于句首，在话语表达言者情感的同时，提前为言者即将说出的文字提供语境预热，让听者做好信息接收的相关心理准备。譬如例句 8-124）中，*well* 语气中的惊讶与后续话语中 *should never*（从来没有）表达的强烈语气相互印证，例句 8-125）中的 *that's over*（事件结束）在话语表达中充实了 *well* 语气中的宽慰意图，例句 8-126）中的 *nothing we can do* 中的无奈与 *well* 相互印证，例句 8-127）中 *accept* 的接受和认可丰富 *well* 的语气内涵，例句 8-128）中的 *well* 明显暗示 *may be* 对 *right* 的肯定程度。

上述共时分析可见，作为语气词的 *well* 实质上与话语标记语 *well* 的语用功能具有高度一致性（Schourup，2001）。学界对话语标记语 *well* 的语用功能也多有分析。Lakoff（1973：460）认为应答性话语标记 *well* 多出现于两种情境之中，即当所寻求的问题答案需要提问人从所给回答中推理出来或者所答指向问题而非直接的答案。言语交际中的间接回答能够促使言者借助语用推理在所知语境信息的基础上重构问题答案（Lakoff，1973：457）。有鉴于此，Finell（1989）

将 *well* 视为将听者注意力引向言者话语中隐藏假设内容的机制。Schiffrin（1987）曾将 *well* 细致划分为感叹词、填充词、小品词、犹豫标识词、发语词等不同类型，认为其既可以开启话轮也可以暗示话语结束，重回原有话题或者开启新话题或者转换至双方感兴趣的共同话题，以及预示回答信息量不足或即将有争议的话语或行动。从一定意义上说，*well* 在话语中的出现多少预示着下文与前文存在着一定的不连贯的现象，因此相较于其他话语标记可能存在的话语指称功能，*well* 更多的是一种人际意义的互动。作为应答标记的 *well* 表明言者并不接受前文中所述的行为或情景（Greasley，1994），或是被视为偏离原有假设（Morris，White & Iltis，1994：130），或是已经被视为一种交际中礼貌策略（Holtgraves，1997）。Aijmer & Vandenbergen（2003）基于话语标记语 *well* 的语用功能的范畴分类，对比分析英文小说及其瑞典语和荷兰语译本中 *well* 的翻译方法，发现尽管语言差异显著，但 *well* 的核心意义与核心功能在本质上具有共通之处，其话语功能解读与语境高度相关。同样，Cuenca（2008）对比英语和加泰罗尼亚语（Catalan）中的 *well* 使用后，发现其语用功能相近。

整体而言，话语标记语 *well* 的间接、模糊的语用功能在不同语境、不同的维度上随着其使用逐渐清晰解读（Blakemore，2002：129）。学界也普遍认为作为应答标记的 *well* 能够暗示听者对言者话语的不合意（dispreferredness），以及言者出于礼貌等客观需求保持交际话语结构连贯的功能（Innes，2010）或缓解面子威胁程度（Watts，1986）同时，在宏观层面上，鉴于关联理论是影响言者话语选择和听者话语解读的动因，许多学者（Jucker，1993；McHoul，1997）多从关联理论视角审视话语标记语 *well* 在语篇中作为信息不足标记、面子威胁缓和标记、解读标记以及延迟标记等作用。此外，Blakemore（2002）基于关联论所构建的话语标记语概念意义和程序意义解读体系对 *well* 的话语标记语功能解读也颇为深入。

二、话语标记语 *well* 的历时变化

整体而言，*well* 作为话语标记语的身份已经成为学界的共识。*well* 话语表

达的语用功能与其现代英语情态表达功能的高度一致性也从另一个侧面表明话语标记语本身在言语表达中所具有的交互主观性。这种交互主观性的用法实质上也源自,或者至少部分源自其历时演变中在语义、句法以及语用上形成的特性,而 *well* 在历时演变中的语义变化实际上也为今天我们解读 *well* 的语用功能奠定了基础。

　　现有话语标记语研究多注重从共时状态下考证其语用功能,但学界对其历时演变关注相对不多。其中较为经典的文献主要有 Finell(1989)、Jucker(1997),以及 Marcus(2009),尽管相关分析稍有差异。Finell(1989)和 Jucker(1997)认为 *well* 的多样人际功能直到现代英语早期才真正出现,而 Marcus(2009)则认为 *well* 在中世纪英语中才作为面子威胁缓和语、限定语出现,人际功能从古英语时期就开始出现。

　　well 在古英语中可写作 *wella*,*wælla*(*uælla*)等多种形式。作为副词的 *well* 最早源自印欧英语中的 *wel-*,意为 *to will*,*wish*,*according to one's will*,并进而演变为 *in accordance with a good or high standard of conduct or morality* 或 *in a way which is morally good*[①]。作为话语标记语 *well* 历时演变溯源研究的第一人,Finnell(1989)认为 *well* 作为话语标记语功能源自 *Oxford English Dictionary*(后文中简写为 *OED*)1560 年的语例[见例句 8-129)]。

8-129）And where as they saye that the Gospell must be taught after the interpretations approued by the churche（that is very *well*）but all the stryfe is, which is the trewe church.

　　Jucker(1997)在语篇和人际两个层面上将话语标记语的 *well* 的功能解读为具有框架解释标记(frame marker)、面子威胁缓和标记(face-threat mitigator)、限

---

① 参见 Oxford English Dictionary 第 XX 卷,第 115 页。

定标记(qualifier),以及停顿填充标记(pause filler),并认为 Finnell(1989)的考证只考虑作为人际层面话语标记语的 *well* 在命题意义层面的语言功能,忽略了语篇层面上的话语标记语 *well* 的溯源。他认为更多的语料表明,现代意义上的话语标记语 *well* 在古英语中多写作为 *wel la* 或 *wella*,用于演讲开始或者阐述结论之前吸引听者注意力,为后文引入特定重要信息奠定基础,因此与古英语时期的强调语气词 hwæt 具有一定的相似之处①。中世纪英语中副词 *well* 在表示"*in a way appropriate to the facts or circumstance; fittlingly, properly*",以及"*with good reason; naturally; as a natural result or consequence*"都为其话语标记语化进一步奠定基础。*well* 在现代英语的功能则超越了其在中世纪英语时期的结构框架,功能也逐渐丰富,逐渐与现代意义上的面子威胁缓和语相近。Jucker(1997)考证发现古英语和中世纪英语中的话语标记语 *well* 多出现在(真实或虚构的)口语语篇中,而现代英语中的话语标记语 *well* 则已有在小说文本中的语例,而且现代英语中 *well* 的句法、结构特征与功能均逐渐呈多样化,尽管并未展现其在当代英语中作为话语标记语的所有的特征。相较于古英语时期功能的非连续性发展,*well* 在中世纪以来的英语发展中也逐渐呈连续性变化,其在中世纪英语和现代英语早期中的功能也成功进入现代英语。

Marcus(2014)梳理了 Finell(1989)、Jucker(1997)中对话语标记语 *well* 演变过程中的历时语义变化的考证(参见表 8-1),认为古英语中 *well* 在人际和语篇层面上都有话语标记语的语例,而不仅仅只有人际功能。不同于 Jucker(1997)所认为的 *well* 在古英语语义演变中的非连续性,Marcus(2014)认为 *well* 的话语标记语演变过程中经历语义的连续变化,甚至在古英语中 *well* 就能够在剧中引入评论或表达,甚至能够暗示言者或作者接受前文表达或暗示的情景(*introduce a remark or statement, sometimes implying that the speaker or writer accepts a situation already expressed or indicated*)。*well* 在文中的真正意义往往取决于其所在语境的影响。

---

① Jucker(1997)基于 King Alfred's Anglo-Saxon Version of Boethius 的 *De consolatione philosophiae* 以及 AElfric's Metrical Lives of Saints 的语料对此进行了详细考证。本书不做具体语例的重复引用。

表 8-1　*well* 历时演变分析对比①

Old English	Middle English	Early Modern English
Finell's Analysis		
		Face-threat mitigator, interpersonal Qualifier, interpersonal
Jucker's Analysis		
wella attention getting device, interpersonal	Frame, textual	Frame, textual Face-threat mitigator, interpersonal Qualifier, interpersonal Delay device, interpersonal
My Analysis		
Frame, textual & interpersonal	Frame, textual & interpersonal Face-threat mitigator, interpersonal Qualifier, interpersonal Delay device, textual & interpersonal	Frame, textual & interpersona Face-threat mitigator, interpersonal Qualifier, interpersonal Delay device, textual & interpersonal

　　正是基于 OED 对 *well* 词性和语义的分析与判断,我们可以发现当代英语中的话语标记语 *well* 与其在古英语中的副词用法和感叹词用法具有高度的关联。古英语中的感叹词用法所具有的主观情态和古英语中的副词用法均在现代英语(1800 年至今)中得到广泛使用,成为其最重要的两个语义来源。

　　笔者在 COHA 语料中以 *well* 为关键词,采用分层取样的方式,随机检索抽样对比分析 *well* 在 1850—1860 年(收录语篇 694 篇,总词库 18290914)和 1950—1960 年(收录语篇 332 篇,总词库 1603300)两个时间段内的语料各 1000 条②。数据显示,*well* 在 1850—1860 年间共出现 21111 次,其中作为话语标记语

---

① 转引自 Marcus(2014)。
② 其中 1850—1860 年间,COHA 共有语料 2111 条,1950—1960 年间,COHA 共有语料 1860 条。

出现频次142次,占据整个抽样文本的0.67%,且相关语例均出现在小说文本对话中[见例句8-130)至例句8-134)]。其余语例中的 *well* 多出现在期刊杂志文章为代表的书面语中,绝大多数以副词形式在句子中修饰谓语动词,间或有偶尔出现的 *as well as* 或零星出现的 *may well have been* 等词组搭配。这充分说明,在现代英语早期,*well* 的情态功能已经得到充分发展,尤其在口语表达中,为其后期发展成为真正的话语标记语奠定基础。

同样,数据还显示,*well* 在1950—1960年间共出现1867次,其中作为话语标记语出现频次210次,占据整个抽样文本的11.24%。然而不同于1850—1860年语料分布情况,*well* 在1950—1960年间统计阶段中作为话语标记语的使用出现在小说、新闻、杂志等多种文体中[见例句8-135)和例句8-139)]。这充分表明随着社会的发展,口语表达相较于传统的书面语越发流行,大量的口头语已经逐步开始进入传统书面语的使用空间,*well* 在语言使用中的普及度和广泛度也愈发提高,为更大范围内的民众所接受。

8-130)"Did she?""***Well***,I'm much beholden to her on your account,daughter."

8-131)"***Well***,then,"said Fanny,"I shall stay till mother sends for me."

8-132)"***Well***,old boy,"he said,"you find your religion don't work,it seems! I thought I should get that through your wool,at last!"

8-133)***Well***,there's no use talking now; you will not convince me if you talk till doomsday.

8-134)***Well***,I have discharged my duty,both here and in the field.Farewell.[①]

8-135)"***Well***,that's good,"he said,taking Francis' arm,"you are five minutes early."

---

① 例句8-130)至例句8-134)选自1850—1860年间语料。

8-136）"***Well***, it's the fellows upstairs that have the say on that."

8-137）***Well***, I guess I know when I'm not wanted.

8-138）***Well***, she had not meant to.

8-139）***Well***, let her lie and be forgotten, and what joy Tom Barron had had in her, and he, Jeremiah Beaumont, would take his own joy in his own way.[①]

　　对比间隔百年的 *well* 语料使用，可以发现其在句法与语用功能上差异不大。作为语气感叹词的 *well* 因其交互主观性在演化成为话语标记语的路径上具有天然的优势。所不同的是，*well* 不再单纯出现在交际对话过程中，尽管其在话语语用功能上仍主要聚焦在框架解读（Frame）、人际关系（interpersonal）、面子威胁缓和语（face-threat mitigator），以及延迟标记（delay-device）等话语语言表达层面。实际上，上述四类功能也主要与话语交际高度相关，哪怕是在使用形式上采用非话语交际形式的出现，其本质也是在虚构一个模拟交谈的交际场景，譬如以自言自语的形式展现内心的独白。

　　因此，就语用功能的角度来看，*well* 在百年的演变过程中的最大差别是其语篇功能的拓展与流行。相较于 *well* 在话语层面的语用功能发展，*well* 在语篇层面上的衔接功能在 1850—1860 年间显然没有得到充分的拓展和运用。Jucker（1997）和 Marcus（2014）文中提到的 *well* 限定功能（qualifier）和语篇功能（textual）实际上在文本中的发展源自 *well* 作为副词限定句子动词的能力，以及其在口语表达中逐渐从句中脱落，从限定动词转而限定小句，进而在前后小句之间构成语篇上的连贯。其中，*well* 口语化下的情态表达增加了其在话语表达中的句法灵活性，在一定程度上促进了其在书面语中话语标记化的进程。相较而言，"完了"的话语标记化则恰恰相反，始于书面语中"完了"在句子结构中的脱落，终于口语表达中的主观化。

---

① 　例句 8-135）至例句 8-139）选自 1950—1960 年间语料。

第九章

隐语式话语标记语"你懂的"与 *you know* 的演变

话语标记语所标识的文本中的上下文逻辑关系在本质上是文本作者的元语言意识在话语文本建构中的结果。其在话语交际中所承载的交际双方对交际对象的态度,以及交际双方观点或意图的明示或暗示则体现了交际双方大脑中的元语用意识。言语交际中,言者在话语表达中传递的态度或者交际意图既有显性直白的呈现方式,也有更多的隐性委婉的表达方法,但无论哪种方法都是交际过程中言者在当时、当境下顺应说话人所处的物理世界、社交世界和心理世界的结果,体现言者在自我意识的主导下调控语言表达的能力。相较于前文所提到的两组显性表达的话语标记语,本章我们所聚焦的话语标记语"你懂的"和 *you know* 在话语情态的表达中更多采用隐性表达方法,引导暗示言者具有特殊的交际目的,话语表达具有额外的信息内涵。

第一节　话语标记语"你懂的"与 *you know* 的身份界定

现代汉语口语表达中的"你懂的"由于其丰富的内涵,无言的幽默和灵活的使用,在青少年群体中得到了广泛的传播,风靡网络论坛,显示出其旺盛的生命力。2014 年全国政协会议发言人吕新华在回答记者提问时的一句"你懂的"更是引起了全民的大狂欢,成为当年年度十大流行语之一①。此后,"你懂的"

---

① 2014 年《咬文嚼字》编辑部发布。

逐渐从地下网络语言走向地上传媒语言,在各大官方网络报纸杂志中频繁出现,如《阿尔滨队员"卧草战术"惹众怒　马林:私下解释原因,你懂的》(《济南时报》2014 年 5 月 4 日)、《反腐 2014:你懂的　真懂了》(《人民日报》海外版,2014年 12 月 18 日)、《去年"你懂的"今年"人性"》(《证券时报》2015 年 3 月 3 日)、《刘源谈军队更大"老虎":你懂的》(《法制晚报》2015 年 3 月 5 日)、《惠惠购物助手遭天猫双 11 禁用!　原因你懂的》(中华网 2015 年 11 月 11 日)等。"你懂的"高频使用为其脱离具体所指演变成为隐语式的话语标记语提供绝佳的条件。

　　前文分析表明,话语标记语在语音上能够形成独立的语调单位,并与其他语言单位之间形成停顿,借此表达自己的感情态度;在句法上,具有独立标记性,位置灵活;在语义上,编码程序,不涉命题信息;在语用上,对言语交际进行调节和监控;在文体上,多见于口语中(Jucker & Ziv,1998:1-12;Fraser,2006;Heine,2013 等)。从这个意义上说,并不是所有"你懂的"结构都是话语标记语。请看下面从语料库检索到的例句和笔者改编的对比句。

9-1a)"现在你当然不会懂的,"黑衣人又叹了一口气,"等到<u>你懂的</u>时候,只
　　　怕已经太迟了。"

9-1b)"现在你当然不会懂的,"黑衣人又叹了一口气,"等到(×××)时候,只
　　　怕已经太迟了。"

9-2a)郭芙蓉:就你能,就你有学问,就<u>你懂的</u>多!

9-2b)郭芙蓉:就你能,就你有学问,就<u>(你知道的知识)</u>多!

9-3a)你将与我共同承担罪恶和共同分享胜利!　我们两个人,我们来统治
　　　这个世界!　<u>你懂的,</u>对吧?　你接受吗?

9-3b)你将与我共同承担罪恶和共同分享胜利!　我们两个人,我们来统治
　　　这个世界!　<u>(你明白我的意思)</u>,对吧?　你接受吗?

例句 9-1a)、例句 9-2a)和例句 9-3a)中"你懂的"并不能在语篇上标记小句关系,其中"你懂的"在例句 9-1a)、例句 9-2a)中缺乏独立句法位置。例句9-1a)"你懂的"黏着命题内容,充当定语,限定时间,影响命题意义;例句 9-2a)"你懂的"虽具情感表达功能,但具有信息实指内容,等同例句 9-2b)。例句 9-3a)"你懂的"虽句法独立,但在语义上是对前文命题的肯定性判断,与后文询问(对吧?)紧密相关,具有真值意义,等同例句 9-3b)。上述例句中要么"你懂的"参与辅助构成或者要么直接构成小句结构命题内容,如有缺失或省略则多会导致小句句法结构不完整或命题内容不完整,妨碍言语交际的信息传递。

话语标记语"你懂的"不同于上述例句中的命题构成成分"你懂的",虽不具概念实指功能,但多能暗示或导向背景知识,扩展、强化、或削弱语境(Blakemore,1992:138),帮助听者梳理、理解话语意义和结构(王丹荣,2011)。请看例句 9-4)。

9-4a)大部分信用卡办卡员都是临时工。你懂的!(《上海证券报》2013 年
　　8 月 19 日)

9-4b)大部分信用卡办卡员都是临时工。(临时工,)你懂的!

9-5a)今晚汽油涨价,你懂的。(百度百科 2015 年 1 月 8 日)

9-5b)今晚汽油涨价,(加油站又要排满队了),你懂的。

例句 9-4a)"你懂的"尽管结构完整,然而似是而非的字面实质引发公众对当今社会盛行的"出事都是临时工干的""临时工是不负责的"等语境概念包,暗示并强化新闻报道的主题——信用卡资料泄密、频繁遭到盗刷等诸多问题根源在银行责任心淡化和监管缺失。例句 9-5a)前小句"今晚汽油涨价"句子语法结构完整,句子信息完善,能够独立完成交际中的概念意义表达。相较而言,略显多余的"你懂的"在句中并不承担命题功能,而只是在元语用意识上突出提醒听话人"估计今晚加油站又要排满队了,你要加油赶紧提前去"。

话语标记语"你懂的"具有解码指路功能,不但可以标注语篇内部前后话题关系,而且可以联系当前话语命题内容暗示前文可能有或没有表达的内容,从而把话语表达命题和"事态观察"中得到的命题(语境命题信息)联系起来(Fraser,1999),进而连接更大范围的语篇语境。

语言演变是语言在结构层面和策略层面顺应语境的结果,受到交际双方元语用意识显性或隐性的指导和调控(Verschueren,1999:187-198)。"你懂的"作为集多功能于一体的话语标记语,语用赋值过程正是说话人元语言意识在语言层面的具体体现,是交际双方心智互动的结果(杨国萍,2016)。

话语标记语在话语结构层面的指导与调控集中反映在其在语篇中的话语组织功能,即话语标记语对话语交际中话题的处理。研究表明,话语标记语"你懂的"多位于句末或下一个话轮前,作为过渡语传达"你明白了,事情就是这样的,你懂得后面我想说的话了吧"这样一种空缺的元知识意义,从而在维系相邻小句话语连贯的同时,在句首引出话题、句尾标记当前话题的结束或句中补充当前话题信息(朱冬怡,2015;杨松梅,钟庆伦,2015;金梦柃,2016)。

相较语言结构功能而言,话语标记语"你懂的"因其丰富的隐性内涵常被视为人际互动策略之一构建认知语境限制或改变听话人对话语信息的理解,从而帮助听话人识解交际意图。王丹荣(2011)、乐晋霞(2014)、鹿琼瑶(2014)、杨松梅、钟庆伦(2015)等依据话语标记语"你懂的"所处语境,将之在交际中的语用功能大致析出为"不必细说""不便细说""不能细说"三大类。钱敏贤(2015)则考察交际双方社会地位、权势关系、身份特征、心理因素等社会语用因素,将话语标记语"你懂的"语用功能解析为拉近心理距离、降低驱使性话语的语用力度、暧昧隐语、警示性告诫等。杨国萍(2016)借鉴前人研究成果,综合考察交际、语境、互动等多方因素将话语标记语"你懂的"的元语用功能简要阐释为社会交际"不可说"之隐讳与幽默、共享语境"不用说"之暗示与提醒、话语互动"说不出"之延迟与邀约等三大类。

话语标记语"你懂的"语用功能剖析深化了学界对新兴话语标记语的认识。

研究表明,话语标记语"你懂的"在语用功能上大致与传统话语标记语无异,多在话语组织和言语行为上致力于语篇表达和人际功能实现。然而,话语标记语"你懂的"因其自身处在大传媒时代的急剧变化之中,语义内容和语用功能强度仍在不断调整,故而其语用功能与传统话语标记语也稍有差异。譬如,相较而言,话语标记语"你懂的"更多是暗示背景信息,其话题前景化功能(设立话题、找回话题),即激活不在当前状态的话题的功能相对较弱。

同样,尽管长期以来,*you know* 作为英语为隐语式的话语标记语,所标记的信息常因为不够透明、表达不够自信或者缺乏交际技巧而为人所诟病,但其作为英语话语标记语往往被视为构成交际双方互动的信号,表达说话者的交际意图(Hasselgren,2002),因此是学术界关注的热点之一。

9-6)A:It's not like she was some svelte beauty,*you know*.

　　B:Oh,*you know*,the svelte thing is in the mind.[①]

9-7)She says,*you know* I gave you a tomato.Your tomato's not as big as the one I gave you.What shall I do with it?[②]

9-8a)me and the Edinburgh girl got together after dinner late in theevening and decided they'd really got us along to make it look right,*you know* they had after all had candidates fromother universities

9-8b)me and the Edinburgh girl got together after dinner *you know* late in the evening and decided they'd really got us along to make it look right,they had after all had candidates fromother universities[③]

基于话语标记语的定义及其核心特征,作为话语标记语的 *you know* 和作为

---

① 此例引自 Fuller(2003)。

② 此例引自 Schiffrin(1987)。

③ 此例引自 Tree & Schrock(2002)。

主谓结构的 *you know* 在句法特征与语用功能上有着显著差异。例句 9-6)对话中,交际双方均使用了 *you know* 一词,尽管二者分别位于言语表达的首尾。这两个 *you know* 在句法上因逗号而独立分隔于主句,在语义上不参与整句意义的表达,但在语用功能上却不可缺失,虽然它们在语用功能上实质上有所差异。例句 9-6)中说话人 A 所说的 *you know* 更多地是在征求听话人对自身前文所述观点(*it's not like she was some svelte beauty*)的认同,而后者提示新信息的出现。相较而言,例句 9-7)中的 *you know* 是位于句首的主谓结构,其后所接宾语句子实质是动词 *know* 的宾语成分,因此其在句法上不可脱离主句而存在,在语义上构成句子的相关成分。同样,*you know* 在例句 9-8)两个对比句中句法位置上不能独立于小句,而是分别充当修饰限定成分,分别限定前文的 *make it look right*[例句 9-1a)]和 *after dinner*[例句 9-2a)]。

整体而言,研究人员都认为作为话语标记语的 *you know* 在话语表达中最大的功能在于创建信息焦点。譬如,Brinton(1990)和 Fuller(1998)一致认为 *you know* 常出现在听话人面临新信息的时候。Stubbe & Holmes(1995:69)认为 *you know* 的内部意义具有一定相互矛盾的元素,因此析取了两个交际意义,即表达言者对受话人共享相关知识背景的信任或者确认受话人知晓命题信息,以及表达言者对受话人态度或信息精准度的不确定性。He & Lindsey(1998)认为 *you know* 凸显新信息,Schourup(1985)认为 *you know* 的核心意义在于确认言者的潜在意图与听者所知信息的状态,Jucker & Smith(1998)认为 *you know* 作为陈述标记(presentation marker)以受话人为中心,特别是鼓励受话人接受新信息为已知信息。

Östman(1981)认为每一类话语标记语都有自己特定的意义和功能,需要具体分析。*you know* 往往与 *like*,*just*,*well*,以及 *why* 等话语标记语共现。基于交际双方中说话人与听话人的背景以及对彼此的态度,以及言语交际中的面子等语用需求,都会影响话语标记语 *you know* 的语用。Schiffrin(1987:D33-34)在 Östman(1981)的基础上进一步认为 *y'know*(*you know* 的简写)标示信息状况的转变,用于取得听话人的注意,促使听话人就说话人提供的信息建立互动中的注意力焦点。交际双方在会话中要理解说话人的意义就不能脱离相关背景知识。基于交际双方背景知识的缺失与否,Schiffrin(1987:268)区分出了四种信息标记状态,认为作为话语标记语的 *y'know* 能够建立交际双方共有的元知识,所以必然会引起信息状态的转变。同时 Schiffrin(1987:291)进一步指出,*y'know* 在话语表达中的语调差异往往带来不同的语用效果,譬如,升调暗示说话人话语未完成,以引起听话人的注意力,而降调则表明说话人完成话语信息的表述,因此语调差异也常常反映说话人对听话人是否具有相关背景知识的确认度。升调往往说明其确认度低于降调。

Erman(1987)是学界第一位基于大量真实会话系统梳理 *you know* 使用方式和话语功能的学者。借助 LLC(London-Lund Corpus of Spoken English)语料库数据,她认为 *you know* 与 *I mean* 一样多在口语表达中起到类似插入语的作用,用于引进背景信息或做额外的阐述或例证,多用于结束争论或划分话题或说话方式的界限,譬如 *you know*,*I've been thinking about that...*(你知道,我一直这样想……)。Erman(1987)从音位、句法、语义和话语功能等不同维度聚焦 *you know* 这类话语标记语出现的语境和语用功能,发现话语标记语 *you know* 既可以作为信息单元边界标记,常在句子层面区分不同的信息,又可以标记言者在交际表达过程的词汇检索或切换过程。此外,在语用功能上,*you know* 多用于标注说话人在心理状态上已经假设听话人已经接受上文传递的信息。

Crystal(1988)将 *you know* 视为自发话语产生和高效顺利互动的润滑油,给予言者自我审视和话语规划,以及激发听者反馈的机会,并以 *you know* 的句法位置为出发点分析其在话语表达中的特点,发现 *you know* 位于句首时多用于弱化言者话语对听者产生的冲击力,维护听者的面子;*you know* 位于句中时多用于厘清或解释言者前文话语的意义,提醒听者后续话语的重要性;*you know* 位于句尾时多作为附加疑问句紧跟前文非完整句之后,用于检测听者对言者话语表达的理解度。冉永平(2002)认为,话语标记语 *you know* 不直接构成话语表达的命题内容,但能够调剂与管理会话等互动性言语交际过程。受 Schiffrin (1987)的影响,冉永平(2002)认为 *you know* 具有元知识标记功能,传递有关语言本身的信息或所表示的言语行为,提醒对方已知或应该知道的某种信息,从而增加交际双方的认知共性,是交际顺应的需要与结果。Fuller(2003)以采访和自然会话中的真实语料为参照,分析 *you know*,*like*,*oh*,*well*,*yeah*,以及 *I mean* 等话语标记语,认为作为陈述标记(Presentation Marker)的 *you know* 多出现在具有共享背景知识的朋友互动中,交际双方的角色及其关系都会影响 *you know* 的使用频率和其在话语中的分布位置(详见表 9-1),且 *you know* 多在访谈中用于向采访人解释自己的观点。

表 9-1　话语标记语 *you know* 等的句法分布(Fuller,2003)

Percentages of DMs used in different syntactic positions

DM	Turn initial or 2nd[a]	Turn medial	Utterance medial	Other[b]	Total
Oh—conversation	50 72%	10 15%	0	9 13%	69
Oh—interview	29 58%	17 34%	0	4 8%	50
Well—conversation	46 69%	19 28%	0	2 3%	67
Well—interview	40 55%	31 43%	1 1%	1 1%	73
You know—conversation	7 12%	37 66%	6 11%	6 11%	56
You know—interview	1 1%	132 76%	25 14%	15 9%	173
Like—conversation	1 1%	50 60%	31 38%	1 1%	83
Like—interview	12 6%	95 48%	91 46%	0	198
I mean—conversation	8 23%	24 69%	0	3 8%	35
I mean—interview	10 10%	85 88%	0	2 2%	97
Yeah—conversation	119 72%	14 8%	0	33 20%	166
Yeah—interview	275 61%	56 12%	0	120 27%	451

a. Turn 2nd placement indicates the DM is used following another DM (e.g., *oh*, *well*) or after a verbal filler (e.g., *uh*, *um*).
b. Alone or turn final.

　　除去传统的语用学研究,*you know* 的社会语言学研究也是语言学界的兴趣之一。Holmes(1986)基于语料库中自然话语中的语例详细分析男性和女性话语中话语标记语[①] *you know* 的形式和话语功能,发现尽管从整体上男性与女性 *you know* 使用频率差异不大,但男性和女性在互动话语表达中使用 *you know* 时

———————————

[①]　Holmes(1986)采用 Lakoff(1975:53-56)表述,将 *you know* 界定为模糊限制语(hedging device),即"一些令听话者得不到确切信息的词语或一些表达推测或不确定含义的词语"。

的语用功能差异明显（详见表 9-2、表 9-3）。

表 9-2　话语标记语 *you know* 使用上的性别与功能差异

（Holmes,1986）

Function	No. of occurrences （%）	
	Female	Male
I *Speaker certain*		
1.　Conjoint knowledge signal	12 （5.8）	13 （6.3）
2.　Emphatic	22 （10.6）	10 （4.8）
3.　Attributive	29 （14）	20 （9.7）
Subtotal（ *p* = 0.051）	63 （30.4）	43 （20.8）
II *Speaker uncertain*		
1.　Appealing	16 （7.7）	18 （8.7）
2.　Linguistic imprecision signal		
Lexical	17 （8.2）	22 （10.6）
Qualifying	1 （0.5）	10 （4.8）
False start	8 （3.9）	9 （4.3）
Subtotal（ *p* = 0.089）	42 （20.3）	59 （28.4）
Total	105	102

表 9-3　同性言语互动中话语标记语 *you know* 的功能差异

（Holmes,1986）

Function	No. of occurrences （%）	
	Female （ *n* = 4）	Male （ *n* = 4）
Expressing speaker certainty	10 （15.6）	22 （34.3）
Expressing speaker uncertainty	11 （17.2）	21 （32.8）
Total（ *p* = 0.005）	21 （32.8）	43 （67.1）

Erman(2001)则从语言变异视角借助 COLT 语料库数据(Bergen Corpus of London Teenager language)分析探讨青少年与成年人在即兴互动中使用话语标记语 *you know* 的差别,以及话语标记语在此过程中经历的语义与功能上的变化,发现作为元话语监控的 *you know* 在青少年话语中的频率高于成年人,且多用于强调其作为言语行为引发受话人的反应;相反,成年人主要使用 *you know* 作为语篇监控来构建文本的连贯性,同时尽管话语标记语 *you know* 作为语法单位出现,但其在此过程中的变化往往经历语法化的过程,以语用化为最终方向。Croucher(2004)采用实证观察的方式细致分析 70 位受试(42 位男性、28 位女性)的即席发言和 80 位受试(36 位男性、44 位女性)的即席演讲,发现女性在话语中使用 *you know* 的频率显著高于男性,不同于 *um* 和 *uh* 往往在话语中的自然停顿,*you know* 往往暗示交际过程中的非自然停顿。

实际上,许家金(2009b)也曾利用语料库的研究方法发现中国青少年自然话语中的话语标记语使用频率与言者的性别,以及交谈方式(现场交谈和电话交谈)具有一定的差异,尽管许书中所涉的只有汉语话语标记语。徐捷(2009)借助语料库对比分析法,考察中国英语学习者对话语标记语 *you know* 的习得,发现中国英语学习者话语标记语 *you know* 的产出频率显著低于英语本族语者的使用频率,中国英语学习者多偏重"强调标示"和"迟疑标示"两大功能。郑群(2014)则在英国国家语料库(British National Corpus)和中国学生英语口笔语语料库(Spoken and Written English Corpus of Chinese Learners)的数据支持下考察了 *you know* 在宏观和微观维度上的社会语言学特征,发现话语标记语 *you know* 的社会接受度受到认知水平和社会交往的影响;*you know* 在文本功能中的主观性远优先于其人际功能或主体间性;相较于性别因素,文体风格对 *you know* 的影响更大,而社会阶层因素对 *you know* 的使用影响则不大。此外,该文还指出中国大学生注重文本组织和语言表达,因此多用 *you know* 表达共有知识,或填充话语空白或解释前文。

第二节　话语标记语"你懂的"演变中的句法—语用脉络

现代汉语口语简洁明了,往往通俗易懂。作为隐语式的话语标记语,不同于传统话语标记语,"你懂的"起源于网络,兴起于民间,最终借助高频使用成为口头禅式的流行语而渐具语篇表达或人际维系等功能,因此"你懂的"的产生实质上得益于其迎合了话语表达中交际双方对彼此情境认知的需要,因而逐渐在日常交际的高频使用中固化。

一、话语标记语"你懂的"研究中的不足

尽管话语标记语"你懂的"网络语例较多,但用法相对较为混乱,而报刊语例则多充当隐语代指其他,相关用法在语料中多介于语义构成成分与语用功能成分之间。加之出现较晚,整个结构"你懂的"的语义语法语用结构仍处于语境下的调整演变过程中,也尚未被《现代汉语词典》等权威词典所收录,因此学界对该结构的探索式研究多立足语言现象描述,多从文化传播和语用功能角度分析"你懂的"隐藏在文本中的文化意味及其在语篇表达中的潜在功能。

现有研究多将"你懂的"的缘起归结于当今社会文化心理中看穿不说穿的犬儒主义,能让矫饰冒充为智慧,把含糊其词当作正当修辞,使"你懂的"成为一个说了等于没说的新招数(徐贲,2014),在社会环境变化和网络传播推动等因素影响下,"你懂的"的传播领域和传播介质不断扩大,内在含义渐趋泛化,成为语言文化中不断被复制与传播的强势模因(常国萍,2014;魏冯,2015;曾润喜,魏冯,2016)。

语言学视角下的"你懂的"个案分析整体呈现出文献量较少,研究层次不高等特征,多在"你懂的"立足于语用功能分析基础上将其演化简要归纳为经济

性、社会心理等因素(乐晋霞,2014;鹿琼瑶,2014)。现有话语标记语"你懂的"演化研究因其成形较晚,历时语料考察几乎缺失,多注重共时状态下整体语义的泛化,对"你懂的"结构中"你""懂"二字的语法化过程考察不清,对其词汇化过程和语用功能赋值的阶段过程及机制界定不明。

话语标记语"你懂的"的研究不足反映现有研究多探讨诸如"完了""别说""我看"等成熟话语标记语的语用功能和演变机制,较少关注尚未完全演化的话语标记语或"准话语标记语"结构。尽管成熟个案研究利于辨清话语标记语演变机理,但因多建立在旧有语料梳理的基础上,难免有所遗漏,而现代汉语网络流行语"你懂的"作为正在演变的个案,因其近距离可观察性,反而能深化我们对语言演变的直观认识。下文拟以"你懂的"中"懂"的意义泛化及其主谓结构变化为例,细致剖析其由主谓结构逐步向话语标记语转化的机制。

二、话语标记语"你懂的"的演变分析

话语标记语兼具形式和功能特征,其演化实质是在词汇结构形式特征符号化基础上,概念意义和程序意义相互博弈,直至完全程序意义化的过程。话语标记语程序意义源自词汇结构概念意义虚化,或抽象泛化,或范畴映射后残存的依赖语境的抽象意义(Heine et al.,1991:39-44)。概念意义消失和程序意义增长并不是一蹴而就的,而是连续统一体上细微量变累积致质变的结果。话语标记语演化过程中存在概念意义与程序意义并存阶段的假设是合理的,而决定哪种意义占主导地位的往往是其所处的语言环境。

"你懂的"作为尚处演变进程中的话语标记语,与其他成熟话语标记语的差别就在于其概念意义尚有留存,程序意义尚未完全成形,结构整体自带的概念意义与其在句法结构中的程序意义尚处博弈阶段。另一方面,"你懂的"因其自带概念意义所附的隐晦内涵对语境具有高度敏感性,体现说话人对相关事件的情感态度,因此话语标记语"你懂的"语用主观性意义赋值与语境高度相关。

（一）话语标记语"你懂的"概念语义弱化

所谓语义弱化是语言历时发展过程中常见的自然现象，是指词汇概念语义在高频使用后弱于词典意义。话语标记语"你懂的"概念语义的弱化依托于"你"指称泛化和"懂"的情态泛化。

1.人称代词"你"的泛化

凡词能替代实词者称代词，凡代词能替代人名称者为人称代词，凡代词所替代的人物不能十分确定者叫作无定代词。人称代词所指代的人是没有固定的，是随着情形而不同的（王力，1985：198-212）。现代汉语文法把"我""你""他"这三个词称为三身指称词，以说话的自称为第一身，听话的为第二身，其他为第三身（吕叔湘，2002a：153）。据考，现代汉语人称"你"是纯然指人的代词，最早出现在中古时期，大概以前南北朝时期已有，隋唐代较通行，其中《敦煌变文》中用例较多，是上古时期第二人称"尔"字的音变（王力，1989：55-70）。《广韵》中指"你"是"秦人呼旁人之称"，所以或许是以长安为中心的地区方言（太田辰夫，2003：106）。

然而，语言的使用只能针对一定表达对象进行，所以范畴扩散的实质就是将某一流行语运用于越来越多的对象（辛仪烨，2010），从而导致语言本身概念语义的弱化。现代汉语中"你"原指称交际对方一个人，称对面听话的人为你，可在其后加结构助词"的"用以标识领属关系（吕叔湘，1999：416）。

9-9)（宇文）化及默然，俯仰良久，乃瞑目大言曰："共你（李密）论相杀事，何须作书传雅语！"（《北史·李密传》）

9-10)那人（燕守志）向朱温道："咱是您的姊夫，登州孔目官燕守志也。您恁时幼小，认我不得。我将你去探你（的）姐姐。"（《五代史平话·梁史》）

9-11)本典："你（雀儿）是王法罪人，凤凰命我责问。明日早起过案，必是更着一顿。"（《敦煌变文·燕子赋》）

例句 9-9）至例句 9-11）中的人称代词"你"多在言语交际中有明确特定的交际指向。例句 9-9）出自宇文化及与李密的对话中，人称代词"你"指向李密；例句 9-10）出自燕守志与朱温的对话，人称代词"你"指向"朱温"。"你姐姐"亦可说"你的姐姐"，表示领属关系，但在汉语称谓体系中多因关系亲密而省略结构助词"的"。例句 9-11）出自本典与雀儿的对话，人称代词"你"指向雀儿。

随着语境逐渐拓展，人称代词的定指功能逐渐泛化，由明确特定的个体逐渐指向一群人、一类人，及至泛指"人们""人家"，虚拟情境下可指称"我们"或"我"，直至虚指任何人（吕叔湘，1985：21-22）。人称代词所指外延的拓展使之在交际中越发空洞，所指对象逐渐丧失焦点，语义针对性逐渐模糊。

9-12）天子与你官，俸禄由他授。（《王志梵诗》）

9-13）敬他保自贵，辱他招自耻。你若计算他，他还计算你。（《王志梵诗》）

9-14）纵你学得多知勤苦修行，草衣木食，不识自心，尽名邪行，定作天魔眷属。（《古尊语录》）

9-15）任你奢华多自在，终归不免却无常。（《敦煌变文集新书》）

9-16）他若不情愿时，任你王侯将相，大捧的银子送他，他正眼儿也不看。（《儒林外史》）

9-17）饶你奸似鬼，吃了洗脚水。（《水浒传》）

相较于例句 9-9）至例句 9-11）的清晰指称，例句 9-12）至例句 9-15）的人称代词"你"所指对象逐渐淡化。例句 9-12）和例句 9-13）中人称代词"你"尽管不再有特定指称对象，但其小句多作为谓语动词的宾语成分共同陈述事实状态，因此在不同语境下既可以指向交际的直接对象，也可以指向其他符合相关情况的个体。例句 9-14）至例句 9-17）人称代词"你"所指范围则进一步扩大，不再直接指向交际对象，而是直接虚指任何人，甚至可以与其他人称代词替换。所指的虚化使之在语言表达中的重要性降低，加速人称代词"你"与前面动词的结

合。现代汉语中虚指代词"你"多与"管""凭""随""饶"等词共现,有的也已经完成词汇化过程(如"管你""随你"等)。

人称代词指代对象的泛化实质是其在交际中"临时活用"的结果,是人称代词"你"基于言语交际或修辞的目的,从一般交际模式中指代真实听话人转变成拟交际模式中指代"虚拟听话人"的结果,后者的临时活用现象都衍生自前者的基本用法(王红梅,2008)。称代词"你"在交际中的泛化源自说话人心中想象的虚拟角色的投射(李战子,2000),因此,能够帮助交际对象迅速进入相关虚拟情境,体验相关情境中的角色,在语用功能上也由传统的概念功能和语篇衔接功能衍生出交际功能。正因此,与第一人称和第三人称代词相比,第二人称代词与祈使句的关系最为密切,常出现或隐含于表肯定或否定的祈使句中(张爱民,2001;朱敏,2005)。

2."懂"的泛化:句法弱化、概念语义泛化与情态拓展

词汇结构演变成话语标记语是句法结构改变触发概念意义虚化和语用意义赋值的结果。所谓概念意义虚化是词汇结构借助隐喻、转喻和去范畴化等多种机制在微观层面上弱化语义、宏观层面上泛化语义,直至概念细节逐渐减少到语义核(刘正光,2006:115),并成为独立表达更大范畴的概念符号形式为止。不同于"但是""完了"等词汇性传统话语标记语,话语标记语"你懂的"起源于小句结构在语言使用中的固化,因此其词汇化与语用功能衍生过程的重合度较高。然而,现有演变研究多注重考察"你懂的"语义在文化传播中泛化的路径和结构模式,对其词汇成分在语言学意义上的演化过程分析仍有待加强。

①句法弱化

话语标记语"你懂的"概念意义虚化源于动词"懂"搭配结构调整后的连锁变化。据《汉语字源》和《宋本广韵》,形声字"懂"音从"董","忄"(心)表意,其古文字之形像心脏,表示"知道了解";"董"原指"安插亲信、监察督导、管理"。"懂"由"心"和"董"联合,逐渐引申为"洞悉、掌握、知道",常见有"懵懂"表心乱,涉及行域到知域的拓展。隋唐五代时期,"懂"逐渐形成"明白、理解"之意。

元明时期"懂"字使用范围逐渐扩大,在《金瓶梅》《牡丹园》《西游记》《西厢记》《醒世姻缘》等各类通俗小说中均有出现。及至清代,"懂"字在小说文本中的使用更加普遍,尤以《红楼梦》多见。

"懂"字作为谓语动词,最初常见搭配与现代汉语其他动词无二,结构都是"主语+谓语+宾语"。谓语动词"懂"字在小句中既可以搭配实指内容[例句9-19)和例句9-21)],也可以指向某个抽象概念[例句9-18)和例句9-20)],表示"理解""掌握"相关内容。

9-18)王氏又不懂"饶俊"的意义,把俊字改成纵。(《敦煌变文》)

9-19)他不懂中国的话。故此不能说语。(《重刊老乞大》)

9-20)你这个人好不懂交情!(《儿女英雄传》)

9-21)我虽不懂芙蓉典,就不能做先生不成?(《风月鉴》)

其后宾语在句子表达中也往往可以前置:

9-22)子平道:"这话我真正不懂了。"(《老残游记》)

9-23)这两句俺每不懂,起动先生讲说讲说。(《金瓶梅》)

9-24)妹妹如何这般世情不懂,怎把花文芳的卷子批得稀烂,怎好拿出去见他。(《五美缘全传》)

9-25)这河工的事,自己实在丝毫不懂。(《儿女英雄传》)

例句9-22)至例句9-25)"懂"宾语前置,分别指向"这话""这两句""世情""这河工的事"。宾语前置在句法上的标记性往往用以凸显语句重点信息,常以逗号分隔以示强调。一定程度上,前置宾语在小句中逐渐演化为小句话题,由"SVO"结构转变为"Topic+Comment"。

实际上,"懂"作为汉语心理动词,既可以衔接宾语,表示"弄清楚、搞明白"的动作,也可以在实际运用中省略宾语,表示"理解明白"的状态,类似于英语 *understand* 一词,身兼及物动词与不及物动词两种属性。

9-26)如今年迈,五官半废,模糊不懂久矣。(《警世通言》)

9-27)洋东说了几句洋话,陶子尧不懂,又是仇五科翻给他听,无非是应酬话头。(《官场现形记》)

9-28)那土工也蛰陷得无多,自己虽不懂,看了去大约也不过百十金的事。(《儿女英雄传》)

9-29)高品道:"我是不懂,倒像弹棉匠弹棉花一样,有甚好听?"蕙芳道:"你不懂,今日便是对牛弹琴。"(《品花宝鉴》)

9-30)只听得二喜问元茂道:"今日在什么地方?"元茂不懂,只把头点。(《品花宝鉴》)

9-31)这东西被我刻薄了,他还不懂,还想拿钱来买我,索性赚这糊涂虫,也好给田郎作膏火之费。(《品花宝鉴》)

9-32)后来主人让他点菜,他说不懂。(《官场现形记》)

谓语动词"懂"的宾语省略多起源于语境共享或宾语前置后的省略,后逐渐延伸至不可言说的模糊抽象概念。例句9-26)至例句9-32)"懂"后宾语踪迹难寻,但例句9-27)、例句9-31)和例句9-32)省略的宾语实质与前置的小句话题一致;例句9-28)和例句9-31)中"懂"后宾语与小句话题高度相关,例句9-28)指向"工地蛰陷的原因",例句9-31)则指向"刻薄的具体内涵";例句9-29)和例句9-30)话轮交替间语境共享,例句9-29)"慧芳"和例句9-30)"元茂"不懂之处实为交际对象"高品""二喜"所谈事件。宾语事件话题化式及语境共享式的省略使得同一时期心理动词"懂"后接成分逐渐抽象泛化,逐渐走向"只可意会不可言传"之路[例句9-26)]。

宾语位置省略、前置等变化反映动词"懂"管制力的削弱,加之"懂"字自身的不及物表心理状态的用法,最终为其宾语小句最终脱落,形成"主语+谓语"结构的单列提供可能。

9-33）公子看了,说道:"我不懂,这些人走这样的长道儿,乏也乏不过来,怎么会有这等的高兴?"(《儿女英雄传》)

9-34）我不懂,姐姐无端的把我两个强扭作夫妻,这是怎么个意思?(《儿女英雄传》)

9-35）只是还不懂:长沮、桀溺倒是异端,佛老倒不是异端,何故?(《老残游记》)

例句 9-33）至例句 9-35）谓语动词"懂"后接的宾语小句以各种形式从动词"懂"的辖域中脱离出来。此类宾语小句本身是所述事件,多是说话人心中一直思索的主要问题,因此小句中间多有语气停顿,造成主谓结构"主语+懂"与其小句宾语关系松弛,形成主次语气,从而在客观上将主谓结构和小句宾语分隔为两个不同的语音节奏单元(曹秀玲,2010)。鉴于小句宾语自身独立句法地位,动词对小句宾语控制力降低,最终促使小句宾语脱离主谓结构获得真正独立句法地位。另一方面,主谓结构"主语+懂"在与小句宾语分隔后逐渐演变成句法独立的小句插入成分。这种演变趋势在结构上与 *I think* 从主句主谓结构逐渐演变为认知情态性插入语相类似,呈离散模式;在语用辖域上又与副词性话语标记语演变相类似,呈放大趋势。

主从句分离最大差别在于主句谓语由具体动作逐渐转变为情态成分。"懂"字句法搭配格式变化诱使其"明白、清楚"的概念语义去范畴化和虚化,导致主谓结构"主语+懂"在语法上不再承担原有主谓表达功能,在语用上情态意义不断增强,为其最终成为句法位置灵活,体现主观认知情态,不影响句子命题信息,只影响句子语用功能实现的话语标记语奠定基础。

9-36）年轻时的我竟听不懂他的音乐，只觉得平淡。

9-37）油田党委认为李晔同志懂专业，有文化，年富力强，推荐他担任胜利油田会战指挥部指挥。

　　主谓结构"主语+懂"在后续衔接名词性宾语成分时谓语动词"懂"多表动作本身，亦即"懂得""理解""参透"。例句9-36）和例句9-37）中的"懂"作为谓语核心成分贡献小句核心概念语义，在语言表达中多应重读，以示强调。然而"主语+懂"后续衔接宾语小句时，整句语义重心在于宾语小句概念表达，而非主句谓语动词"懂"。例句9-33）至例句9-35）三句交际的主要目的是传递说话人内心中已有的困惑，至于说话人自身"懂"或"不懂"，抑或是是否已经找到问题的答案并不重要，甚至于哪怕说话人已经知道问题答案，这个问题同样也可以问，以示问题的重要性和问题本身给说话人带来的长久困惑。

　　②概念语义泛化

　　"懂"在汉语表达中句法结构的弱化给其自身语义的弱化提供了基础。搭配结构的变化对概念语义的非范畴化有着重要的影响，搭配成分的变化对动词自身管约力也提出了挑战；管约力的弱化也反之导致宾语成分的脱离，从而形成一个脱离小句宾语，具有独立句法地位的主谓结构。然而，现有历时语料并没有找到真正独立使用的"主语+懂"表达式。主谓结构"你懂"演化为话语标记语的关键在于"的"字结构的引入使之名物化，降级为名词范畴，从而将具体动作行为泛化为抽象所指。

　　张谊生（2000a：201-202）梳理文献认为"的"在句法功能上可区分为四大类型，分别衔接在体词性定语之后、谓词性定语的后面、主谓短语中间，以及主谓短语的后面。其中主谓短语后面的中心词可以是谓语动词逻辑上的宾语或者主语。从语义关系上来说，"的"在短语中多表领属关系、修饰关系、限制关系、转借关系，以及统一关系。黄杏林（1990）认为"的"字结构中的"的"已经取得了构成成分的资格。一旦有了这种资格,"的"就使整个结构具有两种作用:一种是名词化的作用,即只要名词性或谓词性的词语和"的"字直接组成的"的"字结构,在整体上就一定是名词性的,同时,无论是简单或复杂的词组,只要和"的"直接组合成"的"字结构,该词组便可以高度概括地指称人或事(转引自齐沪扬 等,2002:263)。

"你懂的"的"的"字亦可以归属于朱德熙(1961)的"的₃",是名词性标记。"形容词+的""动词+的""名词+的"的功能跟名词的功能基本上相当,兼指其短语(吕叔湘,1979:43;江蓝生,2000:237-257),在句中充当主语、宾语、定语、谓语。用作主语的动词具有一系列名词的特点,因此主语位置上的动词往往会由"行动范畴"转入为"事物范畴"(朱德熙,2010:96)。由动词性成分组成的"的"字结构,因其名词是前边动词的潜主语或潜宾语,往往可以单说,用以指代整个偏正结构(朱德熙,1978),譬如"老王开的"可以指代"老王开的那辆车","你懂的"可以指代"你懂的知识"。因此,"你懂的"作为主谓结构名物化的产物也使主谓结构依存度减低到极致,转变为领属意义,最终实现概念隐退,而语言结构在与其他动宾结构整合的过程中发生隐退并使参加整合的另一事件突显出来,最终实现虚化(沈家煊,2006)。"你懂的"原意指的具体行为也在高频使用中借助转喻的 A—AB—B 模式逐渐泛化为虚指的抽象代名词(表 9-4),从而在最大程度维系语义联系的同时,丰富"你懂的"语义预设内容。语义泛化关键在于概念包容性,包容性越强,抽象程度就越高,词汇结构相应的指称意义就会逐渐削弱,而语篇意义和人际意义则不断增强,最终转变为隐含的语境预设,成为交际双方共有知识背景存储于大脑中。

"你懂的"的语义泛化过程整体呈渐进性,结构上由充当定语的主谓结构逐渐名词化,所指上则逐渐由实指转向虚指,最终实现指称意义泛化,语篇意义和人际意义增强。整体结构语义泛化的关键步骤在于因情境共享,被修饰的成分可说可不说,原作修饰限定的主谓结构逐渐衍生名词功能。受语言经济性原则的影响,"你懂的"所修饰的中心词完全省略导致主谓结构名物化,构成名词范畴,但所指焦点逐渐模糊化。

表 9-4　"你懂的"语义泛化步骤

步骤	例句①	结构演变	所指
I	9-38)你懂的知识可真多啊!	主谓结构作定语,指称具体事件。	实指
II	9-39)你懂的(知识)可真多啊!	因情境共享,被修饰的成分可说可不说。原作修饰限定的主谓结构逐渐衍生名词功能。	实指/可省
III	9-40)你懂的可多啊!	中心词完全省略导致主谓结构名物化,构成名词范畴,但所指焦点逐渐模糊化。	省略/泛化
IV	9-41)你懂的!	指称意义泛化,语篇意义、人际意义增强。	泛化/虚指

③情态拓展

所谓情态是与时、体高度关联的语法范畴概念,关注事件描述的命题地位。不同于时体的是,情态并不直接指向事件,而是指向命题(Palmer,2001:1)。情态作为一种认知范畴,可以分作"现实情态"与"非现实情态"两种:现实情态注重于一个现实发生的真实事件,而非现实情态则不注重于事件的真实性(姚占龙,2008)。认知情态作为情态范畴的一种与事实相对,是说话人对事件可能性和可预测性的评估,归属命题内容之外,体现言者对所述事件或自身角色的态度(Halliday,1970:349)。认知情态在小句辖域内标识说话人对命题真值意义的判断(Bybee & Fleischman,1995:6),因此认知情态实质上对言语命题具有一定贡献,因为认知情态算子能对命题评论(Papafragou,2006)。Palmer(2001:8)认为认知情态关注说话人对命题事实的判断,包含推理情态、归纳情态和假设情态三种类型。认知情态词通常主观性较强,因为认知判断往往有赖于说话人(Palmer,2013:50-51)。

语言类型学研究表明,情态表达是语言元语用功能的显性表现,而知觉动词作为话语标记语的主要来源,不但可以表示具体动作行为,而且可以表达情

---

① 表 9-4 中例句和下文例句 9-42a)至例句 9-42e)均系作者自编。

态。所谓具体动作指向思维域中借助推理想象可知的已然现实情境中的活动
(realis)(Mithun,1999:173)。已然标记(realis)和假设标记(subjunctive marker)
取决于明示言说和非明示言说而非事实性或命题真值性(Palmer,2001:4)。

　　除却标识话语组织与语篇连贯上的功能,话语标记语的另一典型特征在于
标识说话人对所说话语及听话人在话语情境中角色的立场和态度(董秀芳,
2007)。因此"你懂的"话语标记化演变历程除去语义泛化外,另一个关键因素
在于情态拓展,即由指称语气(indicative mood)到虚拟语气(subjunctive mood),
由真实情境(realis)到非真实情境(irrealis)。话语标记语"你懂的"语义泛化中
语义逐渐虚化,所指由实指渐变为虚指的过程其实也是知觉动词"懂"情态不断
拓展的过程。

　　"懂"作为知觉动词(perception verb),本义指"内心掌握各方面的情况""心
中有数"等。"你懂的"概念意义原指"你明白""你知道""你清楚"等心理认知
状态,表现的是整个带谓词性的整体,属于曹秀玲(2010)阐述的主谓结构"我/
你 V"的范畴。从交际双方心理状态来看,"你懂的"及其语言变体所表述的核
心认知情态"甲、乙均知道事件的存在、且甲知道乙知道事件"在不同的表述中
逐渐扩展为"b.甲知道乙不知道""c.甲不知道乙知道""d.甲不知道乙不知道"
"e.甲不知道乙知不知道"等四种情态。五种不同情态反映甲乙双方对交际信
息的掌握差异及双方在交际过程中的心理博弈过程。

　　词汇结构情态扩展导致原有核心情态的淡化和弱化,为语用功能衍生、转
移和扩展提供绝佳机会。

9-42a)这个药片剧毒,你懂的我的意思。

9-42b)这个药片剧毒,你要懂的。

9-42c)这个药片剧毒,你懂的?

9-42d)这个药片剧毒,你不懂的?

9-42e)这个药片剧毒,你懂的?

例句 9-42a）至例句 9-42e）是交际双方围绕话题"药片剧毒"进行讨论。例句 9-42a）"你懂的"标识的是"我们都知道'药片剧毒'，而且我知道你知道剧毒致死"的基本事实情态。例句 9-42b）至例句 9-42e）"你懂的"所指情态则跳出基本事实情态，拓展至"我知道你不懂，但是要学习了解"［例句 9-42b)］、"我不知道你居然知道"［例句 9-42c)］、"我不知道你居然不知道！"［例句 9-42d)］、"我不知道你理解不理解"［例句 9-42e)］。"你懂的"在例句 9-42a）至例句9-42e）中逐渐由命题信息构成成分延展至情态评估，经历了由动力情态（dynamic modality）到道义情态（denotic modality）最终发展到认知情态（epistemic modality）的过程，从而在交际中构成对前句命题信息的评论，引发听话人的思考。实际上，心理动词"懂"在语言表达中的诸如"懂不懂""懂吧""懂了吧""懂得吧"等多样变体也是其情态拓展的重要证明（廖美珍，2005）。

句法结构关系弱化、语义泛化、情态拓展在话语标记语"你懂的"成形中相辅相成，句法限制条件的消失诱发概念语义的虚化和泛化，构成话语标记语演化的前提，情态拓展则使概念语义虚化后结构的语用功能多样化赋值成为可能。

（二）话语标记语"你懂的"语用赋值

"懂"字作为心理知觉动词天然与言者情态高度关联，而"懂"字句法环境变化更是导致其"明白""清楚"的动作概念语义去范畴化和虚化，从而更加凸显其表达言者情感态度的功能。实际上，现有研究表明心理知觉动词"懂"与"说""想""看"之类的感官动词相似，往往在句法环境改变后逐渐丧失句法上的主谓结构功能，情态意义逐渐增强，最终演变成为句法位置灵活，独立于主句命题信息之外，体现言者主观情态或标识言者对命题信息态度，删除后不影响命题信息，只影响语用功能实现的话语标记语。

现代汉语语料库数据检索表明，尽管"懂"字可能在各历史时期语料均有出现，但"你懂的"在古汉语中出现频次几近于零。相比传统话语标记语演变，"你懂的"的话语标记功能成形与兴盛具有明显时代特色。网络新媒体的崛起催生了大传媒时代的到来(周志懿,2008),每个人都是新时代语言变革的始发者与参与者。话语标记语"你懂的"之所以能风靡网络论坛,并进入官方表达,完全归功于其丰富而开放的语用概念包和在语言表达中的灵活运用。网络亚文化圈的兴起进一步成就了全民"你懂的"式的狂欢,而网络技术发展与网络监管博弈更为话语标记语"你懂的"的隐语化呈现出"你懂的"式的内涵(杨国萍,2016)。

"懂"在语言表达中的语义弱化与情态拓展与"你懂的"的网络成形环境与影响因素互为助力,注定话语标记语"你懂的"的整个演变成形过程是词汇结构本身在语境中主观性和交互主观性不断增强的过程,是语言在交际过程中不断顺应说话人"自我意识"和"主体性"等真实心理状态的产物。相较于描写性和叙述性陈述句的"达意"功能,疑问句的核心语用功能是传递说话人心中的疑虑,祈使句则传递说话人的命令,反问句标识说话人对命题的主观否定态度,感叹句表达说话人喜怒哀乐等强烈情感,因此说话人往往会在言语间多用上述句式表明自己对所述话语的立场、态度和情感,从而在话语中留下自我的印记(沈家煊,2001;赵凤秀,2010)。

分析表明,疑问句、祈使句、反问句和感叹句的"表情"功能为其演变为具有主观性的话语标记语提供天然的便捷渠道,因此汉语表达中本身就带有主观性因素的特殊句式就很有可能成为话语标记语的一个来源。语料库检索也能查找到一定数量的疑问小句,反问句或感叹句等特殊句式充当话语标记语,譬如"我说什么来着"(吕为光,2011a)、"谁说不是、怎么说"(刘丞,2013)等。"你懂的"作为源自主谓结构的话语标记语之所以能够最终获得语用赋值,根本在于"你懂的"的情境拓展使之由原始的陈述"达意"功能延展至质疑(疑问句)和反问(反问句)功能。情态拓展赋予了"你懂的"表达中的主观性,促使其意义在不同语境的高频使用中不断得到推理和吸收固化。话语标记语"你懂的"不可说,不用说,说不出三类话语标记功能的成形实质就是"你懂的"在不同语境下的语用推理意义吸收固化的结果。

1.社会交际"不可说"之隐讳与幽默

人们在长期生活实践中往往会形成较多社会行为规范。所谓社会交际"不可说"是指交际双方出于隐讳表达或言语幽默需要,对相关信息不作明述,点到为止。前者多因未言内容涉及社会文化习俗、忌讳或政治敏感话题等客观因素;后者多因说话人放大语言传播效果的主观需求。

9-43)吃饭不要把筷子插到饭上哦,<u>你懂的</u>。

9-44)三居室,全明,可作价,<u>你懂的</u>。

9-45)无论谁只要触犯法纪,都要收到惩处,我只能回答成这样了,<u>你懂的</u>。

例句9-43)中"把筷子插到饭上"是中国人祭祀祖先的习俗,聚餐时若把筷子插在饭上既是对祖先的亵渎,又往往被视为诅咒餐桌对面坐着的在世之人的死去。然而言语交际中,说话人若刻意点破这个习俗忌讳又会威胁听话人的面子,导致双方尴尬,因此,只能借用"你懂的"指称隐讳信息,提醒听话人。例句9-44)中说话人则刻意利用"你懂的"的隐含信息为听话人构建引人遐想的美景,借此调侃"此房抢手""欲购从速"等"不宜明说"的信息,增强交际幽默效果。

当然,隐讳与幽默并不能完全分割,"你懂的"的使用有时也兼具两种因素。例句9-45)涉及反腐等国内政治生态中的重大敏感话题,说话人作为官方新闻发言人在公开场合既不能不回答新闻媒介关心的问题,又不能在没有授权的情形下过度解读,因此只能借用"你懂的"泛化所指,既回答了问题,又没有违背政治原则,展现了发言人的幽默智慧。

2.共享语境"不用说"之暗示与提醒

信息承载是语言的最大功能,可言语交际的效果和言语投入量并不一定成等比关系。所谓"话不说不明,灯不点不透"固然有理,只是灯若过亮有时反而失去语言的"朦胧美"。言者对话轮的过度掌控往往也会挑战其他参与者的话语自主权,会导致交际受挫(向明友,贺方臻,2008)。

9-46) 嘿嘿,那啥,<u>你懂的</u>,不解释了。

例句 9-46) 话语标记语"你懂的"作为语用暗示指向交际双方都知道但不用说的语境概念包,宛如文学小说中常见的"×××"或"此处省略 50 字"等形式。说话人刻意使用话语标记语"你懂的"在暗示听话人不应从常规角度理解问题的同时,也为解读话语提供"心照不宣"的语用预设,引发听话人思考。

此外,日常交际中由于信息输入过量或者语境信息的干扰往往导致听者付出的认知努力和取得的言语效果不成正比。这时标记性语言往往能为话语理解提供清晰指向,减少听话人的思索时间。一般认为,具有凸显提醒功能的表述在音韵上应重读,并做适当音节停顿。

9-47) 向每一个新闻工作者致敬,真心的,<u>你懂的</u>。(中国网络电视台)

9-48) 广东顺德现公里断裂带,专家出来辟谣了,<u>你懂的</u>。(搜房网)

在当前亚文化流行的时代,很多正面积极向上的意义往往会被刻意扭曲。例句 9-47) 话语标记语"你懂的"的提醒功能正是刻意扭转这种倾向的结果。如果删掉"你懂的",语义上并不会有所削弱,但在语用表达上,"真心的"一词往往会被误解为反语,故此"你懂的(语音重读)"在标记此类现象的同时,也排除了"真心的"的反义。同样,例句 9-48) 话语标记语"你懂的"指向的不是专家辟谣的可靠性,反而是凸显当下"砖家"言论不靠谱。

3.话语互动"说不出"之延迟与邀约

语言与思维关系学界论述颇多,争论不一(向明友,张兢田,2009),但毋庸置疑,语言表达速度往往跟不上思维运算速度。思维转瞬即逝的特性会导致语言表达空窗,降低语言流利度和语篇完整性。为避免尴尬,说话人常借助诸如"嗯""额""那个""开个玩笑"等话语标记语来填补说话人思考及寻找适当表达时所产生的时间空白,或者邀请听话人参与话语意义共建,保证交际顺利进行。话语标记语"你懂的"在互动中的延迟与邀约功能同样也能在语言信息短路时保障话轮成功交替和交际顺利进行。

9-49) 甲:你说吧,人这一辈子的际遇其实很难说,你说是福气吧,又受罪;说是受罪吧,能走进这世界又幸运。嗯……嗯……,额……,<u>你懂的</u>,唉。

乙:是啊,真是印了一句老话,祸兮福之所倚,福兮祸之所伏。

例句 9-49) 说话人甲阅历丰富、看透世态炎凉、人情冷暖,在总结人生经历时,一时语结,不知如何表述。话语标记语"你懂的"的插入既填补言语空白,避免语结尴尬,又作为邀约暗示,表明自己词穷不达意,希望对方帮忙总结。

第三节　话语标记语 *you know* 演变的句法—语用特征

与汉语话语标记语"你懂的"相似,英语话语标记语 *you know* 在语用功能表达上具有一定隐语特性,反映交际双方在背景知识共享上彼此的隐晦暗示;同时,二者在句法结构上均是逐渐受到主谓结构逐渐演变成插入结构的影响。然而,由于英汉语言特性的差异,特别是英语表达中没有与汉语中"的"字结构相匹配的结构,因此英语话语标记语 *you know* 和汉语话语标记语"你懂的"在句法—语用演变过程中又有一定的差异。基于 COHA 的语料数据检索显示,*you know* 在 1820—2010 年间在语料中逐年递增,共计出现 192567 次[①],尽管统计数据所涉的 *you know* 语例并非完全符合典型话语标记语的判断标准。

---

① 涵括 541 次 *you know* 的缩写形式 *y'know*。

一、*you know* 的句法特征与话语功能

前文分析表明,*you know* 在言语表达中多用于标识言语交际过程中交际双方的信息状态差异。现代英语表达中,*you know* 概念语义模糊,多在非正式表达中用以暗示说话人试图思索接下来该说什么和该怎么说,或试图向交际对象解释前言,或确认交际对象理解和明白说话人交际中所说话语,或试图帮助交际对象回忆某事等元语言思考过程①。

前文文献梳理表明,Schiffrin(1987:268)基于自身对交际过程中交际双方对彼此共享知识的了解程度将交际双方的元知识分为四类(参见表 9-5),并认为 *you know* 作为互动标记(interactional marker),在交际中能够帮助交际双方隐性地实现交际背景元知识获取的逐渐过渡(Schiffrin,1987:272)。基于交际双方共享同族文化、社会与群体特征的假设(Schiffrin,1987:279),*you know* 在言语互动中往往将受话人放在信息接受方的角色,将说话人放在信息提供者的角色,认为交际双方具有一致的意愿来共享或接受背景信息,最终达成一致信息,实现信息平衡,因此话语标记语 *you know* 往往兼具信息功能(information function)和互动功能(interactional function),引人参与,征求认同观点,开启交际互动(Schiffrin,1987:279)。

表 9-5　言者/听者共享知识的元知识状态

		Does speaker know of hearer's knowledge?	
		Yes	No
Does hearer know of X?	Yes	(a)	(b)
	No	(c)	(d)

尽管研究视角不一,但学界研究多有涉猎(Goldberg,1981,1982;Ducan &

---

① 参见 *Cambridge Advanced Learner's Dictionary* 网络版, https://dictionary. cambridge. org/dictionary/english/you-know。

Fiske, 1977），且普遍认为，*you know* 多出现在自然话语（spontaneous talks）表达之中。实际上，COHA 的语料数据显示，虽然并不是语料库中所有能够检索到的 *you know* 都可归属在话语标记语之列，但 *you know* 在语料库中的数据量确实从 1820 年的 1153 条逐年增加至 2010 年的 19689 条，且对前 1000 条的随机抽样显示，绝大部分 *you know* 均出现在小说文本的对话中，占比达到 94%，仅偶有出现在杂志中。*you know* 在口语中的高频使用确实为其语义泛化，语用功能赋值奠定了基础。

为了厘清 *you know* 语用功能特征，基于话语标记语的核心概念界定，我们结合前文文献梳理，依托 COHA 的语料对 *you know* 近 200 年间使用进行抽样，以其句法位于主句前或后为关注点，分析其在不同历时阶段话语表达中语用功能。抽样样本以 50 或 60 年为一个时间片段，分别选取了 1820 年代（1153 条语料）、1880 年代（4776 条语料）、1940 年代（11220 条语料），以及 1990 年代（18818 条语料）四个阶段，合计语料 35967 条①，抽样比例为 30%。相关年份中 *you know* 作为话语标记语出现的频次，以及其在话语中出现的句首、句中，以及句尾的频次统计数据详见表 9-6。

表 9-6　话语标记语 *you know* 的分布分析②

语料年份		1820 年代	1880 年代	1940 年代	1990 年代
标记语占比		14.67%	19.33%	26.67%	40.67%
句法位置	前	9.09%	6.89%	50%	62.30%
	中	72.72%	37.93%	7.5%	22.13%
	尾	18.18%	55.17%	42.5%	15.57%

语料抽样统计分析显示，*you know* 作为话语标记语在话语表达中出现的频率逐渐递增，由 19 世纪 20 年代的 14.67% 到 19 世纪 80 年代的 19.33%，再到 20

---

① 表格中的四个年份段的语料分析中，每个年份段随机抽样 500 条。
② 1820 年代指 1820—1830 十年之间的语料。表格中的其余几个年份段均是指十年。

世纪 40 年代的 26.67%,直至 20 世纪 90 年代的 40.67%。稍有不同的是,尽管 *you know* 在话语中出现频次越来越高,但是其在话语中的句法位置具有一定的差异性。整体而言,*you know* 在话语表达中出现在句首的频率逐渐增加,最初 19 世纪 20 年代的不到 10% 到 20 世纪 90 年代的 62.30%;相应的,*you know* 在句中出现的频次整体呈逐年降低趋势,由 19 世纪 20 年代的 72.72% 降至 22.13%,而 *you know* 在句尾出现的频次则在经历过长时期的统治地位之后也降至 20 世纪 90 年代的 15.57%。

作为具有隐语功能的话语标记语,*you know* 在交际中往往能够将交际对象与交际话语的背景信息相联系起来,推动整个交际双方话语沟通的顺畅进行。基于交际双方话语背景信息的已知或未知状态,以及交际过程中言者对背景信息的前指或后指,话语标记语 *you know* 在句首、句中和句尾等不同的句法位置往往语用功能具有一定的差异。请看下列选自四个年代阶段的例句。

话语标记语 *you know* 在句首出现时可以作为发语词,用于开启话题,后接交际对象的姓名或呼语,将交际话语所受对象明确标识出来,从而在一对多的几个交际对象中引起特定受话人的注意力或者在一对一的交际过程中向交际对象提醒或者强调特定的交际信息。例句 9-50)至例句 9-52)中分别利用 *you know* 引起例句 9-50)Dame、例句 9-51)Edward,以及例句 9-52)sir 的注意力,明确后续话语信息的受话人。

9-50)You know,Dame,I never compliment!（1821)[①]

9-51)But *you know*,Edward,they are a secret,as well as terrible enemy.(1828)

9-52)*You know*,sir,her father opposes on account of the hatred between your families.(1884)

作为前置句首的话语标记语 *you know*,其后所接续的句子背景信息,既有

---

① 语料后括号中的年份表示语料出现的年份。下同。

可能是交际双方的共有已知信息（即旧信息），也有可能是交际对象未知的信息（即新信息）。当后接话语为旧有信息时，话语标记语在交际中更多起到的是提示交际对象将特定旧信息纳入交际话语语境，来加工识解说话人的言语。这种旧信息既有可能是百科全书式的常识［例句9-53）和例句9-54）］，也有可能是交际双方小范围共有的信息［例句9-55）和例句9-56）］。例句9-53）中 *Saint Claus* 的长相，例句9-54）中对 *common day* 的界定均是常识性的概念；同样例句9-55）中 *I prayed for their help once* 中 *once* 表明"说话人曾经祈祷上帝帮助"这件事是交际对象也知道的事实，例句9-56）中所述的从未与参议员共事也是交际对象之间共同背景知识。

9-53）*You know*, Santa Claus doesn't really look like that.（1947）

9-54）*You know*, it's just a common everyday…（1997）

9-55）The gods are laughing at us. *You know*, I prayed for their help once. But my prayers, they were ignored.（1949）

9-56）*You know*, I never actually done it with a senator before.（1991）

当话语标记语 *you know* 后接话语为新信息时，其在后续话语中往往作为一种提示，希望引起交际对象的注意，暗示他们将之作为后续话语沟通和解读对话的一个语境成分［例句9-57）至例句9-59）］。例句9-57）中"他奉承我"，例句9-58）中的"我们即将出发去圣路易斯"，以及例句9-59）中的"令我心烦"都是交际中说话人发出的新信息。特别值得一提的是，*but* 在交际话语中经常与 *you know* 连用，表明 *you know* 之后所提供的新话语信息是与前文交际对象所掌握的语境信息相悖，希望听话人能够加以修正自身的认知语境，从而促进言语交际的顺利进行。例句9-60）*you know* 所述话语事实配合转折连词 *but* 所构成的逆接语用效果显著强于"我爱这个国家"的话语表述。

9-57）"*You know*，he adores me，"she murmured，putting her nose into her tapestry again.（1885）

9-58）*You know*，we're leaving St.Louis in a few days.（1944）

9-59）*You know*，you're really starting to get on my nerves.（1991）

9-60）I like the country.But，*you know*，we can live anywhere we please.（1885）

　　语料显示，话语标记语 *you know* 出现在句中时，既有可能用于衔接前后相邻小句［例句 9-61）至例句 9-63）］，但更多的是置于句中，且多放在主语之后。此时 *you know* 的句法位置更趋灵活，因此亦可能前置或后置，尽管其在语用功能上具有一定差异。一般说来，*you know* 在衔接上下文小句时，往往重在阐述说明前句。譬如例句 9-61）中 *you know* 引导的后句"他没有时间陪伴家人"正是对前句"忙于生意"的阐述；例句 9-62）中的 *you know* 引导的后句"无法承受别人不喜欢他"是对前句"自我感觉好"的补充说明；例句 9-63）说话人对 Mrs. Jones 的姓名记忆模糊，误记为 Mrs.S，且在话语表达中已经自觉有错，故句中 *you know* 更多的是更正信息。

9-61）We were all surprised，for father hardly ever interfered with mother about us children-he's so taken up with business，*you know*，he hasn't any time left for the family.（1886）

9-62）He is so good himself，*you know*，Alfaretta，he can not bear to think every one else does not love him.（1887）

9-63）I can tell you what I think about it，Mrs.S —.*You know*，Mrs.Jones is pretty free with her tongue?（1885）

　　当 *you know* 在句中置于主语之后时，往往多用于引起听者的注意，征求听者对言者话语内容概念所指的准确定位。例句 9-64）至例句 9-66）中 *you know* 前所列词语，如 *men*、*the mess at Sacket's Harbour*、*Rodolfo* 均为名词，其目的就是帮助言者确认听者是否知道言者所指。

9-64）Men, *you know*, have been struck blind by lightning.（1823）

9-65）The mess at Sacket's Harbour, *you know*, used to laugh at me, because I could never remember the year when America was discovered.（1824）

9-66）Her cousin, Rodolfo, *you know*, told me that old Don Ignacio was a grouty old fellow, and that the marriage had been made up mainly because his hacienda adjoined her father's, and there was some row about the water-rights which had been going on for years and which they succeeded this way in compromising.（1888）

值得注意的是，口语交际中，说话人常将 *you know* 与情态词或其他具有一定情态表达功能的话语标记语或词组连用，借以强化或弱化 *you know* 在整个话语表达中的信息阐述功能。例句 9-67）中 *well* 自带的犹豫，以及例句 9-68）中 *maybe* 所表达可能性，弱化了 *you know* 自带的严肃语气；例句 9-69）中的 *I mean*（我的意思是），例句 9-70）中的 *I suppose*（我想），以及例句 9-71）中的 *I trust*（我相信）三个句中插入语成分均是言者情态表达的重要方式，修饰 *you know* 后接小句的阐述信息，尽管三个插入成分在话语表达中对所述话语的肯定程度差异明显。

9-67）But, <u>well</u>, *you know*, sometimes things happen.（1945）

9-68）<u>Maybe</u>, *you know*, I should try something else maybe.（1998）

9-69）That's not bad. <u>I mean</u>, *you know*, considering the marmalade.（1997）

9-70）It was long before he knew me, *you know*, <u>I suppose</u>.（1822）

9-71) you were not detained by any ill tidings, <u>I trust</u>, though your tearful eyes betray emotions, which, *you know*, I love you too well to witness, without a wish to learn the cause.(1827)

当 *you know* 置于句尾时,其在信息结构上多指前述信息,语用功能上则多在话语交际中体现说话人征求听话人知晓信息结构内容的主观意图,或者强调相关信息。例句 9-72)中说话人用 *you know* 来确认听话人是否知道他所说的 *passage* 是 *farewell*;例句 9-73)中说话人则用 *you know* 来确认听话人是否知道 Mr.Benedict 和她二人有一辆自己的马车这件事,或者是否知道这辆马车。例句 9-74)中说话人自问自答地阐述"我们使用了多少次这个表述"时,用 *you know* 来强化千百次的数量之多,话语语气中具有非常强烈的情感。

9-72) Take that passage in Othello — the farewell, *you know*.(1823)

9-73) Mr.Benedict and I have a carriage of our own, *you know*.(1886)

9-74) I mean, how many times have we all probably used that expression? Hundreds of times, *you know*! I could kill you for that darling, or junior, I'm gonna kill you if you do that one more time, or kill'em Rocky, kill'em! (1997)

实际上,日常话语中除去 *you know* 以外,王海霞(2014)认为 *you know what* 也可作为话语标记语作用于语篇层面,并借助语料举例论证其可以"开启或结束谈话、表示话语间的逻辑关系(因果、解释、话题转换)等,或用作填充标记表示话语的继续",相关研究语例在此不再赘述。

二、话语标记语 *you know* 的历时变化

传统研究中的 *you know* 更多聚焦在其字面意义,同时也承认无法全面解读

其在语言中的运用。Schiffrin(1987)认为 *you know* 能够标识元信息状态的变化,暗示言者相信听者已经明了所述信息,或者言者尽管不确定听者明了但仍致力于改变信息状态。同样,Schourup(1985:102-103)将 *you know* 的核心意义界定为言者确信交际参与者间无明显的交际信息差,或者有明确的信息交集。当然需要提醒的是,即使 *you know* 在交际中表达字面意义,交际双方也不会简单地把每个命题意义信息当成共同背景信息,我们在交际中需要确认为什么言者选择标记这些信息而不是其他信息。从这个意义上来看,话语标记语的 *you know* 在话语表达中往往具有邀请交际对象在共同假设基础上推理的功能,因此它能够在促使听者自动检索相关背景信息的同时,或构建或者质疑交际中的共同语境基础,因此具有较强的交互主观性(Buysse,2017)。秦云萍(2013)基于BNC 和 COCA 语料库数据进一步发现 *you know* 的话语标记化的主观性过程大致经历了三个阶段,即"由最初的表达词汇意义,转而发展变化成表达语篇功能,最后又慢慢发展到表达人际功能"。总之探寻话语标记语 *you know* 的历时演变过程实质就是要探析主谓结构 *you know* 的主观性衍生的过程。

句法结构上,学界对 *you know* 亦有较多不同的探讨,但其中最为主流的观点有两种理论解释。Thompson & Mulac(1991)认为 *you know* 引导的宾语从句中 *that* 的缺省后导致主从句结构反转,*you know* 最终演化为话语标记语,而Brinton(1996:206-209;2008:41)则基于历时语料发现话语标记语 *you know* 的演变成形得益于其在话语表达中逐渐融入另一个句子中。李潇辰、向明友、曹笃鑫(2018)则梳理总结学界对 *you know* 演化历程的研究,后认为尽管Thompson & Mulac(1991)的研究影响深远,但该假说缺乏历时证据,而 Brinton(1996:206-209;2008:41)的解读基于历时证据,较为可靠,但 Brinton 并未详细讨论 *you know* 话语标记化过程中的语义演变路径。因此,该研究从借鉴框架语义学、语用学以及历时语言学研究成果,探讨话语标记语 *you know* 的语义痕迹与语用功能的互动机制,发现 *you know* 演变过程中的语义痕迹所含框架元素的赋值能够触发语用推理,进而促使听话人探寻说话人的真实交际意图,从而实现其在交际中的语用功能。

　　本研究在梳理 *you know* 的话语标记化历时演化路径时,不以前人研究中的争议为切口,秉持语料实证为根本的原则,从 *you know* 话语标记化中主观性衍生的基础和句法结构变化的语料过程来探究其历时演化过程。

　　据考证,*know* 在古英语中可以写作 *witan*(动词,表示 *be certain or sure about something*,*have knowledge of*,*understand a subject*),*cunnan* 或 *cnawan*(动词,表示 *be acquainted or familiar with*),以及 *ongietan*(动词,表示 *perceive* 或 *understand*)。*know* 在古英语时期多出现于 *δecnáwan*,*oncnáwan*,*tócnáwan*,其中 *δecnáwan* 往往被视为中世纪和现代 *know* 的起源,尽管现代英语中的 *know* 多源自中世纪英语中 *i-knowen*,*y-knowe* 两词中前缀的流失后衍生的 *cnawen*、*knawe*①。现代英语中的 *know* 在语义上已经覆盖了古英语时期为上述不同动词所涵括的语义,并逐渐固定成形为"察觉或理解(*either to perceive or apprehend*,*or to understand or comprehend*)"。相关语义中的动作对象逐渐抽象化,由具象实物逐渐虚化为某一事实、身份、本性或者属性等源自交际语境中的概念,抑或是变为交际中交际一方想要知道的特定事实。

　　早期语料库数据显示,*you know* 常作为主谓结构在句中使用,后接概念名词或小句。相较而言,后接小句所表述的内容在信息量和抽象度上显著强于简单的概念名词。基于话语标记语在句法结构上灵活而独立的特性,从句法结构层面来看,*you know* 的话语标记化历时演变过程毫无例外地经受过了主谓宾语从句中主谓结构与宾语小句的主动或被动的间隔与分离,即由 *you know* O 到 *you know* S(that/what...+s+v),再到 *you know*,S'(s+v)②。请看下列引自 COHA 中的例句。

---

① 参见 The Oxford English Dictionary VIII,p.512。
② 大写 O 指代小句宾语,大写 S 指代由 *that* 或者 *what* 等 *wh-*疑问词引导的宾语从句 Sentence,大写 S' 指代脱离主谓结构 *you know* 后具有独立句法位置的小句,小写 s 和 v 分别指代宾语从句中的主语。

9-75）*Ye knowe* well that sir Arthur hath the floure of chevalry…with hym.[①]

You know well that Sir Arthur has the flower of chivalry with him.

9-76）The Millere is a cherl；*ye knowe* wel this.

The Miller is a churl；*you know* well this.

9-77）A cat maie looke on a king，*ye know*.

A cat may look on a king，*you know*.

9-78）But *you know* me.

9-79）*You know* the reason.

9-80）*You know* well enough what will buy me.

9-81）*You know* that I care little for forms or ceremonies.

9-82）Do *you know* what I am?

例句 9-75）至例句 9-77）等中世纪英语语料中的 *ye know* 与例句 9-78）至例句 9-82）等现代英语语料中 *you know* 作为主谓结构存在于句子中，*know* 作为及物动词，在句中表示人认知、理解和掌握事物或概念的能力。例句显示中世纪英语中 *you know* 就已经可以后接名词［例句 9-76）］、句子［例句 9-75）］了，且句法位置也比较灵活，可以后置［例句 9-77）］。例句 9-78）中 *know* 后接的 me 既可以指代在物理空间中的个体人，也可以抽象化为我的人品、性格等抽象附加属性；例句 9-79）中 *know* 后接的 *reason* 指代的是抽象概念包，因为 *reason* 的内容可以从简单到无限的复杂；例句 9-80）和例句 9-81）中 *know* 分别后接 what 和 *that* 引导的名词性小句，其概念内涵相对而言又比例句 9-79）中简单，可以用 *reason* 涵括指代的概念要丰富得多；例句 9-82）中则不同于前面例句中的陈述语

---

① 例 80）至例 82）中三句分别为古英语及其对应的现代英语表述。例 80）出自 *The Works of Sir Thomas Malory*，例 81）出自 *The Canterbury Tales*，例 82）出自 *A Dialogue Conteynyng Prouerbes and Epigrammes*。相关语料在 *Middle English Dictionary* 和 Brinton（1996；2008）和 Brinton（2008：1）中均可见。李潇辰、向明友、曹笃鑫（2018）一文对此三例句亦有详细分析。

气,采用疑问语气,在展现说话人认知能力的同时,传递说话人在话语交际表达时的情态。整体而言,作为主谓结构的 *you know* 在句中更多的是以 *know* 为核心的动词短语,充当句子的谓语,支配其他成分。*know* 激活人的"知觉"框架,标识"某'认知主体'的世界模型中包含某项'认知内容'",因此涉及知觉的主体及内容、知觉的原因、知觉发生的时间、地点与方式等各种元素(李潇辰,向明友,曹笃鑫,2018)。

从主谓结构演进为独立的话语标记语,*you know* 最大关键的变化在于其与宾语小句的分离,使之成为句法独立、位置灵活的插入语性质的结构。前文文献梳理指出,Thompson & Mulac(1991)认为这一关键变化产生的根源在于 *you know* 引导的宾语从句中 *that* 的省略,然而语料分析显示,尽管这种说法具有相当的合理性,但仍相对而言过于简单。*you know* 主谓结构与从句的分离在很大程度上得益于口语表达中其与从句之间插入成分的介入,这些插入成分常常可能是称呼语或其他的成分。请看下列例句。

9-83)But *you know*, **wife**, that we came to see the ways of the world, and at any rate I mean to look about me while I stay.

9-84)But *you know*, **Edward**, they are a secret, as well as terrible enemy...

9-85)"*You know*," **she said**, "our fortress-homes were on the level summit of a hill...

9-86)**I told you then**, *you know*, **that** I had seen it somewhere, I was sure, notwithstanding his lordship's self complacency, where it is introduced — or the childish praise that I have seen lavished upon it.

9-87)Then *you know*, ~~**that**~~ we can keep the purse with a good conscience.

语料显示,*you know* 引导的宾语从句中 *that* 的省略实际上并不是无缘无故或者突然出现的,而是 *you know* 在高频使用中口语化逐步提高,引发话语表达在满足求快、求效率的核心要求之下,结构渐趋简单化,话语结构逐步产生重

复、脱节甚至颠倒等散乱，以及大量语气词填补话语空白等多种情况。例句
9-83）中的 *wife* 和例句 9-84）中的 *Edward* 称呼语在口语交际的实际过程中真实
而随机地补充的，用以明确话语交际对象的同时填补话语空白。实际上，如果
言者在话语表达中删除这两个称谓语，小句语义本身也没有任何差别。尽管如
此，但二词在话语中的介入确实打破了传统由主谓结构 *you know* 在宾语从句中
对 *that* 引导的名词性从句的句法约束力。同样例句 9-85）中直接引语的话语内
容 *you know // our fortress-homes were on the level summit of a hill* 中主句与宾语从
句被 *she said* 所打破，实际上分割了前后的句法联系与约束力。同样，因为 *she
said* 在句法上的介入，原宾语从句表达中引导宾语的关系词 *that* 也自然而然地
在口语中省略。不同于例句 9-85）、例句 9-86）可以看作 *tell sb. that+S* 和 *you
know that+S* 两个宾语从句的结合体，因为在句法上 **I told you then that** *I had
seen it somewhere.* 和 **you know** *that I had seen it somewhere.* 两句都是合乎语法规则
的。此外，无论是 *I told you* 还是 *you know* 在口语表达中其在后接宾语从句时
都是可以省略 that 的，两者在句中共现时，既可以将前者视为主句，也可以选择
后句作为主句。因此，*You know*，*I told you then*，*that I had seen it somewhere.* 在句
法上也是可以成立，只是从口语语感来看，此时句中因为 *then* 的存在，*that* 省略
在音韵上更为合适，正如例句 9-87）所展示的一样。例句 9-87）中的 *that* 亦可以
补充在原句中变成 *Then you know* **that** *we can keep the purse with a good
conscience*。当然在话语表达中因为主谓结构句法约束力的降低，*that* 在话语表
达中强行标识主谓结构谓语动词指向的必要性已经减弱，因而在口语表达中基
于经济胜利原则更容易省略而已。*that* 在口语表达中的省略一方面为 *you know*
引导的整个宾语从句的句法位置倒置奠定了基础。从另一个角度来看，因为句
法倒置，原有句子中的宾语从句升格为主句，相较而言原有的主谓结构 *you
know* 则在语法规则制约下降格不再充当主谓结构了，因此从一定意义上说，*that*
的省略带来的句法分割又为 *you know* 在话语表达中开始作为类插入语独立使
用奠定了基础。

　　此外,从语义—语用层面来看,伴随 *you know* 由主谓结构逐渐演变为话语标记语,其话语表达中的主观性和交互主观性也不断增强,特别是其在表达中的互动功能往往是在潜意识层面上征求交际对象对相关交际事件的观点,或是认可同意,或是暗示与提醒。*you know* 在交际中的互动功能首先得益于人称代词 *you* 本身所具有的人际功能。Ariel(2005)的可及性理论(Accessibility Theory)认为交际过程中认知主体同指称对象进行心理接触所耗费的认知努力大小决定了指称对象的可及性。可及性越高,则交际活跃度越高,反之则越低。交际过程中第二人称代词 *you* 的特殊意义在于其能够建构一个在真实或虚假时空中说话人(*I*)与受话人(*you*)面对面的交际情境,从而使得说话人原本单向的话语表达具有高度的方向性,从而能够在真实空间形成或在虚假空间中虚构出一个说话人与受话人的对话关系,因此无形之中降低了认知双方的交际努力,提升了指称对象的可及性,进而强化交际双方的互动性。

　　而主谓结构 *you know* 中的核心谓语动词 *know* 本身所聚焦人的认知能力分为物理维度和心智维度两个层面。*know* 从物理维度到心智维度的认知过程实质就是人发挥主观能动性的过程。COHA 语料库动词 *know* 后接的各种宾语和宾语从句中物理维度的具象物质到抽象心智维度上的虚拟概念的解读不可能脱离大脑心智的解读。另一方面,小句结构"you know something."的陈述句和疑问句"do you know something? ／what do you know?",以及否定句"you do not know something"在话语交际表达中所蕴含的语气与情态,实质上是对由第二人称指代词所构建的说话人和受话人间的对话关系的内容补充。请看下列例句。

9-88) How do you know my name?

9-89) Did you know he added an extra "n" years ago?

9-90) You know?

9-91) Don't you know people are starving at Vogue?

9-92) What's up with the tooled on that broad, you know?

例句 9-88）和例句 9-89）均是陈述句"*you know something.*"的各种变体。例句 9-88）"*how do you know something?*"饱含说话人的好奇，例句 9-89）"*did you know something?*"传递说话人的疑问，例句 9-90）"*you know?*"体现说话人征求口吻，例句 9-91）中"*don't you know something?*"反问句充满了说话人的强烈的感情，无论答案是肯定或否定，都是答案自现无须回答的，例句 9-92）中的"*you know*"作为非反意的附加疑问句的组成，时常带有惊奇、愤怒、讽刺及不服气等强烈的感情色彩。

上述五个不同例句中的 *you know* 在话语表达中所蕴含的不同的情绪状态，充分在话语表达中体现了说话人的主观性，而交际双方的有效沟通又有赖于双方沟通关系的良性互动构建，这又直接为 *you know* 在言语表达中交互主观性的衍生奠定了基础。*you know* 在日常言语表达中的高频使用导致其在话语真实表达中的主观性和交互主观性在逐渐积聚在词汇本身中，并最终成为其附加的内在属性特征，为普通大众所接受。

第十章
言语方式类话语标记语"不是我说你"与 *frankly* (*speaking*)的演变

前文研究清晰阐明,话语标记语在言语表达中往往能够彰显说话人的元语用意识,借以在话语交际过程中清晰或隐晦地阐明说话人的语用目的,从而在交际过程中帮助听话人更为精准地了解和掌握说话人的交际意图。这类话语标记语往往在会话中能够对话语交际的基础信息做出评论,从而有效修正说话人命题信息的内容,甚至产生与原命题信息完全不同的语用效果。Fraser(2009)和 Manizheh Alami(2015)曾将之归类于评述语用标记语(commentary pragmatic markers),并详细划分为评价标记(Assessment Markers)、方式标记(Manner-of-Speaking Markers)、传信标记(Hearsay Markers)、证据标记(Evidential Markers)、(非)尊称标记(Non-Deference / Deference Markers)等五大不同子类,并做简要举例。本节我们所聚焦的"不是我说你"和 *frankly*(*speaking*)两个话语标记语就是在话语表达中使用最多,语用修饰功能最为突出的方式标记语。

第一节　话语标记语 "不是我说你" 与 *frankly* (*speaking*)的身份界定

口语流行语"不是我说你"是现代汉语表达中除话语标记语"你懂的"外另一常见口头禅式话语标记语,在不同层次、年龄和背景的社会群体中普遍使用。"不是我说你"在结构上由否定性判断词"不是"与主谓结构"我说你"两个结构高频连用,紧密结合逐渐固化,语用功能上则突破否定判断副词"不是"对主谓结构"我说你"的否定性概念语义限制,句法上逐渐与主句分离,从而实现"不是我说你"整个结构在句法形式和语用功能上的固化。

尽管在现代汉语中"不是我说你"作为话语标记语出现的频率愈趋增高,但日常语言表达中并不是所有的"不是我说你"都可以归类为话语标记语。从话语标记语定义所做的严格界定来看,有些"不是我说你"缺乏句法独立性,有些"不是我说你"则依然停留在"不是"对"我说你"的否定限制判断阶段,在概念意义层面上参与交际过程中的小句命题意义构成,因此删除之后必然会影响概念小句真值语义的完整表达。请看下列例句 10-1)至例句 10-4)。

10-1)不是我说你是个窝囊废,你也真够窝囊的,你早干啥啦?(《女儿悲》)①

10-2)问题不是我说你正义,是法律上。(《锵锵三人行》2008-09-12)

10-3)不是我说你就学不好,别慌,沉住气,慢慢来。

10-4)不是我说你,是老王说你胆子太大了。

尽管例句 10-1)至例句 10-4)均有出现"不是我说你"结构,但在本质上均不能归属于话语标记语的范畴。例句 10-1)"不是我说你是个窝囊废"在句法上是否定判断词"不是"修饰限定小句"我说你是个窝囊废",对"我说"进行否定性判断,"我说你窝囊"在语义上与后文"你也真窝囊"构成对比。例句 10-2)"我说你正义"与"法律上说你正义"构成对比。两句实质上都可以用"不是……而是……"衔接。例句 10-3)"不是我说你就学不好"在语义上应构成条件假设关系,整个小句根据说话人的意图可在语气停顿为"(要)不是我说,你就

---

① 话语标记语"不是我说你"的衍生伴随于现代口语表达中的高频使用,而传统现有的汉语语料库因建库较早对现代口语中的话语标记语收录不多,因此本节中多数"不是我说你"的语料源自作者从个案研究论文、网络报刊及少量自省语料。语料多标注原出处,因此不再标注转引处。个别未标注语料为作者自编或内省语料,故后文也不再特别说明。

学不好……"或"不是我说你,(你)就学不好……"两句。两句前半句均构成后半句条件性假设,前者可对译为英文的 *but for*,后者则可译为 *if*。此时"不是我说你"在句法上是"不是我说"和"你+谓语"结构的毗邻。例句10-4)"不是我说你"尽管已经与主句分离,具有句法独立性,但却仍只是相关词语成分纯粹相邻,"不是"与后句"是"构成关联句式"不是 A,是 B","句法上构成转折语气。

上述例句"不是我说你"的内部句法结构仍停留在"不是"对言语行为"我说你"的否定判断上,内部语言小单位界限清晰,理据明显。然而,随着"不是我说你"在语言表达中的高频使用,小句结构逐渐固化,理据性渐消失,形式渐成整体一体。请看下列例句10-5)至例句10-8)。

10-5)不是我说你,你的胆子可也太大了!(老舍《新时代的旧悲剧》)

10-6)不是我说你,别一天到晚只知道赚钱赚钱,赚那么多钱干吗。(电视剧《麻辣婆媳》)

10-7)这位兄弟啊,不是我说你,你到底是对西班牙太有信心,还是对贝利的乌鸦嘴太没信心啦!(华商晨报《不是我说你》2010-06-18)

10-8)小张,你怎么能跟别人瞎说呢? 唉,不是我说你……

尽管文字相同,但是例句10-5)至例句10-8)"不是我说你"并不同于前文的例句10-1)至例句10-4)。此处例句中"不是我说你"在句法上独立于主句,位置灵活,可位于句首、句中或句尾,形式上逐渐固化,内部理据性逐渐消失,渐成一体,语义上逐渐习语化,成为口头禅,不参与小句命题意义构建,因此删除后也不影响小句命题真值。例句10-5)和例句10-6)句首"不是我说你"独立成句,否定判断词"不是"并不用于否定主谓小句"我说你"的言语行为或例句10-5)的"胆子大"和例句10-6)的"赚钱"。例句10-4)和例句10-5)"不是我说你"在小句命题意义构建中的作用形成鲜明对比。例句10-4)前句否定"我说你",与后句"老王说"形成转折性对照,因此如若删除此处的"不是我说你",则

会影响整句命题意义的表达。例句 10-5) 则不然，"不是我说你"的删除则并不会影响"你胆子大"的相关判断和整句命题意义的表达。例句 10-7) "不是我说你"结构整体性强化，位于小句中间，衔接上下文或填补言语空白，起到语用延迟的作用。例句 10-8) "不是我说你"位于小句末，远离小句命题，语用功能上相当于诸如"唉"之类的语气叹词，用以隐性表达说话人对前述命题"跟别人说这件事"的态度。

话语标记语"不是我说你"不同于小句命题意义构建成分"不是我说你"之处在于前者意不在于否定相关言语行为的概念功能，但多能在话轮衔接或言语行为层次帮助听话人梳理小句意义以及说话人的真实情感意图。整体而言，话语标记语"不是我说你"在口语中的高频使用导致其结构成分"你"常脱落，形成话语标记语"不是我说"，或者成分"我"脱落，形成话语标记语"不是说你"，有时也会在口语中加上"也"，形成"也不是我说你"，有时为了在交际中凸显尊重，也会说"不是我说您"或者在指向群体时用"不是我说你们"等。请看下列例句 10-9) 至例句 10-12)。

10-9) 不是我说，哥哥的这样行为，不是儿子，竟是个冤家对头。(《红楼梦》)

10-10) (平儿)："爷也不知是那里的邪火，拿着我们出气。何苦来呢，奶奶也算替爷挣够了，哪一点不是奶奶挡头阵。不是我说，爷把现成儿的也不知吃了多少，这会子替奶奶办了一点子事，又关会着好几层呢，就是这么的拿糖作醋的起来……"(《红楼梦》)

10-11) (虎妞)："也不是我说，老爷子，"她撇着点嘴说"要是有儿子，不像我就得像祥子！"(老舍《骆驼祥子》)

10-12) 不是我说您，刘总，跟桥老板打什么架？我们桥老板天天早晚练沙袋。(池莉《你以为你是谁》)

例句 10-9) 至例句 10-12) 中话语标记语"不是我说你"在不同语境下的诸

多变体。常见变体有"不是我说"〔例句 10-9）和例句 10-10）〕、"也不是我说"〔例句 10-11）〕、"不是我说您"〔例句 10-12）〕等。尽管上述变体形式不一，但它们的核心结构均是"（也）不是+我+V（说/夸）+O（你/您）"。这些形式变体在话语表达中均不参与命题意义构建，删除后也不影响交际中小句命题的真值意义表达，因此均归属于话语标记语的范畴。当然，"不是我说你"的整体结构的多样变体也充分说明其仍处于语言演变过程，其词汇化进程也仍有待进一步完成，这与其产生时间较晚有一定的联系。

整体而言，话语标记语"不是我说你"作为近年来口语表达的高频语汇已经逐渐作为汉语新虚词为大众所接受。学界多从语篇衔接和人际交往等视角对其语用功能进行解读。王淑宁（2016）认为话语标记语"不是我说你"的语篇衔接功能多体现在语篇内部的话语组织和言语行为上的"开启话轮""话题切换"或延续话轮，填补话语空白。李宗江、王慧兰（2010：126）则将其话轮功能详细界定为说话人在听了别人的话以后，委婉地引出对别人的批评，并认为其在模式上有时可省略为"不是我说"。

相较语篇功能而言，话语标记语"不是我说你"的人际功能因其语言成分在长期语言泛化使用而更为凸显。话语标记"不是我说你"的语用功能包括"提醒和强调功能""对言语行为的调节功能""面子缓和功能"（任振翔，2011）。郝琳（2009）认为"不是我说你"是批评、劝说、建议类话语的"预示语"，具有语力标异（对可能出现的消极心态进行预防性矫正，引导听话人正确理解说话人的交际意图），和情势标异（表明自己主观愿望上并不是很想批评听话人，但是在某种特定情势下，不得不批评）。"不是我说你"类特殊语言成分所表述的意义和其后续语句的内容是自相矛盾的，除了结构上的组织作用外，它的主要作用是语用层面的，用于提示和构建语境、唤起听者的注意、表明说话人的情感和态度，即其主要作用是组织话语和表达情态，主要包括"提示功能——用于引起听话人的注意""显现功能——用于显现说话人的情感倾向""强化功能——用于强化说话人的不满情绪""委婉功能——用于弱化说话人对听话人的刺激和不敬"(温素平,2011,2015)。乐耀(2011)指出话语标记"不是我说你"主观性语用范畴处于话语表达层面上,直接指向说话人的主体性因素和言谈现场的情境,并以具体的语言形式打包表现出来,因此具有较强的主观性。

同样,作为言语方式类的话语标记语,英文中的 *frankly* (*speaking*) 也一直是国外学界关注的焦点。Fraser(2009)曾基于话语标记语的标志性特征,如词汇表达、后接小句,以及标识前后小句关系等,清晰区分了作为态度副词的 *frankly* 和作为话语标记语的 *frankly*。Fraser(1996)认为作为话语标记语的 *frankly* 与 *I promise*,*allegedly*,以及 *incidentally* 一样不参与句子命题意义的构成,但却能够对后接小句做出评论。请看下列例句 10-13) 至例句 10-18)。

10-13) And quite ***frankly***, I was glad that you cut loose…

10-14) The weather is lousy. ***Frankly***, I don't care.[①]

10-15) THOMAS First you pick up some homeless girl and try to pass her off as your golden daughter and, ***frankly***, if you ask me, she can't hold a candle to our Hayley.

10-16) Parridine faced the room, now ***frankly*** speaking to all.

10-17) You got yourself into this mess. ***Frankly speaking***, how are you going to get out?

10-18) A: Mark, you've got to do something.

B: ***Frankly***, Harry, I don't know what to do.

---

frankly 在英语语义上表示"坦白地,直率地(说),坦诚地,真诚地,平心而论"等。作为副词,在英语语句中往往充当状语修饰动词或小句,限定动作方式,如 *put frankly*(坦白地说), *discuss frankly*(坦率地讨论), *advise frankly*(耿直

---

① 例句 10-14)、例句 10-15)引自 Fraser(2009),例句 10-18)在 Fraser(2009)例句基础上修改。

劝谏)等,均在语义上表示说话人与听话人一起以负责任的方式开展合作工作,双方均能够自由地表达自己的观点或者指出对方的不足,如例句 10-16)中的 *frankly speaking to all*。同样,作为态度副词,*frankly* 在语义上多表说话人相关话语事实的真实可信度(相当于 *in truth*),如例句 10-15),以及说话人陈述相关事实时的态度与语气(*to be honest*),如例句 10-13)和例句 10-14)。上述例句10-13)至例句 10-16)中的 *frankly* 在句法结构上要么作为副词修饰动词,要么作为被修饰的对象,缺乏独立的句法地位,而具有独立句法地位的例句又作为态度副词在参与句子的命题意义构建,传递后句的真实性,因此往往不被认可为话语标记语。

作为话语标记语的 *frankly*(*speaking*)能够标识说话人的说话方式,Fraser(2009)称之为言语行为方式标记(*manner-of-speaking marker*),用以标识说话人在表达言语行为方式时的语气或者自身对动作指向事物的内心评价。除去句法位置的独立之外,例句 10-17)中 *frankly speaking* 在话语语气中传递出说话人内心中对听话人陷入麻烦之后如何摆脱的担忧,同样例句 10-18)中 *frankly* 在说话人 B 回答说话人 A 话语时的坦诚与无奈。上述两句中,无论是例句 10-17)*frankly speaking* 还是例句 10-18)中的 *frankly* 在命题层面上不能影响句子的命题意义的同时,巧妙地传递了说话人的语用目的和意图,删除之后也并不会影响句子的合法性。

整体而言,*frankly*(*speaking*)作为书面和口头交际中表示话语结构以及连贯和语用关系的自然语言表达式的话语标记语身份已经为国内外学界普遍接受,并收录在牛津大学出版社出版的、备受全世界英语学习者信赖的英语用法参考书 *Practical English Usage* 中,并在其最新的第四版本中进一步明确指出作为话语标记语的 *frankly* 与 *no doubt*,*honestly* 一样具有表示听话人对其所述话语的态度或者修饰前文说述,使之更具交际效果(Swan,2016)。Fraser(1990)认为 *frankly* 暗含了说话人对听话人不乐意听到自己后面所述内容心理预期的评论。Aijmer(1997)则认为 *frankly* 与 *you know*,*I think*,*to tell you the truth*,*if I may say* so 等一样，在句法上往往能够填补多出来的言语行为副词空位。Schourup（2001）认为言语行为副词 *frankly* 具有与话语标记语 *well* 相似的语用特征。席建国、刘冰（2008）认为将 *frankly*（*speaking*），*truly speaking*，*honestly speaking*，*to tell the truth* 等定义为坦言性标记语，认为它们在言语交际中能够强调话语信息的真实性、强调说话人的坦诚态度。Dér（2010）以（*Speaking quite*）*frankly*，*I don't think you're right* 为例，认为话语标记语 *frankly* 虽有概念意义，但不具备真值语义。杨才英、赵春利（2013）以 Quirk et al.（1985：615-617）的梳理为基础，认为副词 *frankly* 及其各种变体，如介词短语 *in all frankness*，非限定性小句 *to be frank*，*to speak frankly*，*to put it frankly*，以及现在分词小句 *frankly speaking*，*putting it frankly*，过去分词小句 *put frankly*，限定小句 *if I may be frank*，*if I can speak it frankly*，*if I can put it frankly* 均是英语中表达汉语句首演说类话语标记语的主要方式。Cao（2017）将 *frankly speaking* 视为能够具有元话语功能的副词性结构。Rintaniemi（2017）视 *frankly* 是传递说话人态度的副词性插入语。姜晖（2019）则认为 *frankly* 作为省略的简短的话语形式是显性的元语用话语表达，能够从语言结构上展现出说话人的元语用意识。Ranger（2018：5-8）将 *frankly*，*consequently*，以及 *surely* 等方式副词是话语标记语的子类之一，认为副词 *frankly* 作为话语标记语能够表达说话人对主句的评论或者立场。

总之，尽管部分学者认为 *frankly* 只能标识言者态度，因此将之归类为补充标记而非严格意义上的话语标记语（Nyström，2003），但就整个学术研究倾向而言，*frankly* 已经成为国内外话语标记语研究的对象之一。

第二节　话语标记语"不是我说你"演变中的句法—语用脉络

"不是我说你"的概念实质是"我就是要说你"。结构形式上的否定与话语表达中的主观语气相互配合，弱化了说话人后续表达的批评语力，降低了话语对听话人所产生的心理冲击力,缓解了听话人的尴尬情绪,从而构成了委婉的话语表达。正是因为其在话语表达中的良好语用效果,"不是我说你"自产生以来使用频率就不断增长,成为人际功能显著的话语标记语。

一、话语标记语"不是我说你"研究中的不足

作为语言演化的活化石,尽管话语标记语本世纪以来一直被视为语用—句法界面及相关研究热点话题受到广泛关注(向明友,2015),但是相关研究多偏重在传统虚词类话语标记语研究,对"不是我说你"这一类在口语表达中因情境而衍生的小句类话语标记语研究关注相对不多,研究也不够深入。

潘先军(2013)重点考察行为动词"说"在整个"不是+VP"格式演变中的作用,重在探讨句法结构的演变,以及进入格式相关动词的典型特征,但对话语标记语"不是我说你"演变机制和阶段性过程的区分缺乏系统分析。温素平(2015)认为话语标记语"不是我说你"源自短语结构的固化,但其谓语动词意义并未虚化。小句结构话语标记化历程是其整体意义及功能主观化的过程,是一个从表达短句的字面意义功能向表达"言外之意"功能定型的结构。乐耀(2006)将话语标记语"不是我说你"归结为"不是+NP+VP,+后续句"格式,并从语用认知的角度分析该格式在语言语用中蕴涵的会话含义、推理模式以及该格式的语用性质。尽管乐耀(2011)涉及话语标记语"不是我说你"的演变动因和机制的简要分析,但其研究重点热点仍停留在探究其语用功能在主观性范畴内的与语用原则的互动性过程。张蕾(2014)则借鉴董秀芳(2007)将类似小句形成的话语标记语"不是我说你"的演变视为由自由短语或小句习语化的过程,是"不是我说+S"逐渐变为形式在一定程度上凝固的,语义具有特异性(idiosyncrasy)的习语的结果。

实际上,古代汉语语料检索不到话语标记语"不是我说你"历时演变的相关证据,这表明其演化产生过程是当代语言在使用中发生变异的结果。因此,国内汉语学界对小句"不是我说你"的结构固化现象及其标记话语信息的本质特

征认识也相对较晚,相关研究数量较少,且多零散分布在小句表层结构分析、语用功能探讨等方面,对其演化过程分析不够细致,尤其是其演化路径、机制及阶段以及焦点转变的性质认识较为模糊,值得进一步深入研究。

话语标记语的成形有自身的演化路径是毋庸置疑的,但"不是我说你"结构原型是归属于"不是我+VP",或者"不是我说+S"的争议表明其演化路径仍有待细致观察;而话语标记语"不是我说你"内部言说动词"说"的演变路径是"行为义(言说)—认知义(认为)—篇章义(话语标记)"(刘嵚,2008),还是"短语—认知情态副词性固定语—话语标记"(董秀芳,2007)的争议更是强化了重新审视话语标记语"不是我说你"的演变过程的必要性。另一方面,话语标记语的演变是多维复杂的过程,现有研究多将"不是我说你"整体演变简单归咎于语言主观性和词汇化。然而主观性的递增是语言在言语交际中传递说话人情感、态度的天性使然,与语言演变过程中的词汇化、语法化、语用化阶段并不具有天然的对等关系,词汇化以词汇结构的衍生为导向,因此二者并不能完全充分解释"不是我说你"语用功能的衍生机理。话语标记语"不是我说你"演化阶段的辨识不清更是导致其内部演化机制所知不多,除乐耀(2011)曾简要提及句法环境和类推外,言者寥寥。

二、话语标记语 "不是我说你" 的演变分析

近年"不是我说你"往往作为一个高频词汇整体出现在口语表达中。实质上,小句结构"不是我说你"原是"不是+S"格式的变体之一,否定判断"不是"对小句 S 进行限定修饰,整体演变过程是否定判断"不是"在语言使用中渐由语义否定到语用否定,即由否定"我"转向否定"说"的过程。因此,话语标记语"不是我说你"的整体演变成形不仅仅涉及否定判断"不是"和行为动词"说"分立演变,更是"不是"与"我说你"两个词和主谓结构的协调演变。现有研究表明上述二者也是在长期使用中或逐渐独立发展出话语标记用法(刘丽艳,2005ab;殷树林,2011b),或最终演化成为话语标记语的重要组成成分(姚占龙,2008;李

丽娟,2015）。

（一）"不是"：由命题判断到语气传递

"不是"在词形结构上由否定词"不"与判断词"是"组合构成。从语义上看,"不"的作用是单纯的否定,在问句中等同于"不是",在句子里其否定范围是"不"后面的全部词语（吕叔湘,2002b:581-583）,多用于主观叙述,可以否定现在、过去和将来的动作行为（齐沪扬,2005:98）。"是"之意义,《说文》就讹变的字形训"直",文献用义有一个围绕"端正、端直"而引申的意义系列（傅东华,1985:112）,如"正确""对"或"认为正确"（谷衍奎,2008:840）,组构成词"是非""是否""正是""凡是""实事求是"等（王平,臧克和,2002:166）。请看下列例句。

10-19）辞多类非而是,多类是而非。（《吕氏春秋》）

10-20）实迷途其未远,觉今是而昨非。（《归去来兮辞》）

10-21）国君之所是,必皆是之。（《墨子·尚同上》）

例句 10-19）至例句 10-21）"是"围绕核心语义"正确"而使用,其中例句 10-19）和例句 10-20）充当名词,与"非"相对,例句 10-21）前后两"是"字则充当谓语动词,由副词"所""皆"修饰。

实际上,"是"所谓的核心语义"正确"与其自身表"判断"的语用功能紧密关联。"判断"是识别"正确"与否的前提。前文对话语标记语"但是"的演变分析表明,古汉语指代词"是"在判断句式 [话题（者）,回指的"是"（anaphor）+说明（comment）（也）] 的"者""也"的脱落后,受原有句法结构在汉语 SVO 语序的强势影响,经类推机制作用逐渐转变为判断动词,其表"强调"概念语义在不同语境中逐渐成为标记焦点信息的重要手段。本节在此不再详列例证。

据《现代汉语词典（第五版）》,现代汉语口语表达中"不是"既可作名词（不是₁），也可被视为否定副词"不"与判断动词"是"的组合，充当否定性判断（不是₂）。请看下列例句。

10-22）是汝书，即注是，以字押；不是，即注非，亦以字押。（《朝野金载》）

10-23）适间婆婆说你许多不是。（《清平山堂话本·快嘴李翠莲记》）

10-24）你倒来替人派我的不是！（《红楼梦》）

10-25）打骂你，虽是他们不是；你如此，也不是出家人慈悲的道理。（《喻世明言》）

10-26）到底是谁的不是，一见面就吵嘴？（《多角关系》）

例句 10-22）至例句 10-26）中"是"在句中表判断动作或结果。例句 10-22）"是"的运用介于动词"判断"与名词"正确"之间，其中两分句中前半句的"是"与"不是₂"充当判断词对"汝书"进行判断，而后半句的"是"与"非"则变成符号，用于标记判断的结果。古汉语文言中"是""非"的划分在汉语白话文中逐渐为"是""不是₁"所替代，并在民间小说话本中广泛使用。"不是"原本"不正确的地方""不对的事"渐抽象词汇化为名词"过失""失误"，可用在结构助词"的"后表示所有格，如例句 10-23）至例句 10-26），为《现代汉语词典（第五版）》所收录。

除却"不是₁"，"不"与"是"另一个发展方向是搭配使用构成词组"不是₂"。"不是₂"既可以在话语交际中单独使用表示说话人对前述事件的否定，也可以后接词语或小句成分在言语表达中构成否定性短语结构或小句。请看下列例句。

10-27）天理人心，又不是我们逼他，（是）他自叫我们如此如此。（《喻世明言》）

10-28）"我真是诚心夸您。"刘美萍委屈了，"这话又不是我说的，是观众，女观众的集体反映。"（王朔《你非俗人》）

10-29）不是，我没心思开玩笑。能办到吗？（王朔《顽主》）

例句 10-27）至例句 10-29）"不是"多在句中表否定性判断。上文例句 10-22）与此处例句 10-27）和例句 10-28）中"不是₂"后接小句结构多与前后文构成"是……，不是……"或"不是……，是……"的关联结构表判断，表示申辩或解释的语气。例句 10-29）"不是"在句中补齐应为"我不是开玩笑"，此处因交际情境共享省略前后文而脱离主句，由传统的动态判断转向静态否定性焦点凸显，与后文"我没心思开玩笑"形成鲜明对照，从而在交际情境中渐衍生出语气反驳功能。

狭义概念下的语气不同于语意对概念内容的改变，指概念内容相同的语句，因使用的目的不同所生的分别，多可分为陈述、疑问、祈使以及感叹四大类。语意以加用限制词为主，语气则兼用语调与语气词（吕叔湘，2002c：258）。同一般的副词主要用于对谓词进行限制或修饰不同，语气副词的基本功用是对相关命题或述题进行主观评注，具有断言、释因、推测、总结等传信作用，以及暗示说话人对句子命题和情境的观点和态度等情态表达作用（张谊生，2000：43-46）。

尽管"不"的否定副词身份早已公认，但"不是"仍多被视为表否定判断的谓语，限制小句语意表达。随着不同情境的吸收，"不是"逐渐由命题功能转向传信和情态功能。除"副+动"的"不是"外，反问句中还有表提醒功能和表确认功能的"不是"（史金生，1997；胡德明，2008）。请看下列例句。

10-30）虞华轩道："怎么不是。"（《儒林外史》）

10-31）他如今现在这里，你跟了去不是！"（《儒林外史》）

10-32）大人骂道"你这奴才，还要强辩，本院还你一个见证，你用绸缎包束尸首，斧劈脑门，不是你的姐夫王在科么？"（《五美缘》）

10-33）琼英心下想道："或者面颜相似，不是他么？（《赛花铃》）

10-34）听的今年水贼广，是那不是？（《朴事通》）

10-35）咦，王小铁不是在儿童乐园玩吗？

10-36）一个老太婆要过来解劝,抓了一把煮熟的茶叶塞到口里,咀嚼了几
　　　下,不懂装懂地说:"不是还好么?"

　　白话文本的普遍流行为"不是"在口语化中吸收语境,传递语气、态度奠定
基础。例句 10-30）至例句 10-36）中"不是"的否定判断功能逐渐削弱,甚至消
失,情态功能逐渐强化。除去前人提到的提醒功能和确认功能外,"不是"在情
境对话中"辩驳""质疑""询问"等语用功能较为明显,在句法结构上多与"怎
么""吗""么"等语气词搭配,或构成"是……不是……"结构,多用在祈使句或
疑问句,语气强烈,传递说话人内心情感态度,从而吸引交际对象的注意力。

　　"不是"强烈的感情色彩,凸显的口语特征,符合传统语气副词"NP+语气副
词+VP"或"语气副词+NP+VP"格式（段业辉,1995）。实际上,"不是"的类语气
副词化倾向使之语义越来越空灵,位置越来越灵活,辖域越来越大,成为黄国英
（1992）所称的最高层谓语或刘丽艳（2005ab）、殷树林（2011ab）所称的话语标
记语,具有标异性,用以在语用功能上标记交际状态中说话人所接收的信息与
自己的认知状态的差异,起到提示冲突的作用。

（二）"说":由言说动作到话语评述

　　"说"在现代汉语中归类于会意字。《说文解字》曰,所谓"说,说释也"。从
言(讠),指用语言表意;从兑,通悦,表示说者尽兴,听者心服。据《古代汉语词
典》(《古代汉语词典》编写组,2002),言说动作"说"多表告诉,或在具体语境中
表解释、说明以及主张、学说,以及阐述后的"说(shuì)服"。实际上,语料检索
表明,现代汉语中后接所述内容的动词"说"在先秦作品中多用"曰",言说动词
"说"则多抽象地表谈论。请看下列例句。

10-37）成王问政于尹逸曰:"吾何德之行,而民亲其上?"对曰:"使之以时,
　　　而敬顺之,忠而爱之。有令,信而不食言。"王曰:"其度安在?"对曰:
　　　"如临深渊,如履薄冰。"(《说苑·政理》)

10-38）王曰："子不好色，亦有说乎。有说则止，无说则退。"……王曰："试
　　　为寡人说之。"（《登徒子好色赋》）

10-39）苏秦说韩王曰："溪子、少府、时力、距来，皆射六百步之外。"（《战
　　　国策》）

10-40）夫差将死，使人说于子胥曰："使死者无知，则已矣；若其有知，吾何
　　　面目以见员也。"遂自杀。（《国语·吴语》）

10-41）或说雍曰："诸王皆待士以营声誉，王何以独否？"（《魏书》）

　　　例句 10-37）至例句 10-41）"曰"与"说"并用，尽管二者均为言说动作，但前
者在古汉语中多用于引入说话人的话语信息，后者则多表行为动作"说道"。例
句 10-37）"说苑"的"说"表示谈论，例句 10-38）前三"说"表示名词"说法""解
释"，后一"说"则为动词"解释"。例句 10-39）至例句 10-41）"说"充当谓语动
词，表"劝说"，后接动作对象"韩王"、"子胥"，同时用"曰"指明所述内容。

　　　先秦时期行为动词"曰"占据主导位置，然而自西汉始，言说动词"说"使用
比例逐渐上升，及至白话文本的普及，影响力与日俱增，最终取代"曰"的句法位
置，成为现代汉语中的言说动词。汉语行为动词"说"在历史演变中取代"曰"
耗时良久，二者共存时期较长，只是随着语言发展在后期分别用于文言文本或
话语文本。二者既可以并用在一句话中，也同时混用在多部书中。请看下列
例句。

10-42）使者怅然，贤其辞，即罢军还，对齐王说之，曰："鲁未可攻也，匹妇之
　　　义尚如此，何况朝廷之臣乎？"（《列女传·节义篇》）

10-43）燕相受书而说之，曰："举烛者，尚明也；尚明也者，举贤而任之。"
　　　（《韩非子》）

10-44）司空张华见而说之，曰："平吴之利，在获二俊。"（《世说新语》）

例句 10-42 至例句 10-44）"说""曰"同用在句中，代词"之"的使用为"说"取代"曰"奠定基础。代词"之"与文本中"使者""燕相""张华"所说内容同指，说明"说"已经在语言演变中逐渐获得与"曰"类似的言语行为表述功能，因此"曰"在文本中反而显得较为冗余。在语言经济性的影响下，二者之一的"曰"自然会逐渐消失。请看下列例句。

10-45）或说："日食者，月掩之也，日在上，月在下，障于日月之形也。（《论衡》）

10-46）或曰，六国互丧，率赂秦耶？（《六国论》）

10-47）汉魏及晋诸儒异说，或称天地四时……，或曰世代所宗，或云宗庙所尚，或曰社稷五祀，凡有十一家。（《魏书》）

例句 10-45）至例句 10-47）"或曰""或说"在南北朝时期及之前的不同古书文本，甚至同一文本中都能同时找到，说明二者几乎在语言功能上几乎等同使用，譬如《魏书》中"称""曰""云"等言说动词并用，意义功能相同。请看下列例句。

10-48）王向叩头，自说："妇已亡，余孤儿，尚小，无奈何？"（《幽明录》）

10-49）虞侯见事急，知二将必退回。遂率四五侍从，又同白宰相说："王权退师，已临江口，必败国事。"（《采石战胜录》）

10-50）一日，与女使春柳言说："我今欲令痴那死却，汝有何计？"（《大唐三藏取经诗话》）

10-51）郑说："有人寤寐间见鬼通刺甚验者。"（《朱子语类》）

10-52）先生说：'命有两种：一种是贫富、贵贱、死生、寿夭，一种是清浊、偏正、智愚、贤不肖。（《朱子语类》）

10-53）只见承局来报说："东门接官亭上有新官到来，飞报到此。"（《水浒传》）

10-54）于氏推了一把，没好气说："我不希罕你！"（《妇姑曲》）

例句 10-48）至例句 10-54）表明南北朝后期，言说动词"说"开始在中古时代逐渐在民间文本中开始普及。魏晋南北朝时期门阀深重，社会文风多呈华丽之风，但五胡乱华时期始，民族文化渐趋融合，门阀士族之风自唐代中末时期始渐趋淡化，迨及宋代，世族的门第风尚几已彻底消泯。底层寒门社会地位上升促成社会整体文风由华丽渐趋平实的改变。诸如说唱脚本、戏曲唱词等民间文学渐成流行，加速言说动词"说"的普及。魏晋时期诸如例句 10-48）类言说动词"说"在文本中的用例较少，但是宋代用例逐渐增加，渐有由小说蔓延至《朱子语类》等理学著作，如例句 10-51）和例句 10-52）所示。及至元明清，戏曲小说取代传统诗歌散文的文学地位，白话文深入发展，"说"的使用频率急剧上升，最终在现代汉语中取代"曰""言""道""语""云"等言说动词。

现代汉语中"说"往往表言说动作，指用言语表达意思，可带"了、着、过"。可重叠，可后接名词、动词、形容词、小句作宾语，意指所说的内容；或引申为责备、批评、非议，带名词作宾语（吕叔湘，1999：509-510）。"说"作为现代汉语中常用的动作动词，其最常见和常用的主语为人，因此在高频使用中往往容易衍生出非动作行为义，表示一种说话人的主观认知，或者说是人的一种主观判断或者推论，属于认知情态义，客观上增强言说动词"说"的主观性（姚占龙，2008）。

言说动词"说"演变成认知情态词后，语法结构形式上往往丧失传统言说动词的典型特征，语音弱化和结构一体化趋势明显，语义内涵上渐趋向意向动词靠拢，表"认为""觉得"等，用以提起交际对方的注意，引发对方的回应。请看下列例句。

10-55）你说，我们这些人是为什么，都是那么拼命，那么傻？（《中国青年报》）

10-56）你说，人长个嘴是干啥的？（《编外工长》）

10-57）所以我说，问题并不那么简单。（《桐柏英雄》）

10-58）我说，就由于你们没有最终目的，所以你们的办法才这样摇摆不定。（《大波》）

10-59）才上床，电话又来了，你说这个人可恶不可恶？

例句 10-55）至例句 10-59）"说"介于情态表征与动作行为之间，本质上区别于传统动作行为，与小句分立，重在情态表达而非问句动作。例句 10-55）和例句 10-56）中"说"后的设问并不是真的需要回答，答案在交际情境下是不言而喻的。例句 10-57）和例句 10-58）中"说"后的内容实际上是"我"的个人总结，因此具有强烈的主观性。上述五句"说"后语句在表达上既可以视为言语动作"说"的对象，又可以视为表征说话人心理活动的思考内容。

言说动词"说"的认知情态化促使其语义虚化，由具体言语动作转向体现言者主观性范畴的情态，为其在语言表达中传达说话人真实看法或意愿提供基础，促成言说动词"说"在语言表达中的话语标记化。实际上，现代汉语中以言说动词"说"为核心的话语标记语数量众多，涵括"（更）不用说""（你）别说""（你）看你""话说""你说""瞧（看）你说的""谁说（不是）""说是""说真的""我说""我说什么来着""要我说""X 说""……的说"等。这些话语标记语的核心并不在于真正言说的话语内容，而是传达说话人内心心理状态在不同情境下调试的状态。

（三）话语标记语"不是我说你"的语用功嬗变

"不是"和"说"是话语标记语"不是我说你"重要成分，前者由否定判断渐生语气表达功能，后者则由言说动词渐转认知情态表达功能。二者协力促成话语标记语"不是我说你"从语义否定到语用否定的迁移及其在结构上的否定焦点迁移。

1.语义否定到语用否定

语料检索表明,话语标记语"不是我说你"多出现在口语会话中,句法独立,位于句首或句中。表面上"不是我说你"整体语义是对"我有没有说你"进行否定性判断,但其后所衔接的语句实质上却又是"我说你"的内容。全句前后小句的语义矛盾表明,"不是我说你"的重点并不在于小句的语义层面,而在于语用层面。请看下列例句。

10-60)卢小波说:"这世上还有没有公道,金苟打人,我顶他做牢,结果他倒成了青工尖子,选拔去开车。我呢?"书记说:"小卢呀小卢,不是我说你,你这么吵也没有用,关键是上面不同意你上。"(方方《一波三折》)

10-61)四奶奶拍手道:"吃饭就吃饭,明知道我们七小姐不会跳舞,上跳舞场去干坐着,算什么? 不是我说(你),这就要怪三哥了,他也是外面跑跑的人,听见姓范的吩咐汽车夫上舞场去,也不拦一声!"(张爱玲《倾城之恋》)

10-62)李清:有些毛病你真得改改,不是我说你,你呀,不是说你有多坏,也不是说你品质有多恶劣,你就是特别没谱,给人感觉吧特别靠不住。瞎话张嘴就来,挺大岁数的人了,也吃了不少亏,你从中应该懂得一点起码做人的道理吧。你倒好,就跟永远成熟不了似的。我说你这些你别不爱听啊,真的,我这真是为你好。(电影《不见不散》)

例句10-60)至例句10-62)"不是我说你"表面上是说话人想要在言语交际中表述命题信息"我没说你,是别人说你",借以撇清责备听话人的责任,但实际上其后所接语句都是"我说你"的内容。例句10-60)尽管书记嘴上说不是批评他，意在给听话人小卢留有面子，但本质上仍是批评小卢胡搅蛮缠，没有看清问题关键；同理例句 10-61）表面上四奶奶是否认自己在指责三哥，但其后说"三哥是外面跑跑的人"，明知"小姐不会跳舞"，却并不拦着姓范的指挥汽车夫开车去舞场，实际上确是对三哥的含蓄批评；例句 10-62）李清则实际上实在批评对方"特别没谱"，但为避免冒犯对方，特意用"不是我说你"缓和关系，与后文中"我说你这些你别不爱听啊"以及"我这真是为你好"相匹配。

话语标记语"不是我说你"在语言表达中的自我矛盾清晰表明判断副词"不是"已经脱离原有的语境，从简单的句内语义否定提升到话语层面上的语用否定。所谓"语用否定"是相对"语义否定"而言，"语义否定"是否定句子表达的命题的真实性，亦即句子的真值条件，"语用否定"则不然，否定的是句子表达命题的方式的适合性，亦即否定语句的适切条件（felicity conditions）"（沈家煊，1993）。

尽管否定判断副词"不是"在上文例句 10-60）至例句 10-62）和本章篇首例句的"不是我说你"小句，例句 10-1）至例句 10-4），的结构中均有出现，但前后两类差异明显。

例句 10-60）至例句 10-62）中的话语标记语"不是我说你"的语用否定重在否定元话语结构"我说你"及其在句子的预设意义，其后往往接一个代表肯定的言语信息。亦即在否定元话语命题 p 的同时，认可语义命题 q。命题结构 pq 之间具有逆接的关系，如果一前一后用连词串起来，语用否定可以用"不过""但是"相接。请看下列例句。

10-63）不是我说你，（但是/不过）你也太马虎了！

10-64）不是我说你，（但是/不过）你做的这叫啥事儿呀！

10-65）二姐夫，不是我说你，（但是/不过）你不能冷手拣个热"煎堆"，混了一个便宜媳妇就算的。

例句 10-63）至例句 10-65）重在否定元话语中的言语行为"说"，而并不是否定"你是否马虎""你做的啥事"，以及"冷手混个便宜媳妇"等语义命题。相关语义命题在句中也并没有任何的修正。

相较而言，本章篇首例句的"不是我说你"小句重在否定命题内容，修正说话人的语义意图，自然更改小句的语义真值。语义否定多在小句后会补充新的语义信息，从而构成"不是我说 A，是 B 说 A"的句法格式。例句 10-2）"不是"修正的是判断正义与否的主体，前半句在否定"我"的权威性的同时，用后半句进行补充，说明"法律"的权威性。整句补齐则应是"问题不是我说你正义，是法律上你是否正义"；例句 10-4）"不是"也是对"我说你胆子大"进行否认，后面用小句"老王说你胆子太大"进行语义补充修正。请看下列例句。

10-2a）问题不是我说你正义，是法律上（你是否正义）。

10-4b）不是我说你（胆子大），是老王说你胆子太大了。

"不是我说你"如若在句中构成命题结构间的语义否定，则重在对言语行为主体"我"的否定性判断，是在简要陈述客观现象，没有感情色彩，因此命题结构 pq 之间必然在行为主体上构成强烈的对照关系。如果一前一后用连词串起来，语义否定则无法用"但是／不过"来连接。请看下列例句。

---

* 10-2c）问题不是我说你正义，（但是／不过）是法律上。

* 10-4d）不是我说你，（但是／不过）是老王说你胆子太大了。

话语标记语"不是我说你"带来的语义否定向语用否定的前移，导致否定功能概念在小句层级中提高，与英语表达结构的否定前移有一定的相似性。所谓否定前移是指英语中否定形式在主句，否定的信息焦点却在从句的现象，多常

见于 *believe*,*think*,*suppose* 等认知动词。请看下列例句。

10-66) I don't think you are a criminal.

10-67) I think you are not a criminal.

表面上例句 10-66) 和例句 10-67) 概念核心语义都是"你不是罪犯",但不同语法结构实质是语言顺应说话人的元语用意识,调整表达方式的结果。相较于例句 10-67) *not* 对命题信息"你是罪犯"的否定判断,例句 10-66) 则是对认知思维过程的诠释,借以在语用上强化观点。

2.否定焦点淡化

所谓焦点是说话人的一种信息处理方式,是说话人用某种语言手段(形态、虚词、语序、韵律等)对某一语言片段加以突出,以使听话人特别注意到这部分信息,因此与形态、句法、语义、语用、韵律等都有关系(刘丹青,2006)。话语标记语"不是我说你"语义否定到语用否定的演变过程伴随内部信息焦点的迁移,而句子内部焦点迁移往往受语用表达需要的驱动,并反映在句法结构上的调整。"不是我说你"话语标记化演变过程中"说"原有的批评性否定焦点逐渐随着内部结构管辖关系的弱化及其指向对象的泛化而逐渐弱化。

"不是我说你"语用功能的首要核心在于淡化语言自身的批评性焦点,维护和谐交际,因此否定副词"不是"的管辖域至关重要。一个词在不在否定范围之内,往往会产生重大的意义差别,即使意义基本一样,否定语义的焦点也会有所不同。否定的焦点也可能在否定词之后或否定词本身,或限于一个短语,一个小句,或一个小句组合的,但是如果动词之后的宾语意义浮泛,跟动词形成一个整体,否定焦点在整个整体,否则焦点仍然在宾语(吕叔湘,2002a:583-584)。

小句结构"不是我说你"话语标记化得益于其内部否定副词"不是"辖域调整导致焦点信息模糊化。所谓的辖域调整直接表现在语言表达中句读和词汇重音的彰显及改变。请看下列例句。

10-68)不是*[我]说你//不是我*[说]你①

10-69)*[不是]我说你//不是*[我说你]

10-70)不是我说*[你]

　　例句 10-68)和例句 10-69)表明不同语调区分能够调整否定副词"不是"的语义指向。尽管结构相同,概念语义命题无异,但所强调概念成分不一,实质上的语用意义差距较大。例句 10-68)两种读法其语义焦点仍在概念表达层次,重点否定动作主语"我"或者言说评价动词"说",小句内部的"我说你"具有实在意义,也仍并未形成整体。值得一提的,"不是我说你"在口语中一般不会将重音放在最后一个音节"你"上,如例句 10-70),因为过分地强调指称对象会强化小句指责的针对性,威胁听话人的面子,引人反感。相较而言,例句 10-69)小句内部"不是"和"我说你"已经形成两个固定的小单元,前者聚焦后者这个事实。两个语言单位重音在日常表达中均有出现,但在"不是我说你"话语标记化过程中重音落在"不是"上居多,因为说话人交际中为调节人际关系多需否认自身成心指责的意图。

　　上述分析表明,话语标记语"不是我说你"焦点淡化迁移过程是其内部结构凝固化的过程,整体呈现出由"[不是+我]+V+O"到"不是+我+[VO]",再到"不是+S$_{(NP+VO)}$"的演变路径。前两者是否定语义焦点,具有概念实质意义,后者则相当于饰句副词,修饰限定整个主谓结构。"我+V+O"到"S$_{(NP+VO)}$"的凝固使得内部成分"我""说"所指独立性丧失,指称焦点逐渐模糊化,针对性批评的特征渐渐消失。

　　"不是我说你"焦点淡化的极致是宾语人称代词"你"因逐渐泛化导致所指模糊而最终省略。前文话语标记语"你懂的"概念语义弱化分析表明,人称代词

---

① 　*代表重音,[ ]代表语音单元。

的定指功能的泛化,使其所指由明确特定的个体变成一群人,直至虚指任何人。人称代词所指外延的拓展使之在交际中越发空洞,所指对象逐渐丧失焦点,语义针对性逐渐模糊。人称代词"你"指称外延的拓展使得小句"不是我说你"中言说动词"说"的指责意义强度分散在所有拓展对象之上,降低原有评价性功能的针对性,从而在心理上给听话人制造虚拟空间"他真的不是在说我"。"不是我说你"人称代词"你"在小句结构中所指的泛化降低其在结构中的重要性,受语言经济性原则的影响往往在语言表达中省略,整个结构进一步抽象固化为"不是我说"。

上述例句中所有话语标记语"不是我说你"均可替换成"不是我说",而不损原文语义和说话人交际意图。人称代词省略后的"不是我说"交际语境适用度也逐渐增加,使用情境逐渐从原有的实质指称对象在现场拓展到他指,语言指责性逐渐降低,元话语功能更为彰显。请看下列例句。

10-71)大凡养儿女是为着老来有靠,便是小户人家还要挣一碗饭养活母亲,那里有将现成的闹光了反害的老人家哭的死去活来的? 不是我说,哥哥的这样行为,不是儿子,竟是个冤家对头。(《红楼梦》)

例句 10-71)薛蟠因人命官司被判死,薛母虽耗尽家财仍不能解救,悲痛欲绝,薛宝钗劝解薛姨妈时对其所说的话。此处"不是我说"的对象并不是指人在现场的"薛姨妈"而是人在大狱中的薛蟠,因此对交际对象"薛姨妈"并无任何指责性语力,而只是用来提示说话人交际意图,引起交际对方的注意。

3.评价动词与"不是我说你"的主观性衍生

话语标记语"不是我说你"由语义否定到语用否定的否定前移过程赋予其在语言表达中的丰富感情色彩,强化语言表达的主观性。"不是"对言语行为的"我说你"否定判断促成了其与后文小句在语义信息上的矛盾,表明该语法结构的动词"V"应与后文补充小句的语用意图一致,亦即如若后文是贬义,则前文

应为"说""批评""责怪""埋怨"等类属负面的言行动词,如例句 10-72）至例句
10-74）,但如果后文是褒义,则前文可用"夸奖""羡慕"等类似积极的言行动词。
不过无论是哪种类型的言说动词,其在本质上均隶属于评价动词,在传递说话
人言语主观性的同时,也延缓了后续补充小句的语力冲击度。请看下列例句。

10-72）慧芳,不是我批评你,你这人虚荣心太强,在班上你就盛气凌人,只
　　　许你帮助别人,不许别人帮助你……（王朔《无人喝彩》）

10-73）不是我责怪你,你也不是小青年儿啦,徐承宗他瞎嘞嘞一顿,你就全
　　　信啦?（陈建功、赵大年《皇城根》）

10-74）瞿秀秀一听"乔乔"更加火冒三丈:"不是我埋怨（你）,我也没有别
　　　的意思。本来就不敬业,怎么还不让我说不让我讲,凭啥呀?你叫
　　　得还怪近便的,乔乔,真该好好瞧了!"（《秀秀超市》）

话语标记语"不是我说你"在本质上是"不是我+V+（你）"结构的典型产
物,只因"说"自身在语言演变过程中的情态化演变及其主观性的衍生与整个结
构主观性表达需要契合,间接促成小句结构"不是我说你"成为整个"不是我+
V+（你）"结构流行度和接受度中最为广泛的典型代表。例句 10-72）至例句
10-74）"不是我批评/责怪/埋怨你"在语言表述中均有所见,但口语化程度远远
不及于"不是我说你"结构的稳定程度和流行程度,究其根源在于言语行为动词
"说"的中性化将其语句所带"批评"意义隐晦化,从而使整句在语言表达上更
为委婉,降低后文实质批评性内容对听话人产生的心理冲击度。

缓解语言冒犯的另一路径在于表达上的自我批评,为自己话语可能的冒犯
早做辩解式道歉。例句 10-75）至例句 10-77）"不是我说+NP"结构中"不沾弦"
"放肆""放恣"等既是对后文"报应""配""太老实"等强烈语气的照应,又是对
相关话语对交际对象可能造成的不是留下道歉辩解的伏笔。请看下列例句。

10-75）不是我说不沾弦的话，纯一落到今天，也是报应，那两年，他杀人杀得大多了。（戴厚英《流泪的河》）

10-76）我告诉你，不是我说句放肆的话，你这一起的人就配来阻我？（《七剑十三侠》）

10-77）不是我说句放恣的话，老弟太老实了！（《二十年目睹之怪现状》）

上述例证中讨论的"不是我批评你"还是"不是我说不沾弦的话"，抑或是"不是我说你"都是"不是我+V+（你）"的变体，但其语言隐晦程度逐渐下降导致说话人对"说"相关所指理解主观化程度增强，体现说话人内心对前后文所述事件的真实情感和态度。潘先军（2013）认为"不是我说你"如果要成为话语标记语，"说"在语义上存在"言说义—评述义—标记义"演变路径的观察无疑是正确的，但其将评述义狭义界定为"批评""责备"则有待商榷，毕竟"表扬""赞美"也是评述的另一种可能。请看下列例句。

10-78）不是我表扬你，你做人做事就是比较周到。[①]

10-79）不是我吹捧你，这活干的漂亮。

例句10-78）和例句10-79）"表扬""吹捧"实质上也是对后文中"你做事周到""活漂亮"的评价。"不是我表扬你"和"不是我吹捧你"完全可以用"不是我说你"替代。只不过言语动词"说"的"批评""责备"义在长期的高频使用已经在其概念语义结构中凸显，导致其"表扬""赞美"渐为弱化。

所谓评论原指"评价""论述"，本就是说话人主观观点的表达，自然就应该包括正面和负面的评价。"不是我+V+（你）"各种变体实际都是用语言结构的

---

① 例句10-78）和例句10-79）为内省语料。

自我否定来掩饰说话人观点表达的主观性,借以提供语言表达失误时言语自救的路径。上述各种变体中 V 动词逐渐由实到虚,由清晰评判到隐晦评价其实也是语用功能嬗变的需要,是言语表达中由行域拓展到知域和言域的结果。

第三节 话语标记语 *frankly*（*speaking*）演变的句法—语用特征

与汉语话语标记语"不是我说你"一样,*frankly*（*speaking*）也是英语口语表达中的高频使用的话语标记语,在话语表达中往往能够引入超出听话人心理预期的、说话人心中的真实话语,进而标识说话人对待听话人和交际谈论事件的真实情感态度,尽管二者在话语情态表达上稍有差异。基于 COHA 的语料数据检索显示,*frankly*（*speaking*）在 1820—2010 年间共出现 8442 次[①],尽管统计数据所涉的 *frankly*（*speaking*）语例并非完全符合典型话语标记语的判断标准。受话语标记语研究中术语之争的影响,多数学者虽将 *frankly*（*speaking*）列为话语标记语,但少有研究对其历时演变中的句法语用脉络进行深入探讨。

一、话语标记语 *frankly*（*speaking*）的句法特征与话语功能

前文梳理指出 *frankly*（*speaking*）的话语标记功能是现代英语语言学研究经常涉及的经典语例,尽管不同学者依据其功能解读的差异将之界定为坦言性标记语（straightforward marker）、言说类标记语（manner-of-speak marker）,以及英语态度标记语（English attitudinal marker）等。学界也普遍认为,从语言类型学的视角来看,英汉两种语言的言说类话语标记语无论在其句法位置,还是其与后接言语小句之间的句法关系及其语义关系均符合典型话语标记语定义所界定的基本要求。同时从语用功能的视角来看,英汉语言中言说类话语标记语都重

---

① 涵括 *frankly*（*speaking*）19 次。

在交际中凸显自我意识的同时表达语用信息,传递说话人对交际中所涉话题的态度与评价,以及不同话题间语义关系的解读,因此与 Blakemore(1992)和 Rouchota(1998)中的观点也有一致性。陈新仁(2002)基于 Halliday(1978)系统功能理论中元语言概念性、人际性和语篇性的功能分类,将 *frankly* 界定为具有人际功能的话语标记语。

杨才英、赵春利(2013)曾依据句首言说类话语标记语与后接小句的不同话语关系对言说类话语标记语进行了系统研究。该文依据隐含人称的方式将言说类话语标记语分为自述式话语标记语和对称式话语标记语,在功能上分为陈述性和祈使性两大类。前者在话语功能上主要是帮助说话者通过后续句向听话人提供信息时自己陈述信息的话语基调,后者则是帮助说话人通过后续句在向听话者索取信息时要求听话者回答问题的话语基调(表 10-1)。

表 10-1　言说类话语标记语的分类(杨才英,赵春利,2013)

类型＼标准		话语人称类型	话语功能类型	后续句功能
言说类话语标记	自述式	第一人称说话人	陈述性	提供信息
	对祈式	第二人称听话人	祈使性	索取信息

文章还通过 *frankly* 的例句分析明确指出,当话语标记语 *frankly* 在句中隐含了说话人"我"时(此时 *frankly* 相当于 *I tell you frankly*)是自述式话语标记语,相应地,当话语标记语 *frankly* 在句中隐含了听话人"你"时(此时 *frankly* 相当于 *you tell me frankly*)是对祈式话语标记语。不同类型的言说类话语标记语的话语功能类型不同。

受杨才英、赵春利(2013)对言说类话语标记语系统分类的启发,我们对 COHA 语料库中 2000 年以后的 *frankly* 的语料进行了随机抽样检索分析,结合其句发位置,细化分析其在不同话语人称类型时的语用功能。同时,鉴于 COHA 语料库中 *frankly speaking* 仅存 19 条,因此其功能一并汇入考察中,不再单独分类。

语料分析显示,从句法位置来看,*frankly* 在话语交际中充当话语标记语时的句法位置相对较为灵活,能够出现在小句句首、句中或句尾,尽管其在句首出现的比例相对其他两个句法位置较高。同样,COHA 中收录的 10 条符合话语标记语身份的 *frankly speaking* 也在句首和句中有出现(具体抽样比例数据的句法位置见表 10-2)。

表 10-2　话语标记语 *frankly*(*speaking*)的句法位置分布

	句首	句中	句尾
frankly	51.24%	42.04%	6.68%
frankly speaking	70%	30%	0

frankly 在话语交际中往往是接话人在面对发话人话语之后所做出的直接应答,因此多高达 51.24%语例中的 *frankly* 位于句首,并基于交际双方的社会关系亲近度或者社会距离的疏远度来直接或者间接借以表达接话人后续话语与发话人观点不同或相异的话语特点。这种反预期功能与杨才英、赵春利(2013)中自述式言说类话语标记语中提供信息的功能具有一致性,只不过所提供话语超出发话人预期罢了。请看下列例句。

10-80)*Frankly*,I'm curious to see how it all turns out.

10-81)*Frankly*,I think I did you a favor,otherwise this little horror show likely would have dragged on for another few years before you two cut your losses and moved on.

10-82)*Frankly*,I wasn't certain either way.

10-83)*Frankly*,there aren't many,so you should really take full advantage of it.

10-84)*Frankly*,I can't really blame him,since I'd do exactly the same thing.

10-85)She is lovely person.So beautiful! *Frankly*,I do not see why she should be in scandals.

上述例句 10-80）至例句 10-85）中 *frankly* 引出的话语均是交际过程中说话人对交际对象话语信息的反预期回应。例句 10-80）中 *frankly* 坦陈了 *curious* 所传递的窥秘心理，例句 10-81）中的 *frankly* 标识了说话人内心中由 *otherwise* 前后形成的"自己是帮忙"的判断认知，例句 10-82）、例句 10-83）和例句 10-84）汇总 *frankly* 标识后文中的 *wasn't*（不确定）、*aren't many*（不多），以及 *can't really*（真不能）与交际对象前文话语判断之间观点的相逆，其中例句 10-83）和例句 10-84）后文还皆有表示解释或期待的语句，进一步强化了交际中回答的反预期性。例句 10-85）*frankly* 前文对 *she* 的夸赞与后文不理解为什么她身陷丑闻形成反差，及其对说话人所带来的内心震动。

除去反预期功能，*frankly* 在话语表达中的另一个重要功能在于陈述新的观点信息或基础背景常识信息，从而为自身在后续话语中提炼或者表达新观点做有效铺垫，强化后文观点的理据性，帮助交际中的听话人做好心理准备。请看下列例句。

10-86）*Frankly*, for the 2020 election, based on who the likely competitors will be, age will have no impact on my vote.

10-87）*Frankly*, as an investor, that would harm the stocks, but students need to know exactly what their loan payments are going to look like.

10-88）*Frankly*, Dad, I don't like it when you play tough cop with me. Truth is, I'm trying to cement our relationship. If Kyle were with me — you see?

10-89）"*Frankly*, Doc," explained the leader of the recovery team, "we didn't want to go and get' em.

10-90）*Frankly*, Rab, I feel judgmental.

例句 10-86）至例句 10-90）中 *frankly* 多后接有话题信息。这种话题信息以插入语结构形式出现在话语表达中，或引发新的话题，或帮助听话人找回原有讨论主题,又或是以礼貌称谓为引子强调后续观点。例句 10-86)中 *frankly* 为引入后续 *for the 2020 election* 的话题讨论做好语气伏笔,彰显说话人的远见思考;例句 10-87)中 *frankly* 为 *as an investor* 找回话题讨论出发点奠定基础,暗含一定的让步语气;例句 10-88)、例句 10-89)和例句 10-90)中 *frankly* 分别后接称谓 *Dad*、*doctor*,以及 *Rab* 既是交际过程中说话人的一种拉近彼此关系的语用行为,又是在一定程度上提醒听话人注意后面所述之事的重要性,具有一定的加强作用。*frankly* 在此类语句中的加强作用往往依据后续话语中的性质而有所不同,即有可能是强化正面积极作用,如赞扬、认同等[例句 10-90)],亦可以是强化负面消极性,如批评、抱怨等[例句 10-88)]。

相较而言,*frankly* 作为对祈式的言说类话语标记语,表达 *you tell me frankly* 的频率远低于表达 *I tell you frankly* 之意的自述式话语标记语。尽管作为对祈式言说类话语标记语,意在引出听话人对相关问题的信息,但 *frankly* 在 COHA 语料库中的抽样中未出现,杨才英、赵春利(2013)一文曾举例论证,本书在此不再赘述。

话语标记语 *frankly* 在句中出现频率仅次于其在句首出现的频率。作为话语标记语的 *frankly*,即使是在句子中间,其位置也较为灵活,多用于在填补话语表达中因说话人思考所导致的言语空白、纾解说话人言语紧张或建构连贯话语的同时,隐性传递说话人对后续话语的态度。请看下列例句。

10-91)"One thing I should mention that is, *frankly*, it's been quite disturbing to me, is the degree of media coverage of Autopilot crashes," he said.

10-92)I think WhatsApp is in an even better position than Instagram, *frankly*, to try to go at it.

10-93)I was excited and, *frankly*, a little shocked that I kept making the cut and was to attend callbacks the next day.

10-94) Because, *frankly*, we're not there yet and, uh, I didn't want it to be weird.

10-95) "I have exercised pretty much all of my life, but, *frankly*, it became too much time once I started practicing law," said the 39-year-old lawyer.

例句 10-91) 至例句 10-95) 中的 *frankly* 均位于句中。例句 10-91) 和例句 10-94) 中的 *frankly* 填补了说话人的思索空白，引出后文。其中前者为 *one thing* 的内容做铺垫，后者接续在 *because* 之后争取时间阐述原因；例句 10-92) 中的 *frankly* 用于补充论证 *WhatsApp* 比 *Instagram* 优势；例句 10-93) 中的 *frankly* 后接的 *shocked* 对前文的 *excited* 进行补充说明；例句 10-95) 中的 *frankly* 与 *but* 相互配合，为后文逆接奠定基础。

frankly 出现在句尾时，多用于说话人对交际过程中所提到的信息进行补充说明，表明所述信息与前文信息多有不同。请看下列例句。

10-96) He didn't care for it either, *frankly*.

10-97) We've invested, *frankly*.

10-98) Bravo Regidor says, although maintaining political autonomy and its own identity is not going to be easy, *frankly*.

例句 10-96) 至例句 10-98) 中的 *frankly* 置于句末，其中例句 10-96) 的 *frankly* 表明"他不在乎"与别人的预期不同，例句 10-97) 中的 *frankly* 则是陈述强调已经发生的投资事实，例句 10-98) 中的 *frankly* 用于弱化 Bravo Regidor 话语表达中的语气强度。

整体而言，*frankly speaking* 在话语交际中的功能与 *frankly* 差异不大，只是语料显示，前者多出现在句首，鲜有句末而已。当然，值得注意的是，无论是 *frankly* 还是 *frankly speaking* 在话语表达中都有和 *well*, *and*, *uh* 等语气词或话语填充词接续使用的语例,它们凸显了说话人的元语言功能,在阐述理由时的犹豫与坦率。此时 *frankly*(*speaking*)与相关语气词或填充词均出现在句中,部分语句在标点上使用省略号来表明说话人在交际过程中的思考过程。请看下列例句。

10-99) Because I see you handing out "A"s and "B"s to almost everyone else in the class, and...well, I...*frankly*, I have more experience than any of them. At a trial science company?

10-100) Well, *frankly*, Sergeant, I'm shocked you actually found a woman willing to spend her life with you, so congrat...Asshole...

10-101) And, *frankly speaking*...neither could my mum.

10-102) But, *frankly speaking*, *it* is the nature of the risk that appalls me.

10-103) *Frankly*, uh, I thought you'd jump at the chance.

例句 10-99)是犹豫陈述自己的经验时用 *frankly* 表明自己下定决心坦陈的心理过程,例句 10-100)则是用 *frankly* 表达自己的震惊,例句 10-101)和例句 10-102)中的 *frankly* 分别与顺承的 *and* 和逆接的 *but* 连用,两连词在确保话语连贯的同时,有意与 *frankly* 写作补充话语信息空白,例句 10-103)中的 *frankly* 与语气词 *uh* 连用,表明说话人观点表达的严肃性。

二、话语标记语 *frankly*(*speaking*)的历时变化

据考证,*frank* 在古英语中多用写作 *franca*, *fronca*, *franke* 或 *franc*, *franke* 等多种形式。据 The Oxford English Dictionary (VI)考证,*frank* 在古英语做名词时原指代"战胜高卢的日耳曼民族诸侯邦国联盟或地中海附近黎凡特的人名,喂养猪等家禽动物的笼圈"等。相关语例最早可参见 Beowulf,可详见 The Oxford English Dictionary 第六卷 146 页词条,本书在此不再重复。18 世纪初,*frank* 逐

渐在英语表达中渐指"议会成员的授权签名"或"有签名封印的信件或信封",以及后期所衍生的"同意"。作为形容词而使用的 *frank* 在古英语中写作 *franc*,*franke* 或 *franck* 等,多用以表示自由及其衍生出的不受限制、不受阻碍(*free from restraint or impediment*; *unrestricted*,*unchecked*)或没有偿付的责任义务(*free from obligation in respect of payments or other conditions*;*free of charge*)。

　　frank 在现代英语中所表达"坦陈""直率"最早可见于 16 世纪中期,表示"不掩饰(*not practising concealment*,*ingenuous*,*open*)"或者"真诚(*sincere*)",以及口语表达中的"坦率(*candid*,*unreserved*,*outspoken*)",18 世纪中期相关语义更进一步演化为"公开不掩饰(*avowed*,*undisguised*,*downright*)"。*frankly* 最早出现在 16 世纪中期,作为副词表示"自由不受限制(*freely*,*unrestrictedly*,*without restraint or constraint*)"或"开放坦陈不掩饰(*without concealment*,*disguise*,*or reserve*;*avowedly*,*openly*,*plainly*)"多与类似 *speak* 等表言说的动词连用。请看下列例句①。

10-104) This worthie Byshopp…was…desired to speak his mind *frankly* and freely.(1540)

10-105) All other lawful things…to do as liberally, *frankly*, lawfully… as if they…had been naturally borne within this realm.(1541)

10-106) The best Meane…is *frankly* to communicate with them.(1625)

10-107) Venture to own *frankly* that you came to Cambridge to learn what you can.(1754)

10-108) *Frankly*, if you can like my niece,win her.(1847)

10-109) The deposition of the urates is sufficient evidence that the urine is *frankly* acid.(1865)

---

① 例句 10-104)至例句 10-111)引自 *The Oxford English Dictionary* 第六卷 146-148 页。括号中所标识的为例句年份。

10-110）I would be impossible to accept more *frankly* the theory that lying is
wrong when it is found out.（1880）

10-111）— Can you wonder that I'm disinclined for amusement?

　　　 — *Frankly*, I do.（1888）

　　上述例句清晰展示 16—19 世纪的 *frankly* 的使用在词形上与 *frankelie*，*franckly* 等形式交替使用，在句法结构搭配上多修饰动词，多置于动词后［例句 10-105）、例句 10-107）、例句 10-110）］、动宾结构后［例句 10-104）］，或者形容词前［例句 10-109）］用以表达不受限制之意。例句 10-106）在形态上虽有副词之样，但在句法结构上作为形容词充当了系表结构，表明 17 世纪初 *franckly* 的形容词功能与副词功能还没有完全区分开。值得注意的是，例句 10-108）中 *frankly* 已经有现代英语中的形态，作为副词位于句首，与主句分隔，构成插入语，而例句 10-111）中 *frankly* 作为交际中受话人的答话，口语特征渐趋明显，表明 19 世纪末该词的使用频率已经在交际中渐趋增长。

　　包括副词 *frankly* 在内的典型功能在于修饰句子、小句或小句中除名词外的各种成分，因此 *frankly* 在 20 世纪要进一步演变为话语标记语，就必然要经历从小句副词到话语情态表达功能的演变。事实上，学界普遍认为，*frankly*（*speaking*）在英语口语表达中的高频使用推动了其作为言说类英语话语标记语身份的建构。钟茜韵（2013）研究发现 *frankly* 演变成为话语标记语的频率临界时间点在 1910 年。这与从 COHA 检录频率相互印证，即 *frankly* 从 1820s 的 57 个开始逐年上升，直至 1910s 年达到顶点的 732 个。在这之前，*frankly* 的非临界频率（即非话语标记语用法）推动了其作为临界频率（即话语标记语用法）的增长，在这之后临界频率达到门槛频率（每百万字 2.8220）时，*frankly* 才成为话语标记语。有鉴于此，我们在研究中着重梳理考察 COHA 语料库中 1820 年代至 1910 年代 *frankly* 的演变过程。

　　从历时演变的语料来看，*frankly* 在 19 世纪初至 20 世纪初仍多作为修饰动词的方式副词出现在早期的现代英语文本中,多用以阐述说话人的说话方式,与古英语中的 *frankly* 使用的句法模式和特征基本具有一致性。请看下列例句。

10-112)... and because in his very last number, after expressing his contempt for the opinions, either of reviewers, or of scholars, or of the public, upon literary productions, he *frankly* informs us, that the persons in his opinion most competent to form such opinions are those self-taught men...

10-113) The writer *frankly* admits, that the opposite rule was the settled law of nations in the middle of the seventeenth century.

10-114) "To deal *frankly* with you, then," said she, putting her hand upon my arm.

10-115) They were pretty; but full of faults;— and, when he demanded my opinion, I gave it freely, *frankly*, honestly.

上述例句 10-112)至例句 10-115)中清晰显示,*frankly* 作为副词修饰谓语动词时句法位置较为灵活,既可以位于动词之前,如例句 10-112)中的 *informs*、例句 10-113)中的 *admits*,又可以位于动词之后,如例句 10-114)中的 *deal*。无论是谓语动词之前还是之后,*frankly* 所修饰谓语动词的逻辑主语均为人,用以表达动作主体在实施相关施为动作时的心理状态,与 Greenbaum(1969)中所确认的 *frankly* 所具有的方式附加(*manner adjunct*)、强调成分(*intensifier*),以及语体分离(*style disjunct*)等语法功能相合。例句 10-112)和例句 10-113)中的 *frankly* 在一定意义上强调说话人在实施"通知(*inform*)"和"坦陈(*admit*)"时的诚恳方式。值得注意的是,例句 10-115)中尽管 *frankly* 在话语中与 *freely* 和 *honestly* 协作修饰"给予(*give it*)"动作行为,但在语法规则上只能用逗号分隔开,因此在客观上也为 *frankly* 在句子表达中的逐渐获得句法独立开了先例。整体而言,作为饰谓动的 *frankly* 具有清晰的概念命题意义,表达"公开、坦陈与直接的方式"(*in an open, honest and direct manner*)。

20 世纪 20 年代后，*frankly* 在英语表达中的用法渐趋多样，但实际上依然在话语中多用作副词，修饰句内动词或者小句，在此不再举例赘述。值得一提的是，*frankly* 在交际话语的句法结构上逐渐分离，渐趋独立，而在语言功能上则渐由修饰动词趋向情态表达。请看下列例句。

10-116）"But come," he added, *frankly*, "you're not afraid of me, are you? My dear little girl, I'm old enough to be your father! Look up—I want to see those eyes. That's better. Now, that's more friendly. Tell me what you said?"

10-117）"Confess you took my breath away," she said, *frankly*, "because it doesn't seem the sort of thing that Dick Carter does! …"

10-118）"When I visit this house it is not at your invitation, Miss Field!" said Mrs. Tabor, *frankly*.

10-119）"Lord—Lord, I remember Saturday morning, in a little Ohio town, and raking up the leaves, too! That won't hurt them. I wish—I've often wished, that Nina's life ran a little more in that direction," said her father, *frankly*.

10-120）"That was because I had disobeyed his express orders," Eunice said, *frankly* and bravely, "and I went to a bridge game at a house to which he had forbidden me to go. I am sorry—and I wish I could tell him so."

例句 10-116）至例句 10-120）中 *frankly* 虽作为副词修饰动词言说动词 *said* 或 *added*，但在句法结构上却并未与动词紧密衔接，而是稍有分隔。只是，不同于话语标记语的情态标识功能，此时的 *frankly* 在语法功能上仍以修饰动词居多，仅停留在表示说话人坦诚直率言说方式的层面。例句 10-120）中 *frankly and bravely* 中的连词 *and* 也清晰表明 *frankly* 实际上在句法功能上与 *bravely* 相同，仅

是修饰动词的副词而已,而还未成为真正的话语标记语。不过随着 *frankly* 与主句的分离,其在话语表达中的句法位置愈趋灵活,在句首、句中、句尾均有出现的语例。请看下列例句。

10-121) *Frankly* she had written of the great price she was offering for this one chance of life and happiness.

10-122) He admitted that he had no "specific occupation," that he hung around the gambling hells a good deal, that he followed the horses—that, *frankly*, he lived by his wits.

10-123) A faint sigh escaped her, and then she faced him resolutely, *frankly*.

例句 10-121) 中不同于 *frankly* 修饰动词 *written* 时强调动作的坦诚,副词 *frankly* 在句法上前置位移,进而修饰整个句子;例句 10-122)*frankly* 居于句中,前后逗号分隔,处于副词和插入语的边界;例句 10-123)*frankly* 位于句尾,在语法功能上对动作 *face* 的状态进行说明,但其前用逗号分隔,亦表明 *frankly* 是对话语起到补充说明的作用。上述例句的发展变化也与钟茜韵(2013)中认为的"*frankly* 已经发展成为修饰形容词和副词的加强副词,并逐步演变成修饰句子的加强副词"的论断。

伴随 *frankly* 在话语表达中句法位置的灵活变化,其在话语表达中的情态功能随着话语主观性的增强也愈趋强烈,特别是 *frankly* 在话语表达中与情态词的连用,强化了其情态表达功能。譬如,例句 10-124)中情态词 *well* 在话语表达中的语用延迟与 *frankly* 相互合作,进一步强化了交际中说话人的整个语用思索过程,*frankly* 在语言表达上也进一步暗示下文的坦陈。

10-124）—— Poetry?

　　—— **Well**, *frankly*, not what you call poetry, or for your reasons——you two write, of course, and look at things differently. Whitman is the man that attracts me.

　　梳理语料更值得一提的发现是，*frankly* 在大量的语例中与转折连词 *but* 连用［例句 10-125）］。前文分析也阐明，转折连词所衔接的前后两个观点在概念信息上相异，前后信息转折所带来的强烈语气与后接的 *frankly* 相互影响，在语义上强调 *but* 后接信息的坦陈的同时，也间接缓解转折连词 *but* 在话语交际中衔接相悖于前文信息的强烈语气。请看下列例句。

10-125）"You speak," said he, "as if you were indifferent in the matter of wedding Florimond, whilst I understand that your letter to the Queen professed you eager for the alliance. I may be impertinent, **but**, frankly, your attitude puzzles me."

10-126）**But** frankly, sir, your tale by far outstrips my wildest imaginings. You have behaved very——very bravely in this affair.

10-127）He may be the friend of your bosom, Marius; you may have no secrets from him; **but** for my part, frankly, I should prefer the presence of some friend of my own to keep his blade engaged.

10-128）It sounds callous, I know, **but**, frankly, your unhappy condition fails to distress me. Well, how much do you offer?

　　上述例句中，例句 10-125）*impertinent* 所含的"粗鲁无礼"直指其（*he*）直言揭示对方（*you*）希望结盟却又对婚姻漠不关心的隐秘事实。说话人用 *but* 在话语表达中逆转舒缓前言中的言语冒犯,而 *frankly* 则进一步强化了其话语表达的真诚,从而赢得听者的认可。例句 10-126)*but* 与 *frankly* 合作引入说话人对听话人在此事件上的超越听者想象的"疯狂"评价。例句 10-127)中前文强调 *he* 与"你"关系亲密(*bosom*),而后文用 *but* 引入的说话人观点不同于前文,说话人为了弱化自身话语表达的强烈语气,用 *frankly* 强调自身在言语表达中的坦陈,避免引起不必要的歧义。例句 10-128)中 *but* 前后的"冷酷无情(*callous*)"与后文中的"(毫不意外)*fails to distress me*"形成对比,*frankly* 在此过程中起到了强调作用。

　　frankly 在话语表达中句法灵活度的增长和语用情态表达能力的提升为其进一步朝话语标记语演化奠定了基础。*frankly* 在口语中的高频使用导致其概念语义渐趋磨损,从而成为一个应答功能词或者话语引发词,在话语表达中或反预期、或强化功能、或警告抱怨。请看下列例句。

10-129)——(A)"Come in.I will give you something to eat.Sit in that chair by the window,and be careful not to stir from it.I'm a good shot,"lied Kitty,truculently.

　　——(B)"*Frankly*,I do not like the looks of this."

10-130)——(A)"She's the kind who would.What do you think of her,Miss Frances?"

　　——(B)"I think she is wonderful.*Frankly*, I should tell her everything — if there is anything more to be told."

10-131)"Frankly,I'm glad you can't,"Barbara told him,"for now I can sell it to Mr.Gray."

　　例句 10-129)中的 *frankly* 作为说话人 B 应对说话人 A 邀请的应答词,引出自己对说话人 A 邀请(*come in*、*sit*)和警告(*be careful*、*good shot*)的负面回应"不喜欢(*do not like*)",超出了说话人 A 对听话人 B 在听到自己言语后应做出反应的心理预期,因此在文中充当了具有反预期功能的话语标记语。例句 10-130)

中面对说话人 A 的提问,说话人 B 在回答中用"棒(*wonderful*)"表明了自己的态度,同时进一步用 *frankly* 开启新一个命题话语的表达,表明自己的无所不告的意愿和打算,在功能上起到了强调作用。例句 10-131)中的 *frankly* 作为发语词,后接否定性决定,并用"我可以销售给 Mr.Gray(*now I can sell it to Mr.Gray*)"来表明自己的后续选择,从而隐性传递自己的威胁。

　　整体而言,20 世纪 20 年代以后,*frankly* 在话语表达中句法结构灵活度的增长与其在话语表达情态功能的泛化相互叠加共同作用,推动了其语用功能的复杂化,使得其逐渐由频率临界点(1920s)前逻辑表达层面上的具体行为描述功能提升到话语表达层面上的情感态度传递功能,话语表达的意义也更为主观。这个过程中,*frankly* 语用增长与句法结构变化过程与钟茜韵(2016)所区分的 *frankly* 分别作为修饰动词的副词、修饰形容词或副词的加强副词、修饰句子的加强副词,和标识态度的话语标记语的演变路径形成共识。*Frankly* 的演变促使其远远超过单纯的言说方式上的"不受约束,不隐瞒",而是转成了话语表达中说话人阐明内心心理状态中刻意自我强调、不同于对方预期想法的免责式的"坦陈但无意冒犯"的元语用意识。

　　同样,作为现代英语表达中常见的插入语,*frankly speaking* 在话语交际过程中往往也起到话语标记语的作用,甚至在很多时候已经完全等同于 *frankly*。实际上,*frankly speaking* 在作为一个词汇结构在最早出现时的概念重心在 *speaking*,随着其在话语表达中的高频使用,特别是 *frankly* 在话语表达中主观性的增长,导致该结构中的概念重心实质已经从早期的 *speaking* 转移到现在的 *frankly* 上。请看下列例句。

10-132)and if,I say,your excellency,any of us,in the pursuance of this laudable endeavour,have been too pertinacious,or rather *frankly speaking*,for that way I interpret your words,Colonel Sloughter,...(1827)

例句 10-132）出自 1827 年，也是 COHA 语料库中收录的最早的 *frankly speaking*，然而细看语料，即可发现此时句中"或者坦率地说（*or rather frankly speaking*）"整体表达作为一个方式状语来形容陈述后面言语信息内容的方式与状态。然而，此时的 *frankly speaking* 在句法上与 *or* 和 *rather* 组合在一起缺乏句法独立性，且 *rather* 作为强调副词对 *frankly* 的程度进行强化，*frankly* 又重在修饰动作 *speaking*，因此此时 *frankly speaking* 并未成词，也不能归属于话语标记语的范畴。

自 19 世纪 70 年代以来，*frankly speaking* 作为话语标记语与作为动词结构也在并用，直至 20 世纪 40 年代后期，才逐渐确认了其作为话语标记语的用法。

10-133）If I've not come before, Mr. Prodmore, it was — very ***frankly speaking*** — from the dread of seeing you!（1892）

10-134）***Frankly speaking***, they must be merrier than we.（1892）

10-135）But, ***frankly speaking***, it is the nature of the risk that appalls me.（1906）

10-136）Parridine faced the room, now ***frankly speaking*** to all.（1942）

例句 10-133）至例句 10-136）中充分体现了 *frankly speaking* 两种用法交织使用的过渡期。例句 10-133）和例句 10-134）同时出现在 James Henry1892 年的小说 *A Change of Heart*。其中例句 10-133）中 *very* 与例句 10-132）中的 *rather* 相似，而例句 10-134）则已经与现代英语表达中的使用基本无异。同样，例句 10-135）中 *frankly speaking* 承接了 *but* 所带有的强烈的情态语气，预示后文所述与前文观点相反，而例句 10-136）中的小句 *now frankly speaking to all* 则明显是现代分词结构表伴随状态，其中 *frankly speaking* 是概念语义构成的一个部分，也并未独立成结构。COHA 语料考证表明，20 世纪 40 年代后，*frankly speaking* 基本已经全部是作为话语标记语的语例。*frankly speaking* 在非话语标记结构中实

质上要表达 *I frankly speak to you*，因此重在"说（*speak to you*）"。然而，作为话语标记语的 *frankly speaking* 则受到情态的影响，重在强调面对各种交际语境或情景时说话人的"坦白、坦陈而无任何隐藏（*frankly*）"的状态，具有高度的主观性，因此此时 *speaking* 的重要性也就不断弱化，省略自然也就情理之中了。

第十一章

话语标记语界面演变类型学分析

尽管相较于国外研究而言，国内英汉话语标记语的研究起步较晚，但话语标记语已经成为国内句法语用领域近年逐渐受到关注的一种典型语言现象。当前国内学界已经就话语标记语的性质、形式，以及语法、语用功能等核心特征达成普遍共识，尤其是在话语标记语句法、语义、语用等维度上的典型特征。整体而言，"话语标记语是独立的语调单位，前后有停顿；功能不同，发音轻重有别。在句法方面，可以是词、短语、小句；不与前后成分构成句法关系；常围绕一个模板形成位数不等的变体集合，各变体功能大同小异。在语义方面，话语标记语对话语真值条件义没有影响，概念意义多不明显，但能纳入命题判断的话语标记概念意义比较明显。在语用方面，话语标记是人类语言共享，用于监控调节话语的组织、理解，现实话语策略或所言情态。在话语风格方面，不同的语体对话语标记的使用具有选择性"（李冶平，2015：56）。

英汉话语标记语在术语内涵界定上的共性与研究外延上的交集为其在句法—语用界面上进行对比分析奠定了基础。为更好地阐述英汉话语标记语在演变中的共性与差异，本章将从行、知、言三个概念域探讨不同类型话语标记语在语义、语法、语用不同界面中信息焦点的不同，以及其在历时变化过程中焦点的切换过程。

第一节　信息焦点与"行""知""言"概念域

焦点(Focus)现在是现代语言学形式与功能研究中音系、句法、语义、话语分析等不同分支学科共同感兴趣的问题。徐烈炯(2001)曾说,"语言学中得到如此广泛注意的课题不多"。据《语言学词典》所释,焦点往往是"句子的信息中心,体现了说话人要传达的信息所在。一般而言,标志焦点的语法手段主要是词序和语序,以及重音。在自然会话中回答部分的焦点相当于补充疑问句的辖域"(布斯曼,2003:156)。作为语法概念上的焦点往往能够在信息结构上标识话语表达语句中的新信息或对照信息,抑或是不同于交际对象预设的信息。

现代语言学研究中的焦点在含义上尽管有一定共识,但早期在概念术语上仍有不少混乱之处,"各学科定义不同,以至于其意义至今仍未能统一"(李宝伦,潘海华,徐烈炯,2003)。自 Halliday(1967)和 Chomsky(1971)分别从功能和句法生成关注焦点问题之后,Jackendoff(1972),Rooth(1995),Kratzer(1991),以及徐杰、李英哲(1993),刘丹青、徐烈炯(1998),李宝伦、潘海华(1999)等学者对此均有深入研究和探讨。当然,不同学者基于自身研究兴趣,同时为更好凸显自身研究的特性,往往在"焦点"之前加上研究范围界定,譬如信息焦点和识别焦点(identification focus)(Kiss,1998),信息表位化(informational rhematicity)、量化对比(quantificational contrast)(Vallduvi & Vikuna,1998),信息焦点和操作焦点(operational focus)(Roberts,1998),以及信息焦点、对比焦点(contrastive focus)(徐烈炯,2009),凡此种种,不一而足。Gundel(1999)则化繁为简将焦点分为心理焦点(psychological focus)、语义焦点(semantic focus),以及对比焦点(contrastive focus),而徐烈炯、潘海华(2005)则在心理焦点、语义焦点、对比焦点之外,又进一步区分了信息焦点和话语焦点。黄瓒辉(2003)一文曾详细介绍过国外理论中焦点的概念、性质和分类,焦点结构对语言现象的解释,以及国内相关研究的进展,因此本研究对此不再赘述,同时本研究也无意对不同研究视角下的焦点的范畴类属做评论,研究中所指焦点亦仅在广义上指向话语标记语在不同演变阶段所处语句中标识"信息焦点"的作用,即"句子中的重要部分,突出部分,强调部分"(徐烈炯,潘海华,2005:11)。

话语焦点与非焦点是相对概念,句中跟语义焦点相对的其他部分则依据语例的具体情况分为预设(presupposition)、背景(background)、共识(common ground)等。焦点与非焦点共同作为话语成分存在于大脑中。沈家煊(2003)基于 Sweetser(1990)中 content、epistemic modality、speech acts 三个层次的解读,认为话语中存在"行域""知域""言域"三个不同概念系统。"行域"指行为、行状、行动,关联物理世界的现实行为,"知域"指知识、认知、观念,传递交际中说话人的认知状态,而"言域"指言语、言说,彰显交际中交际双方的交互认知(沈家煊,王伟,2001)。李国宏(2019)认为,从语义拓展的角度看,"行域"义是原始的基本义,具有物理现实性,"知域"义是"行域"的抽象拓展,具有认知心理性,而"言域"义是更抽象的引申义,具有现时交互性。从"行域"到"知域"再到"言域"的变化体现了句子或话语表达中信息焦点的变化,其"整体演变过程背后的语用推导是一种邻接关系的替代,整个过程就是在相似性基础上通过邻接替代来实现语义演变,是隐喻机制和转喻机制共同作用的结果"(范振强,2014)。"行、知、言"三个概念域的区分系统用于区分和说明各种句子之间的语义关系(刘彬,袁毓林,2019),因此学界多有将之用于不同类型复句语义关系(沈家煊,2003;王丽超,2012;渠默熙,2020),词汇(结构)的演变(肖治野,沈家煊,2009;张宝胜,2011),或元语言分析(李宇凤,2010;肖治野,2011;陈一,李广瑜,2014;宗守云,2016)等领域语言现象的分析。

第二节　焦点切换视角下话语标记语的演变特质

焦点在本质上是一个话语功能的概念,它是说话人最想让听话人注意的部分(徐烈炯,刘丹青,2007)。焦点在语义、语法、语用不同维度的切换实际就体现了其演变过程中的临界点。本研究中所涉的英汉不同类型话语标记语各四个，或从功能或从词性等方面形成对比参照。这些不同类型话语标记演变前的起点不同，演变后的结果不同，因此相较而言，它们在整个演变过程中的信息焦点不断地甚至是反复地在句子或话语表达中的语法、语义、语用三个维度上发生独立或连续的变化。

一、汉语话语标记语在演变中信息焦点与概念域的切换

整体而言，在本书研究所涉猎的四个不同类型话语标记语中，双音词"但是"演变过程中的焦点变化过程的多样性与层次性是相对最为典型的。前文分析表明，双音化是古代汉语演变的趋势之一，也是汉语词汇化的重要手段。双音化过程中两个单音词边界融合并在高频使用中逐步凝固，同时每个单音词自身原本携带的语义信息也在凝固过程中发生单音词语义焦点的弱化、强化或双音词语义焦点的融合等语义嬗变现象。

"但是"的成词过程中是合成结构"但"和"是"并立相邻使用后，判断词"是"语义虚化，从左到右，遵循语法化常见渐变链条［词汇词>语法词>附着形式（clitic）>屈折词缀（inflectional affix）］，最终演变成为不可分析的类词缀性质的"词内成分"（董秀芳，2004）。作为判断词或焦点标记时，"是"是一个独立的虚词或者说是语法词，变为固化形式的内部成分之后，"是"的系连功能减弱，依附性增强，语音弱化（王志恺，2007）。董教授等对"但是"语法化过程的判断是准确的，对判断词"是"在连词"但是"成形过程中的路径作用也有清晰认识，然而，这条高度概括的演变路径无疑也淡化了"是"字在连词"但是"成形过程中的语义贡献。

很多连词的第一个语素原来是一个副词，通常是修饰限制一个单句内部的谓语部分。由副词向连词的发展过程中，逐渐可以表示两个单句之间的语义关系。原来的副词与判断词"是"的双音化，是这一发展过程得以实现的关键因素（石毓智，2006a：332）。"但是"双音化演变成词的过程涉及"但"和"是"两个不

同单音节的拼接组合,除去句法相邻的特性外,其转折语义衍生的根源在二单音节词语义的叠加与融合及其对小句语义焦点切换的不同贡献。"是"字后缀化的描述无疑是将"但是"的成形过程建立在"但"的核心语义演变基础上。实际上,"是"作为众多连词的一个构词语素的原因是它在判断句中的语义结构,把其后的事件看作一个离散的个体(石毓智,2005),形成语义事件或个体焦点,从而与前文语义事件或个体焦点构成对比,在语言表达过程中形成语义焦点切换。另一方面,现有语言研究考据表明,"但是"的语义成形也并不是单纯建立在以"是"为核心的语义演变基础上的,否则近代以来,"但是"在口语中常直接缩略为"但"就无法解释。"但是"作为转折连词是由转折连词"但"与系词"是"经常相连,不断凝固虚化而成。

"但"作为转折连词,是由限制副词语义演变而来,产生于中古,一般位于复句后一分句之首(陈宝勤,1999)。因此,现代汉语中的"但(是)"与古代汉语中的"但"在语义渊源上具有高度关联性,语法功能上具有高度相似,在演变路径上具有一定的交叉性,因此往往在语言表达中不做区分,但是并不能完全等同,至少二者在转折强度及语用功能上差异显著。请看下列例句。

11-1)麦尔根的枪法不及觉洛,但也十分精彩。

11-2)阿芭哈……说:不要靠近我! 我已经和你说过我浑身上下都是毒素,快离开我。萨盖尔说我都知道,但是我已经不能控制自己,我只想在你的长吻中愉快地死去。

例句 11-1)和例句 11-2)分别使用的"但"或"但是"均表转折或者补充说明。然而,如果我们把例句 11-2)改成"但是也十分精彩",那么前后两句的转折意味则更为明显,后句语义焦点也得到明确和强调,否则后半句的"也"往往导致句子内容"精彩"会被视为是对前句出于礼貌的一种补充,可以用"不过"替换。如译为英文,原例句 11-1)的"但"似译为 however, nevertheless 等弱转折为妥。同

理,例句 11-2)"但是"是凸显后小句"我不能控制自己",如果省略"是",语气轻转,原句中萨盖尔对阿芭哈的痴情无法深刻传递。因此,如译为英文,原例句 11-2)的"但是"似译为 *but* 在语言表达更为干脆果断,甚至更可贴切地翻译为 *but,as a matter of fact,...* 或者 *but,the fact is that...* 引出语义焦点。

"但是"连词成形过程实质是"但"和"是"双语素共同作用的结果。"是"的判断／焦点标记功能和"但"的对比转折功能先后在"但是"语法功能成形的不同阶段占主导地位。尽管"但"和"是"的语义在语言演变过程中具有所泛化或损失,但其在"但是"的成词和语法功能成形中均留下不可逆转的痕迹,共同构成"但是"的语义基础。

除却语义焦点切换,"但是"从分立演化到成形演绎焦点切换的另一个核心在语法功能。跨语言研究表明,英汉语言中丰富的转折连词多由标识范围或程度的限止副词演变而来,"但"在古汉语中原意指做范围限止,修饰限定判断动词"是",语言演变过程中限止向转折发展的概念基础及理据在于二者在更抽象层次上的密切关联(邓云华,石毓智,2006;石毓智,2006b:304-314)。

"但是"演绎成形过程历经限制副词、条件关联副词、转折连词等两种词类三个词性(陈宝勤,1999)。其语义特征和句法结构特征在不同阶段的变化是语言顺应说话人不同时期认知心理期待的结果。"但是"在不同阶段的演化表面上是"徒、空""仅仅是""只是""只要是""不过""然而"等多个语义焦点反复纠缠切换的结果,实质上是其基于"二选一"式"选择"核心概念衍生出的"限制""否定""条件""转折"等核心语法功能在大脑认知结构中"视域焦点转换"的结果。不同语法功能源自语言发展过程中不同视域焦点的凸显,在抽象层次上都是密切关联的,孤立看待某个语法功能的衍生,割断其与其他语法功能的联系是值得商榷的①。

任何事物的存在都是依托其与其他事物的关系,反映在语言表相上就是语

---

① 丁烨(2010)认为转折连词"但是"与"凡是""只要是"并没有什么关联。

言表达均有一定参照物。"但是"核心语法功能焦点的切换其实是语言表达参
照物隐秘替换的结果(图 11-1)。"但"早期的限制功能"只""仅仅"源自自身概
念对所指范围的控制,如只有 A 部或者 B 部。所谓限制,如果从反面说,就是排
除。因此,如果将所指范围限制在 A,则可以否定排除 B,因此在指定范围内的
"限制"功能可以切换为否定,即"可以转化来表示排除上文转入下文,带有副词
语义"(段德森,1991)。换而言之,对 A 的承认意味着对 B 的否认,而 A 存在的
基础条件是 B 的否决。AB 两个部分构成强烈的对比转折关系。"但"基本语义
在从限制到转折的焦点视域切换是观察视角从个体到全局不断发展的结果,其
实质是大脑认知世界对世界解读方式不同的结果,反映大脑认知结构不断发展
和思维不断抽象化。

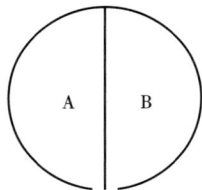

图 11-1 视域转换示意图

语法功能在焦点切换中往往借助语境吸收前语法焦点所蕴含的事理或上
下文逻辑关系,不断丰富现有焦点内涵,衍生新的语法功能。譬如,尽管元明时
期"但是"少有真正表"转折"意,然而其转折功能却实实在在地是在此阶段孕
育与成熟。

11-3)鲁提辖回到下处,急急卷了些衣服盘缠,细软银两,但是旧衣粗重,都
　　弃了。(《水浒传》)

11-4)我这洞里,递年家没个苍蝇,但是有苍蝇进来,就是孙行者。(《西
　　游记》)

11-5）狄希陈将素姐晓得的庄田房屋都自己留用,但是素姐不知道的,都央
　　相大舅父子作了明甫,都分与了小翅膀,就央相大舅与他收租照管。
　　(《醒世姻缘》)

11-6）当下美娘收拾了房中自己的梳台、拜匣、皮箱、铺盖之类,但是鸨儿家
　　中之物,一毫不动。(《醒世恒言》)

例句 11-3）至例句 11-6）中"但是"语法焦点多表"条件"意,可译为"凡是"
"只要是"。然而,小句语义间构成的逻辑对比在语言高频使用中逐渐渗透到
"但是"语法功能焦点中。例句 11-3）"卷了""细软银两"与"弃了""旧衣粗
重",例句 11-4）"没苍蝇"与"有苍蝇",例句 11-5）素姐"晓得"与"不知道",例
句 11-6）"自己房中"与"鸨儿家中"等"二选一"式的"选择"都构成小句前后语义
逻辑相互间的否定和条件,进而在语境被"但是"吸收,成为其转折功能的源泉。

彼时"但是"转折功能偶有在文献中以"虽(然)……但是……"的句法格式
进一步巩固。

11-7）我虽不受国王的恩惠,不食他的水米,不该与他出力;但是你偷他的
　　宝贝,污他的宝塔,屡年屈苦金光寺僧人,他是我一门同气,我怎么不
　　与他出力,辨明冤枉?(《西游记》)

11-8）这薛家也从清早门上吊了彩,摆设妆奁,虽也不十分齐整,但是那老
　　教官的力量,也就叫是"竭力无余"的了。(《醒世姻缘》)

11-9）虽也不曾打他,但是如今这等严寒,还不与他棉裤棉袄。(《醒世
　　姻缘》)

上述例句 11-7）至例句 11-10）中,前后小句或命题相互构成的逻辑对立,前
句为后句做铺垫,引出后句命题,为语法焦点转变提供可能。譬如,例句 11-7）
"虽"构成让步条件,点明自己与国王无利益相关,与"但是"之后的"与他出力"

构成转折;例句 11-8)"虽"后的"不十分齐整"的否定与"但是"后的"竭力无余"的肯定之间的转折;例句 11-9)中"虽"后的"不曾打他"表达的"无肢体虐待"与"但是"后的"严寒不与棉裤棉袄"之间的转折。

"但是"语法功能的泛化成功和语法焦点切换与语法化转喻(metonymy)机制以及语用推理密切关联。"但"字"二选一"式"选择"选择范畴内的语法功能以"限制"为核心,新功能依照其与具有"限制"的关系紧密度依次排列,借助转喻强化新旧功能间内在抽象联系,维系"但是"在句法结构上由偏正结构到句内副词直至连词的演变过程。

连词"但是"的话语标记化历程尽管起步相对较晚,但其在语言高频使用中发展迅速。话语标记语"但是"从语法词到语用功能词的演变语义上经历"真值语义>非真值语义"的弱化过程,句法功能上从衔接小句到连接语段,辖域上由句子结构到话语层面,从单纯表达衔接关系拓展到言者情感态度表达,其衍生过程是由语法焦点转向语用焦点的结果。

话语标记语"但是"话语层面上语用功能的衍生并不妨碍其作为语法标记继续在句法层面上衔接相邻小句。"但是"在现代汉语中的广泛应用也表明其语法功能和语用功能可以并行发展,并在不同语言环境中分别起到语法功能强化或语用功能增强等作用。因此,"但是"话语标记功能衍生是特定语境下语言主观性增强导致语言表达由"知域"拓展到"言域",转折核心焦点由"语义转折"转向"语气转折",最终促使其所蕴含语言焦点信息由语法转向语用。

几乎每类复句都能跨沈家煊(2003)所提的三个域,因为语词的知域义和言域义多借助隐喻自行域义引申,代表说话人的推断或言域行为。连词"但是"衔接的前后小句逻辑在知域和言域上分别指代"虽说 p,但是不说 p"和"虽说 p,但是我说 q"。前者重在帮助听话人识别前后小句在语义上的转折关系,后者则重在识别说话人的交际意图。连词"但是"话语标记功能源自凸显焦点信息,隐形阐述说话人交际意图,从而在言语组织中设立话题或找回话题,在言语行为上争夺话轮。

另一方面,连词"但是"话语标记功能的衍生是其"转折"语义核借助隐喻从语义命题映射到语气情态的结果。语气标识说话人对某一行为或事情的看法和态度,而连词"但是"焦点化信息的对比属性必然导致说话人将相关信息与语境中或听说者心目中的某个对象对比(徐烈炯,刘丹青,2007),必然要求说话人在语音上加以重读。"但是"在高频使用中吸收内化"焦点对比(contrastive)"的语义核,并将之泛化至话语表达层面,从而隐形传递说话人的情感态度,因此"并不是每个转折句前后两个分句都直接是具有转折关系的两个判断的语言表现形式"(王维贤,1997)。

行域向言域的拓展和语义转折向语气转折的渗透相辅相成,并行不悖,都建立在语言表达语义语法语用界面之上。连词行域转折是在语法上标识前后小句的语义关系,言域转折则对应语气转折(王维贤,1991;史金生,孙慧妍,2010)。属于言域的复句,关联词后面往往可以加"说"字,有时还必须加"说"字(沈家煊,2003),而话语标记语"但是"在口语表达中也可加"说"或"呢"等字的特征也恰恰说明其有执行言语行为,连贯话语结构的功用。

补足结构"完了"与连词"但是"在现代汉语中演变既有共性又有差异。共性在于两者均经历了词汇化的过程,不同之处则在于,"完了"的概念切换在于其动补结构在不同情景中命题不同内容的凸显。前文演变梳理发现,补足结构"完了"的演变分析表明其不同句法位置的变化往往会带来小句内部信息焦点的弱化或强化,集中反映在语言表达中词汇轻重音的变化。然而无论其句法结构如何演变,补足结构"完了"始终归属于帮助概念形成的成分范畴,属于语法焦点的范畴,所不同的是其在句子命题信息所述整体概念中凸显角度不同罢了。

"完了"从"V+完了+O"结构到"object+完了"结构的变化依次从动作凸显到结果凸显直至状态陈述。当然,"完了"并不是参与构成"S+V+O"主要核心信息,而只是借助句法位置的调整触发语言信息中焦点信息凸显的变化,从而彰显人类对世界不同概念化的方式,因此,充当语法标记的"完了"对句子命题信息完整具有重要意义,是语篇表达句子概念整体信息不可缺失的重要组成部分。如若删除则会导致命题意义缺失,句法结构失去合法性。

然而随着语用推理的固化,"完了"在语义结果上的所带来的负面情绪信息逐渐附着在词汇结构本体之上,不再分离,成为普遍结构的语用意义。语言结构"完了"在话语标记化过程中,句法位置逐渐脱离主句,原有的语法焦点功能随之逐渐淡化,语用焦点功能逐渐兴起,成为语言信息的焦点核心。因此,"完了"话语标记语赋值历程实质是语法焦点向语用焦点切换的结果,亦即不再参与句子概念命题信息构成,转而成为致力促进听话人对命题信息进行语用推理的程序性成分。

整体而言,自然语言中"完了"的使用数据也表明,尽管随着"完了"话语标记语身份的确立,其语用焦点功能在语言中得到彰显,但相较而言,"完了"的语法焦点功能在其整个属性中仍占据主导地位,几乎在大部分的语言结构中都是在表达语法焦点。这也间接表明语言演化过程的复杂性,语言结构在使用过程中衍生出的新旧功能转换也并不是一蹴而就的。

同样,话语标记语"你懂的"从主谓结构逐渐衍生成为话语标记语的过程也是切实体现其从知觉动词"懂"之后所指内容的泛化过程。"懂"得越抽象,则其焦点越模糊。前文分析也阐明,话语标记语"你懂的"在社会交际中"不可说"的隐讳与幽默、共享语境中"不用说"的暗示与提醒以及话语互动中"说不出"的延迟与邀约都是言语顺应说话人元语用意识的结果,体现说话人对所述事件或话语的情感和态度。其隐讳、幽默、暗示、提醒、延迟以及邀约等不同语用功能并不是小句结构"你懂的"与生俱来的,而是其在不同语境中经历演变和使用后所获的高频推理义固化在表达式中的结果,其意义在后续的语篇解读中越来越依赖说话人对命题内容的主观信念和态度,因此高度展现说话人的主观性。

话语标记语"你懂的"的兴起扎根于"隐语",借力于网络互动,因此在语言交际中天然具有强大的交互主观性,亦即"你懂的"不单包含着说话人对事物的主观性观点和态度,也体现说话人在交际中对听话人的认同和关注。"你懂的"名物化后所指的模糊性以及其在上述例证表达中展现出的"暗示""提醒""邀约"等功能是语言自身由语篇意义提升至人际意义的结果,其在话语中的解读也多有赖于语境内容和交际双方的关联度。实际上,"你懂的"语用功能上体现的交互主观性根源于整个结构中的人称代词"你"。现代汉语中"你"既可以指向某个单一的交际对象,也可以指向若干个交际对象,甚至泛指任何人。人称代词"你"因其在交际中明确的指向,往往会引起交际对象注意,从而构成交际活动。

主观性表达了说话人的态度和观点,而交互主观性则渗透了说话人对听话人的"自我"关注,主观性和交互主观性的衍生体现语义—语用意义的焦点切换(Traugott,1997ab)。小句结构"你懂的"在社会交际、共享语境和话语互动三方面的使用超越其自身原始的概念语义内涵。"你懂的"整体语义演变过程整体呈现出三种趋势(Traugott,1989,1990),即由外部描写的情景意义到内部描写的情景意义,由外部和内部描写的意义到篇章和元语言学的情景意义,由概念意义和语篇意义到倾向于表现说话人对命题的主观信仰和态度。情景意义是语篇意义的基础,而二者又同时是主观意义的基础。"你懂的"在构成小句概念成分时,在语言表达中多由明确所指,但借助隐喻机制后所指虚化转向心理世界的隐性表达,成为程序化索引(procedural indexing),同时其语用意义借助语用推理的反复运用而最终固化,形成语境下的主观性成分表达。

主观性的衍生是渐变的过程,与语法化、词汇化一样并非一蹴而就。话语标记语"你懂的"语言演变的三趋势构成不可截然划分的连续统。语言演变中"懂"的情态拓展导致其语音逐渐弱化,动词特征相对弱化,主谓结构的分离使之逐渐丧失句法结构上的表述特征,而"懂"也从一个自由成分演变为黏着成分。"你懂的"语义抽象性逐渐增加,渐由具体义衍生较少的抽象义甚至更多抽象义,主观性逐渐增加,渐由客观性转为较少主观性甚至更多主观性,句法形态上的范畴特征逐渐减少,直至完全丧失主谓结构的范畴特征(Hopper &

Traugott，1993；吴福祥，2003）。这个泛化、抽象，以及主观性增加的过程则是其在行、知、言三域上最为直观的反映。

　　同样，前文对话语标记语"不是我说你"的演变路径也清晰表明，其从小句概念语义参与成分逐渐过渡到情态表达功能的过程，在信息焦点上经历了由概念命题行域层面上的语义否定到言域话语层面上的语用否定。"不是"由概念层面上简单地否定"我说你"这个行为，提升到"引入后文的反预期信息"。在这个过程中，"不是"自身所携带的否定焦点信息在逐步弱化，否定的焦点对象也在元语用功能的作用下服务于语用需求逐步转移。特别是，"不是我说你"在演化过程中行为动词"说"的语义管辖关系的弱化和指向对象的泛化直接更进一步促成了整个词汇在语言表达中焦点的切换。

二、英语话语标记语在演变中信息焦点与概念域的切换

　　话语标记语整体类型多样，演变的路径不一。前文梳理也清晰表明汉语话语标记语的演变大体脱不开词汇化、语法化过程，话语标记语的主观性和主观化过程也与其语用功能的演变成形高度相关。相较于汉语话语标记语演变过程复杂多变的特点而言，英语话语标记语的演变成形少有汉语单音词双音化的纠葛，更多的可能是语言演变过程中词汇边界磨损融合的词汇化过程和语法化过程以及主观性衍生的过程。

　　以英语连词类话语标记语 *but* 为例，*but* 在古英语中由 *be* 和 *utana* 演变合成阶段多属于词汇化的演变过程。在这个过程中 *be-utan* 所表达的是空间概念的关系，表示位于某个特定空间区域之外，即 *by outside* 或 *by from without*[①]。因此，从 *but* 的早期演变来看，古英语中作为副词或介词使用的 *butan* 或 *buton* 所表示"除非、例外、没有，在……外部"的空间归属关系为其产生与"但是"相似的"二选一"的排除式关系奠定基础。

---

① 详见前文 *but* 的演变梳理。

作为连词而使用的 *but*，无论是衔接小句表示转折逻辑还是衔接单词表示逆接关系都是在语义逻辑层面上彰显小句内部语义关系，因此其在句中的删减也必然会影响小句语义的完整表达，增加读者对整句话语表达理解的认知难度。这个阶段不同于前期演变成词中标识行为状态或者小句中概念意义的"言语"，连词 *but* 标识更多的是言者在话语表达中所暗藏的、并期望听者能够明白和理解的前后句子的话语关系认知，同样听者借助连词 *but* 也更好地识解了前后小句的关系。从这个意义而言，作为连词的 *but* 更多作用在知域。另一方面，作为话语标记语，*but* 在言语主观性的作用下，由标识知域上逻辑层面的前后逆接逻辑关系逐渐转变为言域上标识言者强烈情感态度的话语成分。

前文 *well* 的语例梳理表明，*well* 在古英语时期的演变呈非连续性发展，中世纪以后则呈连续性变化，其语义与功能渐留存在现代英语中。古英语中 *well* 的语义来源多样，在句法结构中可以充当名词、动词、形容词，以及副词等多种功能词。这些功能词在句中作为整句概念命题的表达成分构成是行域层面上句子命题意义不可缺失的部分。*well* 话语标记语的功能源自其修饰动词的副词功能和情态表达功能的感叹词。前者作为修饰谓语动词时多作用于知域概念上，表达动作行为的程度状态。随着语法化推动，*well* 在语篇层面上，渐从句中动作副词提升为句子副词，并在句法结构上迁移到句首。作为句首修饰小句副词的 *well* 和作为句首感叹词的 *well* 在句法位置上的重合，使之在情态功能上渐趋融合，标识言者在话语表达中主观上的态度与想法。整体而言，相较于 *well* 的概念功能和语篇功能，其作为情态词时的人际功能显著提升。人际交流中 *well* 的高频使用促使其语用功能的泛化和句法灵活度的增加，从而更有利于言者在交际中传递自身的情感态度。因此从这个意义来说，*well* 的相关演变过程，亦促使其从知域上的概念逻辑表达提升到言语上的知域。

作为话语标记语的 *you know* 源自主谓结构 *you know* 在话语高频使用中所发生的系列演变。主谓结构中的 *you know* 作为句子成分的构成，表达言者知道信息内容，本身就是句子概念信息的重要组成部分，其概念语义焦点信息停留

在认知动词 *know* 上,强调交际过程中交际对象对相关信息内容的知晓状态,因此其概念功能停留在行域之上。*you know* 在话语表达的高频使用中关系代词 *that* 的脱落导致其与后接宾语逐渐脱落,渐成具有插入语性质的话语成分。*that* 脱落早期,*you know* 在句中短期内起到类似连词的语篇衔接功能,但在后续的高频使用中,其话语表达中的主观性逐渐增长,渐失概念表达功能,动词 *know* 本身的知晓功能已经完全失去其概念意义,成为空有其壳而无其义的标记成分。此时的 *you know* 作为话语标记语往往在潜意识层面上彰显说话人的主观意识。因此从整体而言,*you know* 话语标记语的演变历经了物理维度简单的标识概念命题信息到心智维度聚焦言者情态认知的变化,充分体现了从行域到言语的发展与变化。

前文梳理清晰表明,相较于 *well*,副词 *frankly* 的语义来源更为简单,*frankly* 从动作副词逐渐演化为话语标记语的路径也更为清晰,先后经历过"修饰动词的副词"、"修饰形容词或副词的加强副词"、"修饰句子的加强副词",以及"标识态度的话语标记语"等不同发展阶段。作为修饰副词,无论是动作副词还是加强副词,其信息焦点均以被修饰成分为核心,分别强调动作施事动作状态,因此此时的 *frankly* 更多参与小句概念命题信息的组成。尽管作为修饰性状语成分,*frankly* 的删减并不会有损于整句话语表达的语法合法性,但依然会有损于句子完整概念信息的表达。从这个意义上来说,*frankly* 在此阶段更多的是聚焦行域之中物理世界上动作的行为与状态。而作为话语标记语的 *frankly* 借词汇自身语义内涵之意,聚焦 *frankly* 作为话语标记语在言域层面上传递言者对相关讨论话题与事件的情感与态度的"坦诚"与"公开"。相关表述强化言语主观性,聚焦交际双方在互动情境中的交互主观性,拉近交际双方的心理距离。同样,插入语 *frankly speaking* 在作为话语标记语时不构成句子的概念命题信息成分,而只是在言域层面上传递言者在话语信息表达时的内心情态。

第三节　整合视角下话语标记语演变的机制分析

话语标记语的演变成形从来就不是一蹴而就,而是在语法、语义、语用等不同维度经历漫长演变的结果。作为语用功能词类,话语标记语的不同演变阶段在行、知、言不同层面的信息聚焦点都发生变化,这种变化与其概念指称功能逐渐弱化、语篇功能逐渐强化,交际中的言语视角逐渐固化的特点相互伴随,最终在主观化与交互主观化的过程中对命题表征运作产生非命题意义上的影响,标识言者对命题的态度、评价。

语言结构演化成话语标记语的过程是其在形式特征符号化的基础上自身概念语义和程序意义相互博弈,此消彼长,直至完全程序意义化的过程。既然话语标记语的演变是一个历时发展的过程,就应该允许其在历时演变过程中存在各种情形。譬如,概念语义的漂白程度不同,程序意义的衍生程度不同。从这个意义上说,话语标记语在漫长的演化过程中存在某个概念意义与程序意义并存的阶段的假设是合理的,因为程序意义源于词汇结构自身概念意义漂白后的残留意义、概念语义抽象放大以及语义结构的范畴映射,最终导致概念指称意义转向抽象的语境依赖意义(Heine,et al.,1991;Arroyo,2011)。

前文第二章话语标记语描写维度中基于话语标记语的初始形态,以及语言结构在形式与意义两个不同维度上向话语标记语原型结构演变的程度的分析认为,在不同的演变阶段,语言结构在语音、词性、语义、语法、语用等不同维度上发生梯度渐进性演变(图2-4)。

各个维度的演变进度可能完全一致、更可能存在演变进度不平衡、可能相互制约或促进,最终在整体上推进语言的发展,形成稳定的结构。有时话语标记语的形式演化速度超过意义,有时则是意义演化速度快于形式(图2-5),但从历时视角研究话语标记语的演化最根本的标准是它们在时空中各维度与话语标记语原型的接近度(图2-6),最终成为合乎原型结构的话语标记语。

　　前文文献梳理也清晰表明,语言形式差异的根源在于语言演变程度的差异,而学界不同学者从语言演变的不同维度解读语言结构的上述维度在演变过程中的具体变化,自然形成了常见的语法化、词汇化,以及语用化。然而,词汇化只是成词的过程,但不能自动获得词的语用功能,语法化注重语法标记的产生,语用化注重语用功能的赋值。因此,无论哪个演化视角都有明确和限定的对象。现有话语标记语历时视角研究之所以产生争议,在于其过分夸大其各自理论的解释范畴。语言演变是多维度推进、整体呈现的。语法化、语用化、词汇化都有其合理之处,反映语言的演变规律,在语言不同演变维度上起作用。整体而言,汉语话语标记语与英语话语标记语基本具有一定的相似性,但汉语表意的特性使其在表达汉语片断关系时更多依靠意义衔接上的逻辑关系。因此相当多的汉语话语标记语源于短语或者小句结构的演绎。汉语不同于英语之处,在于其"缺乏严格意义的形态变化"(吕叔湘,1979:11),且汉语的形态变化不同于英语的形态,汉语拥有丰富的语调单位。

　　上述分析阐明,话语标记语演变过程历时长久,维度多样,狭义的词汇化、语法化,以及语用化研究又多聚焦语言结构演变过程中各自的阶段,而广义拓展的词汇化、语法化又常常导致相关概念理论体系内部混淆,争论不一。有鉴于此,本研究正本清源,在前期溯源话语标记语不同维度演变过程的基础上,以界面整合为理论视角,分析不同类型话语标记语演变的过程。

一、汉语话语标记语的演变整合性解读

　　话语标记语的成形是词汇以句法形态结构变化和语义—语用趋势变化为核心的形义持续演变直至相互匹配的结果,涉及形态、句法、语义、语用等多个维度的基础变化。句法形态结构变化与语义—语用趋势演变相互关联,互为助力,推动语言演变向前发展。所谓句法形态结构变化主要词汇层面词汇结构形态内部黏合度(morphological bonding)的增长和词汇本身句法结构独立性和句法位置稳定性;所谓语义—语用趋势变化指代词汇结构演化过程中语义指称意义的弱化和语言表达主观性的衍生过程。

（一）话语标记语"但是"的整合分析

连词"但是"话语标记语用法源自其转折语义高频使用弱化后由句法范畴泛化进入言语范畴,因此其功能成形建立在"但"和"是"两词分立与并合演变基础上。话语标记语"但是"的句法形态结构变化涵括分立演化阶段"但"和"是"两词在语义焦点切换后句法结构位置的改变,以及高频相邻并用边界融合成词后在句法独立性及位置稳定性的演变。"但"和"是"在分立演化阶段意义由所指到非所指、由命题内容到非命题内容的嬗变导致二者在句法位置上逐渐偏离小句核心信息并最终获得稳定句法位置。偏正结构"但""是"到副词词组"但是"的转变进一步促使"但""是"词语形态结构的粘连,副词到连词以及话语标记语的演变则伴随句法独立性的增加和句法位置的游离。连词"但是"高频使用语义的弱化则为其最终成为不影响句子真值命题的语用功能词奠定基础。

话语标记语"但是"分立与组合两个阶段紧密相连,分立演化阶段"但""是"语义嬗变为词组"但是"进一步朝功能词组转化奠定基础(表11-1)。话语标记语"但是"语义—语用演变趋势则主要围绕成词后意义弱化、真值条件弱化、语义转折到语气转折的迁移以及由此带来的语言主观性强化。句法形态结构的调整与语义—语用演变趋势的强化相伴而生,交汇于句法辖域的拓展。"但是"指称意义和命题内容的弱化为其脱离主句走向句法独立和位置灵活的语言成分提供条件,而句法独立也推动其演变成摆脱小句内部语义限制,成为无碍句子真值命题的语用成分,为"但是"主观性的赋值奠定基础。

表 11-1　"但是"话语标记语演变基础变化①

共时维度 ＼ 历时阶段	分立阶段		成词演变			
	但	是	但+是	但是$_{(adv)}$	但是$_{(conj)}$	但是$_{(DM)}$
词形黏着度 Morphological bonding			+	+	+	+

---

① 表 11-1"但是"演变阶段各项真值数据是基于后一阶段对前一阶段的对比,因此有些阶段的维度特征是逐渐增加的过程。

续表

历时阶段 共时维度	分立阶段		成词演变			
	但	是	但+是	但是(adv)	但是(conj)	但是(DM)
句法独立性 Syntactic independence	−	−	−	−	−	+
句法灵活度 Syntactic flexibility	−	−	−	−	−	+
指称内容 Referential> Non-referential	+	+	−	−	+	+
命题内容 Content>Non-content	+	+				+
真值语义 Truth-condition	+	+	+	+	−	−
句法辖域 Scope expansion			−	−	+	+
主观性 Subjectification			−	−		+

　　话语标记"但是"的句法形态结构变化与语义—语用趋势演变主要是语言发展过程中重新分析(reanalysis)和转喻映射(metonymization)机制作用的结果。重新分析作为语言演化经典机制常为搭配的高频使用所触发,能在不改变表达外在句法形态的前提下调整句子或词组深层次内在结构单位划分。早期文献中"但""是"两个作为各自具有完整语义和句法模式的单音词,在高频使用中由两个原本松散的搭配组合逐渐在句法组合上稳定下来成为固定组合。句法上的重新分析也导致语义成分重新分析,"但""是"由限定关系"但是₁"逐渐演变为转折关系"但是₂"。句法结构和语义成分的重新分析相互影响,前者的调整会影响后者,而后者的变化会触发前者的调整。"但""是"的结构稳定促进转折语义的成形,而转折语义焦点的演变触发"但""是"成词,语法焦点和语用焦点的切换更是触发"但是"句法位置的调整。

　　语言概念表达与人的认知体验高度关联,词语在语境中的意义受到语用目的驱动和识解方式的影响。相较于重新分析作用于边界横向调整,转喻映射机制作为语义演变识解的重要工具是"但是"跨范畴语义—语用趋势演变的关键,既可作用于词汇命题意义的发展,也可以作用于词汇语法化、语用化过程。隐喻往往在形义匹配重构以及不同范畴注意焦点激活时触发,是新旧意义概念结构边界的缓慢映射(Paradis,2011)。但"的"限止"核心概念语义和"是"的"判断/焦点"功能在成词过程投射并整合成"但是"核心语义结构是词汇命题意义发展。"但是"在成词演绎中语义焦点、语法焦点和语用焦点的切换则是转喻机制基于"限止"和"判断/焦点"核心意义在不同范畴凸显"否定""选择""条件"等不同概念意义的结果。概念切换受语用目的驱动,语言结构调整体现说话人语用意识变化,和说话人与语境的选择协商,因此"但是"成词演绎过程具有高度主观性,是语用化的结果。

语言发展是形义匹配结合体在语法、语义、语用多维度历时逐步演进,最终实现整体演化的结果。然而现有研究多聚焦单一维度的演变,无法反映语言演化的全貌。现有研究多聚焦连词"但是"成词后演化历程,将话语标记语"但是"演变成形归咎于语法化。实际上,"但是"话语标记语功能的衍生历时久远,是词汇化、语法化、语用化等不同语言过程在各自辖域范围内各司其职,相互合作的结果。过大夸大词汇化、语法化或语用化机制的统辖能力,往往会导致内部体系结构混乱和相关机制解释力弱化,最终陷于理论修补的泥淖。

狭义地讲,词汇化以新词的产生为指向,语法化以语法标记的衍生为导向,语用化则以语用标记的演化为宗旨。语法化以语法标记的产生为目标,语法功能并不能等同于语用功能,而语用标记语以语用功能为导向,不能归属于语法范畴(Aijmer,2002;Bücker,2008)。成词后的语法标记"但是"有固定直接的编码义,属于语法范畴,而话语标记语的语用功能解读则需要借助语用推理,属于语用范畴。实际上,即使语法化的拥趸者也承认语法化经典维度在语用标记语的辖域延伸、元语篇语用功能获得和句法独立性等特征上都存在解释力不足的问题(Heine,2013),因此,将语言主观性的萌起和语用标记功能的兴起归咎于语法化多少有以偏概全的嫌疑。

话语标记语"但是"演变过程的阶段性分析和整体基础变化分析表明词汇化、语法化、语用化作用于"但是"不同的历时演化阶段。"但""是"两个单音词在分立演化阶段的语义嬗变和信息焦点切换是语法化演变结果。"但"由"限止"意义副词向转折意义连词演变是语义虚化的必然结果,而"是"从指代词向判断词演变的整个语法化过程历时千年,是回指格式重新分析的结果(石毓智,2011:79)。"但""是"从西汉后期相邻常现的副词性"副词+V"结构到魏晋时期两单音词边界融合后的限止性"但是"的演变无疑是古汉语词汇顺应双音化演变的结果,并于隋唐时期最终完成"但是"的词汇化历程。

话语标记语"但是"演变成形的第二阶段缘起于词汇化后的副词"但是"在北宋文本高频使用后句法位置前移,引发语法功能嬗变,促使其原有标识相邻语言成分的语法功能放大到标识相邻小句关系,并最终在清朝进一步语法化为普遍使用的连词。连词语义弱化后,"但是"原有真值语义的丧失导致潜在的"转折"核心概念结构借助语言转喻机制跨范畴从句子层面的"语义转折"映射到话语层面的"语气转折",增强语言表达主观性的过程则是"但是"在语境中进一步语用化的结果,体现说话人特定语用意图。

"但是"话语标记功能衍生过程表明,语法化与语用化过程并不互相抵牾。"但是"成词后语法化过程并不妨碍其在获取连词功能后发生语用化,而"但是"在语境中发生语用化过程也并不妨碍其作为语法词继续作用于语言表达。方梅(2000)就指出连词"但是"语义弱化后的非真值表达比例仅占33.3%,而真值表达则高达66.7%,语用标记功能相比语法标记功能还处于相对少数。

(二)话语标记语"完了"的整合分析

话语标记语"完了"的演变成形历经"完"和"了"句法和语义的分立演变、动补结构"完了"的句法嬗变以及情境意义推理的固化。尽管"完了"作为语言结构在汉语语料中出现频次较多,共现较早,但其作为词组在现代汉语中的历时并不长,更毋论其话语标记功能的历史。

前文章节语料梳理表明,话语结构"完了"历时演变的实质是语言表达顺应说话人元语用意识需要切换句子概念焦点,调整语法—语义信息内容,实现语法标记到话语标记转变的结果。"完了"的语用赋值是跨层结构"完""了"以句法结构变化和语义—语用趋势变化为核心的形义持续演变直至相互匹配的结果,涉及形态、句法、语义、语用等多个维度的基础变化(表 11-2)。句法结构与语义结构相互助力,句法结构缺省性调整促发小句概念语义结构的改变,概念语义结构改变的固化进一步巩固句法结构缺省的理据性,从而促成"完了"整个句法结构的演变。

表 11-2　"完了"话语标记语演变基础变化

历时阶段 共时维度	分立阶段		成词演变			
	完	了	完+了	完了(v)	完了(adv)	完了(DM)
词形黏着度 Morphological bonding			+	+	+	+
句法独立性 Syntactic independence	−	−	−	−	−	+
句法灵活度 Syntactic flexibility	−	−	−	−	−	(−)
指称内容 Referentical> Non-referential	+	+	−	−	+	+
命题内容 Content>Non-content	+	(−)		+	+	+
真值语义 Truth-condition	+	+	+	+	(−)	−
句法辖域 Scope expansion			−		(−)	+
主观性 Subjectification			−	−	−	+

话语标记语"完了"演变的句法结构变化主要涉及完结动词"了 *liao*"在"动+宾+完成动词(V_1+O+V_2)"和"动+完成动词+宾(V_1+V_2+O)"结构中因句

法位置的调整而衍生的搭配变化，以及补足结构"完了 *le*"在"V+完了+O"结构中因动词 V 或宾语 O 缺省而引发的结构变化。"了 *liao*"句法位置的调整触发其语法化为助词"了 *le*"，从而为"完"与"了"跨层组构提供可能。二者高频相邻使用加速其形态粘连，最终形成稳定的词汇结构"完了 *le*"，并在不同概念表达方式中呈现出不同的语法属性。无论作为分立时期的字词还是成词后充当动词或副词，句法位置相对较为固定，依附于句内其他语言成分缺乏独立的句法地位。随着小句结构"V+完了"和"O+完了"结构中 V 和 O 成分的省略，"完了"最终演化成为衔接相邻小句的独立成分。与一般的话语标记语稍异的是，受"完了"结构来源的影响，话语标记语"完了"的句法位置灵活度稍欠，只能位于小句中间或 S_2 的句首，而不能位于句末。"完了"话语标记化与主句分离的过程与其句法辖域的拓展成反比关系。分立阶段的"完""了"和词组"完了"的句子辖域都与命题内容紧密关联，受限于其句法相邻成分，而话语标记化后的"完了"则超出狭隘的小句命题信息，拓展到小句间逻辑关系。

除句法结构的调整外，"完了"的话语标记化过程也是其从直接参与小句概念语义命题内容到组织概念语义命题元素间接参与小句意义建构的过程，亦即"完了"由概念意义转向程序意义的演变过程。"完"和"了"在分立演变阶段的语义嬗变导致指称性和真值内容逐渐降低，由实指的名词或动词逐渐转变为虚指的副词或助词。"完了"成词后语义进一步虚化，非指称性进一步提高，语义越发空灵，语义真值性越发递减，语言主观性愈发增强。

话语标记语"完了"的演变成形是跨层结构"完了"在语义、语法、语用三个界面演化的结果，涉及句法—语用与语义—语用两方面中句法位置、辖域、语义指称、词汇形态以及语言主观性等多个维度的变化。受说话人元语用意识驱动，重新分析机制和概念隐转喻映射机制（metaphorization）推动"完了"的句法结构形态变化和语义重新解读。

重新分析作为语言演变的经典机制在跨层结构"完""了"的词汇化和词组"完了"的语法化过程中起到不可替代的作用。"完""了"原本作为完结动词和助词既可分别后接动词后构成"V+完""V+了",又可共用在"V+完+了"结构中,因此"完了"的词汇化实质是二者本不在同一层次上的两个成分在演化过程中跨越原有的组合层次,彼此靠拢,逐渐凝固,形成跨层组合(吴竞存,梁伯枢,1992:12)。除却微观层面上词跨层组合的重新分析外,宏观层面上"完了+O"和"O+完了"结构的变化实质上也是说话人对相关概念事件结构重新分析的结果。微观层面句法结构的重新分析是宏观层面概念结构重新分析的基础,而宏观层面的重新分析则又为微观层面的重新分析提供理据支持,共同促成"完了"在形态、句法、辖域等方面特征的成形。

　　"完了"话语标记化演变的另一个重要过程是概念隐转喻映射机制下的语义重新解读(meaning reinterpretation)。话语标记语"完了"的重要功能在于其语篇衔接功能和传情功能。"完了"原意指"动作的结束",多用在具体事件或话语之后做谓语中心词,表示已经结束或完成。人的大脑认知经验告诉我们,旧有动作的结束意味着新动作的衍生,新旧动作间具有明确的顺承关系。因此,"完了"具有用旧动作结束替代整个概念结构的特点。另一方面,整个概念隐转喻映射机制的激发往往依托于语用推理。语义重新解读的另一方面在于"完了"借助转喻机制由原本中性的结束义转为消极隐含义,强调动作完全失败,事情无法挽回。事件失败带来的消极后果则在表达中借助隐喻投射机制投射到说话人的心理之上,从而构建说话人悲观或失落、消极的态度。

　　话语标记语演变成形历时久远,除却共时层面语法、语义、语用三界面上的语义—语用演变趋势和句法—语用演变趋势外,历时层面也因其不同界面特征而可划分为不同的演变过程。现有研究多注重考察分析,重新分析机制在跨层结构"完了"在词汇化与语法化演变过程中的作用,忽略其演变过程语用驱动而衍生的话语主观性过程,致使话语标记语"完了"历时演变整体进程考察可信度不足。

　　纵观整个历时演化考察,话语标记语"完了"发展涵括"完""了"两个单音节词的分立演变、二者的成词演变阶段和语用赋值三个阶段,涉及词汇化、语法化、语用化三种语言演变过程在不同阶段的交替或并行发展。大体说来，"完了 *le*"成词的过程应属于词汇化，成词后的补足结构的句法结构变化应属于语法化，话语标记赋值过程则归属于语用化，因为前者所产生的本质仍应属于语法范畴，后者本质则应归属于语用功能词。三种不同语言演变过程所产对应小句命题的概念语义焦点、语法焦点和语用焦点。

话语标记语"完了"的词汇化，语法化和语用化进程不是相互孤立无联系的，而是互为倚重、协调发展的。首先，词汇化可以在前期单音词语法化的基础上进行。语料分析表明"完了 *le*"的演化成形并不是"完了 *liao*"语法化的结果，而是建立在"完"语义泛化为与"了 *liao*"语法化为助词"了 *le*"的基础上。"V+完+了 *le*"结构在明清时期白话文本中的高频使用为"完"与"了 *le*"的跨层词汇化奠定基础。实际上，"了"在动补结构的补语位置变为体标记之后，就可以直接与很多动词性成分相结合，而不必再单独经历一个语法化的过程（董秀芳，2006）。其次，语法化也可以以词汇化的结果为依托。词汇化后的补足结构"完了"因原始句法结构"V+完+O"不同成分缺省而逐渐从动词降格演化为句子副词。最后，语用化可以建立在语法化的结果上。"完了"语用功能赋值依托于"完了+O"或"O+完了"语法结构在特定语境下语用推理结果的内化和吸收。

值得注意的是，词汇化、语法化、语用化三种语言演变过程在话语标记语"完了"的演变过程中能够互不干扰。"完"与"了 *liao*"的分立时期的语法化并不会阻碍二者的词汇化进程，甚至也不妨碍"完"与"了 *le*"的词汇化。"完了 *le*"词汇化的完成也并不妨碍其在特定句法环境中发生进一步语法化并最终演变为语法标记。语用标记语与语法标记本质是两种平行的语言成分，尽管作用的语言层次不一。"完了"的"语法标记"身份也并不妨碍其在特定句法环境中吸收内化语用推理所产生的会话含义。

（三）话语标记语"你懂的"的整合分析

作为近年兴起的仍处在发展演变中的网络流行语式的话语标记语，话语标记语"你懂的"演变成形历经人称代词"你"的泛化、"懂"的语义弱化和小句结构"你懂的"语境意义内化后的语用赋值。"你懂的"历时演变的实质是语言表达顺应说话人模糊所指、委婉表达的元语用意识需要,切换小句语义语用焦点内容,实现概念语义成分到话语标记语转变的结果。话语标记语"你懂的"的演变过程与传统的"你/我+'说''想''看'"类话语标记语既有共性,又有不同。一方面,二者在演变过程中均呈现出一种从"动作义"到"认知情态义",再到"话语标记语"的特点,涉及以小句主谓结构"你懂的"情态泛化和语义—语用趋势演变为核心的维度基础变化(表11-3)。情态泛化是语义—语用趋势演变的基础和催化剂,而后者又进一步巩固情态泛化的成果。另一方面,话语标记语"你懂的"又与"你/我+'说''想''看'"类话语标记语不同,独享"的"字结构中心语省略带来的隐语内涵,语用功能更为丰富,演变过程更为复杂。

表 11-3 "你懂的"话语标记化演变基础变化

历时阶段 共时维度	分立阶段		成词演变		
	你	懂	你+懂$_{(sv)}$	你懂$_{(sv[o])}$	你懂的$_{(DM)}$
词形黏着度 Morphological bonding			−	−	+
句法独立性 Syntactic independence	−	−	−	−	+
句法灵活度 Syntactic flexibility	−	−	−	−	+
指称内容 Referential> Non-referential	−	−	−	−	+
命题内容 Content>Non-content	−	−	−	−	+
真值语义 Truth-condition	+	+	+	+(−)	
句法辖域 Scope expansion			−	+(−)	+
主观性 Subjectification			−	−	+

　　话语标记语"你懂的"句法结构演变主要涉及人称代词"你"和心理知觉动词"懂"构成的主谓结构"你懂"在表达中因宾语游动等现象导致的管制力弱化而出现的主句与宾语小句分离,以及宾语省略后"的"字带来的主谓结构"你懂"的名物化,因此在词形、语义、句法、语用等多维度都呈现出系列变化。形态上,整体而言,"你懂的"借助助词"的"字名物化功能实现整个主谓结构的词汇化。然而,"你懂的"和"你看"也并不一样,"你看"已经词汇化,但是"你懂"没有,"你懂"词汇化的关键在于"的"。因此,"你懂的"词汇化过程中,主谓结构"你懂"的形态黏合比"你看"要弱很多。语料库表达中也几乎找不到主谓结构"你懂"在表达中单独充当插入结构的用例。当然,"的"字的介入,"你懂的"逐渐由主谓结构所指的心理动作转向心理状态或主谓结构所指向宾语成分,因此整体性更为完整。因此,话语标记语"你懂的"整体演化呈语义向心力逐渐强化,词形黏合度激增的趋势。语义上,"你懂的"演化借力于人称代词"你"所指的泛化和"懂"的情态泛化,使原本实在或形象的词组或短语所指因使用范围的扩展将越来越多的对象纳入自己的指谓范围,导致其内部范畴特征逐渐模糊。词语的语义演变多涉泛化现象,尤以流行语为甚。语义泛化后所指人称指代词抽离交际语境,动词"懂"失去谓语功能,进而导致主谓结构"你懂"失去自身的命题陈述功能,并逐渐演变为语用表达式的组成部分。

　　语义泛化为谓语动词"懂"丧失动词本身典型特征和其句法搭配的变化奠定基础。心理动词"懂"构成的主谓结构"你懂"所带宾语能够前后自由游离或省略,从而弱化谓语动词"懂"对宾语成分的管制力,为主谓结构"你懂"在句法上与宾语小句结构的进一步分离和语气上的停顿做好准备。然而语料检索表明分离后的"你懂"并未如"你看""你想""你说"等主谓结构一样走上词汇化的道路,因为心理动词"懂"在肯定性陈述句中仍多表事实性情态动作,所指明确,并未像上述主谓结构中的"说""想""看"一样逐渐泛化。"懂"的语义泛化发生在其与否定或疑问性副词连用后的情态拓展,譬如语料库中有大量"不懂""懂吗"单独存在的语料。因此,"你懂"并未能像"你看""你想""你说"一样直接脱离主句,而是借助"的"字结构的名物化功能将所指泛化,使整句"你懂的"单独成词,独立于宾语小句之外。

"你懂的"的词形、语义、句法的基础变化导致其概念意义逐渐消失,语义真值性逐渐弱化,程序意义逐渐增强,句法渐成独立,位置渐趋灵活,逐渐演变成为衔接上下文语篇的连接成分。上述基础变化加速主谓结构"你懂"脱离宾语成分,辖域渐由行域层次宾语小句的概念命题跃升为话语层面的小句表达,甚至整个语篇。名物化的省略与"懂"的心理状态琢磨则进一步促成"你懂的"在高频表达中借助推理吸收语境意义,内化充实为语用意义,语言表达主观性不断增强。

话语标记语"你懂的"的演变成形是主谓结构"你懂"在语义、语法、语用三个界面演化的结果,涉及以语义—语用演变为核心的语义弱化、情态泛化和语言主观性发展及其连锁的词汇形态、句法形态的变化,遵循语言演化由行域、知域、过渡到言域的规律,语义指称历经由客观世界自然事物到客观世界逻辑关系最终到言语行为的虚化过程。语料分析表明"你懂的"概念语义泛化和语用赋值的整个演变过程是语言结构在网络大传播的趋势下顺应说话人隐晦表达的元语用意识驱动,借助语义泛化、结构重新分析、语用推理等机制重新分析句法结构,重新解读语义内涵的结果。

语义泛化(semantic generalization)是话语标记语"你懂的"的前期演化的基础。所谓语义泛化是指词语在保持越来越少的原有语义特征的情况下,不断产生的新的使用方式,并将越来越多的对象纳入自己的指称范围内的现象(刘大为,1997)。"你懂的"隐晦概念所基于的指称模糊实质建立在人称代词"你"指称泛化和心理动词"懂"情态泛化的基础上。人称泛化后,"你"所指针对性降低,所指扩容,指向力减弱;"懂"情态泛化后,动词指示性功能降低,所指情态由已然状态(realis)转为未然状态(irrealis),疑问与反问功能增强。语义泛化后的"你懂"组合在一起降低对交际对象的指责性,和说话人自我炫耀的可能,不容易引发交际对象的反感。与此同时,随着"你懂的"语义的越发空灵,其使用情境也在大众传播中不断拓展泛化,由最初草根阶层聊以自我自慰、心照不宣的戏谑语到新闻传媒中不断使用强化的流行语,直至最后进入官方话语体系的模糊语。"你懂的"语义泛化过程符合人类的隐喻认知机制,是一个历时性的渐变过程,在被人们大范围、高频率地长期使用之后,它的隐喻性语义逐渐在各领域被人们接受和认同(魏冯,2015)。

结构重新分析(structural reanalysis)是主谓结构"你懂"与小句宾语分离的主要助推机制。话语标记语的典型特征之一在于其句法独立性及其带来的语篇衔接功能。主谓结构"你懂"原多位于句首制约后接的宾语成分充当话题,但"懂"在语言运用的情态拓展过程中受"你/我+V(说、想、看)"结构认知情态化演变规律的影响,渐与宾语成分呈脱离之势,句法结构上由[你懂+S/O]变为[你懂,S/O],为话语标记语"你懂的"的最终演变成形奠定基础。语义泛化推动"你懂的"真值性减弱,指称性模糊,促使其内部概念语义走向空灵,而结构类推则帮助主谓结构"你懂"脱离主句,使之名物化后置于前后小句之间,衔接前后小句。二者共同作用于词汇结构,为其在句法、语义上进一步靠近话语标记语的相关特征做好准备。

话语标记语"你懂的"语用赋值的最大助推器是人认知思维中的语用推理机制(pragmatic inferencing)。实际上,由句法成分演变为固定形式,并表示特殊的语用意义,这与语言交际者的元语用意识相关,它使言谈者在组织话语、促进听者理解及协调交际需要等过程中,不断地选择各种有利于实现该目标的形式或手段,这些形式也就带上了特殊的语用意义(林素娥,2012)。不同于传统话语标记语的是,"你懂的"作为网络流行语隐语性质较为浓重,往往标识"看破不说破""只可意会不可言说"等诸多心理活动,因此其在言语交际中的语用功能及说话人的元语用意识往往较为隐晦,其功能解读也严重依赖于听话人对语境及交际内容的推理。相关语用含义高频使用固化后往往在交际中被说话人直接用来传达自身诸如提醒、暗示、强调等多元语用意识。

整体而言,话语标记语"你懂的"演化过程中语义泛化、结构类推、语用推理三种不同机制分工负责,互为倚靠,各司其职。语境拓展下的语义泛化触发整个演变进程,结构重新分析在句法固化语义泛化的成果的同时又能刺激语义进一步泛化,语用推理则赋予词汇结构本身新的语义内涵,达到"旧瓶装新酒"的效果,引人回味。语言的泛化带来语言功能相应的变化,反过来,"你懂的"潜在的话语功能又使得泛化能够顺应社会的需要一步步地发生(王丹荣,2011)。

前文分析阐明,话语标记语演变成形并不是一个简单过程,而是语言结构在不同时期在语法、语义、语用三个界面的演化,这种演化也并不一定会齐头并进,均衡发展,而是各有偏重。现有研究多以成熟话语标记语个案为研究对象,因其历时语料久远,考据主观而往往容易有所疏漏,历时演变阶段划分结论也多易引人质疑。相较而言,语言现实中正在发生演变的话语标记语"你懂的"因近距离可观察性而往往通俗易懂,令人信服。

纵观整个历时演变进程,话语标记语"你懂的"的发展主要涵括人称代词"你"和心理动词"懂"分立演化的起始阶段、主谓结构"你懂"管制力弱化分离和名物化的深化阶段,以及词汇结构"你懂的"的语用赋值阶段,先后涉及语法化、词汇化和语用化等不同演变过程。实际上,学界对短语性话语标记语的演变过程结论多有争议,Schiffrin(1987:319)视之为词汇化,Brinton(1996)视之为语法化,而 Wischer(2000)则待以词汇化和包含语用化在内的广义语法化。

一般说来,词汇化、语法化、语用化三种演变过程所产属性不同,大体说来,"你""懂"的语义泛化及主谓结构"你懂"的句法脱落隶属于语法化,而名物化的演变过程则可视为词汇化,而"你懂的"的语用赋值过程则是词汇在语境中语用化的结果。语言的语法化、词汇化、语用化演变进程不可截然分开,而是相互交织、构成连续统一体。三种不同语言演变过程所产对应小句命题的概念语义焦点、语法焦点和语用焦点。语法化、词汇化、语用化的转变对应并反映语言演变过程中焦点切换的轨迹。

语义泛化关注词义演变的动态过程,是语法化的重要步骤之一,往往导致词汇结构内部语义成分模糊,所指范畴扩大,所指事物往往由具体、个别向抽象、一般扩大，最终促使相关概念语义走向虚化。话语标记语"你懂的"早期分立演化进程中"你"和"懂"概念语义在不同情境中不断泛化，指称针对性或动作属性降低。主谓结构"你懂"受类推机制的影响，句法结构重新分析，与小句宾语分离，也是语法化的典型过程之一。"你懂的"词汇化建立在前期语法化成果的基础上，以"的"字结构名物化为核心，因此，相较而言，尽管语法化在话语标记语"你懂的"早期成分演化中占据重要地位，但在其整体演化进程中作用较为弱化，语言进一步演化的主体依托于词汇化的结果。

"你懂的"词汇化演变促进词内语素的融合，为其概念语义的隐语式发展奠定基础。话语标记语"你懂的"语用功能的衍生实质是其词汇化后概念语义借助语用推理机制吸收情境意义，并在高频使用中固化吸收相关语用推理出的会话含义，最终促使话语标记语"你懂的"主观性和交互主观性逐渐上升，语用化趋势明显。因此，不同于话语标记语"但是""完了"，"你懂的"在语言演变中并没有在成词后继续虚化，而是直接借助语境内化完成语用化的进程。话语标记语"你懂的"演化成形的关键在于语用化，而语用化又建立在前期词汇化的基础上。当然，话语标记语"你懂的"整体演变进程开始较晚，目前也仍处在多变的演变过程中，甚至词汇结构本身到2014年才真正成为官方表达的重要方式，因此话语标记语"你懂的"的结构和功能在未来语言表达的不同语境中仍可能产生较大变化。

（四）话语标记语"不是我说你"的整合分析

"不是我说你"作为近年来人们口语表达中常用的流行语，因其语义在小句前后的悖论已经受到学者的广泛关注。话语标记语"不是我说你"的演变成形建立在否定副词"不是"由语义否定转向语用否定，小句概念否定焦点淡化及其动词主观评价性内化吸收等过程的基础上。

小句结构"不是我说你"成为话语标记语历时演变的实质是语言表达顺应说话人维护交际对方面子的元语用需求，在语义语用上否定自身批评意图，借延展听话人心理思考时间实现委婉交际的结果。话语标记语"不是我说你"的演变过程与传统虚词类话语标记语的演变既有共性也有差异。一方面,二者的历时演化都是语境下语用赋值的结果,都经历了辖域拓展和句法结构的分离。尽管小句结构类话语标记语自身带有一定概念语义信息,但其在语言使用中已逐渐抽象化和情态化,多用于传递说话人的情感态度,无涉其内部概念语义信息,因此也都不会增减其后接小句概念语义命题信息;但是另一方面,"不是我说你"类话语标记语与传统虚词类话语标记语的差异在于二者话语标记化的起点不同。虚词类话语标记语的演化建立在已经完成概念语义虚化、语法功能明确的词汇基础上;小句类话语标记语尚未成形,自身概念语义内涵清晰,至多可归于口语高频使用后结构习语化或固化,小句整体结构的虚化更是无从谈起,因此,其话语标记化路径与传统虚词类话语标记语路径和演化重心有所不同。

"不是我说你"的话语标记化扎根于小句结构语境信息的内化与吸收,立足于结构内部否定副词"不是"和言说动词"说"的情态化,经历语义否定到语用否定迁移,否定焦点淡化、主观性衍生等主要阶段,在句法和语义两个层面上涉及一系列以句法/语义—语用趋势演变为核心的多维基础变化(表11-4)。

表 11-4　"不是我说你"话语标记化演变基础变化

历时阶段 共时维度	分立演变			成词演变		
	不是	说	你	不是+ S+V+O	不是+ (S+V+O)	不是我说你 (DM)
词形黏着度 Morphological bonding	+			-(+)	-(+)	-(+)
句法独立性 Syntactic independence	-	-		+	+	+
句法灵活度 Syntactic flexibility	-	-		+	+	+
指称内容 Referential> Non-referential	+	+	+	-	-	-
命题内容 Content>Non-content	+	+	+	+	+	-

续表

历 时 阶 段 共时维度	分立演变			成词演变		
	不是	说	你	不是+ S+V+O	不是+ (S+V+O)	不是我说你 (DM)
真值语义 Truth-condition	−	−	−	−	−	−
句法辖域 Scope expansion	+	+		+	+	+
主观性 Subjectification	+	+		+	+	+

　　话语标记语"不是我说你"句法结构上的主要变化涉及语义否定朝语用否定转变过程中否定副词"不是"限定对象的改变。上文分析表明,"不是我说你"自身概念语义与小句后接对听话人实质批评的语言成分构成语义上的前后矛盾,所谓"不是我说你"实际上"就是我说你"或者"我就是说你",因此传统语法中否定副词"不是+X"结构中"不是"修饰限定后接成分 X 的语法属性在此句中并不匹配。话语标记语"不是我说你"语义否定到语用否定转变的焦点淡化过程中呈现出"[不是+我]+V+O"到"不是+我+[VO]",再到"不是+S$_{(NP+VO)}$"的演变路径实际上就是句法结构顺应语言表达弱化焦点需要不断调整的结果。语言表达上必须将指责主体"我"和评价行为"说"相关焦点信息弱化的元语用需求促使小句结构 S$_{(NP+VO)}$结构"我说你"的固化,而评价对象的省略及所指的泛化又进一步导致句法结构调整衍生出"不是我说"结构。虽然上述结构尚未完全词汇化,但其词形黏性(morphological bonding)增强,至少已经形成"不是""我说"两个双核心,且有随着高频使用而紧密结合成单一核心的趋势。此外,"不是我说你"自带完整概念意义,因此小句结构的固化能够加速其脱离后接信息内容,获得句法独立地位和灵活的句法位置,为其演变为话语标记语奠定基础。实际上,现有语料检索表明,"不是我说你"多已经独立于小句命题之外,多位于但不限于句首,常有后置用于表达说话人淡化前文严厉评价给对方造成的

困扰,修补交际双方的人际关系。

话语标记语"不是我说你"语义—语用演变主要围绕其内部否定副词"不是"、言说动词"说"以及人称代词"你"的概念语义磨损及其在语境中的语用意义赋值。三成分在语言演化过程概念语义逐渐虚化,指称性逐渐降低。"不是"由具有明确否定对象的判断副词在语境中渐生语气传递功能,"说"由具体的言说动作行为渐转为空泛的评价概念,传递言者认知情态,"你"指称对象逐渐泛化,聚焦功能渐消失。话语标记语"不是我说你"演变过程中"不是""说""你"三大语言成分的语义虚化为其整体上脱离概念语义表达,模糊语义内容,并最终演变成为标识说话人元语用意图,传递言者情感态度,修补交际关系的话语标记语"不是我说你"奠定基础。话语标记语"不是我说你"真值语义的弱化削弱其于后接语言事实间的语义联系,使之脱离具体语境,辖域拓展至句子或语篇层面,在整体上帮助说话人表达对相关事件的语气态度,最终在青少年群体中有渐成口头禅的趋势。

话语标记语"不是我说你"的演变成形是小句结构基于内部成分在语义、语法、语用三个界面演化基础上,以句法/语义—语用演变趋势为核心,切换小句语义语用焦点内容,在形式、语义和功能上固化,最终从概念语义成分演化为话语标记语。话语标记语"不是我说你"的演变是语境下语言主观性发展壮大的结果,其在句法结构和语义真值上的演变受到说话人元语用意识的驱动,遵循语言演化由行域、知域过渡到言域的规律。"不是我说你"话语标记化是小句结构顺应语用需求,语言主观性发展到极致的结果,其整个演变历程及其在句法—语用结构和语义—语用结构的基础变化建立在语言历时演变的语义隐喻化机制、结构类推机制、句法重新分析机制以及语用推理机制在语义、句法层面协同合作、强化结构主观性发展的基础上。

所谓隐喻作为创造性思维方式是人们认知和识解世界的主要途径,在人类范畴化、概念结构、思维推理的形成过程具有关键作用(王寅,2007:406)。其不同认知域间单向投射的本质属性及投射过程丰富概念语义的作用赋予人类借助已有概念认知新颖概念的思维能力(杨国萍 等,2017)。话语标记语"不是我说你"表面对言说动作"说"的否定实质上是在否认掩饰说话人批评听话人言行的意图,涉及"行为"和"心理"两个空间域,其概念语义隐喻机制的核心在于人们在言语识解将"行为"域向"心理"域投射时所依托的概念隐喻"所说即所想"。"所想"作为人类高级抽象思维活动具有高度的主观性,"所说"作为"所想"的直接产物则直接体现说话人的交际意图及其对所指事件的真实情感态度,奠定话语标记语"不是我说你"语义主观性的基础。

话语标记语"不是我说你"是"不是我+V+(你)"结构的典型代表之一。大凡具有评价功能的动词理论上均能构成类似话语标记语。语言实践中经常可见"不是我埋怨你""不是我批评你""不是我责怪你"及其变体"我不是说(你)""我告诉你"等都是语言结构"不是我+V+(你)"类推的结果。所谓类推则是已存在的规则和形式在其他语言形式中的扩展,是强势规则的运用。类推后衍生的新结构均具有独立、灵活的句法位置和高度的主观性,传递说话人的主观情感态度,否认说话人的语用意图,尽管相关新结构的词形固化程度弱于话语标记语"不是我说你",但也渐有形式固化或词汇化发展趋势。唯一不同的是,"不是我说你"在语言实践中相较于"不是我+V+(你)"结构其他变体的高频使用加速其话语标记语身份的确立。

话语标记语"不是我说你"语用赋值核心在于语义层面否定焦点迁移弱化过程同时彰显的说话人语用层面主观性,以及在此过程中实现的语义否定到语用否定。深层次焦点范畴的切换或弱化有赖于表层结构的调整,而句法结构上的重新分析则是其中关键步骤。所谓重新分析在维持句子表层结构不变的情况下改变内部结构排序,从而导致语言形式构成成分、成分性质、结构层次、结构性质及结构世界的变化,从而导致新的语言形式或语法形式的产生。话语标记语"不是我说你"语义否定到语用否定转变的焦点淡化过程整体呈现出"[不是+我]+V+O"到"不是+我+[VO]",再到"不是+$S_{(NP+VO)}$"的演变路径变化是句子成分顺应语言表达需要句法成分重新分析组合的结果。不同的句法结构对应于不同的语义/语用焦点,因此句法结构的重新分析也就是小句焦点切换或跳跃的基础。

话语标记语"不是我说你"语用赋值关键在于语用推理机制。所谓语用推理(pragmatic inferencing)作为语言交际中常用的思维方式是交际双方根据已知信息推断对方未言意图的过程,是语言意义演化过程中说话人对话语意义构建的主要手段。"不是我说你"的概念语义与其后接小句在语义上的矛盾,往往会促使听话人不得不寻找、推断说话人潜藏在背后的语用意图,是语言主观性衍生的必经阶段。一旦这种会话含义在高频使用中规约化就会从特殊会话含义变为一般会话含义,并最终有可能成为语言形式的新编码意义。这种语用推理的过程能够延长听话人思索说话人语用意图的时间,减少后文批评性小句对听话人造成的直接冲击力,间接维护听话人的面子,形成委婉表达的效果。

整体而言,话语标记语"不是我说你"的演化尽管起步较晚,但其成形同样也是语言演化过程中语义/句法—语用倾向达到一定程度的结果。语义隐喻化、结构类推、句法重新分析以及语用推理四大机制在整个演化过程中相互协调,共同促成小句结构"不是我说你"语义和结构的固化及语用功能的衍生。

随着新媒介的兴起和语言口语特征的普及,汉语中诸如"不是我说你""我告诉你""不瞒你说""我说什么来着""瞧(看)你说的""谁说不是"等之类的来源于完整小句的话语标记语越来越多。这类话语标记语多位于表达其语用真正意图的话语之前,或之后,但其起步晚,尚处在语言演变过程中,因此变体形式较多。现有研究或注重考察话语标记语语用功能的衍生,简单将其话语标记化演变归因于人际功能的强化,交际双方近距离互动(乐耀,2011),或话语标记语主观性在语言中内化吸收(吕为光,2011a)或关注话语标记语词形结构的演变,将其标记化笼统归因于习语化(idiomization)过程(董秀芳,2010)。刘丞(2013)则认可李思旭(2012)的某些短语由于特殊语境触发形成话语标记语的路径,认为信息传递的经济性造成单核化,导致结构重新分析后固化形成的。上述小句类话语标记语演化分析的混乱状态表明其并不是一个单一的过程,而是多维度演变的结果,在纵向上也不应是一个单一演变过程的结果。实际上,刘文认为话语标记语的形成动因不应仅限于词汇化或语法化之类的普遍因素,也应该考虑到相关话语标记语自身原结构的语用功能。董文在审慎承认话语标记语的形成可以看作是自由短语或小句习语化的过程,又表明话语标记语的形成与很多典型的词汇化表现不同,可以长期存在变体形式。

话语标记语的演变过程所涉基础变化较多,小句类话语标记语尽管起步较晚,但也不例外。小句话语标记语历时演变动因争议的根源在于学界相关研究缺乏宏观视角,放大某些基础变化,忽略其他相关变化,因此往往演化结论迥异。纵观整个历时演变进程,话语标记语"不是我说你"的发展主要涵括否定副词"不是"、言说动词"说"以及人称代词"你"的分立演化、"不是"的否定焦点迁移,以及小句结构"不是我说你"的固化阶段及其在相关语境中借助语用推理等机制实现主观意义固化等阶段,是句法/语义—语用演变倾向的结果。表面上看,"不是我说你"话语标记化进程是小句结构特殊推理意义在语言高频使用中固化成为一般含义,进而促进整个小句结构习语化或词汇化的结果。然而,任何语言结构的演变都是量变引发质变的结果,都是建立在内部成分元素演变结果的基础之上。细致剖析话语标记语"不是我说你"整个演变过程,从本相上看,话语标记语"不是我说你"演化进程也并不能脱离共时层面上语法—语义—语用三界面特征在不同历时时期不断演化、整体推进的路径,其演化过程也可以依据其在不同阶段对语法、语义、语用特征的偏重将其划分为语法化、词汇化以及语用化等进程。

词汇化可以建立在语法化的基础上。小句结构"不是我说你"概念语义和后所接小句语义矛盾性带来的结构和意义固化或习语化是词汇化的初级阶段。依托于小句结构内部成分"不是""说"以及"你"等成分的语法化,三成分内部概念语义逐渐空灵,丧失原有的真值语义,其语法功能拓展,分别由语义否定延展至语用否定,言说动作延展至心理表达,特定指称延展至群体指称。同时,否定焦点迁移过程中否定副词"不是"限定对象改变发生的结构重新分析,以及

"不是我+V+（你）"结构的类推都是语法化典型特征之一。

　　语用化是话语标记语"不是我说你"演变成形的关键。前人研究往往将话语标记语的演变归结于语法化，然而语法化本质以语法标记的衍生为特征。尽管话语标记语"不是我说你"内部成分的演化有赖于语法化过程，但其本质特征并不在于标识小句结构内部成分的语法功能，而在标识说话人的交际意图。小句结构"不是我说你"的语用功能赋值过程有赖于前后文语义矛盾的特殊语境所促发的说话人的语用推理结果的固化，及其固化后对后接消极预期信息的标记，因此其演化是命题意义在特定语境中获取元交际话语功能的结果，是语言交际中人际互动的体现，是语言表达在交际中主观化的需要。语法化与语用化是可以相容的两个演化过程，而且同一个语言结构可以朝语法标记或语用标记演化。话语标记语"不是我说你"的语用化依托于其内部成分语法化的成果，后者为其脱离小句自身命题意义，抽象泛化成程序意义或吸收语境意义奠定基础。当然，语法化并不一定是语用化的前奏，二者并没有必然的因果联系。

　　词汇化是话语标记语"不是我说你"语用功能高频使用的副产品，但是却不是话语标记化的必然结果，因为小句结构类话语标记化后的表达式并不完全匹配词汇化后内部成分组构性消失的特性。董秀芳（2010）认为由自由的、意义具有组合型的小句变为在一定程度上凝固的、语义具有特异性（idiosyncrasy）的习语是语言发展中较为普遍的现象，因而由小句变为话语标记语的现象也很普遍的观点尽管具有一定合理性，但却只是具有到话语标记语的形态特征，并没有从实质意义上解释话语标记语之所以能够成为话语标记语的根源。实际上，小句结构"不是我说你"话语标记化是典型的语用化的结果。所谓否定焦点的淡化和语义否定到语用否定的迁移，以及言说动词主观性的衍生都是交际双方基于交际合作与言语关联的原则根据小句前后语义相背离的现象推导出来的。语境意义吸收内化后成为具有固定语用功能的小句结构，反而淡化小句原始的语义内涵。语用化与词汇化并不是互为驳斥的两种语言演变过程，而是可以相容协作的。小句结构"不是我说你"语用功能的内化进一步促使其内部具有完整独立的语用意义,从而进一步拓展辖域,并最终为其独立成小句概念语义结构奠定基础。因此,细究话语标记语"不是我说你"的演化轨迹能够探查到语法化、词汇化、语用化等语言演变机制作用的痕迹。所不同的是,三者作用于不同层面的演变罢了。

二、英语话语标记语的演变整合性解读

作为对照,我们同样简要分析英语话语标记语的整合性,进而从语言类型学的视角来看,与汉语话语标记语的演变阶段分析相似,英语话语标记语的演变在本质上也是语言结构(含词汇、小句等不同形式)、形式与意义在语音、语义、句法、语用等不同维度随着其在话语表达中的高频使用而逐渐发生变化。与此同时,相关维度变化在时间轴上形成的不同演变阶段相互衔接,构成了整个演变过程。鉴于前文四大类型话语标记语演变的全程分析均是以汉语话语标记语为主线,以英语话语标记语演变为参照辅线,本节英语话语标记语的演变阶段的简要整合研究同样也仅限于作为一个参考,为语言历时演变过程中的阶段性合成理论奠定基础。

前文梳理中明确指出,从词源来看,话语标记语 *but* 的演变在词上经历了西日耳曼语时期的 *be-utan*,以及古英语时期的 *butan*,*buta* 或 *buton* 等。话语标记语 *but* 的演变过程中经历了词汇化过程中的 *be* 和 *utana* 两个词组的组构,以及与此同时伴随发生的组构词组在音位上的缩减。古英语时期 *butan* 或 *buton* 在语言中的高频使用进一步为其在语言表达中发生语法化过程提供可能。词汇在这个过程内部结构进一步凝练融合,在音位结构则进一步缩减,*butan* 或 *buton* 中的-*an* 或-*on* 在语言高频使用中逐渐脱落。概念语义上逐渐由实到虚,即由最初行域物理意义上"在……范围之外""不超过"等渐渐衍生为知域上抽象概念中的"排除""例外""除非"等程序意义。*but* 在古英语时期的语法化过程中完成了从方位介词和方位副词到连词的演变,也与其在话语表达作用中从行域到知域的转变相吻合。此时,*but* 在话语表达中的焦点也从行域中标识地域方位

渐渐转向抽象概念上的标识范围。

从概念语义的衍生角度来看,汉语话语标记语"但是"与英语话语标记语 *but* 具有的一定的相似性。二者都源自隐喻、转喻在大脑概念思维中的影响。"但是"演变过程中"二选一"式"选择"核心概念衍生出的"限制""否定""条件""转折"等核心语法功能同样存在于 *but* 的演变过程中,体现大脑认知结构中的"视域焦点转换"。相关系列衍生概念为其语法化过程中形成的副词、连词、介词、名词或者关系代词等形态的出现奠定了基础。作为现代英语中的话语标记语,*but* 的话语功能最早源自 13 世纪作为引入性话语出现。此时 *but* 的语法功能已经从单纯的句法层面的逻辑表达拓展到语篇层面上的话语表达,为 *but* 最后获得知域层面上的话语功能提供可能。*but* 在知域层面所表达的新旧信息差异或新信息与认知期待不相符所带来的心理冲击为其在言域层面话语表达中传递"异议、惊奇或吃惊"的情感态度提供可能。同时,伴随 *but* 的作用范围从知域拓展到言域,其在话语表达中的焦点也相应发生拓展。前者聚焦语篇中上下文的逻辑转折关系,后者则关注话语表达中言者情感态度的标识。

作为现代英语表达中常见的语气词,*well* 的话语标记功能主要用于标识说话人在话语表达中的内心多样情感态度。语料梳理显示,*well* 在现代英语使用中所具有的名词、形容词、动词,以及语气词具有高度的语义同源性。*well* 作为名词的"井"与"灌溉""涌出"的意义更多停留在行域上的物理概念,构成话语表达概念意义的部分,因此任何情况的缺失都会导致话语语句意义的不完整,甚至语句的不合语法。而前人研究表明古英语中的 *well* 作为副词多源自"内心意愿概念(*to will* , *wish* , *according to one's will*)"到"符合道德标准或行为标准(*in accordance with a good or high standard of conduct or morality*)"的表达。借力于"达标即是好"的思维认知,*well* 的概念语义发生泛化,并在语法化的过程中逐渐抽象,成为现代意义上的副词。作为副词而使用的 *well* ,虽仍然是句子概念命题信息的构成成分,但是从语法功能的角度来说,重在修饰施事动作行为或者对整句话语事件状态做出评价,因此相较而言,其在句子中的缺失虽有可能导致句子概念意义的缺失,但却不会影响整个语句意义的表达。从这个意义来说,作为副词的 *well* 仍然作用在行域之上,但又不如作为名词和动词的 *well* 那么典型。

前文文献梳理也指出,作为语气词的 *well* 与作为话语标记语的 *well* 在语用功能上具有高度的一致性。*well* 自身的人际功能在交互主观性的作用下伴随不同语境的需求发生嬗变,有利于其话语标记功能的衍生。尽管 Jucker(1997)、Finell(1989),以及 Marcus(2014)对 *well* 在语篇和人际两个层面的功能解读不同,但是学界也公认 *well* 在现在英语中的功能呈多样化。然而相较于源自转折连词的话语标记语 *but* 而言,*well* 的语篇功能在话语表达中的比重远弱于其人际功能。从这个意义来看,*well* 从知域层面上在语篇中衔接上下文相邻语句的功能是很少的,从言域层面上在话语表达中传递情感、态度、意义的功能是彰显了的,因此,作为话语标记语的 *well* 的演变路径更多地是直接从行域略过知域而直接跃升言域的。

整体而言,作为情态标记的汉语话语标记语"完了"与英语话语标记语 *well* 差异显著。汉语话语标记语"完了"起源于动补结构,其演变路径历经了行域层面上的概念语义成分、知域层面上的动作事件类衔接功能词组,以及言域层面上的情态表达;然而,英语话语标记语 *well* 虽语义源头多样,但其话语标记功能却是以副词为起源,直接用于言域层面的情态表达。

作为隐语类的英语话语标记语 *you know* 与汉语话语标记语"你懂的"都源自主谓结构在话语高频使用中所发生的脱落演化,所不同的是汉语表达中"的"字结构的名词化使得"你懂"的后接宾语蕴含在其中成为未言说的内容。主谓结构 *you know* 无论是在句型 *You know something* 中还是在句型 *You know* S_{S+V+O} 中,都是作为整句概念命题信息的重要构成作用在行域层面之上,因此一旦脱落或丢失则会引起整句概念命题意义的缺失,或者是整个句子语法表达的错误。前文分析阐明,尽管学界对 *you know* 话语标记化路径解读有所不同,但也都普遍认为其演化在很大程度上得益于人称代词 *you* 与认知动词 *know* 在语言的高频使用中发生的语法化变化。人称代词 *you* 在指称对象上的可及性明确提升了其具有的人际功能,而 *you* 特定的指向对象在使用中也逐渐泛化,最终也成为无定指的概念符号。同样,*know* 自身所涵括的语义动作逐渐抽象,其所"察觉或理解"的对象由具象实物逐渐虚化,从而拓展其自身语义的语义内涵。

整体而言,*you know* 在演化过程中呈现出由行域到言域发展的特点。然而不同于 *but* 或者 *well* 的是,*you know* 的演化并未以词为最终形式,而是以习语的形式存在,尽管 *y'know* 在英语语言中与 *you know* 平行使用,但是前者频度远低于后者。此外 *you know* 的演化过程与汉语中的"你懂的"相类似,建立在单个词成分 *you* 和 *know* 在语言高频使用中语法化成果的基础上。在这个演化过程中,整个 *you know* 参与概念命题意义建构的功能不断弱化,从而为其作为一个整体在言域层面拉近交际双方的心理距离,强化言语表达中双方的交互主观性,以及并逐渐吸收语境意义并衍生自身在话语表达中的语用功能。从这个意义来说,话语标记语 *you know* 的信息焦点在整个演化过程中由强调"你知道(*you know*)"这个动作行为转为了"提示信息,提起注意,填补信息空白"等语用功能。相较而言,尽管 *you know* 在话语表达中因其句法位置的原因,可能在知域层面上兼具衔接上下文的逻辑功能[①],但从整体来看,还是以言域层面上的情境交互为主。

坦言式话语标记语 *frankly*(*speaking*)在语用功能上与"不是我说你"在语用功能上具有一定的相似性,但在结构演变上又有较大的差别。"不是我说你"源自否定判断"不是"对小句"我说你"的协调演变。二者间的边界在语言的高频共现中逐渐消失,融为一体,共同构成独立的话语标记语。前文语料梳理清晰表明,以"不是我说你"最初出现在文本中时多在行域层面上以句子概念命题意义的传递为核心,因此小句内容往往能够直接构成整个句子的概念内容之一。而 *frankly*(*speaking*)作为副词类的话语标记语,最早作为程度副词或加强副词

---

① 比如,填补信息空白,在一定意义上来看也是在语篇层面上衔接上下文,确保语言逻辑连贯的一种方式。

修饰谓语动词,甚至有时是动词 *speak* 本身。此时 *frankly* 虽在文本中可以省略,但是其在文本中的省略多少会导致其整句命题中概念语义的损失,因此文本中小句的焦点更多的是停留在"说话人坦诚的说话方式"之上。

  frankly(*speaking*)话语标记化的过程中,伴随着其他副词类话语标记语(如 *indeed*,*actually* 等)相似的语法化路径,在概念语义逐渐虚化的同时,词语本身逐渐从动作副词渐变为句子副词,直至从主句上脱落,成为独立的插入结构,为其语用功能赋值奠定基础。在这个过程中,*frankly* 作用于言域层面上,更多地标识言者的情感态度。实际上,*frankly* 在频率临界点前标识更多的是逻辑表达层面上的言语行为,而超过临界点后标识则是话语层面上的情感态度,话语表达的意义也更为主观,因此两者虽形式相同,但是语言表达中的信息焦点差异显著。

第四节　话语标记语演变中句法—语用的互动性

  语言系统中句法与语用是两个相互平行但又相互联系的系统。前文对话语标记语演变的细致梳理清晰表明,英汉语言演变必然离不开其在句法和语用两个层面的变化。语言句法层面所关注的系统内部句子构成规则与语言语用层面所关注的外在因素对语言意义的影响共同作用于真实语言环境下话语表达的意义。语境独立下的句法与语境支撑下的语用在话语表达中相互融合,句法的限定性、规则性与语用的非限定性和理据性分别从形式与功能的角度相互配合,促进语言结构在话语表达实践的高频使用中发生形式或功能的演变,进而引发后续的关联改变,直至最终导致语言结构整体演变的成功完成。

  当然,由于话语标记语的演变是个漫长的过程,基于其个案本身的差异以及所处的时代和外在环境的差异,不同话语标记语在整个演变过程中的进度也不同,因此,其演变完成的时间点也必然不同。本研究中所涉的英汉话语标记语的演变进度就差异明显。其中,汉语四个个案中的"但是""完了"已经完成整个演变过程,成为公认的话语标记语;"你懂的"的演变成形得益于传媒时代年轻人口头禅的高频使用,起步晚,演变速度快,具有时代特征;"不是我说你"则是开放的句法结构"不是我+V"多种变体中最为高频使用的一种。开放的句法表明,其还处在演化过程中,在结构上尚未完全定型。同样相较而言,本研究所涉四个英语话语标记语中,*but*,*well*,起步早,成形早,而 *you know*,以及 *frankly*(*speaking*)则虽起步晚,但却得益于话语表达中的显性口语化倾向以及在话语中的高频使用而加速演变。

一、句法结构改变对语法语用功能衍生的触发

话语标记语功能的衍生与存在依托于句子的基本形态,脱离句子结构的语法语用功能往往都是空中楼阁。句子结构作为话语的基本形态与句子的语义功能,以及句子在话语表达中的语法语用功能处于相互对应的状态。句子结构成分的增减,成分语序的调整等任何形式的改变一般都会带来句子语义的变化,进而导致其在话语表达中语用功能的改变或调整。因此从这个角度来看,话语标记语演变过程中,其源语言句法结构的调整必然引发一定的变化。这种形式、意义与功能的相应变化可以存在于词汇演变过程中的词汇化、语法化,以及语用化等各个阶段。

汉语双音化演变趋势中由单音词发展成为双音词,或仿语高频相邻使用凝固成为双音化的过程其实本身就是词汇的内部结构构成在微观层面上的调整。前文语料梳理分析清晰表明,古汉语的单音词"但"构词能力强,譬如"但是""但愿""但凡""非但""但凭""非但""不但"等多个组词自衍生以来就在汉语表达中均大量存在至今,其中相当大部分词汇在现代汉语表达中还较为活跃。这些双音词在由单音词组构而成的过程中,往往意味着不同单音词彼此边界的消弭和融合,而这又往往意味着两个单音词和新组构双音词句法属性的改变。

"但"与"是"的双音化过程建立在上古时期单音词演化的基础上。语料考证表明,"但"在上古时期多作副词使用,西汉时期最早出现的"但"与"是"在语

句中相邻连用时,"但"多用作限定副词充作状语,修饰中心词"是",两者词汇内部结构构成偏正关系。此时"但+是"这种界限分明的偏正关系在史料中直至唐代一直存在,表示"只要"或"凡是"。"但"与"是"句法边界的逐渐模糊带来了语义上由"限定"到"条件"的嬗变。整体而言,尽管"但+是"在语义上渐趋嬗变,但从整体来看相关变化在句法与语义层面上差异显性度并不够明显。

然而,值得注意的是,"但+是"结构在这个阶段的共现频率呈显著性的高频化。南宋末年,"但+是"在句子中后接续谓语动词使结构中的"是"自身所带有的谓语焦点判断功能逐渐消失,句型结构从[主语+(但)是+宾语]逐渐演变为[主语+(但是)+谓语动词],进而促进了其句法边界的进一步消失。前文第七章考证所列举的《朱子语类》中的"但是做得从容不迫""但是说滑了口后""但是拜扫而已"等例证充分说明宋时"但是"已经逐渐进入双音词前的复合词阶段。"但是"双音化演变过程与其副词化,以及后续的连词化过程相向而行。唐末至北宋年间,"但+是"组合的谓词功能在与其副词功能并存的同时,渐成势弱之势。作为副词的"但是"在句法位置上渐由低位饰谓副词转变为高位饰句副词。句法位置的前移带来语法功能的衍生,进而为"但是"在句首时在语篇层面上所产生的前后文衔接为核心的话语功能奠定基础。

纵观"但是"整个分立与并合的演变过程,可以发现"但+是"语法功能的变化伴随整个结构概念语义和语用功能的变化。"但是"句法位置前移的同时强化了其作为副词和连词的属性,消弭了"但"与"是"两个单音节词的边界,为其词汇化、语法化,以及最终的语用化奠定基础。

同样,源起于动补结构的话语标记语"完了",其演变成形得益于动补结构(V+完了)中动词因语境或经济性的省略。而"(O+)完了"句法结构的变化促使其在语句中"动作完结"语法意义的弱化,而句法独立的"完了"在前后小句的衔接中获得了形式上的语篇衔接功能,而"前一动作的结束预示后续动作发生的"认知赋予了其在内在功能上的真正衔接能力。话语标记语"你懂的"则是动词"懂"后续宾语的省略与"的"字结构名词化导致整体句法结构发生变化,而"不是我说你"演变过程中呈现出的"［不是+我］+V+O"到"不是+我+［VO］"，再到"不是+S$_{(NP+VO)}$"的演变路径实质也是句子本身内部结构的调整。相关句法结构的每一步变化都带来了相应结构在语法或语用层面上的功能变化。

如果我们进一步对照性地梳理回顾 *but*,*well*,*you know* 和 *frankly*(*speaking*)等英语话语标记语的演变过程，就可以发现英语话语标记语的演变路径同样是或经历由饰谓副词到饰句副词的句法前移，或经历句子表达中语言成分的缺失、语言连贯性的削弱而导致的结构独立等阶段。正如前文所言，句子结构型语言成分的变化（缺失、移位，甚至增补）都有必然会打破句子语言意义原有的和谐，衍生新的语法意义和语用意义。譬如，［you know that+Clause（S+V+O）］句型结构中 *that* 在语言高频使用中的省略，在句法上带来的是 *you know* 主句地位的丧失和从句 Clause（S+V+O）语法地位的上升，进而为谓语动词 *know* 感知能力的弱化和其在话语表达中获得语言提示功能奠定基础。*frankly* 在话语表达中借助其既可在微观层面修饰谓语动词，表示做事坦诚，又可以修饰句子，表示个人人品坦诚的功能，在语言高频使用中逐渐发生句法位置的前移，进而为其语用功能的衍生提供了可能。

总之，汉英话语标记语的演变路径梳理都清晰地表明，句法结构的变化，特别是句法成分缺失和句法位置的迁移，都必然会导致原有词汇结构概念语义的弱化、原有语法功能的消失，以及相应的新语法功能的新生。这种句法结构的改变也构成了语言演变中的句法适切条件。在符合语言句法适切条件的基础上，新生话语表达在语言的高频使用中，在语言交互主观性的作用下将语境内化，为其在话语表达中进一步地语用功能赋值奠定基础。

二、语用功能衍生对句法结构改变的促进

话语标记语在本质上是服务于话语交际过程中交际双方的情境需要的语用功能词类。语言符号在话语表达中的第一维度是在语义学范畴内传递概念意义，而第二维度则是在语用学范畴内传递说话人的语用意图。说话人交际意

图的变化与彰显依托于语言形式,而相应的语言形式又能够顺应说话人元语用意识的需要而发生变化。从顺应论的视角来看,基于语用需求而发生的语言变化实质上是交际过程中交际双方根据语境需要不断选择语言方式,也是语言原有结构与语言使用环境相互调整、适应,最终二者达到平衡,从而实现交际意图的过程。

语言变化中的这种调整、适应是交际双方在动态交际过程中在语言结构和表达策略两个维度相互妥协的结果。语言结构是表,而语言策略则是里。语言结构上,言语交际中基于说话人元语用意识的话语语用功能往往会触发语言表达在词汇层面或者甚至整个语言结构层面的调整。新语用功能的衍生会导致语言表达的变化,现有语用功能的消失同样也会导致原有语言表达的变化。语言策略上,言语交际中说话人对交际过程的意识程度往往会通过语言选择来凸显,而这种选择则反映交际中的语言策略。

前文个案研究均清晰表明,话语标记语在语言表达中多在语篇层面上标识话轮结构的开始、延续、转换或者结束,在情感上标识或暗示说话人对谈论话题以及听话人的态度,或提示话语交际信息,最终促成交际双方的互动。这些说话人在语言交际中的语用策略需要为话语标记语在广义维度的句法结构上的变化奠定基础。如,灵活而独立的句法位置,概念意义的磨损、前后可感知的停顿,以及独立的韵律单位等。

汉语话语标记语"你懂的"之所以能够在言语交际中广泛流行,根本原因在于其符合中国人交际中含蓄、内敛的特点,借助隐晦表达的手段暗示听者发散思考,主动推理,让交际对象明白交际中所讨论的事件具有"不可说""不用说",以及"说不出"的性质,与中国人传统的"看破不说破"的理念高度吻合。基于这个需求,"你懂的"需要与传统句法结构中"你懂+Clause$_{[s+v+o]}$"或"你懂+事件$_{[o]}$"结构中剥离出来,而汉语表达中"的"字结构的名物化功能将认知动词"懂"泛化,促使其从"行动范畴"转为"事物范畴",最终也就降低了主谓结构"你懂"在句子中的依存度,为其句法独立奠定了基础。同时,从语言多模态的角度来看,通常交际双方在使用"你懂的"这个表述时,多与前后小句间保持一定的停顿,在语调上多弱于相邻词汇,且带隐秘性微笑,从而故意吸引听话人的注意力,引发听话人思考和探究说话人深层次的真实意图。譬如,前文第八章例句中所分析的"你懂的"语例,说话人的真实意图是想提醒听话人反向理解话语。

话语标记语"完了""不是我说你"等之所以能够在现代汉语表达中高频使用,同样也多是言语交际中说话人语用情态表达需要的结果。"完了"在汉语表达中由"动作结束"转向"事件完结",直至最后的"情态表达",这种基于"木已成舟,无力回天"的感触所引发的"无奈""犹疑"等情绪必然要求原有语言结构[V+完了]发生嬗变。同时,基于话语表达中衔接上下文的需要,说话人往往会重复相关结构,同时基于经济省力原则而将语言结构[V+完了]中的动词V省略变成[O+完了],从而最终助力"完了"实现句法位置的独立。而"不是我说你"的话语标记语化路径实际上是说话人需要在言语交际中撇清自我责任,维护交际面子,缓和交际双方人际关系,引出后文批评,而不得不采取的语言缓冲措施。为了更好凸显这种缓冲意图,说话人往往会在交际表达中将之与后文话语切分停顿,在话语情态上做真诚状态。这种人际关系缓冲需要顺应了说话人的元语用意识,自然更容易为大众所接受,从而在语言中高频使用。从一定意义上来说,基于语用需要而衍生的话语标记语更适合源自现代汉语白话文中的语言表达,它们符合语言口语化的潮流,很多也都逐渐转变成为具有口头禅特点的表达。相较而言,源自古汉语的连词"但是"尽管在话语标记化的演变路径上也有得益于语用需要,如话语重心的改变,话轮的切换等,但其口语化特征远不如上述三个话语标记语。

英语话语标记语的衍生过程也同样具有语用驱动性。譬如, *frankly* (*speaking*),*well* 之所以能够取得句法独立,从句中低位饰谓副词提升到句首高位饰句副词,再到后期的话语标记语,本质上是得益于说话人的情态表达需要。而主谓结构 *you know* 逐渐与宾语从句在句法结构上分离,其实也反映了说话人在交际中提示听话人后续内容应当是交际双方共享知识。转折连词 *but* 在话语表达中与后接小句分离,也是基于说话人争取话轮或者思考填补空白的需要。总之从话语标记语的本质语用特征来看,说话人在交际中的语用意图往往会带来句子信息焦点的改变,进而影响词汇的句法结构,并在声音模态上给语音、语调等维度上带来变化。

第十二章

结　语

　　话语标记语作为国内外学界广泛关注语言学研究的热点话题,是指标记话语单元序列关系的独立语言成分(Schiffrin,1987:31),涵括感叹词、连词、副词、指示代词、短语和小句等多种句法成分。尽管话语标记语成分来源多样,但均不参与命题表达,却能组织话语、阐明话语单位与交际情境间的连贯关系,彰显说话人对所说的话以及听话人在话语情景中角色的立场和态度(董秀芳,2007)。话语标记语作为日常语言交际中常用的一种元语言手段的本质特征彰显了其语篇功能和人际功能,使之在言语交际中往往起到衔接语篇上下文,表达说话人对世界发生、状态、过程、结果的态度、评价等,是说话人"自我意识"和"主体性"意识的彰显(席建国,2009:26),在话语表达中起到明示标记的作用。话语标记语意义的解读受到话语标记语、语境及其语用功能三个维度之间动态性的相互制约关系的影响(冉永平,2004),因此,话语标记语的功能认知取决于自身在语境中的解读,具有相当的灵活性,故不可将其功能类型绝对化。

　　尽管现代话语标记语最早由 Quirk 研究 *well*,*you know*,*you see* 等英语小词的话语标记功能时提出,但学术界也越来越意识到话语标记语不仅只是语言研究的处女地,更是检测语用和语义界限的基础,同时也是语篇结构和话语解读的基础(Schourup,1999:227-265)。后期研究中更是发现话语标记语作为跨语言现象广泛存在于不同语言当中。研究表明,话语标记语虽隶属独立的功能词类,但有别于传统封闭性词类,其范围相对开放,成员数量可以随着语言变化不断增加,词汇结构本身也能够在语言演化过程中不断得到新的功能性赋值,并随着语言传播逐渐发展成为大众普遍接受的话语标记语。现代话语标记语虽成分来源多样,但英汉语言中具有衔接功能的连词或关联副词往往在话语标记语演化道路上具有天然的优势。另一方面,相较于语句表达中的其他结构成分而言,句首或句末的跨结构成分词汇化后,以及句首副词话题化后因其所处的句法位置在语篇中更易于充当话语标记语。英汉语中"说""想""看""懂",以及 *speaking*, *know* 等认知情态动词,因其能够传递说话人内心意图,也往往容易与第二人称代词"你"组构成插入语结构,起到邀约、提醒等多种语用功能。

第一节　话语标记语历时演变的共性、机制与路径

话语标记语是元语言意识在语言层面的显性表现,是语言选择顺应语境的结果。前人话语标记语研究多从话语连贯、关联理论和语法语用等三个视角在共时层面上解读话语标记语的语义内涵、句法搭配结构和语用功能(杨国萍,向明友,李潇辰,2016),对其历时演变过程则多惯性停留在语法化解读层面,对其词形变化和语用功能衍生过程解释有待商榷。现有话语标记语历时研究在语料、方法以及理论视角上的局限性导致相关演化过程研究结论相悖,信度存疑。

一、话语标记语历时演变的共性

话语标记语历时演化研究结论中词汇化、语法化、语用化纷争的根源在于三者概念不清,研究路径自上而下,理论解释倾向较强。实际上,前人研究多放大词汇化、语法化概念,导致二者内部体系所指外延模糊的不足,与语用化关系界定不明。本书研究将词汇化界定为词组随高频实用内部黏合度增加,内部词汇成分理据消失,采用扩展法和替代法无法改变词汇内部结构成分的一体化过程。词汇化以词语衍生为导向,既可以产生诸如"但是"之类的语法词,也可以是诸如"桌子"之类的实义词。语法化以语法结构或词汇的衍生为导向,是语义由实到虚,由虚到更虚的过程。语用化并不以词汇结构或语法结构的衍生为终

极目标,而是特定语篇环境中的词汇或结构的语用推理意义在高频使用后吸收内化并固化的过程。尽管词汇化、语法化、语用化作为语言演变的三种不同进程分别在语义、语法、语用三个界面,但是现有研究表明三者演化过程内部具有相当的共性与差异。本研究文献综述部分词汇化、语法化、语用化区别性特征构建表(表5-2)所展现的共性构成三者整合的概念基础,而差异则代表三者不同的发展方向。词汇化与语法化、语用化与语法化间的纷争历时良久,至今仍旧僵持不下。词汇化与语法化、语用化与语法化高度相似的语言演变原则和演变共性更让两组演变过程纠缠不清。一方面,语用化、词汇化也遵守语法化的择一、层次、歧化、更新等演变原则,而另一方面相关学者提出的频率、语音缩略、临近共现等语用化特征实际也为语法化、词汇化所兼有。

有鉴于此,本研究全面总结吸收消化前人研究成果,规避前人研究局限性,力求在概念上正本清源,研究路径自下而上,研究过程上重细节、重考证,轻概念纷争,以语料史实说话,以期整个话语标记语历时研究演化结论能够更加贴近语言演变史实。研究基于类型、语用功能,以及使用频率所选"但是""完了""你懂的""不是我说你",以及 *but*,*well*,*you know*,*frankly* 等8个英汉语言中不同类型的话语标记语个案研究表明,话语标记语在共时演化机制和历时演化路径两个不同演化描写层面上均有相当的共享机制。

二、话语标记语的演变机制

语言演变是相关结构在高频使用中发生量变到质变演化的结果。本研究中现代汉语话语标记"但是""完了""你懂的""不是我说你"和英语话语标记语 *but*,*well*,*you know*,以及 *frankly* 的演化路径考证研究表明,尽管英汉8个个案语法源属性分别是连词、副词、跨层结构、主谓结构以及小句结构,但其在词形、句法、语义指称、小句命题意义构建、辖域等不同维度都有相似的表现,亦即词形呈固化、句法渐分离,语义指称渐弱化模糊,小句命题意义建构功能渐消失,辖域渐拓展,所不同的只是不同话语标记语在上述维度的变化发生在不同演变阶段罢了。

　　本研究 8 个个案分析表明,话语标记语演变成形是词汇依托句法形态结构变化和语义—语用趋势变化为核心的形义持续演变直至匹配的结果,在演变机制上具有高度的共享性。人类语言发展的普遍现象表明,语序的变化会对一个语言的语法系统会产生深刻的影响(Hopper & Traugott,1993:50)。话语标记语源自现有表达语言结构和语义,在使用中调整和组合实质也是语序调整的结果,因此广义上重新分析是话语标记语演变成形中最为核心的机制。狭义上的重新分析则分为结构重新分析(structural reanalysis)和语义重新分析(semantic reinterpretation)。所谓重新分析的典型特征之一就是成分间边界间的变化,亦即两个原属于两个不同组构的词语或者形态标记间边界消失逐渐融合(fusion),成为一个复合词或词语。结构重新分析往往会进一步导致成分间语义重新分析和词汇形态的调整,乃至音韵的变化。同样,语义重新分析也可能会引起结构重新分析。现有研究表明,几乎所有语言演变现象的衍生都离不开重新分析。譬如汉语话语标记语"但是"与"完了"的成词过程就是限定副词"但"与焦点判断"是",以及完结动词"完"与助动词"了"两个不同成分融合的结果。"但""是"两个语素与"完""了"两个语素结构的分别融合为其合成结构语义的进一步整合奠定基础,"但是"在表转折时语气也多较重以表强调和凸显,"完了"在做转折衔接时则语气较轻。话语标记语"不是我说你"类非定型结构的演化机制分析表明,句法类推对语言结构的拓展起到重要作用。尽管句法类推也是诱导语言演变的重要机制,但其本质是句法重新分析机制适用范围拓展的结果。"不是我+V+N"类话语标记语其他变体实质是其核心原型"不是我说你"在高频使用固化成一个单位后,拓展到其他变体表述的结果,实质也是其他变体结构成分经历重新分析后固化成形的结果。

　　同样,英语话语标记语 *frankly*,*well*,伴随语言演变,在句法结构上重新分析,从原句的饰谓副词变成饰句副词。而 *you know* 从句子的主谓结构在语言高频使用中逐渐脱落,促使原句中的宾语小句的句法地位上升,原句的主谓结构句法地位下降。实际上,除去 *know* 以外,英文里 *see*,*believe* 等动词也具有同样功效。

除了组构成分的内部重新分析外,话语标记语演变生成的另一个主要机制隐转喻映射则助力于话语标记语自身语义—语用演变趋势的强化。话语标记语作为语用功能词类,其核心特征在于传递说话人情感态度和对相关事件进行评价,因此反映说话人的主观意识和说话人对客观事件认知的结果,是说话人对客观世界概念化的产物。隐喻作为创造性思维方式,大脑认知方式和推理机制,对认识世界有潜在的、深刻的影响,在人类范畴化、概念结构、思维推理的形成过程具有关键作用。隐喻由认知而生,又是认知的结果,推动认知进程的发展,因此在语言发展和人类思维中处于中心地位,是人类日常语言中无所不在的,用以思考和谈论识解的基本思维方式和认知工具。隐喻作为创造性思维方式,其不同认知域间单向投射的本质属性及投射过程丰富概念语义的作用赋予人类借助已有概念认知新颖概念的思维能力。

话语标记语语用赋值过程是说话人借助隐转喻机制将语法或语义空间内容向语用空间投射。隐转喻机制的使用往往能够丰富或削弱源空间中的语义或语法内容。话语标记语"你懂的"(you know)和"不是我说你"中的人称代词"你"(you)和"懂"(know)在语言使用中的语义泛化将其语义空间内容中的范畴特征投射到新的空间中去,从而弱化语义空间所指概念,丰富源语义空间外延所指。除构成成分的隐转喻转化,隐转喻还是话语标记语语用推理机制的重要手段,因为人类对新知识的认知往往都是基于旧有知识理解和构建新旧知识关联的基础上。从这个意义上,语用推理能够帮助交际双方拓展言内之意,深化丰富整个语言结构的内涵。

三、话语标记语的演变路径

尽管英汉话语标记语来源多样,各有特点,但其整体演变路径具有高度的共性,需要经历严格意义上的词汇化、语法化、语用化过程。每个过程基于各自的特性给演变中的词项带来不同维度的变化,各个过程之间发生的先后顺序并不是固定不变的,往往会适应其语用功能产生的需要。通常认为,词汇化会先于语法化,语法化会先于语用化,实际上,有时语法化又会先于词汇化,有时语用化也会先于词汇化。相关过程往往因所研究词语的来源、语言差异而有所不同。譬如,汉语整体的演变趋势是双音化,因此汉语话语标记语演变过程中往往会涉及单个多音字在词汇化之前的演变,这种演变在语料中很有可能就是语法化过程。显然英语演变则没有这种趋势。

汉语话语标记语"但是"作为现代汉语中成熟的虚词,因其早在隋唐时期就已经结构固化演变为副词,且在清代就随着其小句衔接功能的提升,由谓语副词渐变为转折连词,因此其演化进度不同于其他三个,起步较早,结构形态相对稳固,内部成分高度黏合。连词"但是"在现代汉语中的话语标记化是其在已有演化基础上,作用范围从句法层面逐步提升到语篇层面,辖域不断拓展的结果。

然而相较而言,尽管"完""了"比"但""是"在语料中出现得更早,但话语标记语"完了"词汇化过程完成于明末清初章回体小说,因此比"但是"成形更晚,但又比纯粹起源于现代汉语口语中的"你懂的"和"不是我说你"更早。"但是"话语标记功能渐生的时期是"完了"词汇化过程完成的时期,而后者真正完成话语标记化则是有赖于其在现代汉语中的高频使用。不同于"但是""完了"话语标记化历程起步早、基础好,历时演化阶段清晰的特点,话语标记语"你懂的""不是我说你"均是现代汉语中相关句法成分或小句结构在特定语境中高频使用导致语用意义吸收内化的结果。相较于"但是""完了"因长期演化而成形的空灵的概念意义和明晰的语法意义,"你懂的""不是我说你"自身概念意义尚未完全流失,程序意义尚未明确彰显。除"你懂的"因其隐喻意义在汉语口语表达中接近结构固化外,"不是我说你"整体词汇化过程尚未完成,结构成分多可替换且不影响小句内部语义。因此,"你懂的"和"不是我说你"的话语标记化历程更像是概念意义弱化、程序意义渐生以及语用意义强化,三者齐头并进、并行不悖的复杂投射过程,而非"但是""完了"由语法意义转向语用意义的单一投射过程。

同样,本研究中涉及的四个英语话语标记语 *but*,*well*,*you know* 以及 *frankly*

(*speaking*) 中 *but*,*well* 演化成形的时期相对较早,在古英语时期就已经完成了早期的词汇化过程,语言形态、语言意义、语法功能等各方面均已相对稳定,并为大众所接受。与汉语话语标记语"但是"相似,英语中的 *but* 也在高频使用导致的语法化过程中逐渐由具有强烈转折语气的"强转折"逻辑连词转为"弱转折"连词,语义更进一步空灵。同时基于语境意义的内化吸收,*but* 作为逻辑词,逐渐附着上一定的语用情态,助力其开启语用化进程。相较于 *but* 作为天然连词在语言演变过程中所具有的衔接上下文的功能,*well*,*you know* 以及 *frankly* (*speaking*) 或强于语气表达,或强于修饰动词,但其本身自带的逻辑链接功能却非源自词汇本身,而更多的是源于其在小句中的位置,使前后相邻的小句能够在形式上或功能上,隐性或显性地衔接上下文。当然,由于不同词汇本身因此相较而言,他们自身的概念语义虽有不同程度的流失,但是仍影响其在话语表达中的理解与使用,他们话语标记化的过程更多的是受交际过程中交际主观性的影响。

话语标记语"但是""完了"和"你懂的""不是我说你",以及 *but*,*well*,*you know* 以及 *frankly*(*speaking*)在历时演变进度差异表明其虽在词形、句法、语用等不同层面的都历经词汇化、语法化、语用化等不同演变过程,但相关过程在不同类型词汇作用阶段不同,而且三种语言演变过程既可以同时叠加在同一阶段,也可以依次发生,而非互为前提。就话语标记语的本质特征来说,其语用功能词类的根本属性决定了语用化是词汇结构话语标记化的根本,语法化和词汇化则是基础。语用化可能带来词汇化,但却不大可能带来语法化,词汇化、语法化和语用化都不是语言演变过程的终结,词汇化也可以建立在语法化基础之上,词汇化成果也可以进一步发生语法化和语用化,语法化和语用化成果也可以在后期的高频使用中进一步词汇化或语法化,三者间并不互为否定,但产出不同。

有鉴于此,话语标记语演变过程的判断分析应该充分考虑其形式在现代汉语中的状态和其整体演变的全过程。将话语标记语的演化过程简单归结于词汇化、语法化或语用化无疑是有失偏颇的。"但是"因其虚词身份已得到汉语界公认,也被主流词典的收录,因此其话语标记化演变考查中往往忽略词汇化阶段,语法化过程得到彰显,而"完了"则因其缘起于明清,成词年代较晚,因此词汇化过程仍可清晰追溯。"但是""完了"作为已成虚词词汇在语言高频使用中往往充当句子语法成分作用于小句句法完整,意义往往更为虚化,因此其语法化过程在话语标记化路径中往往被凸显。尽管话语标记语"你懂的"和"不是我说你"内在部分元素自身带有一定语法化元素,其整个结构自带的明显清晰的概念语义内容和灵活的结构形式暗示表明语法化和词汇化过程的不清晰,然而其特定语境意义的吸收内化又可彰显其语用化过程。同样,现代英语中 but 和 well, frankly(speaking)作为连词或者副词也都已经为语言界所承认,因此通常其词汇化过程在话语标记化考证中往往会被略过,而注重其语法化过程。而 you know 源自主谓结构,不同于前述三个词汇,虽然 you 和 know 作为构成成分已经开始语法化过程,但是其词汇化过程尚未完成就开始了语用化过程。

综合考虑话语标记语的本质属性和其演化阶段特征,语用化无疑是词汇或结构话语标记化路径的最后一步。语用化既可以建立在语法化成果的基础上,如"但是"but, well 之类的传统虚词的话语标记化,也可以建立在词汇化成果的基础上,如"完了"这类近代衍生的虚词的话语标记化,还可以完全建立在小句结构的高频使用上,如"你懂的"(you know),"不是我说你"frankly(speaking)这类话语标记语的固化。实质上,细究考量每一个词汇内部成分的演化路径,语法化过程几乎必不可少,成词后概念意义的虚化更是语法化的必然结果,因此,语法化在整个话语标记语演化过程中占有相当比重,常常被笼统视为整个演化的主要过程。

第二节　话语标记语演变的动因、动态特征与趋势

话语标记语的演变是一个动态复杂的过程,既有内因驱动的因素在内,又是外因刺激的结果,因此其演变过程也必然受到多方因素的综合影响,与时代发展密切相关。

一、话语标记语演变动因探析

演变动因是促使语言形式话语标记化的原因。前文文献梳理也指出,话语标记语兼具形式和功能特征,其演化实质是在词汇结构形式特征符号化的基础上,概念意义和程序意义相互博弈,直至完全程序意义化的过程。话语标记语程序意义源自词汇结构概念意义虚化,或抽象泛化,或范畴映射后残存的依赖语境的抽象意义(Heine,et al.,1991:39-44)。概念意义消失和程序意义增长并不是一蹴而就的,而是连续统一体上细微量变累积致质变的结果。因此,从这个意义来说,话语标记语演化过程中存在概念意义与程序意义并存阶段的假设是合理的,而决定哪种意义占主导地位的往往是其所处的语言环境及其整体演化的程度。

词汇结构演变成话语标记语过程中的概念意义消失和程序意义增长并不是突然冒出的,而是语言表达受内在和外在因素影响,导致句法结构改变,从而触发概念意义虚化和语用意义赋值的结果。内因是演变的根本,词汇结构在语言中的发展往往起源于语言内部的变化。"但是"从限定组合"但"+"是"到话语标记语的每一个演变都是内部句法结构变化的结果。连词"但是"成词的根基在于[话题(者),回指的"是"+说明(也)]结构中因"者""也"脱落以及话题的简略,渐变成[话题,是+NP],而促发回指代词"是"演变为判断词"是"。"但是"由限定谓语的词组["但"+"是"]演变成为副词[但是]则伴随着句法位置的提升和小句结构中新动词的出现。副词连词化归功于"但是"句法位移到小句间起到上下衔接的作用。"但是"话语标记语化则是连词在特定话语结构中脱离命题意义建构层次上升到话语表达层面的结果。"完了"话语标记化历程同样也在很大程度上归功于"完"和"了"在各自小句结构中的句法变化以及"完了"自身在小句结构中"V"的省略。"你懂的"中"你+V"与主句结构的脱离以及"不是我说你"与宾语成分的脱离及最后的固化都与句法结构的调整有着密不可分的联系。对于英语话语标记语 *but*,*well*,*you know*,以及 *frankly* (*speaking*)来说,其话语标记化的演变路径也离不开其内因作用。*but* 的话语标记化充分利用转折连词 *but* 位于小句句首的便利,引入新信息,使之能够在情态上形成前后的对应或对照;*frankly*(*speaking*)从动作副词脱落并逐渐位移到句首,而 *you know* 的话语标记化之路也得益于其与后接小句的句法分隔。

相较演变内因而言,外因是演变的催化剂,词汇结构在语言中的运用则往往会强化内因引发的变化。说话人元语用意识是语言演变的第一要素。语言作为人类表达情感的首要工具,其措辞需要选择调整协商以顺应说话人的元语用意识。比如,话语标记语"不是我说你"的出现受说话人意在批评交际对象的言语或行为,但又希望维护交际对象面子,和谐交际的元语用需求;*frankly*(*speaking*)是说话人在元语用层面上希望将之从修饰谓语动词副词,传递说话人执行动作行为时的状态,变成修饰句子副词,强调动作所指向的内容的真实性与坦诚性。

此外,语言结构间类推是语言演变研究不可忽视的另一个因素。"你懂的"和 *you know* 的话语标记化历程在很大程度上受到诸如"说想看"或 *say, see, believe* 等动词的主谓结构"你+V"脱离宾语独立运用的影响。包括本研究中的汉语话语标记语"不是我说你"诸多变体的出现也是如此。最后,高频使用是词汇结构话语标记化的必经之路。新颖结构的出现可能是偶然为之也可能是刻意为之,但是其真正能够在语言表达中流行不消亡则取决于其使用频率。"但是"、"完了"、*you know*,以及 *frankly*(*speaking*)等各种用法在语料中的胶着和最终胜出或淘汰都是高频使用的结果。

最后,语言经济性是语言表达自身和说话人的内在需求。从经济省力的角度来说,人们在处理信息时总是倾向于以最小的认知付出来获得最大的认知效果。话语标记语作为标识上下文逻辑关系的重要衔接手段,能够降低说话人认知识解的难度,有效传递言者的情感态度。譬如,"你懂的"和 *you know* 语义结构的泛化最终延展了话语标记语自身的外延,简洁的三个字和两个词表达了最丰富的含义和最广阔的概括性,给听者留下无限遐想的空间。

二、话语标记语演变的动态性特征

话语标记语的语义演变、语用赋值与形态变化是协调互动、相互触发的。作为形义匹配的结合体,语言形态变化可能促成相应的语义演变或语用赋值,而概念语义虚化和语用意义赋值也会间接导致结构体形义搭配由匹配状态变成不匹配状态。熊学亮、许宁云(2005)认为语料的新颖性会导致对原有形义关系的核实和调整,从而产生其内部无法分解的语言产物。实际上,语言形义结构往往因误用或有意图间接推理而不匹配,但其衍生的新颖意义常在高频使用后因思维短路(short-circuited)而固化,从而促使新结构体整体单元性上升,实现形义结构重新匹配平衡。

具假定结构体 C 有固定形义匹配 $[F_0\text{-}M_0]$,如若 F_0 在句法环境中被重新分析为 F_1,则会与原有 M_0 发生矛盾,产生新颖意义。话语标记语不同其他语言结构演变的核心在于形式演变下概念语义虚化和语用赋值,亦即 M_c 演变为 M_p,直至新结构体 $C'[F_{(F0\text{-}F1)}\text{-}M_{(C\text{-}P)}]$ 形义匹配稳定。反之,M_c 的推理意义 M_p 若在语言高频使用后固化也会导致其与 F_0 的矛盾,推动 F_0 演变为 F_1,促使结构体 C 形义匹配关系重建,产生新结构体 $C''[M_{(C\text{-}P)}\text{-}F_{(F0\text{-}F1)}]$。

本研究中英汉话语标记语的演变历程考证表明,话语标记语的衍生遵循形义匹配受语言环境影响,不断调试直至完全匹配的基本规律,符合语言演变的典型特征。以话语标记语"你懂的"演变为例,相同语言材料的新产结构[你懂的]与原有语法主谓结构表达[你懂+小句]间的矛盾预示新产结构的新颖性。借鉴熊学亮、许宁云(2005)的逆证推理,我们可以发现,结构表达[你懂+(宾语小句)]原有形义关系受到语言法则影响,背离主谓结构表达,进入新的语法系统,并在形式和功能特征上重新调整匹配,最终演变为话语标记语。实际上,英语话语标记语 *you know* 等其他正在演变中的话语标记语也具有相似性。在此不再赘述。

三、大传媒时代话语标记语"流行语""隐语化"演变趋势

话语标记语的产生是语言实义结构向虚词长时间演化的结果。现有话语标记语历时研究多深入探究话语标记语的演变过程,而忽略大传媒时代网络传播飞速发展以及人人都是语言创造者和语言演变见证者的时代特征。大传媒时代网络已经多方位地渗透到人们的生活、工作中,这些灵动、鲜活的词语,为中国传统语言带来了活力(陈敏哲,白解红,2012)。网络传播的高效性为新词语的产生提供动力,成为社会语言创新的源泉(张挺,魏晖,2012)。同传统的书面语言相比较,网络语言由于减少了外来的是束缚,发挥了作者的自由性,往往在构思上更为巧妙,最大限度地反映出每个人在语言上的创造力,导致已有词汇的变异使用及新词新语的创造和对常规语法的突破(张小平,2002)或者提供新的语言成分和语言规则,调整现有成分和规则,推动相关表达的广泛使用(施春宏,2010)。大传媒时态对语言演变的另一个显著影响在于高速高频传播,加速语言演变进程。传统上,语言的改变通常需要几十年,甚至一辈子的时间才能确立。然而,当涉及电子技术时,一个新词可以在几个小时内取得全球知名度,因为互联网将加速语言的进程(Crystal,2011:57)。

网络传媒的影响成为现代话语标记语演变成形的强力助推剂。不同于传统话语标记语多缘起于虚词本身受句法环境改变,大传媒时代下话语标记语多缘起于小句话语语用功能在网络环境下放大,呈现出隐语化和流行语化两个趋势。本研究考察的话语标记语"但是""完了"以及 but, well,可以归属于传统话语标记语,而"你懂的"和"不是我说你",以及 you know, frankly(speaking)实际上可以归类于受传播高度影响的新型话语标记语。

话语标记语"你懂的"之所以风靡于国内网络论坛,多因其丰富的内涵、无言的幽默和灵活的使用在青少年群体中得到了广泛的传播,显示出其旺盛的生命力。2014 年全国政协会议发言人吕新华在回答记者时的一句"你懂的"更是引起了全民的大狂欢,使之从网络语言正式进入官方话语序列。因此,话语标

记语"你懂的"的风靡离不开当时当代的社会特性。不同于传统研究中的"S+V"结构型话语标记语,话语标记语"你懂的"除了传统意义的语用功能赋值外,在口语表达层次上也得益于新兴媒介的参与。网络亚文化圈的兴起成就了全民的"你懂的"式的狂欢,同时网络技术的发展与网络监管的博弈为话语标记语"你懂的"隐语化呈现出"你懂的"内涵。

相较而言,话语标记语"不是我说你"尽管不同于"你懂的"具有强烈网络特征,但也因其小句结构的语用评价功能而广泛流行,成为大传媒时代下话语标记语流行语化的代表性结构,在民众口语表达中高频出现,借以帮助说话人掩饰自身在言语表达中指责听话人的意图,规避责任,维系和谐交际。

总之,大传媒时代话语标记语隐语化和流行语化的发展趋势为学界突破传统历时语言学研究视角提供机遇,但迄今为止鲜有学者涉及传媒网络对语言演化的影响。随着网络语言学的提出,相关话题再度引人兴趣,成为未来话语标记语研究中一个值得深入思考的方向。

参考文献

AIJMER K, 1996. Conversational routines in English: convention and creativity. Newyork: Longman.

AIJMER K, 1997. I think-an English modal particle. In T. Swan & O. Westvik (eds.), Modality in Germanic languages: historical and comparative perspectives. Berlin/Newyork: Mouton de Gruyter: 1-47.

AIJMER K, 2002. English discourse particles: evidence from a corpus. Amsterdam: John Benjamins.

AIJMER K, 2007. The meaning and functions of the Swedish discourse marker alltsa—evidence from translation corpora. Catalan Journal of Linguistics, 6: 31-59.

AIJMER K, 2013. Understanding pragmatic markers. Edinburgh: Edinburgh University Press.

AIJMER, KARIN & SIMON-VANDENBERGEN, ANNE-MARIE, 2003. The discourse particle well and its equivalents in Swedish and Dutch. Linguistics, 41: 1123-1161.

ALHUQBANI M N, 2013. The English But and Its Equivalent in Standard Arabic: Universality vs. Locality. Theory & Practice in Language Studies, 3: 2157-2168.

ANDERSEN, GISLE, 2001. Pragmatic Markers and Sociolinguistic Variation: A Relevance-Theoretic Approach to the Language of Adolescents, Amsterdam/

Philadelphia：John Benjamins Publishing Company.

ANTTILA R, 1989［1972］. Historical and Comparative Linguistics（2nd edition）. Amsterdam / Philadelphia：John Benjamins.

ARIEL M, 1994. Pragmatic operators. In R. E. Asher & J. M. Y. Simpson（eds.）. The Encyclopedia of Language and Linguistics. Oxford：Pergamon Press.

ARIEL M, 2005. Accessibility Theory. In Keith Brown（ed.）. Encyclopedia of Language & Linguistics（Second Edition）. Elsevier Science：15-18.

ARIEL M, 2008. Pragmatics and Grammar. Cambridge：Cambridge University Press.

ARIEL M, 2010. Defining pragmatics. Cambridge：Cambridge University Press.

ARROYO JOSÉ LUIS BLAS, 2011. From politeness to discourse marking：The process of pragmaticalization of muybien in vernacular Spanish. Journal of Pragmatics, 43：855-874.

AUER, PETER & SUSANNE GÜNTHNER, 2005. Die Entstehung von Diskursmarkern im Deutschen：EinFall von Grammatikalisierung? In Torsten Leuschner, Tanja Mortelmans & Sarah De Groodt（eds.）. Grammatikalisierung im Deutschen. （Linguistik-Impulse & Tendenzen 9）. Berlin & New York：Walter de Gruyter：335-362.

AUSTIN J, 1975. How to do things with words（2nd）. Oxford：Clarendon Press.

BACH K, 1999. The Myth of Conventional Implicature, Linguistics and Philosophy, 22：327-336.

BAIAT G E, COLER M, PULLEN M, et al., 2013. Multimodal analysis of "well" as a discourse marker in conversation：A pilot study, 2013 IEEE 4th International

Conference on Cognitive Infocommunications（CogInfoCom）（283-288），IEEE.

BARTH-WEINGARTEN D & COUPER-KUHLEN E,2002.On the development of final though：A case of grammaticalization.In I.Wischer & G.Diewald（eds.）. New reflections on grammaticalization. Amsterdam & Philadelphia：John Benjamins.

BAUCER L, 1983. English word formation. Cambridge：Cambridge University Press.

BAZZANELLA C,1990.Phatic connectives as interactional cues in contemporary spoken Italian.Journal of Pragmatics,4：629-647.

BEECHING K,2009.Sociolinguistic factors and the pragmaticalization of bon in contemporary spoken French.In（K.Beeching,N.Armstrong,& F.Gadet（eds.）. Sociolinguistic variation in contemporary French. Amsterdam/Philadelphia：John Benjamins：215-239.

BEIJERING K,2012.Expressions of epistemic modality in mainland Scandinavian： A study into the lexicalization-grammaticalization-pragmaticalization interface. Zutphen,The Netherlands：Wöhrmann Print Service.

BELL D, 2010. Cancellative Discourse Markers：A Core/Periphery Approach. Pragmatics,4：515-541.

BENVENISTE E,1966.De la subjectivitédans le langage.In E.Benveniste（eds.）. Problèmes de Linguistique Générale.Paris：Gallimard：258-266.

BIQ,YUNG-O,2001.The Grammaticalization of Jiushi and Jiushishuo in Mandarin Chinese.Concentric：Studies in English Literature and Linguistics,27：53-74.

BIQ, YUNG-O, 2004. From collocation to idiomatic expression: The grammaticalization of hao phrases/constructions in Mandarin Chinese. Journal of Chinese Language and Computing, 14: 79-101.

BLADAS Ó, 2012. Conversational Routines, Formulaic Language and Subjectification. Journal of pragmatics, 44: 929-957.

BLAKEMORE D L, 1987. Semantic Constraints on Relevance. Oxford: Blackwell.

BLAKEMORE D, 1992. Understanding Utterances. Oxford: Blackwell.

BLAKEMORE D, 2002. Relevance and Linguistic Meaning: the Semantics and Pragmatics of Discourse markers. Cambridge: Cambridge University Press.

BLANK A, 2001. Pathways of lexicalization. In M. Haspelmath, E. KÊnig, W. Oesterreicher & W. Raible (eds.). Language Typology and Language Universals(Vol. II). Berlin /New York: Walter de Gruyter: 1596-1608.

BOPP F, 1816. Über das Conjugationssystem der Sanskritsprache in Vergleichungmit jenem der griechischen, lateinischen, persischen und germanischen Sprache. Frankfurt: Andreäsche Buchhandlung.

BOUZOUITA, MIRIAM, 2008. At the Syntax-Pragmatics Interface: Clitics in the History of Spanish. In Cooper, Robin & Ruth Kempson(eds.). Language in Flux: Dialogue Coordination, Language Variation, Change and Evolution (221-263), London: College Publications.

BrÉAL M, 1964. Semantics: Studies in the Science of Meaning. (Trans. by Mrs. Henry Cust). New York: Dover. Original Publication.

BRINTON, LAUREL, 1990. The development of discourse markers in English. In Fisiak, Jacek (eds.). Historical Linguistics and Philology (45-71). Berlin:

Mouton de Gruyter.

BRINTON L J, 1996. Pragmatic markers in English: grammaticalization and discourse functions.Berlin:Mouton de Gruyter.

BRINTON L J,2002.Grammaticalization versus lexicalization reconsidered:On the late use of temporal adverbs. In T. Fanego, M. J. López-Couso & J. Pérez-Guerra (eds.). English Historical Syntax and Morphology. Amsterdam & Philadelphia:John Benjamins:73-74.

BRINTON L J, 2008. The comment clause in English: Syntactic origins and pragmatic development.Cambridge:Cambridge University Press.

BRINTON L J,2011.The Grammaticalization of complex predicates.In H.Narrog, and B. Heine (eds.). The oxford handbook of grammaticalization. Oxford: Oxford University Press.

BRINTON L J, 2012. Historical pragmatics and corpus linguistics: problems and strategies,Language & Computers, 76:101-131.

BRINTON L J, TRAUGOTT E C, 2005. Lexicalization and Language Change. Cambridge:Cambridge University Press.

BROWN G,YULE G,1983.Discourse Analysis.Cambridge:Cambridge University.

BÜCKER J,2008.Pragmaticalization and syntactic change:The diachronic rise of the new quotative "von wegen" in German. Amsterdam: Sociolinguistics Symposium,17:44.

BUSSMANN H,1996.Routledge dictionary of language and linguistics(Trans.and eds.G.Trauth & K.Kazzazi.).London and New York:Routledge.

BUYSSE,LIEVEN, 2017.The pragmatic marker you know in learner Englishes.

Journal of Pragmatics,121:40-57.

BYBEE J L,1985.Morphology:a study of the relation between meaning and form. Amsterdam/Philadelphia:John Benjamins.

BYBEE J, FLEISCHMAN S, 1995. Modality in grammar and discourse: An introductory essay.In:Bybee,J.,Fleischman,S.(eds.).Modality in Grammar and Discourse.Benjamins,Amsterdam:1-14.

BYBEE J L, 2006. From usage to grammar: the mind's response to repetition. Language,82(4):711-733.

CABRERA J C, 1998. On the relationship between grammaticalization and lexicalization.In A.Giacalone Ramat and P.J.Hopper(eds.).The Limits of Grammaticalization.Amsterdam/Philadelphia:John Benjamins.

CACOULLOS R T,WALKER J A,2011.Collocations in grammaticalization and variation. In N, Heiko & B. Heine (eds.). The oxford handbook of grammaticalization. Oxford:Oxford University Press.

CAO X L,2017.A Study of Chinese Discourse Markers Indicating Speaking from the Perspective of Cross-language.In Journées de Linguistique d'Asie Orientale 30th Paris Meeting on East Asian Linguistics,Pairs.

CASIELLE-SUAREZ E, 2004. Syntax-Information Structure Interface. London: Routledge.

CARSTON R, 1999.The semantics-pragmatics distinction:a view from relevance theory.In Turner,K.(ed.).The semantics-pragmatics interface from different points of view(85-125).Amsterdam:Elsevier.

CARTER R,MCCARTHY M,2006.Cambridge Grammar of English.Cambridge:

Cambridge University Press.

CHANG MIAO-HSIA,2008.Discourse and grammaticalization of contrastive markers in Taiwanese Southern Min：A corpus-based study，Journal of Pragmatics，40： 2114-2149.

CHOE A T, REDDINGTON E, 2018. But-prefacing for Refocusing in Public Questioning and Answering. Teachers College，Columbia University Working Papers in Applied Linguistics & TESOL，1：44-50.

CHOMSKY N,1971.Deep structure，surface structure and semantic interpretation， In D. Steinberg and L. Jakobovits (eds.). Semantics：An interdisciplinary reader in philosophy，linguistcs and psychology.Cambridge：CUP.

CONDILLAC，ÉTIENNE BONNOT DE，1746.Essaisurl'origine des connaissance-shumaines.Paris.

CRISMORE A,1989.Talking with Readers：Metadiscourse as Rhetorical Act，New York：P.Lang.

CROFT W,2001.Radical Construction Grammar：Syntactic Theory in Typological Perspective. Oxford：Oxford University Press.

CROUCHER S M, 2004. Like，you know，what I'm saying：a study of discourse marker frequency in extemporaneous and impromptu speaking.https：//www. researchgate. net/profile/Stephen-Croucher-2/publication/275041050＿I＿uh＿know_what＿like_you＿are＿saying_An＿analysis_of＿discourse＿markers＿in＿limited ＿ preparation ＿ events/links/55310e9d0cf2f2a588abffe1/I-uh-know-what-like-you-are-saying-An-analysis-of-discourse-markers-in-limited-preparat-ion-events.pdf.

CRYSTAL D, 1988. Another look at, well, you know.... English Today, 13: 47-49.

CRYSTAL D, 2011. Internet Linguistics. Routledge.

CUENCA, MARIA-JOSEP, 2008. Pragmatic markers in contrast: The case of well. Journal of Pragmatics, 40: 1373-1391.

D'ARCY A F, 2005. Like: Syntax and Development. Unpublished doctoral dissertation, University of Toronto, Toronto.

DEHÉ, NICOLE & KAVALOVA, YORDANKA, 2006. The syntax, pragmatics, and prosody of parenthetical what. English Language and Linguistics, 2: 289-320.

DÉR, CSILLA, 2010. On the status of discourse markers. Acta Linguistica Hungarica, 57: 3-28.

D'HONDT U, DEFOUR T, 2012. At the crossroads of grammaticalization and pragmaticalization: a diachronic cross-linguistic case study on vraiment and really. Neuphilologische Mitteilungen, 2: 169-190.

DIEWALD G, 2011a. Pragmaticalization(defined) as grammaticalization of discourse function. Linguistics, 2: 365-390.

DIEWALD G, 2011b. Grammaticalization and pragmaticalization. In H. Narrog & B. Heine (eds.). The Oxford handbook of grammaticalization. Oxford: Oxford University Press: 450-461.

DUNCAN S, FISKE D W, 1977. Face-to-face interaction. Lawrence Erlbaum Associates: Hillsdale, New jersey.

ERMAN B, 1986. Some pragmatic expressions in English Conversation. English in Speech and Writing: A Symposium, Acta Universitatis Upsaliensis.

ERMAN B, 1987. Pragmatic expressions in English: a study of you know, you see and I mean in face-to-face conversation.Stockholm：Almqvist & Wiksell.

ERMAN B，2001.Pragmatic markers revisited with a focus on you know in adult and adolescent talk.Journal of Pragmatics，33：1337-1359.

ERMAN B，KOTSINAS U B，1993.Pragmaticalization：the case of ba' and you know.Studier i modern sprkvetenskap，10：76-93.

FENG G，2008.Pragmatic markers in Chinese. Journal of Pragmatics，40：1687-1718.

FENG G，2010.A theory of conventional implicature and pragmatic markers in Chinese.Bingley：Emerald Group Publishing Limited.

FINELL A，1989.Well now and then.Journal of Pragmatics，13：653-656.

FISCHER K，2006b.Towards an understanding of the spectrum of approaches to discourse particles：Introduction to the volume. In F，Kerstin（ed.）. Approaches to discourse particles，Amsterdam：Elsevier：1-20.

FISCHER K，2006a. Approaches to Discourse Particles.Amsterdam：Elsevier.

FISCHER O，ROSENBACH A，2000.Introduction.In O.Fischer，A.Rosenbach & D.Stein（eds.）.Pathways of change：Grammaticalization in English.Amsterdam/Philadelphia：John Benjamins.

FRANK-JOB B，2006.A Dynamic-interactional approach to Discourse Markers.In F，Kerstin（ed.）.Approaches to discourse particles，Amsterdam：Elsevier：359-374.

FRASER B，1987.Pragmatic formatives.In J.Verschueren & M.Bertuccelli-Papi（eds.）.The Pragmatic Perspective：Selected Papers from the 1985 International Pragmatics Conference.Amsterdam/Philadelphia：John Benjamins：179-194.

FRASER B, 1988.Types of English discourse markers.Acta Linguistica Hungarica, 38:19-33.

FRASER B, 1990. An approach to discourse markers.Journal of Pragmatics, 14: 383-395.

FRASER B, 1996.Pragmatic markers.Pragmatics, 6(2):167-190.

FRASER B, 1997. Commentary Pragmatic Markers in English. http://revistas. ucm.es/index.php/EIUC/article/viewFile/EIUC9797110115A/8385.

FRASER B, 1998.Contrastive discourse markers in English.In Jucker & Ziv(eds.). Discourse markers, Amsterdam/Philadelphia:John Benjamins:301-326.

FRASER B, 1999. What are discourse markers? Journal of Pragmatics, 31: 931-952.

FRASER B, 2001.The case of the empty S1.Journal of Pragmatics, 33:1625-1630.

FRASER B, 2005. On the Universality of Discourse Marker. http://people. bu. edu/bfraser/.

FRASER B, 2006. Towards a theory of discourse markers. In K. Fischer (ed.). Approaches to Discourse Particles.Amsterdam:Elsevier:189-204.

FRASER B, 2009.An account of discourse marker.International review of pragmatics, 1:293-320.

FRASER B, 2010a. Pragmatic competence: The case of hedging. In Gunther Kaltenböck, Wiltrud Mihatsch & Stefan Schneider(eds.).New Approaches to Hedging.Emerald:15-34.

FRASER B, 2010b.The Sequencing of Contrastive discourse markers in English. To appear in the Baltic Journal of the English Language, Literature, and Culture.

FULLER,JANET M,1998. Marking common knowledge and negotiating common ground:the use of y'know in Pennsylvania German.Paper presented at NWAVE 27,1-4 October,Athens,Georgia.

FULLER J M,2003. The influence of speaker roles on discourse marker use. Journal of Pragmatics,35:23-45.

FRUYT M,2008. The relationships between grammaticalization, agglutination, lexicalization and analogy in Latin and other languages. Retrieved Sept. 9 2015, from http://www.paris-sorbonne.fr/IMG/pdf/m_fruyt.pdf.

GABELENTZ,GEORG VON DER,1891. Die Sprachwissenschaft.Ihre Aufgaben, Methoden undbisherigen Ergebnisse. Leipzig: Weigel Nachf.2. überarbeitete Aufl.:Leipzig:Tauchnitz.

GHOMESHI J,2013.The syntax of pragmaticalization.Retrieved Sept.9 2015,from http://homes.chass.utoronto.ca/~cla-acl/actes2013/Ghomeshi-2013.pdf.

GIACALONE RAMAT,ANNA & CATERINA MAURI,2010.Dalla continuità temporale al contrasto:La grammaticalizzazione di tuttavia come connettivo avversativo.In Atti del X Congresso della Società Internazionale di Linguistica e Filologia (SILFI),Basilea 30.6-2.7 2008;449-470.Florence:Franco Cesati.

GIORA R,1997.Discourse coherence and theory of relevance:stumbling blocks in search of a unified theory.Journal of Pragmatics,27:17-34.

GIORA R,1998.Discourse coherence is an independent notion:a reply to Deirdre Wilson.Journal of Pragmatics,29:75-86.

GIVÓN,T,1971.Historical syntax and synchronic morphology:An archaeologist's field trip.Chicago Linguistic Society,7:394-415.

GIVÓN, T, 1979. From discourse to syntax: grammar as a processing strategy. In T. Givón(ed.). Syntax and semantics (vol. 12), New York: Academic Press: 81-112.

GOLDBERG J A, 1981. Track that topic with "y'know". In summer Conference on Conversational Interaction and Discourse Processes. Lincoln: University of Nebraska.

GOLDBERG J A, 1982. Discourse particles: an analysis of the role of you know, I mean, well and actually in conversation, Doctoral thesis, University of Cambridge.

GREASLEY, PETER, 1994. An investigation into the use of the particle well: Commentaries on a game of Snooker. Journal of Pragmatics, 22: 477-494.

GREENBAUM S, 1969. Studies in English Adverbial Usage. London: Longmans.

GRICE H P, 1975. Logic and conversation. In D. Davidson & G. Harman(eds.). The Logic of Grammar. Encino: Dickenson: 41-58.

GRICE H P, 1989. Studies in the way of words. Cambridge: Harvard University.

GUALMINI A, CRAIN S, MERONI L, et al., 2015. At the Semantics/Pragmatics Interface in Child Language. Semantics and Linguistic Theory, 11.

GUNDEL J K, 1999. On different kinds of focus: Discourse. Working Papers of the Institute for Log. In P. Bosch, & R. van der Sandt(eds.). Focus and Natural Language Processing. Vol. 3: Discourse. Working Papers of the Institute for Log: 457-466.

GÜNTHNER S, 1999. Entwickelt sich der Konzessivkonnektor obwohl zum Diskursmarker? Grammatikalisierungstendenzen im gesprochenen Deutsch.

Linguistische Berichte, 180:409-446.

GÜNTHNER S, MUTZ K, 2004. Grammaticalization vs. Pragmaticalization? The development of pragmatic markers in German and Italian. In W. Bisang, N.P. Himmelmann, & Wiemer, B. (eds.). What makes grammaticalization? A look from its fringes and its components, Berlin, New York: Mouton de Gruyter: 77-108.

HALLIDAY M, 1970. Functional diversity in language as seen from a consideration of modality and mood in English. Foundations of Language, 6:322-361.

HALLIDAY M A K, 1967. Notes on transitivity and them in English. Journal of linguistics, 3:199-244.

HALLIDAY M A K, 1978. Language as a Social Semiotic. London: Edward Arnold.

HALLIDAY M A K, HASAN R, 1976. Cohesion in English. Longman, London.

HANSEN M, 1998. The function of discourse particles: A study with special reference to spoken standard French. Amsterdam/Philadelphia: John Benjamins.

HASPELMATH M, 2004. On directionality in language change with particular reference to grammaticalization. In O. Fischer, M. Norde & H. Perridon (eds.). Up and Down the Cline: The Nature of Grammaticalization. Amsterdam/Philadelphia: John Benjamins: 17-44.

HASSELGREN A, 2002. Learner corpora and language testing: Small words as markers of learner fluency. In S. Granger (ed.). Compujmter Learner Corpora, Second Language Acquisition and Foreign Language Teaching (143-173). Amsterdam: John Benjamins.

HE A W, LINDSEY B, 1998. You know as an information status enhancing device：arguments from grammar and interaction.Functions of Languages,5：133-155.

HEINE B, 2003. Grammaticalization. In B. D. Joseph and R. D. Janda (eds.). The Handbook of Historical Linguistics, Oxford：Blackwell Publishing Ltd：575-601.

HEINE B,2013.On discourse markers：Grammaticalization, pragmaticalization, or something else? ［J］.Linguistics, 51(6)：1205-1247.

HEINE B,CLAUDI U,HÜNNEMEYER F,1991.Grammaticalization：A Conceptual Framework.Chicago：University of Chicago Press.

HIMMELMANN N P, 2004. Lexicalization and grammaticalization：Opposite or orthogonal?.In W. Bisang, N. P. Himmelmann, and B. Wiemer (eds.). What Makes Grammaticalization? A Look from its Fringes and its Components, Berlin／New York：Mouton de Gruyter：21-42.

HÖLKER K, 1991. Französisch：Partikelforschung. Lexikon derRomanistischen Linguistik(Vo1.V) (L77-88) .Tübingen：Niemever.

HOLMES J,1986.Functions of you know in women's and men's speech.Language in Society,15：1-22.

HOLTGRAVES, THOMAS, 1997. Yes, but...：Positive politeness in conversation arguments.Journal of Language and Social Psychology,18：222-239.

HOPPER P J,1991.On some principles of grammaticalization.In E.C.Traugott and B.Heine (eds.). Approaches to Grammaticalization (Vol. Ⅰ). Amsterdam：John Benjamins：17-36.

HOPPER,PAUL J,ELIZABETH CLOSS TRAUGOTT, 1993.Grammaticalization.

Cambridge: Cambridge University Press.

HOPPER P J, TRAUGOTT E C, 1993/2003. Grammaticalization. Cambridge: Cambridge University Press.

HORNBY A S, 1997. Oxford Advanced Learner's English Dictionary. Beijing: The Commercial Press; Oxford: Oxford University Press.

HUANG YAN, 1994. The Syntax and Pragmatics of Anaphora: A Study with Special Reference to Chinese. Cambridge: Cambridge University Press.

HUANG YAN, 2006. Anaphora and the Pragmatics-syntax Interface. In L. Horn & G. Ward (eds.). Handbook of Pragmatics, Oxford: Blackwell. Publishing: 28-356.

HUSSEIN M, 2005. Two Accounts of Discourse Markers in English. Journal of Pragmatics, 49: 75-86.

HUSSEIN M, 2008. The Discourse Marker "But" In English and Standard Arabic: One Procedure and Different Implementations. Language in Society, 1: 95-117.

JACKENDOFF R, 1972. Semantic Interpretation in Generative Grammar. Cambridge: The MIT Press.

JEFFERSON G, 1978. What's in a 'nyem'?. Sociology, 1: 135-139.

JUCKER, ANDREAS H, 1993. The discourse marker well: A relevance-theoretical account. Journal of Pragmatics, 19: 239-252.

JUCKER, ANDREAS H, 1997. The discourse marker well in the history of English, English Language & Linguistics, 1: 91-110.

JUCKER A H, ZIV Y, 1998. Discourse markers: introduction. In A. H. Jucker & Y. Ziv (eds.). Discourse Markers: Descriptions and Theory. Amsterdam/Philadelphia:

John Benjamins Publishing Company：1-12.

JUCKER A H，ZIV Y，1998.Discourse markers：descriptions and theory.Amsterdam/ Philadelphia：John Benjamins.

JUCKER，ANDREAS H，SMITH，SARA W，1998.And people just you know like 'wow'：Discourse markers as negotiating strategies.In Jucker，Andreas H.，Ziv Y（eds.）. Discourse Markers：descriptions and theory（171-1201）. Amsterdam：John Benjamins Publishing Company.

KELLER E，1981.Gambits：Conversational strategy signals.In Coulmas F（eds.）. Conversational Routine：Explorations in Standarized Communication Situations and Prepatterned Speech，Berlin：Mouton Publishers.

KISS K E，1998. Identificational focus and information focus. Language，74：245-273.

KNOTT A，DALE R，1994. Using linguistic phenomena to motivate a set of coherence relations.Discourse Processes，1：35-62.

KRATZER A，1991.The representation of focus.In A.von Stechow & D.Wunderlich（eds.）. Semantics：an international handbook of contemporary research：804-882.

KRUG M，1998.String frequency：A cognitive motivating factor in coalescence，language processing and linguistic change.Journal of English Linguistics，26：4.

KURYLOWICZ J，1965. The evolution of grammatical categories. Diogenes，51：55-71.

LABOV W，FANSHEL D，1977.Therapeutic discourse：Psychotherapy as conversation.

New York：Academic Press.

LAKOFF R，1973.Questionable answers and answerable questions.In Kachru，B. B.，R. B. Lees，Y. Malkiel，A. Pietrangeli，& S. Saporta（eds.）. Issues in linguistics：papers in honor of Henry and Renee Kahane（453-467）.Urbana：University of Illinois Press.

LAKOFF G，1975.Hedges：A study in meaning criteria and the logic of fuzzy concepts.In Hockney，D.，Harper，W.，& Freed，B.（eds.）. Contemporary research in philosophical logic and linguistic semantics.Springer，Dordrecht：221-271.

LANGACKER R W，1977. Syntactic reanalysis. In Li（ed.）. Mechanisms of syntactic change.Austin & London：University of Texas Press：57-139.

LANGACKER R W，1990.Subjectification.Cognitive Linguistics，1：5-38.

LANGACKER R W，1998. On subjectification and grammaticalization. In Jean-Pierre Koenig（eds.）.Discourse and Cognition：Bridging the Gap.Stanford：CSLI：71-89.

LEHMANN C，1985. Grammaticalization：synchronic variation and diachronic change.Lingua e Stile，20：303-318.

LEHMANN C，1995［1982］. Thoughts on Grammaticalization（Revised and Expanded version）.München and Newcastle：Lincom Europa.

LEHMANN C，2002a. Thoughts on grammaticalization（2 nd edition）. Erfurt：Seminar für Sprachwissenschaft.

LEHMANN C，2002b.New Reflections on grammaticalization and lexicalization.In I.Wischer，and G，Diewald（eds.）. New reflections on grammaticalization.

Amsterdam/Philadelphia:John Benjamins.

LENK,UTA,1998.Marking Discourse Coherence.Tubingen:Gunter Narr Verlag.

LEVINSON,STEPHEN,1983.Pragmatics.Cambridge:Cambridge University Press.

LEVINSON,STEPHEN,2001.Pragmatics.Beijing:Foreign Language Teaching and Research Press.

LI C N, THOMPSON S A, 1977. A mechanism for the development of copula morphemes.In Charles N.Li(ed.).Mechanism of Syntactic Change.Austin: University of Texas Press.

LICHTENBERK F, 1991. On the Gradualness of Grammaticalization. In E. C. Traugott & B. Heine (eds.) Approaches to Grammaticalization (Vol. I). Amsterdam /Philadelphia:John Benjamins:37-80.

LIGHTFOOT D J, 2005. Can the lexicalization/grammaticalization distinction be reconciled?.Studies in Language,29(3):583-615.

LIU B, 2009. Chinese Discourse Markers in Oral Speech of Mainland Mandarin Speakers.In Yun Xiao(ed.). Proceedings of the 21st North American Conference on Chinese Linguistics(NACCL).Smithfield Rhode Island:Bryant University: 358-374.

LYONS J,1977.Semantics. Cambridge:Cambridge University Press.

LYONS J,1982.Deixis and subjectivity:Loquor,ergo sum?.In R.J.Jarvella & W. Klein(eds.). Speech, Place, and Action:Studies in Deixis and Related Topics.New York:Wiley:101-124.

MANIZHEH,ALAMI,2015.Pragmatic Functions of Discourse Markers:A Review of Related Literature.International Journal on Studies in English Language and Literature,3:1-10.

MARCUS,NICOLE E,2009.Continuous Semantic Development of the Discourse Marker Well.English Studies,2:214-242.

MCENERY A M, HARDIE A, 2012. Corpus linguistics: method, theory and practice.Cambridge:Cambridge University Press.

MCHOUL, ALEC, 1997. The philosophical grounds of pragmatics (and vice versa?).Journal of Pragmatics,27:1-15.

MEILLET A, 1958 [1912]. L'évolution des formesgrammaticales. Scientia: rivistainternazionale di sintesiscientifica,12:384-400.

MITHUN M,1999.The Languages of Native North America.Cambridge:Cambridge University Press.

MORRIS C W,1938.Foundations of the Theory of Signs.Chicago:University of Chicago Press.

MORRIS G,WHITE C,ILTIS R,1994."Well,ordinarily I would,but":Reexamining the nature of accounts for problematic events. Research on Language and Social Interaction,27:123-144.

NEWMEYER F,2005.Possible and Probable Languages.Oxford:Oxford University Press.

NORDE M,2009.Degrammaticalization.Oxford:Oxford University Press.

NUYTS J,2001.Epistemic Modality,Language and Conceptualization.Amsterdam/Philadelphia:John Benjamins.

NYSTRÖM S, 2003. Spoken language features in internet discussion groups. https://lup. lub. lu. se/luur/download? func = downloadFile&recordOId =

1768534&fileOId = 1768535.

ONODERA N O, 1995. Diachronic analysis of Japanese discourse markers. In A. Jucker(ed.). Historical Pragmatics. Amsterdam: John Benjamins: 393-437.

ONODERA N O, 2004. Japanese Discourse Markers: Synchronic and Diachronic Discourse Analysis. Amsterdam, Philadelphia: John Benjamins Publishing Company.

ÖSTMAN, JANOLA, 1981. You know: a discourse functional approach. Amsterdam: John Benjamins.

OWEN M L, 1983. Apologies and remedial interchanges. The Hague: Mouton.

PACKARD J L, 2000. The morphology of Chinese: A linguistic and cognitive approach. Cambridge: Cambridge University Press.

PALMER F R, 2001. Mood and Modality(Second edition). Cambridge: Cambridge University Press.

PALMER F R, 2013. Modality and the English Modals(Second edition). New York and London: Routledge Taylor & Francis Group.

PAPAFRAGOU A, 2006. Epistmic modality andtruth conditions. Lingua, 116: 1688-1702.

PARADIS C, 2011. Metonymization: a key mechanism in language change. In R. Benczes, A. Barcelona Sánchez, & F. J. Ruiz de Mendoza Ibáñez (eds.). Defining Metonymy in Cognitive Linguistics: Towards a Consensus View. Amsterdam: John Benjamins Publishing Company.

POLANYI L, SCHA R, 1983. The syntax of discourse. Text, 3: 261-270.

POMERANTZ A, 1984. Agreeing and disagreeing with assessmnts: some features of preferred/dispreferred turn shapes. In J. Atkinson and J. Heritage (eds.). Structures of social action: Studies in conversation analysis, Cambridge: Cambridge University Press:57-101.

QUIRK, GREENBAUM R S, LEECH G, SVARTVIK J, 1985. A Comprehensive Grammar of the English Language. New York:Longman.

RANGER G,2018.Discourse markers:An enunciative approach. Cham,Switzerland: Springer International Publishing AG.

RAMAT P,1992.Thoughts on degrammaticalization.Linguistics,30:549-560.

REDEKER G, 1991. Linguistic markers of discourse structure. Linguistics, 29: 1139-1172.

RHEE S, 2012. Context-induced reinterpretation and (inter) subjectification: the case of grammaticalization of sentence-final particles.Language science,34: 284-300.

RINTANIEMI, HEINI-MARJA, 2017. "Maybe We Can Just You Know See How It's Relevant"— The Use of You Know as a Discourse Marker in Academic ELF Interaction.Master's Dissertation.Tampere,Finland:University of Tampere.

RISSELADA R,SPOOREN W,1998.Introduction:discourse markers and coherence relations.Journal of Pragmatics,30:131-133.

ROBERTS C, 1998. Form, the flow of information, and universal grammar. In Culicover,P.and McNally,L.(eds.).Syntax and Semantics 29:The limits of Syntax(109-160) ,New York:Academic Press.

ROOTH M, 1995. Focus. In S. Lappin (ed.). The Handbook of Contemporary Semantic Theory.London:Blackwell Publishers.

ROSSARI C,COJOCARIU C,2008.Constructions of the typela cause/la raison/la prevue+utterance:grammaticalization,pragmaticalization,or something else?. Journal of Pragmatics,40:1435-1454.

ROSTILA J, 2004. Lexicalization as a way to grammaticalization. The 20th Scandinavian Conference of Linguistics,Helsinki,Finland.

ROUCHOTA V,1996.Discourse connectives:what do they link?.In J.Harris & P. Backley(eds).UCL Working Papers in Linguistics.

ROUCHOTA, VILLY, 1998. Procedural meaning and parenthetical discourse markers.In Jucker and Yael Ziv(eds.).Discourse Markers:Descriptions and Theory:97-126.

SACKS H,SCHEGLOFF E,JEFFERSON G,1974.A simplest systematics for the organization of turn-taking in conversation. Language,50:696-735.

SASAMOTO R, WILSON D, 2016. Little words:Communication and procedural meaning.Lingua:International Review of General Linguistics,175:1-4.

SAUSSURE F DE,2001[1917].Course in General linguistics.Beijing:Foreign language teaching and research press.

SCHIFFRIN D, 1980. Meta-talk:Organizational and evaluative brackets in discourse.Sociological Inquiry,50(3-4):199-236.

SCHIFFRIN D,1985.Conversational Coherence:The Role of Well.Language,3: 640-667.

SCHIFFRIN D,1987.Discourse markers.Cambridge:Cambridge University Press.

SCHOURUP L C,1985.Common discourse particles in English conversation.New York:Garland.

SCHOURUP L C,1999.Discourse markers.Lingua,107:227-265.

SCHOURUP L C,2001.Rethinking well.Journal of pragmatics,7:1025-1060.

SCHWENTER S A,TRAUGOTT E C,1995.The Semantic and Pragmatic Development of Substitutive Complex Prepositions in English.In A.Jucker(eds).Historical Pragmatics:Pragmatic development in the history of English. Amsterdam/Philadelphia:John benjamins publishing company:243-273.

SENEVIRATNE S,2005.The Relevance Theoretic Approach to Discourse Markers: A Unified Account? https://citeseerx.ist.psu.edu/viewdoc/download? doi = 10.1.1.571.9414&rep = rep1&type = pdf.

SPERBER D,WILSON D,1986/1995.Relevance:Communication and Cognition. Oxford:Blackwell.

SLABAKOVA R,2011.Which features are at the syntax-pragmatics interface?. Linguistic Approaches to Bilingualism,1:89-94.

STUBBE M,HOLMES J,1995. You know,eh and other "exasperating expressions": An analysis of social and stylistic variation in the use of pragmatic devices in a sample of New Zealand English.Language & Communication,15:63-88.

STUBBS M, 1983. Discourse Analysis:The Sociolinguistic Analysisi of Natural Language,Oxford:Basil Blackwell.

SVARTVIK J, 1980. Well in conversation, Studies in English Linguistics for Randolph Quirk,5:167-177.

SWAN M,2016.Practical English Usage(4th Edition).Oxford:Oxford University Press.

SWEETSER E, 1990. From etymology to pragmatics:Metaphorical and cultural aspects of semantic structure.Cambridge：Cambridge University Press.

TALMY L，1985.Lexicalization patterns：Semantic strucrure in lexical forms.In T. Shopen（ed.）. Language Typology and Syntatic Description（Vol.Ⅲ）, Gramatical Categories and the Lexicon. Cambridge：Cambridge University Press：57-149.

TALMY L，2000.Toward a Cognitive Semantics，Cambridge，MA：The MIT Press.

THOMPSON A，MULAC A，1991.The discourse conditions for the use of the complementizer "that" inconversational English. Journal of Pragmatics，3：237-251.

THOMPSON S A，MULAC A，1991. A Quantitative Perspective on the Grammaticalization of Epistemic Parentheticals in English.In E.C.Traugott and B.Heine（eds.）.Approaches to Grammaticalization（Vol.Ⅱ）.Amsterdam：John Benjamins：313-329.

TOOSARVANDANI M，2009.Contrastive "but" Involves Gapping not in Farsi but in English.LSA Meeting，San Francisco.

TRAUGOTT E C，1980. Meaning-change in the development of grammatical markers.Language Sciences，2：44-61.

TRAUGOTT E C，1982.From Propositional to Textual and Expressive Meanings：Some Semantic-Pragmatic Aspects of Grammaticalization.In W.P.Lehmann，Y. Malkiel（eds.）. Perspectives on Historical Linguistics. Amsterdam & Philadelphia：John Benjamins：245-271.

TRAUGOTT，ELIZABETH，1986.On the Origins of "And" and "But" Connectives in English.Studies in Language，10（1）：137-150.

TRAUGOTT E C,1988a.Is internal semantic-pragmatic reconstruction possible? In C.Duncan-Rose & T.Vennemann(eds.).On language:Rhetorica,phonlogica, syntactica(128-144).New York:Routledge.

TRAUGOTT E C, 1988b. Pragmatic Strengthening and Grammaticalization. Berkeley Linguistics Society,14:406-416.

TRAUGOTT E C,1989.On the rise of epistemic meanings in English:An example of subjectification in semantic change.Language,57:33-65.

TRAUGOTT E C,1990.From less to more situated in language:The unidirectionality of semantic change. In Sylvia M. Adamson, Vivien Law, Nigel Vincent, and Susan M. Wright (ed.). Papers from the Fifth International Conference on English Historical Linguistics.Amsterdam:Benjamins.

TRAUGOTT E C,1995a.The roleof development of discourse markers in a theory of grammaticalization. Paper presented at International Conference on Historical Linguistics XII,Manchester.Web site:http://www.stanford.edu/~ traugott/papers/discourse.pdf.

TRAUGOTT E C, 1995b. Subjectification in grammaticalization. In D. Stein & S. Wright (eds.). Subjectivity and subjectivisation in language (31-54). Cambridge:Cambridge University Press.

TRAUGOTT E C, 1997a. Subjectification and the development of epistemic meaning:the case of promise and threathen.In T.Swan & O.J.Westvik(eds.). Modality in Germanic Language: Historical and Comparative Perspectives. Berlin/New York:Mouton de Gruyter.

TRAUGOTT E C,1997b.Revisiting subjectification and Intersubjectification.In H.

Cuyckens,K.Davidse & L.Vandelanotte(eds.).Subjectification,intersubjectification and Grammaticalization.Berlin：Mouton de Gruyter.

TRAUGOTT E C,2003.From subjectification to intersubjectification.In Raymond Hickey(ed).Motives for Language Change(124-139).Cambridge：Cambridge University Press.

TRAUGOTT E C,2004.Historical Pragmatics.In L.Horn & G.Waerd(eds.).The Handbook of Pragmatics(538-561).Oxford：Blackwell Publishing.

TRAUGOTT E C,2010.Revisiting subjectification and Intersubjectification.In K. Davidse, L. Vandelanotte & H. Cuyckens (eds.). Subjectification, intersub-jectification and Grammaticalization(29-71).Berlin /New York：Mouton de Gruyter.

TRAUGOTT E C, 2011. Grammaticalization and mechanisms of change. In H. Narrog & B.Heine(eds.).The oxford handbook of grammaticalization(11-19).Oxford：Oxford University Press.

TRAUGOTT E C,DASHER R B,2002.Regularity in semantic change.Cambridge：Cambridge University Press.

TRAUGOTT E C,HEINE B,1991.Approaches to grammaticalization.Amsterdam/Philadelphia：John Benjamins Publishing Company.

TRAUGOTT E C,KÖNIG E,1991.The semantic-pragmatics of grammaticalization revisited.In E.C.Traugott & B.Heine(eds.).Approaches to grammaticalization (Vol. I, 189-218). Amsterdam/Philadelphia： John Benjamins Publishing Company.

TRAUGOTT E C,TROUSDALE G,2014.Constructionalization and constructional changes.Oxford:Oxford University Press.

TREE J,SCHROCK J C,2002.Basic meanings of you know and I mean.Journal of Pragmatics,6:727-747.

URGELLES-COLL M, 2010. The syntax and semantics of discourse markers. London:Continuum.

VALIN V, ROBERT D, 2008. Investigations of the syntax-semantics-pragmatics interface.Amsterdam/Philadelphia:John Benjamins Publishing Company.

VALLAURI E L, 2004. Grammaticalization of syntactic incompleteness: Free conditionals in Italian and other languages.Sky Journal of Linguistics, 17: 189-215.

VALLDUVI E, VILKUNA M, 1998. On Rheme and Kontrast, In Culicover, P. & McNally, L.(eds.).Syntax and Semantics 29:The limits of Syntax(79-108). New York:Academic Press.

VAN DER AUWERA J, 2002. More thoughts on degrammaticalization, In I. Wischer and G. Diewald (eds.). New Reflections on Grammaticalization. Amsterdam/ Philadelphia:John Benjamins:19-29.

VAN DIJK T A,1979.Pragmatic connectives.Journal of Pragmatics,5:447-456.

VERSCHUEREN J, 1999. Understanding pragmatics. Beijing: Foreign Language Teaching and Research Press.

WALTEREIT R,2001.Modal particles and their functional equivalents:a speech-act-theoretic approach.Journal of Pragmatics,33,9:1391-1417.

WALTEREIT R,2006.The rise of discourse markers in Italian:a specific type of language change. In K. Fischer (ed.). Approaches to discourse markers.

Amsterdam：Elsevier：61-76.

WANG, CHUEH-CHEN & HUANG LILLIAN M, 2006. Grammaticalization of connectives in Mandarin Chinese：A corpus-based study. Language and Linguistics 7,4：991-1016.

WANG, YU-FANG, 1998. The functions of ranhou in Chinese discourse. Proceedings of the 9th North American Conferencce on Chinese Linguistics, 2：380-397.Los Angeles：University of Southern Califonia.

WATTS,RICHARD J,1986.Relevance in conversational moves：A reappraisal of well.Studia Anglica Posnaniensia,19：37-59.

WIEMER B,BISANG W,2004.What makes grammaticalization? An appraisal of its components and its fringes.In W.Bisang, N.P.Himmelmann & B.Wiemer (eds.). What makes grammaticalization? A look from its fringes and its components(21-42).Berlin／New York：Mouton de Gruyter.

WILLIAMS M J, 1981. Style Ten Lessons in Clarity and Grace, Boston：Scott Foresman.

WISCHER I,2000.Grammaticalization versus lexicalization—"methinks"there is some confusion.In O.Fischer, A.Rosenbach & D.Stein (eds.).Pathways of change：Grammaticalization in English(355-370).Amsterdam/Philadelphia：John Benjamins Publishing Company.

WOOTTON A,1981.The management of grantings and rejections by parents in request sequences,Semiotica,37：59-89.

YANG G P,CHEN Y,2015.Investigating the English Proficiency of Learners：A Corpus-Based Study of Contrastive Discourse Markers in China.Open Journal of Modern Linguistics,5(3):281-290.

ZIPF G K,1949.Human Behavior and the Principle of Least Effort:An Introduction

to Human Ecology,Cambridge,Mass:Addison-Wseley Press,INC.

ŽIRMUNSKIJ V M,1966.The word and its boundaries.Linguistics,4(27):65-91.

白娟,贾放,2006.汉语元语用标记语功能分析与留学生口头交际训练[J].语

言文字应用(S2):122-125.

北京大学中文系 1955、1957 级语言班,1982.现代汉语虚词例释[M].北京:商

务印书馆.

贝罗贝,1991.汉语的语法演变[M].吴福祥,孙梅清,译.北京:商务印书馆:

44-72.

蔡松年,1994.完字本义考[J].杭州师范学院学报(1):75-78.

曹笃鑫,向明友,2017.意义研究的流变:语义—语用界面视角[J].外语与外

语教学(4):78-89,149.

曹广顺,1987.语气词"了"源流浅说[J].语文研究(2):10-15.

曹秀玲,2010.从主谓结构到话语标记:"我/你 v"的语法化及相关问题[J].汉

语学习(5):38-50.

曹秀玲,辛慧,2012.话语标记的多源性与非排他性:以汉语超预期话语标记

为例[J].语言科学(3):254-262.

常国萍,2014."你懂的"流行语的模因论解读[J].洛阳师范学院学报(10):

105-108.

常敬宇,2000.语用对句法句式的制约[J]. 语文研究(1):39-44.

陈宝勤,1999."是"类修饰式双音合成词产生探源[J].沈阳大学学报(3):

80-85.

陈昌来,2002.现代汉语动词的句法语义属性研究[M].上海:学林出版社.

陈昌来,张长永,2010."由来"的词汇化和语法化及相关问题[J].世界汉语教学(2):212-222.

陈昌来,张长永,2011."从来"的词汇化历程及其指称化机制[J].上海师范大学学报(哲学社会科学版)(3):117-128.

陈金美,2014.话语标记"但是"的功能分析[J].现代语文(语言研究)(6):83-86.

陈敏哲,白解红,2012.汉语网络语言研究的回顾、问题与展望[J].湖南师范大学社会科学学报(3):130-134.

陈霞村,1992.古代汉语虚词类解[M].太原:山西教育出版社.

陈新仁,2002.从话语标记语看首词重复的含意解读[J].解放军外国语学院学报(3):12-15.

陈一,李广瑜,2014."别+引语"元语否定句探析[J].世界汉语教学(4):486-497.

陈振宇,朴珉秀,2006.话语标记"你看"、"我看"与现实情态[J].语言科学(5):3-13.

成晓光,1999.亚言语的理论与应用[J].外语与外语教学(9):4-7.

池昌海,2002.现代汉语语法修辞教程[M].杭州:浙江大学出版社.

池昌海,凌瑜,2008.让步连词"即使"的语法化[J].江南大学学报(人文社会科学版)(7):91-96.

楚永安,1986.文言复式虚词[M].北京:中国人民大学出版社.

储泽祥,谢晓明,2002.汉语语法化研究中应重视的若干问题[J].世界汉语教学(2):5-13.

崔广华,2008."完"的历时意义及包含"完"的词和动补结构的研究[D].南京:南京师范大学.

崔蕊,2008."其实"的主观性和主观化[J].语言科学(5):502-512.

邓云华,石毓智,2007.论构式语法理论的进步与局限[J].外语教学与研究(5):323-330.

邓云华,石毓智,2006.从限止到转折的历程[J].语言教学与研究(3):12-18.

丁健,2019.语言的"交互主观性":内涵、类型与假说[J].当代语言学(3):333-349.

丁烨,2010.谈"但是"的语法化[J].宁夏大学学报(人文社会科学版)(2):56-59.

董秀芳,2002a.论汉语句法结构的词汇化[J].语言研究(3):56-65.

董秀芳,2002b.词汇化:汉语双音词的延生和发展[M].北京:商务印书馆.

董秀芳,2003a."X说"的词汇化[J].语言科学(2):46-57.

董秀芳,2003b."X着"的词汇化[M]//语言学论丛:第28辑.北京:商务印书馆.

董秀芳,2004a.汉语的词库与词法[M].北京:北京大学出版社.

董秀芳,2004b."是"的进一步语法化:由虚词到词内成分[J].当代语言学(1):35-44.

董秀芳,2006.词汇化与语法化的联系与区别:以汉语史中的一些词汇化为例[M]//21世纪的中国语言学(二).北京:商务印书馆.

董秀芳,2007.词汇化与话语标记的形成[J].世界汉语教学(1):50-61.

董秀芳,2009.汉语的句法演变与词汇化[J].中国语文(5):399-409.

董秀芳,2010.来源于完整小句的话语标记"我告诉你"[J].语言科学(3):

279-286.

董秀芳,2011.语法化研究:争议与发展并存[N].中国社会科学报,08-02
(015).

董燕萍,梁君英,2002.走进构式语法[J].现代外语(2):142-152.

董正存,2008.情态副词"反正"的用法及相关问题研究[J].语文研究(2):12-
16,22.

董志翘,蔡镜浩,1994.中古虚词语法例释[M].长春:吉林教育出版社.

段德森,1988.论实词虚化[J].殷都学刊(4):105-110.

段德森,1991.副词转化为连词浅说[J].古汉语研究(1):47-51.

段业辉,1995.语气副词的分布及语用功能[J].汉语学习(4):18-21.

范振强,2014.语义三域的机制思考:隐喻还是转喻?[J].浙江外国语学院学
报(1):20-26.

方环海,刘继磊,2005."完了"的虚化与性质[J].语言科学(4):98-102.

方环海,刘继磊,赵鸣,2007."X 了"的虚化问题:以"完了"的个案研究为例
[J].汉语学习(3):20-25.

方立,1992.句法学与音系学的关系:接口语法探索[J].外语教学与研究(2):
24-31,80.

方梅,2000.自然口语中弱化连词的话语标记功能[J].中国语文(5):459-470.

方梅,2005a.认证义谓宾动词的虚化:从谓宾动词到语用标记[J].中国语文
(6):495-507.

方梅,2005b.疑问标记"是不是"的虚化:从疑问标记到话语-语用标记[M]//
语法化与语法研究(二).北京:商务印书馆.

方梅,2012.会话结构与连词的浮现义[J].中国语文(6):500-508,575.

方迪,张文贤,2020."这样""这样啊""这样吧"的话语功能[J].汉语学报
　　(4):55-64.

方清明,2013.论汉语叙实性语用标记"实际上":兼与"事实上、其实"比较
　　[J].语言教学与研究(4):91-99.

冯赫,2011.论语法化的理论内涵[J].山东大学学报(哲学社会科学版)(2):
　　139-143.

冯光武,2004.汉语语用标记语的语义、语用分析[J].现代外语(1):24-31.

冯光武,2005.语用标记语和语义/语用界面[J].外语学刊(3):1-10,112.

符淮青,2001.构词法研究的一些问题[M]//词汇学理论与实践.北京:商务
　　印书馆.

傅东华,1985.字源[M].台北:艺文印书馆股份有限公司.

高名凯,2011[1948].汉语语法论[M].北京:商务印书馆.

高增霞,2004a.自然口语中的话语标记"回头"[J].中国社会科学院研究院学
　　报(1):106-111.

高增霞,2004b.自然口语中的话语标记"完了"[J].语文研究(4):20-23.

葛本仪,2001.现代汉语词汇学[M].济南:山东人民出版社.

葛佳才,2011.《古代汉语虚词词典》释义问题举例[J].湛江师范学院学报
　　(4):124-128.

谷峰,2008.西方语法化理论概览(上)[J].南开语言学刊(1):140-146.

《古代汉语词典》编写组,2002.古代汉语词典(大字本)[M].北京:商务印
　　书馆.

谷衍奎,2008.汉字源流字典[M].北京:语文出版社.

顾金成,2010.话语标记语 well 的顺应性研究[J].外国语文(4):65-69.

管志斌,2012."得了"的词汇化和语法化[J].汉语学习(2):107-112.

郭风岚,2009.北京话语标记"这个""那个"的社会语言学分析[J].中国语文(5):429-437.

郭锐,2012.概念空间和语义地图:语言变异和演变的限制和路径[J].对外汉语教学(00):96-130.

郭纯洁,2018.句法与语义界面研究60年反思[J].现代外语(5):711-720.

郭剑晶,2012.话语标记语教学研究[J].外国语文(1):128-132.

郭燕妮,2007.转折连词"但是"的语法化[A].全国博士生学术论坛(北京师范大学).

哈杜默德·布斯曼,2003.语言学词典[M].陈慧瑛,编译.北京:商务印书馆.

郝琳,2009.语用标记语"不是我说你"[J].汉语学习(6):39-44.

何安平,徐曼菲,2003.中国大学生英语口语Small Words的研究[J].外语教学与研究(6):446-452,481.

何刚,1997.语用方式:语用的语法化[J].外国语(3):38-43.

何洪峰,孙岚,2010."然后"的语法化及其认知机制[J].云南师范大学学报(对外汉语教学与研究版)(5):15-21.

何文彬,2013.话语标记X了与主观性[J].西南交通大学学报(社会科学版)(1):37-41.

何自然,2006.认知语用学:言语交际的认知研究[M].上海:上海外语教育出版社.

何自然,2013.语用学与邻近学科的研究[J].中国外语(5):19-27.

何自然,莫爱屏,2002.话语标记语与语用照应[J].广东外语外贸大学学报(1):9-14.

何自然,冉永平,1999.话语联系语的语用制约性[J].外语教学与研究(3):1-8.

洪波,1998.论汉语实词虚化的机制[M]//古汉语语法论文集.北京:语文出版社.

侯国金,2007.语法化和语用化的认知-语用和语用-翻译考察[J].重庆大学学报(社会科学版)(5):117-124.

侯国金,2012.“来”的语用化刍议[J].外国语文(4):50-57.

侯国金,2013.对构式语法八大弱点的诟病[J].外语研究(3):1-12.

侯瑞芬,2009.“别说”与“别提”[J].中国语文(2):131-140.

胡乘玲,2014.话语标记“不对”的功能分析[J].汉语学习(3):104-112.

胡德明,2008.从反问句生成机制看“不是”的性质和语义[J].安徽师范大学学报(人文社会科学版)(3):361-367.

胡德明,2011.话语标记“谁知”的共时与历时考察[J].语言教学与研究(3):67-72.

胡建锋,2010.试析具有证言功能的话语标记“这不”[J].世界汉语教学(4):483-494.

胡建锋,2012.话语标记“不错”的指示功能及其虚化历程[J].语言教学与研究(1):83-90.

胡建华,2008.现代汉语不及物动词的论元和宾语:从抽象动词“有”到句法—信息结构接口[J].中国语文(5):396-409,479.

胡明扬,1987.北京话的语气助词和叹词[M]//胡明扬.北京话初探.北京:商务印书馆.

胡旭辉,2016.句法、语用界面研究的现状及反思[J].天津外国语大学学报

（1）:1-7,80.

胡清国,2011."依 X 看"与"在 X 看来"[J].汉语学报(3):37-44,95-96.

胡裕树,2011.现代汉语(重订本)[M].上海:上海教育出版社.

胡壮麟,2003.语法化研究的若干问题[J].现代外语(1):85-92.

胡壮麟,2007.谈语言学研究的跨学科倾向[J].外语教学与研究(6):403-408.

胡壮麟,2008.闲话"整合"[J].中国外语(5):19-23,105.

黄伯荣,廖序东,2007.现代汉语(增订四版)(下册)[M].北京:高等教育出版社.

黄大网,2010a.话语标记研究综述[J].福建外语(1):5-12.

黄大网,2010b.《语用学》杂志话语标记专辑(1998)介绍[J].当代语言学(2):152-155.

黄国英,1992.语气副词在"陈述—疑问"转换中的限制作用及其句法性质[J].语言研究(1):9-11.

黄均凤,2014."这样"的非代词用法及其篇章功能[J].汉语学报(3):91-94.

黄立鹤,2012.英汉对比研究新视角:语用法的语法化[J].外语学刊(3):81-85.

黄立鹤,向明友,2010.历史与发展:境外汉语语法化研究综述[J].东华大学学报(社会科学版)(4):260-264.

黄瓒辉,2003.焦点、焦点结构及焦点的性质研究综述[J].现代外语(4):429-438.

吉益民,2012."对了"的词汇化和语用化[J].宁夏大学学报(人文社会科学版)(5):48-53.

贾静,2008.话语标记 well 的语用功能及句法特点[J].山东外语教学(3):

31-34.

江蓝生,2000.处所词的领格用法与结构助词"底"的由来[M]//江蓝生.近代汉语探源.北京:商务印书馆.

江蓝生,2004.跨层非短语结构"的话"的词汇化[J].中国语文(5):387-400.

姜晖,2019.元语用研究:概念、应用与展望[J].天津外国语大学学报(4):138-150.

姜望琪,2003.当代语言学的发展趋势[J].外国语言文学(3):12-18.

姜望琪,2008.学科整合与中国的语言学研究[J].中国外语(6):20-24,32.

姜亚军,2004.英语变体研究与比较修辞学的接口[D].上海:上海外国语大学.

蒋绍愚,1994.近代汉语研究概况[M].北京:北京大学出版社.

金梦柃,2016.流行话语标记"你懂的"初探[J].湖州师范学院学报(1):85-91.

孔昭琪,2001.等而下之的"完了"[J].语文建设(8):29.

阚哲华,2010.致使动词与致使结构的句法—语义接口研究[M].上海:上海交通大学出版社.

乐晋霞,2014.新兴话语标记"你懂的"的语用认知的研究[J].洛阳师范学院学报(1):86-88.

乐耀,2006.从语用的认知分析看"不是+NP+VP,+后续句"[J].暨南大学华文学院学报(3):52-59.

乐耀,2010.北京话中"你像"的话语功能及相关问题探析[J].中国语文(2):124-134.

乐耀,2011.从"不是我说你"类话语标记的形成看会话中主观性范畴与语用原则的互动[J].世界汉语教学(1):69-77.

黎锦熙,2007[1924].新著国文语法[M].长沙:湖南教育出版社.

黎运汉,1981.汉语虚词演变的趋势初探[J].暨南学报(哲学社会科学版)
(4):103-111.

李宝伦,潘海华,1999.焦点与"不"字句之语义解释[J].现代外语(2):
114-127.

李宝伦,潘海华,徐烈炯,2003.对焦点敏感的结构及焦点的语义解释(上)
[J].当代语言学(1):1-11.

李成团,2008.话语标记语"嘛"的语用功能[J].现代外语(2):150-156.

李国宏,2019.There 的"三域"及其主观化:以 there be 结构为例[J].外国语
(4):72-80.

李健雪,2005.论作为语法化反例的词汇化[J].广西师范大学学报(哲学社会
科学版)(1):86-90.

李慧敏,2012.国外话语标记语研究及其对汉语研究的启示[J].学术界(4):
140-148,287.

李丽娟,2015.动词"看""想""说""知道"为核心构成的话语标记研究[D].
武汉:华中师范大学.

李民,2000.论句法、语义、语用三者之间的关系[J].解放军外国语学院学报
(2):50-52.

李民,陈新仁,2007.英语专业学生习得话语标记语 well 语用功能之实证研究
[J].外语教学与研究(1):21-26,80.

李茹,2011.多维视角下的话语标记语研究[J].广西民族大学学报(哲学社会
科学版)(3):181-184.

李绍群,2012."可见"的标记功能和语法化过程[J].西北大学学报(哲学社会科学版)(3):177-179.

李绍群,2013.试析总括性话语标记"一句话"[J].语言教学与研究(2):97-103.

李胜梅,2012.从"开个玩笑"的语篇功能看相关词语的词典释义[J].南昌大学学报(人文社会科学版)(1):149-154.

李思旭,2012.从词汇化、语法化看话语标记的形成:兼谈话语标记的来源问题[J].世界汉语教学(3):322-337.

李伟大,2012.北方话口语中的话语标记"讲话儿"及其来源[J].长春大学学报(7):829-832.

李潇辰,向明友,曹笃鑫,2018.话语标记语的语义痕迹与语用功能:以 You Know 为例[J].外语与外语教学(2):90-98,150.

李潇辰,向明友,杨国萍,2015."话语标记"正名[J].中国外语(5):17-23.

李咸菊,2008.北京口语常用话语标记研究[D].北京:北京语言大学.

李贤卓,2013.试论作为话语标记的"不如"[J].语言与翻译(4):22-26,35.

李欣芳,冉永平,2020.话语标记语"那"在临床访谈中的人际补偿策略功能研究[J].Chinese Journal of Applied Linguistics(4):417-438,525.

李秀明,2007.元话语标记与语体特征分析[J].修辞学习(2):20-24.

李永,2005.语法义素的凸显与动词的语法化[J].山东师范大学学报(人文社会科学版)(5):32-37.

李永,2007.动词词义虚化过程中的义素变化[J].语言教学与研究(6):15-22.

李永,2011.汉语语序的历时变化对动词语法化的影响[J].语言教学与研究(1):48-53.

李宇凤,2010.反问的回应类型与否定意义[J].中国语文(2):114-123,191.

李宇凤,2011.回声性反问标记"谁说"和"难道"[J].汉语学习(4):44-51.

李战子,2000.第二人称在自传中的人际功能[J].外国语(6):51-56.

李治平,2011."瞧(看)你说的"话语标记分析[J].汉语学习(6):54-59.

李治平,2015.现代汉语言说词语话语标记研究[M].广州:世界图书出版广东有限公司.

李宗江,2004.说"完了"[J].汉语学习(5):10-14.

李宗江,2006."回头"的词汇化与主观性[J].语言科学(4):24-28.

李宗江,2007a.说"想来""看来""说来"的虚化和主观化[J].汉语史学报(7):146-155.

李宗江,2007b."这下"的篇章功能[J].世界汉语教学(4):56-63,3.

李宗江,2009."看你"类话语标记分析[J].语言科学(3):326-332.

李宗江,2010.关于话语标记来源研究的两点看法:从"我说"类话语标记的来源说起[J].世界汉语教学(2):192-198.

李宗江,2011."关键是"的篇章功能及其词汇化倾向[J].语文研究(2):40-43.

李宗江,2014.也说话语标记"别说"的来源:再谈话语标记来源的研究[J].世界汉语教学(2):222-229.

李宗江,王慧兰,2011.汉语新虚词[M].上海:上海教育出版社.

李佐文,2001.论元话语对语境的构建和体现[J].外国语(上海外国语大学学报)(3):44-50.

李佐文,2003.元话语:元认知的言语体现[J].外语研究(1):27-30,26.

厉杰,2011.口头禅的语言机制:语法化与语用化[J].当代修辞学(5):34-41.

廖美珍,2005."懂不懂?"你懂不懂?:析"懂不懂"在算命话语中的语用功能
　　[J].外国语言文学研究(4):6-11.

廖秋忠,1986.现代汉语篇章中的连接成分[J].中国语文(6):413-427.

林素娥,2012.新加坡华语"懂"格式的华语特征[J].语言研究(1):74-78.

刘彬,袁毓林,2019.反问句中"什么"的否定类型与否定意义:从"行,知,言"
　　三域理论看[J].语言学论丛(1):341-357.

刘丞,2013.由反问句到话语标记:话语标记的一个来源:以"谁说不是"为例
　　[J].汉语学习(5):105-112.

刘大为,1997.流行语的隐喻性语义泛化[J].汉语学习(4):33-36.

刘丹青,2001.语法化中的更新、强化与叠加[J].语言研究(2):71-81.

刘丹青,2006.焦点(强调成分)的调查研究框架[J].东方语言学(00):53-72.

刘丹青,徐烈炯,1998.普通话与上海话中的拷贝式话题结构[J].语言教学与
　　研究(1):85-104.

刘红妮,2009a.汉语词汇化研究的发展历程[J].上海师范大学学报(哲学社
　　会科学版)(5):106-112.

刘红妮,2009b."以期"的词汇化及相关问题:兼论"以V"的词汇化、共性与个
　　性[J].语言科学(1):57-67.

刘红妮,2009c.非句法结构"算了"的词汇化与语法化[J].古汉语研究(2):
　　11-21.

刘红妮,2009d.汉语非句法结构的词汇化[D].上海:上海师范大学.

刘红妮,2010.词汇化与语法化[J].当代语言学(1):53-61,94.

刘红妮,2011."加以"的多元词汇化与语法化[J].语言科学(6):629-639.

刘红妮,2013.结构省缩与词汇化[J].语文研究(1):22-30.

刘坚,1993.论汉语的语法化问题[M]//吴福祥.汉语语法化研究.北京:商务印书馆.

刘坚,曹广顺,吴福祥,1995.论诱发汉语词汇语法化的若干因素[J].中国语文(3):161-169.

刘坚,江蓝生,白维国,等,1992.近代汉语虚词研究[M].北京:语文出版社.

刘礼进,2002.话语生成与理解:语序标记语作用[J].外语教学与研究(3):167-173,239.

刘丽芬,2019.我国语言学界面研究:现状与前瞻[J].西北师大学报(社会科学版)(4):80-88.

刘丽艳,2005a.作为话语标记语的"不是"[J].语言教学与研究(6):23-32.

刘丽艳,2005b.口语交际中的话语标记[D].杭州:浙江大学.

刘丽艳,2006.话语标记"你知道"[J].中国语文(5):423-432.

刘丽艳,2009.作为话语标记的"这个"和"那个"[J].语言教学与研究(1):89-96.

刘钦,2008."我说"的语义演变及其主观化[J].语文研究(3):18-23.

刘叔新,2005.汉语描写词汇学(重排本)[M].北京:商务印书馆.

刘顺,殷相印,2010."算了"的词汇化和语法化[J].语言研究(2):86-92.

刘文正,2021.话语标记"S看"的产生和发展[J].汉语学报(2):49-58.

刘晓然,2006.汉语量词短语的词汇化[J].语言研究(1):103-106.

刘勋宁,1990.现代汉语句尾"了"的语法意义及其与词尾"了"的联系[J].世界汉语教学(2):80-87.

刘勋宁,1999.现代汉语的句子构造与词尾"了"的语法位置[J].语言教学与研究(3):4-22.

刘永华,高建平,2007.汉语口语中的话语标记"别说"[J].语言与翻译(2):29-32.

刘宇红,2012.词汇与句法界面的三级互动模型[J].外国语言文学(2):80-89,144.

刘月华,潘文娱,故韡,2004.实用现代汉语语法[M].北京:外语教学与研究出版社.

刘云,2010."之 X"的词汇化及其动因[J].语言研究(1):64-70.

刘正光,2006.语言非范畴化:语言范畴化理论的重要组成部分[M].上海:上海外语教育出版社.

刘正光,王燕娃,2009."不+名词"的句法语义接口研究[J].外国语(4):26-33.

龙果夫,1958.现代汉语语法研究[M].北京:科学出版社.

卢英顺,2012a."这样吧"的话语标记功能[J].当代修辞学(5):39-45.

卢英顺,2012b.从凸显看"了"的语法意义问题[J].汉语学习(2):23-29.

陆俭明,2003.现代汉语语法研究教程[M].北京:北京大学出版社.

陆俭明,2008.构式语法理论的价值与局限[J].南京师范大学文学院学报(1):142-151.

陆俭明,2013.构式语法理论再议:序中译本《运作中的构式:语言概括的本质》[J].外国语(1):16-21.

陆俭明,2016.对构式理论的三点思考[J].外国语(2):2-10.

陆俭明,马真,1985.虚词研究散论[M].北京:北京大学出版社.

鹿琼瑶,2014.话语标记"你懂的"[J].学语文(4):76-78.

陆志韦,等,1964.汉语的构词法(修订本)[M].北京:科学出版社.

罗彬彬,2021.话语标记"你以为呢"[J].新疆大学学报(哲学·人文社会科学版)(2):123-129.

吕叔湘,1979.汉语语法分析问题[M].北京:商务印书馆.

吕叔湘,1985.近代汉语指代词[M].北京:学林出版社.

吕叔湘,1999.现代汉语八百词(增订本)[M].北京:商务印书馆.

吕叔湘,1982.中国文法要略[M].北京:商务印书馆.

吕叔湘,2002a.中国文法要略[M].沈阳:辽宁教育出版社.

吕叔湘,2002b.疑问 否定 肯定[M]//黄国营.吕叔湘选集.长春:东北师范大学出版社.

吕叔湘,2002c.语法修辞讲话[M]//吕叔湘全集(第四卷).沈阳:辽宁教育出版社.

吕叔湘,朱德熙,2005.语法修辞讲话[M].沈阳:辽宁教育出版社.

吕为光,2011a.责怪义话语标记"我说什么来着"[J].汉语学报(3):74-79,96.

吕为光,2011b."说是"的语法化[J].语言与翻译(3):21-25.

马国彦,2010.话语标记语与口头禅:以"然后"和"但是"为例[J].语言教学与研究(4):69-76.

马建忠,1983[1898].马氏文通[M].北京:商务印书馆.

马萧,2003.话语标记语的语用功能与翻译[J].中国翻译(5):36-39.

马清华,2003.汉语语法化问题的研究[J].语言研究(2):63-71.

梅祖麟,1981.现代汉语完成貌句式和词尾的来源[J].语言研究(00):65-77.

莫爱屏,2004.话语标记语的关联认知研究[J].语言与翻译(3):3-8.

穆从军,2010.中英文报纸社论之元话语标记对比分析[J].外语教学理论与实践(4):35-43.

苗兴伟,2008.语篇语用学:句法与语篇的界面[J].外语研究(2):17-21.

苗兴伟,董素蓉,2009.从句法—语篇界面看语言学的整合研究[J].中国外语(3):20-24.

潘国英,齐沪扬,2009.论"也好"的词汇化[J].汉语学习(5):20-27.

潘文国,叶步青,韩洋,2004.汉语的构词法研究[M].上海:华东师范大学出版社.

潘先军,2013."不是我说你"的话语标记化[J].内蒙古大学学报(哲学社会科学版)(1):112-116.

齐沪扬,2003.语气词"的""了"的虚化机制及历时分析[J].忻州师范学院学报(2):30-36.

齐沪扬,2005.对外汉语教学语法[M].上海:复旦大学出版社.

齐沪扬,张谊生,陈昌来,2002.现代汉语虚词研究综述[M].合肥:安徽教育出版社.

秦云萍,2013.基于语料库对 YOU KNOW 的语法化研究[D].合肥:安徽大学.

钱冠连,2008.学科设置与研究对象的整合与细分[J].中国外语(5):15-18.

钱敏贤,2015.附加话语"你懂的"语用功能及其顺应性分析[J].名作欣赏:文学研究(5):144-146.

邱述德,孙麒,2011.语用化与语用标记语[J].中国外语(8):30-37.

渠默熙,2020.西班牙语并时连词 mientras 的行、知、言三域:兼论与汉语"同时"的对比[J].外语教育研究(3):32-39.

冉明志,2008.话语标记语的元语用功能探析[J].广西民族大学学报(哲学社会科学版)(1):114-116.

冉永平,2000a.话语标记语的语用学研究综述[J].外语研究(4):8-14.

冉永平,2000b.Pragmatics of Discourse Markers[D].广州:广东外语外贸大学.

冉永平,2000c.语用过程中的认知语境及其语用制约[J].外语与外语教学(8):28-31.

冉永平,2002.话语标记语 you know 的语用增量辨析[J].解放军外国语学院学报(4):10-15.

冉永平,2003.话语标记语 well 的语用功能[J].外国语(上海外国语大学学报)(3):58-64.

冉永平,2004.言语交际中"吧"的语用功能及其语境顺应性特征[J].现代外语(4):340-349.

冉永平,2005.当代语用学的发展趋势[J].现代外语(4):403-412.

任绍曾,2007.《话语标记》导读[M]//Schiffrin D.Discourse Marker.北京:世界图书出版社 & 剑桥大学出版社.

任振翔,2011.浅析话语标记"不是我说你"[J].文学界(理论版)(5):95.

邵敬敏,1996.现代汉语疑问句研究[M].上海:华东师范大学出版社.

邵敬敏,2001.现代汉语通论[M].上海:上海教育出版社.

邵敬敏,朱晓亚,2005."好"的话语功能及其虚化轨迹[J].中国语文(5):399-407,479.

沈家煊,1993."语用否定"考察[J].中国语文(5):321-331.

沈家煊,1994."语法化"研究综观[J].外语教学与研究(4):17-24,80.

沈家煊,1998a.实词虚化的机制:《演化而来的语法》评介[J].当代语言学(3):41-46.

沈家煊,1998b.语用法的语法化[J].福建外语(2):1-8,14.

沈家煊,2001.语言的"主观性"和"主观化"[J].外语教学与研究(4):

268-275.

沈家煊,2003.复句三域"形、知、言"[J].中国语文(3):195-204.

沈家煊,2004a.语用原则、语用推理和语义演变[J].外语教学与研究(4):243-251.

沈家煊,2004b.说"不过"[J].清华大学学报(哲学社会科学版)(5):30-36.

沈家煊,2006.概念整合与浮现意义:在复旦大学"望道论坛"报告述要[J].修辞学习(5):1-4.

沈家煊,2007.汉语里的名词和动词[J].汉藏语学报(1):27-47.

沈家煊,王伟,2001.行知言:汉语复句语义的三个域[M]//赵汀阳.见证2.桂林:广西师范大学出版社:25-37.

申小龙,2001.汉语语法学[M].南京:江苏教育出版社.

施春宏,2010.网络语言的语言价值和语言学价值[J].语言文字应用(3):70-80.

施春宏,2012.从构式压制看语法和修辞的互动关系[J].当代修辞学(1):1-17.

石毓智,1992.论现代汉语的"体"范畴[J].中国社会科学(6):183-201.

石毓智,2000.语法的认知语义基础[M].南昌:江西教育出版社.

石毓智,2005.判断词"是"构成连词的概念基础[J].汉语学习(5):3-10.

石毓智,2006a.语法的概念基础[M].上海:上海外语教育出版社.

石毓智,2006b.语法化的动因与机制[M].北京:北京大学出版社.

石毓智,2011.语法化理论:基于汉语发展的历史[M].上海:上海教育出版社.

石毓智,李讷,2001.汉语语法化的历程:形态句法发展的动因和机制[M].北京:北京大学出版社.

盛继艳,2013.也谈话语标记"你说"[J].汉语学习(3):31-36.

施仁娟,2014.基于元话语能力的汉语话语标记研究[D].上海:华东师范大学.

史金生,1997.表反问的不是[J].中国语文(1):25-28.

史金生,2005."要不"的功能及其语法化[M]//沈家煊,吴福祥,马贝加.语法化与语法研究(二).北京:商务印书馆:208-235.

史金生,胡晓萍,2004.动量副词的类别及其选择性[J].语文研究(2):9-14.

史金生,孙慧妍,2010."但(是)"类转折连词的内部差异及其形成机制[J].语文研究(4):34-40.

苏俊波,2014."说真的"的话语功能[J].汉语学报(1):23-30.

孙朝奋,1994.《虚化论》评介[J].国外语言学(4):19-25,18.

孙利萍,2011.话语标记"不好意思"的历时演变及功能[J].语言与翻译(4):22-25.

孙利萍,方清明,2011.汉语话语标记的类型及功能研究综观[J].汉语学习(6):76-84.

孙锡信,1999.近代汉语语气词[M].北京:语文出版社.

索振羽,2000.语用学教程[M].北京:北京大学出版社.

太田辰夫,2003[1957].中国语历史文法[M].蒋绍愚,徐昌华,译.北京:北京大学出版社.

唐瑞梁,2008.汉语语用标记之语用法化研究:基于语料库对"不对"与"X看"结构的历时、共时侧面所做的探究[D].上海:上海外国语大学.

唐善生,华丽亚,2011."你别说"的演化脉络及修辞分析[J].当代修辞学(4):24-34.

汪兴富,刘国辉,2007.构式语法专题研讨会综述[J].外国语(6):73-75.

汪祎,罗思明,2011.英汉运动类动词语义—句法界面对比研究[J].现代语文（语言研究版）(3):97-101.

王灿龙,2005.词汇化二例:兼谈词汇化与语法化的关系[J].当代语言学(3):225-236,285.

王丹荣,2011."你懂的":作为话语标记语的流行语[J].当代修辞学(6):40-49.

王海峰,王铁利,2003.自然口语中"什么"的话语分析[J].汉语学习(2):21-29.

王海霞,2014.英语话语标记语功能的共性和区别:一项基于语法化保持原则的研究[J].外语教学与研究(5):691-703.

王宏军,2013.语用标记语:分类、多功能性与语域[J].重庆理工大学学报(社会科学)(1):85-92.

王红梅,2008.第二人称代词"你"的临时指代功能[J].汉语学习(4):59-62.

王建伟,苗兴伟,2001.语法化现象的认知语用解释[J].外语研究(2):32-35.

王理嘉,符淮青,马真,等,2003.现代汉语专题教程[M].北京:北京大学出版社.

王力,1958.汉语史稿[M].北京:中华书局.

王力,1985.王力文集(第三卷)[M].济南:山东教育出版社.

王力,1988.汉语史稿(王力文集 第九卷)[M].济南:山东教育出版社.

王力,1989.汉语语法史[M].北京:商务印书馆.

王力,1990.汉语语法史(王力文集 第十一卷)[M].济南:山东教育出版社.

王力,2000.中国文法中的系词[M]//王力语言学论文集.北京:商务印书馆.

王丽超,2012.假设复句行、知、言三域研究[D].哈尔滨:哈尔滨师范大学.

王立非,祝卫华,2005.中国学生英语口语中话语标记语的使用研究[J].外语研究(3):40-44,48.

王平,臧克和,2002.常用汉字字源手册[M].广州:南方日报出版社.

王淑宁,2016.浅析话语标记"不是我说你"[J].留学生(3):124.

王平,臧克和,2002.常用汉字字源手册[M].广州:南方日报出版社.

王维贤,1991.论转折句[J].中国语言学报(1):49-58.

王维贤,1997.论"转折"[M]//王维贤.现代汉语语法理论研究.北京:语文出版社.

王学奇,2007.再释"是"[J].河北师范大学学报(哲学社会科学版)(2):102-110.

王寅,2007.认知语言学[M].上海:上海外语教育出版社.

王正元,2006.话语标记语意义的语用分析[J].外语学刊(2):38-44,112.

王志恺,2007."那是"的对话衔接功能及其固化过程:兼论"是"的进一步语法化[J].汉语学习(6):85-91.

王自强,1998.现代汉语虚词词典[M].上海:上海辞书出版社.

魏冯,2015.模因论视阀下网络流行语的语义传播探析:以解读"你懂的"为例[J].传播与版权(8):129-131.

魏兴,郑群,2013.西方语法化理论视角下对汉语话语标记"你看"的分析[J].外国语文(5):80-86.

卫志强,何元建,1996.跨学科时代的语言学研究:从《语言文字应用》看近年语言学发展[J].语言文字应用(4):8-14.

温素平,2011."不是我说你"类话语标记语试说[J].信阳师范学院学报(哲学社会科学版)(6):96-100.

温素平,2015."不是我说你"类话语标记语的形成机制探究[J].现代语文(12):116-118.

文旭,1998.《语法化》简介[J].当代语言学(3):47-48.

文旭,杨坤,2015.构式语法研究的历时去向:历时构式语法论纲[J].中国外语(1):26-34.

文旭,杨旭,2016.构式化:历时构式语法研究的新路径[J].现代外语(6):731-741.

吴福祥,2002.汉语能性述补结构"V 得/不 C"的语法化[J].中国语文(1):29-40.

吴福祥,2003.关于语法化的单向性问题[J].当代语言学(4):307-322.

吴福祥,2004.近年来语法化研究的进展[J].外语教学与研究(1):18-24.

吴福祥,2005.汉语语法化研究的当前课题[J].语言科学(2):20-32.

吴福祥,2007.关于语言接触引发的演变[J].民族语文(2):3-23.

吴福祥,2009.语法化的新视野:接触引发的语法化[J].当代语言学(3):193-206.

吴福祥,2011.多功能语素与语义图模型[J].语言研究(1):25-42.

吴福祥,2014.语义图与语法化[J].世界汉语教学(1):3-17.

吴福祥,张定,2011.语义图模型:语言类型学的新视角[J].当代语言学(4):336-350.

吴建伟,2008.英汉叙事语篇空间移动事件对比研究:语义句法接口[D].上海:上海外国语大学.

吴竞存,梁伯枢,1992.现代汉语句法结构与分析[M].北京:语文出版社.

吴亚欣,于国栋,2003.话语标记语的元语用分析[J].外语教学(4):16-19.

吴义诚,杨小龙,2019.《汉语句法、语义和语用的界面研究》述介[J].当代语言学(3):466-473.

席建国,2009.英汉语用标记语意义和功能认知研究[M].杭州:浙江大学出版社.

席建国,刘冰,2008.语用标记语功能认知研究[J].浙江大学学报(人文社会科学版)(4):190-199.

《现代汉语常用词表》课题组,2008.现代汉语常用词表[M].北京:商务印书馆.

向明友,2010.基于语料库的英语语法化研究[J].北京航空航天大学学报(社会科学版)(1):87-92,107.

向明友,2014.英汉语用法的语法化研究[M].北京:高等教育出版社.

向明友,2015.语用学研究的知识图谱分析[J].外国语(6):36-47.

向明友,贺方臻,2008.论"言多必失":修辞箴言的语用探析之一[J].同济大学学报(社会科学版)(1):74-78.

向明友,黄立鹤,2008.汉语语法化研究:从实词虚化到语法化理论[J].汉语学习(5):78-87.

向明友,卢正阳,杨国萍,2016.语用化与语法化纷争之管见[J].现代外语(2):158-168.

向明友,杨国萍,2018.语法化动因的语用规律阐释[J].外语与外语教学(6):10-17,143.

向明友,张兢田,2009.论语言与思维的关系[J].同济大学学报(社会科学版)(4):91-95.

向熹,1992.简明汉语史[M].北京:高等教育出版社.

萧国政,2000.现代汉语句末"了"意义的析离[M]//面临新世纪挑战的现代
　　汉语语法研究.济南:山东教育出版社.

肖好章,2012.显性注意与语篇标记语学习对话语生成和识解的影响[J].现
　　代外语(4):393-400,437-438.

肖任飞,张芳,2014.熟语化的"(更)不用说"及相关用法[J].语言研究(1):
　　112-118.

肖治野,2011.副词"也"的行域、知域和言域[J].浙江学刊(4):100-104.

肖治野,沈家煊,2009."了_2"的行、知、言三域[J].中国语文(6):518-
　　527,576.

解惠全,1987.谈实词虚化[M]//语言研究论丛(第4辑).天津:南开大学出
　　版社.

辛仪烨,2010.流行语的扩散:从泛化到框填:评本刊2009年的流行语研究,
　　兼论一个流行语研究框架的建构[J].当代修辞学(2):33-49.

熊学亮,2004.管窥语言界面[J].外语研究(4):17-19.

熊学亮,许宁云,2005.逆证与语法化[J].暨南大学华文学院学报(2):64-70.

谢纪峰,俞敏,1992.虚词诂林[M].哈尔滨:黑龙江人民出版社.

谢世坚,2009.话语标记语研究综述[J].山东外语教学(5):15-21.

谢晓明,梁凯,2021.否定话语标记"谁说的"的功能表达与意义浮现[J].湖南
　　科技大学学报(社会科学版)(2):149-155.

邢福义,1985.复句与关系词语[M].哈尔滨:黑龙江人民出版社.

邢公畹,1992.现代汉语教程[M].天津:南开大学出版社.

邢欣,白水振,2008.语篇衔接语的关联功能及语法化:以部分感观动词语法

化构成的衔接语为例[J].汉语学习(3):15-21.

徐贲,2014.当"你懂的"成为公共语言[J].上海采风(6):93.

徐海铭,2004.中国英语专业本科生使用元语篇手段的发展模式调查研究[J].外语与外语教学(3):59-64.

徐杰,李英哲,1993.焦点与两个非线性句法范畴:"否定""疑问"[J].中国语文(2):81-92.

徐捷,2009.中国英语学习者话语标记语 you know 习得实证研究[J].外语教学理论与实践(3):28-33.

徐赳赳,2006.关于元话语的范围和分类[J].当代语言学(4):345-353,380.

徐烈炯,2001.焦点的不同概念及其在汉语中的表现形式[J].现代中国语研究(3):10-22.

徐烈炯,潘海华,2005.焦点结构和意义的研究[M].北京:外语教学与研究出版社.

徐烈炯,刘丹青,2007.话题的结构与功能(增订本)[M].上海:上海教育出版社.

徐烈炯,2009.信息焦点的表达方式[M]//指称、语序和语义解释:徐烈炯语言学论文选译.北京:商务印书馆:202-230.

徐时仪,1998.论词组结构功能的虚化[J].复旦学报(社会科学版)(5):108-112.

徐时仪,2009."了不得"与"不得了"的成词与词汇化考探[J].江苏大学学报(社会科学版)(1):69-73.

许家金,2009a.汉语自然会话中"然后"的话语功能分析[J].外语研究(2):9-15,112.

许家金,2009b.青少年汉语口语中话语标记的话语功能研究[M].北京:外语教学与研究出版社.

许静,2007.话语标记语的元语用功能[J].山东外语教学(4):36-39.

许静,2009.法庭话语中话语标记语的顺应性动态研究[J].外语研究(6):39-43.

姚双云,2009.口语中"所以"的语义弱化与功能扩展[J].汉语学报(3):16-23,95.

姚双云,姚小鹏,2012.自然口语中"就是"话语标记功能的浮现[J].世界汉语教学(1):74-88.

姚双云,张磊,2011.话语标记"但是"的宏篇连贯功能[J].长春理工大学学报(社会科学版)(5):46-47,66.

姚占龙,2008."说、想、看"的主观化及其诱因[J].语言教学与研究(5):47-53.

严辰松,2006.构式语法论要[J].解放军外国语学院学报(4):6-11.

杨伯峻,何乐士,2001.古汉语语法及其发展[M].北京:语文出版社.

杨才英,赵春利,2013.言说类话语标记的句法语义研究[J].汉语学报(3):75-84.

杨成虎,2000.袁仁林《虚字说》与语法化研究[J].燕山大学学报(哲学社会科学版)(4):75-79.

杨国萍,2016.话语标记语"你懂的"的演变及功能研究[J].华文教学与研究(2):88-95.

杨国萍,韩瑞,许硕,2017.汉语称谓语语义认知初探[J].湖州师范学院学报(3):82-87.

杨国萍,向明友,李潇辰,2016.话语标记语的语法—语用研究[J].外语学刊
　　(4):50-53.

杨国萍,向明友,许硕,2017.话语标记语语法化研究述评[J].语言学研究
　　(2):75-85.

杨松梅,钟庆伦,2015.微博中话语标记语"你懂的"的语用分析[J].长春师范
　　大学学报(9):94-96.

杨永龙,2002."已经"的初见时代及成词过程[J].中国语文(1):41-49.

尹海良,2014.话语标记"怎么 3"的多角度分析[J].语言教学与研究(3):
　　45-54.

殷树林,2009.话语标记"这个"、"那个"的语法化和使用的影响[J].外语学刊
　　(4):92-96.

殷树林,2011a.也说"完了"[J].世界汉语教学(3):346-356.

殷树林,2011b.说话语标记"不是"[J].汉语学习(1):36-45.

殷树林,2012a.现代汉语话语标记研究[M].北京:中国社会科学出版社.

殷树林,2012b.论话语标记的形成[J].湖南科技大学学报(社会科学版)(2):
　　133-138.

尹洪波,2013.饰句副词和饰谓副词[J].语言教学与研究(6):73-80.

叶芳,2020.庭审互动中言据性标记"根据"与话语立场的表达[J].华中学术
　　(3):148-156.

于宝娟,2009.论话语标记语"这不"、"可不"[J].修辞学习(4):17-24.

于国栋,吴亚欣,2003.话语标记语的顺应性解释[J].解放军外国语学院学报
　　(1):11-15.

于智荣,2007.《荀子·劝学》"完"字解沽[J].语言研究(1):83-85.

余光武,满在江,2008.连词"完了"来源新解:兼谈"完了"与"然后"的异同[J].语言教学与研究(1):50-57.

喻志强,2015.话语标记语"你说呢"的语用功能.广东外语外贸大学学报(1):44-48.

袁嘉,2009."早晚"的词汇化[J].西南民族大学学报(人文社科版)(9):240-246.

袁仁林,1989.虚字说[M].北京:中华书局.

曾立英,2005."我看"与"你看"的主观化[J].汉语学习(2):15-22.

曾润喜,魏冯,2016.强势模因视角下网络流行语的语义演变及流行理据:基于"你懂的"八年进化轨迹的研究[J].语言文字应用(2):91-96.

张爱民,2001.现代汉语第二人称代词人称泛化探讨[J].徐州师范大学学报(哲学社会科学版)(1):31-34.

张德岁,2009.话语标记"你想"的成因及其语用修辞功能[J].安徽大学学报(哲学社会科学版)(5):95-100.

张宏国,2014."够了"的语义演变与语法化[J].语言教学与研究(4):84-91.

张洪芹,张丽敏,2015.英汉言说词语"say/说"的语法化与主观化[J].外语与外语教学(3):61-67.

张挺,魏晖,2012.媒介与语言:网络传播对当代社会语言生活影响之考察[J].广西社会科学(1):166-169.

张宝胜,2011.也说"了_2"的行、知、言三域[J].中国语文(5):427-429,480.

张达球,2006.非宾格性句法配置:句法语义接口[D].上海:上海交通大学.

张金圈,唐雪凝,2013.汉语中的认识立场标记"要我说"及相关格式[J].世界汉语教学(2):202-213.

张蕾,2014."不是我说你"及相关问题研究[D].上海:上海师范大学.

张龙,2012."好了"的语法化和主观化[J].汉语学习(2):62-68.

张其昀,谢俊涛,2011.话语标记"你别说"[J].汉字文化(1):47-49.

张世禄,1981."同义为训"与"同义并行复合词"的产生[M]//张世禄.语言学论文集.上海:学林出版社.

张双棣,殷国光,2014.古代汉语词典[M].2版.北京:商务印书馆.

张田田,2011."可不是"的固化历程及相关问题[J].求索(10):226-228.

张田田,2012.句法结构"管他"的连词化与标记化[J].古汉语研究(1):50-56.

张田田,2013.试论"何必呢"的标记化:兼论非句法结构"何必"的词汇化[J].语言科学(3):261-268.

张旺熹,姚京晶,2009.汉语人称代词类话语标记系统的主观性差异[J].汉语学习(3):3-11.

张惟,高华,2012.自然会话中"就是"的话语功能与语法化研究[J].语言教学与研究(1):91-98.

张小平,2002.关于网络传播语言特点的观察[J].现代传播:北京广播学院学报(6):128-129.

张秀松,2011.国外语法化研究中的争论[J].语文研究(1):6-17.

张滟,2012.话题链的句法—话语界面研究:汉语话语导向类型特征的一个表现[J].现代外语(2):111-117,218.

张滟,尚新,2015.汉语"无头"关系小句的话语—句法界面研究[J].现代外语(3):303-313,437.

张谊生,1996.副词的篇章连接功能[J].语言研究(1):130-140.

张谊生,2000a.现代汉语虚词[M].上海:华东师范大学出版社.

张谊生,2000b.现代汉语副词研究[M].上海:学林出版社.

张谊生,2010.语法化现象在不同层面中的句法表现[J].语文研究(4):12-19.

张玉宏,2009.巴赫金语言哲学视角下的元话语标记研究[J].兰州学刊(4):
　　183-185.

张则顺,2014.合预期确信标记"当然"[J].世界汉语教学(2):189-197.

赵晓丽,2021.再谈"别看"的连词化及话语标记功能的来源:基于语法化环境
　　理论的视角[J].汉语学习(3):65-73.

赵秀凤,2010.语言的主观性研究概览[J].外语教学(1):21-26.

赵学德,王晴,2009.国外语法化理论探究:语法化的过程、本质特征和机制
　　[J].西安外国语大学学报(3):1-5.

赵元任,1979[1968].汉语口语语法[M].吕叔湘,译.北京:商务印书馆.

郑娟曼,张先亮,2009."责怪"式话语标记"你看你"[J].世界汉语教学(2):
　　202-209.

郑群,2014.语料库视角下的社会语言学研究:以话语标记语 you know 为例
　　[J].解放军外国语学院学报(2):43-53.

郑友阶,罗耀华,2013.自然口语中"这/那"的话语立场表达研究[J].语言教
　　学与研究(1):96-104.

中国社会科学院语言研究所词典编辑室,2005.现代汉语词典[M].5 版.北
　　京:商务印书馆.

钟玲,李治平,2012.自然口语中的话语标记"不瞒你说"[J].语文知识(2):
　　110-113.

钟茜韵,2013."Frankly"的语用化:基于语料库的研究[D].南京:南京大学.

钟茜韵,2016.语用化的历程:以英语态度标记语 frankly 为例[J].外语教学理
　　论与实践(3):10-17.

周毕吉,2008."结果"的语法化历程及语用特点[J].汉语学习(6):65-72.

周毕吉,李莹,2014."你不知道"向话语标记的演化[J].汉语学报(1):78-84.

周晨磊,2012.从语篇到人际:"话说"的意义和功能演变[J].语言科学(5):
499-508.

周刚,2004.连词与相关问题[M].合肥:安徽教育出版社.

周洪波,1994.修辞现象的词汇化:新词语产生的重要途径[J].语言文字应用
(1):39-42.

周莉,2014.连词"别说"与"不但"[J].语言研究(3):52-58.

周琳,邹立志,2011."但是","不过"和"但是"的程序意义[J].西北大学学报
(哲学社会科学版):173-174.

周敏莉,2011.话语标记语"这不"探析[J].宁夏大学学报(人文社会科学版)
(4):51-54.

周树江,王洪强,2012.论话语标记语的语法化机制[J].外语教学(5):41-44.

周志懿,2008.大传媒时代[J].传媒(7):6-14.

朱德熙,1961.说"的"[M]//朱德熙.现代汉语语法研究.北京:商务印书馆.

朱德熙,1978."的"字结构和判断句(上)[J].中国语文(1):23-27.

朱德熙,1982.语法讲义[M].北京:商务印书馆.

朱德熙,2010.语法分析讲稿[M].北京:商务印书馆.

朱冬怡,2015.话语标记语"你懂的"的缺省语义观[J].外语教学(2):26-30.

朱敏,2005.祈使句"你/你们"主语的选择制约因素[J].汉语学习(3):17-23.

朱铭,2005.关联推理中的话语标记语的语用研究[J].安徽工业大学学报(社
会科学版)(5):97-99.

朱小美,王翠霞,2009.话语标记语 Well 的元语用意识分析[J].安徽大学学报
(哲学社会科学版)(1):55-61.

宗守云,2016."还 X 呢"构式:行域贬抑、知域否定、言域嗔怪[J].语言教学与
研究(4):94-103.

后 记

表白重大，青春不老①

今天是表白母校的日子！

作为一个重大人，十八年前的九月，大哥和我拖着行李经过二十多小时的火车硬座从江西新余赶到重庆菜园坝火车站，开启了自己重庆七年的青春岁月。

回想七年求学，我拿过一次三等奖学金，肯定不是最好的学生，更多的时候是班上一棵默默无闻的小草。因为在游泳池里不会游泳只会喝水，挂过一次体育课并"荣幸地"在大三重修，还为此写了篇自嘲"体积大浮力大"的幽默小文发表在院刊上，聊以慰藉本科三年时常梦游（做梦在欢乐游泳）的尴尬，以及体育不过可能导致无法毕业的恐慌。

出身农村中学，与来自外国语学校以及城市学校的同学相比，在能力与视野上的差距不是一两句话能说清的，因此自卑是骨子里无法摆脱的影子。回想七年求学，充分实践了"勤能补拙"的古训，几乎没有任何的娱乐，没有去踏访过巴蜀及周边的任何一处名山大川古迹，甚至连解放碑朝天门这种重庆地标也是大四保研后才敢自由散步。有的更多的是，树人小学门口举牌求家教的兼职经历和无数次一个人背包自习的身影。少年辛苦终身事。汗水诚不欺人，当四年后我以全院男生综测排名第一的性别优势保研时，这句话的意思就更有价值了些。

七年少年不知愁，足迹散落校园的民主湖、二教、思群广场、团结广场、嘉陵

---

① 本文原是重庆大学建校 90 周年校庆时在家即兴写的短文。且充本书后记，以寄相思，以忆青春。

江边小路,以及美丽的虎溪校区等,认识了很多同学,有的成为老友,有的成为记忆。眨眼瞬间,岁月蹉跎,这些都已成为灵魂深处最柔软的归宿。感谢我的好室友,现常州纺织服装职业技术学院国际学院的韩瑞副院长,同宿七年,后来工作又成为上下楼邻居,缘分让我们成为熟悉的彼此。感谢我的研究生同学张磊,被我骗去北航读博,彼此鼓励。感谢我的同学容怡、王小利、陈浪、谢青松等,虽不常联系,但时常为他们在岗位拼搏以及在海内外痴迷读博的勇气和精彩感到振奋与欢欣。感谢所有遇见的同学,陪伴彼此的成长,见证彼此的成熟。

感恩岁月,陪伴我度过了年少最懵懂的时光,刻写了最青春的活力。母校七年,每一位老师的陪伴与教诲让我始终能够在无知的岁月不偏离航道,奋力前行。感恩我的硕导睿智的余渭深教授,我的本科论文指导老师慈祥的晏晓蓉教授,我的本科精读老师再后来成为我博士师姐的知性的陈梅教授,本科高级英语老师憨厚的林夏教授,研究生大气的李红教授,以及永远笑颜如花的欧玲书记,亲切的卢敏老师,美丽的尹晓宇老师,温柔的张梅教授,学工办的师兄朱洪召老师,以及其他许许多多没法列举的,所遇见的每一位善良的师长。尤其是,我的硕导余渭深教授,重庆人所特有的、学者加长辈的豁达与宽容在他身上体现得淋漓尽致,他的人品、学识、视野,以及对学生自发无私的关心和爱,都始终不断在潜移默化地影响和塑造我的人生观与世界观,也必将成为自己终身学习的榜样!

母校对我的影响甚至延续到了我第一份工作后的第四年。当时给初来常州大学的毕博士上示范课,两个月后的相亲,发现我们不但是校友,还是同一届,同一个校区,宿舍楼就在前后。她在重大资环学院十年半完成本硕博,我则修完本硕,七年间的兜兜转转与无数次擦肩,时刻在 A 区上演着重大版的向左走与向右走。母校的甜蜜记忆,最终成为我们共同青春回忆的交集。

九十征程岁月,母校勃勃生机。廿年时光荏苒,好在外院依然物是人在。当年的师长健在,当年的同学安好,这就是做徒弟的福分,做朋友的心愿。十年匆匆,真心期待重大外院广聚人才,在未来百年大庆有关键突破!让我们携手相约,彼此承诺,共同期待十年后的破茧,纵使届时无力捐赠一台钢琴,也必将努力争当优秀校友!

重庆非去不可!

重大非读不可!

爱重大就是爱自己!

祝福母校!

也祝福自己!

杨国萍

江苏理工学院

2024 年 6 月